儿童，天生的学习者

——小学生自我导向学习的行动研究

施萍一 编著

文化发展出版社
Cultural Development Press

图书在版编目（CIP）数据

儿童，天生的学习者——小学生自我导向学习的行动研究 / 施萍一编著. - 北京 : 文化发展出版社, 2020.12
ISBN 978-7-5142-3098-7

Ⅰ. ①儿… Ⅱ. ①施… Ⅲ. ①学习方法 - 小学 - 教学研究 Ⅳ. ①G622.46
中国版本图书馆CIP数据核字(2020)第272688号

此书为江苏省教育科学“十三五”规划立项课题《基于学习契约的小学生自我导向学习的研究》（批准号：D/2020/02/255）的结项成果之一。

儿童，天生的学习者

—— 小学生自我导向学习的行动研究

编　　著：施萍一

责任编辑：唐小君　　　　责任校对：岳智勇
责任印制：邓辉明　　　　责任设计：侯　铮
出版发行：文化发展出版社（北京市翠微路2号 邮编：100036）
网　　址：www.wenhuafazhan.com
经　　销：各地新华书店
印　　刷：阳谷毕升印务有限公司

开　　本：787mm × 1092mm　1/16
字　　数：300千字
印　　张：22.25
印　　次：2020年12月第1版　2022年1月第2次印刷
定　　价：60.00元
I S B N ：978-7-5142-3098-7

◆ 如发现任何质量问题请与我社发行部联系。发行部电话：010-88275710

序1

走向未来的学习方式

孟晓东

未来的时代，也许还无法确定。而如何走向未来，必然要通过学习这条路径。因此，作为学校教育，需要研究学习，更需要研究儿童学习。

只是满足和局限于一个“五年计划”的教育研究，往往浅尝辄止，就相当于烧水只烧到温的程度；围绕一个主题持续推进n个“五年计划”，连续不断地往深处、宽处去实践和研究，才能做得深、做得精，做出科研品牌来，就相当于烧水烧到了开的程度。

2020庚子鼠年，无锡市隆亭实验小学单列建制整十年，用2个“五年计划”去诠释、追寻、积淀课堂的儿童生长文化。

儿童是富有生命力量的种子，教育即使之生长，学校“十二五”儿童生长文化的探索滋养了隆小教师的儿童观、教育观。

儿童需要依靠自己去获得生长，学习是本能，学校“十三五”儿童生长文化的持续研究引领隆小教师更新着儿童学习观。

本书是隆小教师继《儿童生长：课堂的行走方式》之后，又一次教育行走的里程纪念。

经历前五年的艰辛跋涉，隆亭实小开始关注自我导向学习在小学教学改革中的实践运用，以“小学生自我导向学习”为“儿童生长课堂”深度建构的新视点，以期实现课堂教学改革的新突围。2017年3月，《发展核心素养视阈中小学生自我导向学习实践研究》获准立项为无锡市教育科学“十三五”重点课题。2019年11月，《基于学习契约的小学生自我导向学习实践研究》获准立项为江苏省教育科学“十三五”规划课题。

于20世纪80年代开始，自我导向学习（Self-directed Learning），在西方国家成为学习科学研究的重要增长点。近年来，自我导向学习研究主题趋于丰富，研究领域日趋拓展。在我国基础教育领域，专家学者在自我导向学习及学业自我效能感的发展特点研究过程中发现，学生的学业效能感与学业自我导向学习之间相关性显著，毕业于不同小学的学生在喜爱学习、主动学习、开放学习等自我导向倾向方面有明显差异。由此可见，进行小学生自我导向学习的培育，对于下一阶段持续学习，并逐渐养成终身学习习惯大有裨益。

自我导向学习的学习者，善于激发自我潜能，具备良好自主学习的态度与习惯，具有较高的自我学习能力，这是在未来时代不可或缺的。无锡市隆亭实验小学课题组在小学阶段进行自我导向学习的实践研究，在儿童期进行自我学习的养成研究，可谓为儿童生长文化的建构找到了一个深入点。

又一个五年来，隆小自我导向学习的教育研究从最初的茫然到逐渐有了思路，从开始的畏难到小有收获，从前期的艰涩到产生校本化理解，体现了隆小教育者知耕养慧、勇攀高峰的钻研精神与奋斗激情。

本书分四个部分，分别从校本实践、研究推进、研究特色及学习故事四个角度，较为全面、深度、立体地呈现出隆小在小学生自我导向学习研究的顶层设计架构与师生行为方式、学校学习文化的积极变化。本书既有理性论述，又有实践操作，既有整体排布，又有专题突破。

本书体现了隆小教育者试图找到自我导向学习在小学生学习中的落脚点，是一种可贵的实践探索，在以下二个方面可以给教育实践研究者以启发和借鉴：

1.儿童期开始培养自觉自主的终身学习意识有前瞻意义。终身学习者是现代社会发展所需要的，小学阶段进行自我导向学习研究，从长远的角度来看，着眼的是对人的教育的最终目标。现实中，学生学习“他控”现象严重，日益失去对学习的兴趣和主动性。隆亭实险小学的研究，从驱动学生自我心向、激发学生学习内在动机入手，在根本上迈出了变“他控”为“自控”的第一步，有利于学生独立学习品格的早期培养，有利于学生适应高一级学习和持续学习，有助于学生努力去成为自觉自主的终身学习者。从这一点来讲，本书呈现的研究成果是有前瞻意义与价值的。

2.注重培养儿童学习的目标导向意识有现实意义。现有的自我导向学习研究的成果，大多来自成人教育。虽然随着研究深入，已然衍生至基础教育领域，但在中小学的实践运用和研究还很鲜见，特别是在小学教学改革领域，更是很难查到相应的实证资料。隆亭实验小学基于自我导向学习理论，汲取自我导向学习的实践研究成果，通过学习讨论，促进学生目标自探、自知、自设；通过学生公开行动，促进学生目标自我调整、自我修复、自我完善；通过“坚持就是胜利”“脑子越用越灵”“跳一跳摘果子”等让学生进行自我激励，产生积极暗示，促进学生在遇到“坚持不下去”“不能持续进行”等学习困难、受到阻力时，有效达到目标管理。从这一点来说，本书呈现的实践研究，对于扭转或改变学习动力削弱、学习热情降低及学习效能减少等小学生学习中的具体问题，有着明显的现实意义。

后疫情时代的到来，比任何时候都突出了人的主体自觉，比任何时候都更需要学习者的自主自律，隆亭实验小学自我导向学习的实践研究，是对走向未来的学习方式的行之有效的有益探索。

固然，中外学者对自我导向学习的研究，在成人教育领域不断丰富和深厚了学术内涵，也总结形成了系列、显著的操作模式，但在基础教育领域尚缺少这些成熟的研究成果。因此，在小学教育阶段进行自我导向学习的实践研究是有益探索，然，任重而道远。

（本文作者为江苏省语文特级教师）

自主创新生长 自我导向成长

黄树生

在江南有民间传说，唐伯虎三笑点秋香。这个才子佳人的浪漫故事，发生在明朝嘉靖年间的无锡东乡。唐寅秀逸清俊，其诗书画以才情取胜，多有纪游感怀之作，笔简意赅，饶有风趣，情真意挚。文脉有传承，教育在生长。四五百年后有一所有新学校——无锡市隆亭实验小学，诞生在翰林院华太史府邸[1]之西，有创造性地开展新人文主义教育实验。

隆亭小学有理想，教师有情怀，致力于基于校本实践的教育科学研究，励志创办人民满意的高质量教育。上世纪二十年代，美国教育家杜威（John Dewey）将教育的本质概括为“教育即生长，教育即生活，教育即经验的不断改造。”[2] 学校从学习起点和学生需要出发，通过教学设计和实施方式的变革，积极探索生长教育的新思路、新课堂和新策略，努力解决教学中存在的“被生长”和“伪生长”现象。学校立项了江苏省教育科学“十二五”规划课题《儿童生长课堂的实践建构》，该研究促进了课堂教学尊重儿童生命存在，顺应儿童天性和学习规律，赋予课堂建构儿童生长过程中生命意义的使命，有效地推进教学方式与学习方式的转变，建构了儿童生长课堂的基本样态。2017年，隆亭小学的创新成果荣获江苏省教学成果一等奖。

马克思主义唯物辩证法指出：“事物的发展由内因决定，并受外因影响。”[3]儿童是天生的学习者，在教师指导下通过主动学习实现自我生长。进入“十三五”发展规划后，隆亭小学在“儿童生长课堂”深度建构实践的基础上，根据新时代校情和学生发展水平，以小学生主动学习为目标追求，借鉴“自我导向学习”（Self-directed Learning）理论，进一步深化小学教育科学研究。在专家的建议下，隆亭小学申报《发展核心素养视阈中小学生自我导向学习实践研究》项目，2017年初，被批准为无锡市教育科学“十三五”规划重点课题。在研究过程中，课题组全学段覆盖，全学科介入，研读相关文献，反思实践成效，调整研究内容。2019年11月，隆亭小学在市规划的基础上，聚焦个人取向模式的学习契约议定，再次申报《基于学习契约的小学生自我导向学习实践研究》，终于立项为江苏省教育科学“十三五”规划课题。

自我导向学习可以追溯至古希腊时代的柏拉图（Plato），提出教育应该关注和发展人的学习技能，培养自主学习者，但是，这一理论的系统研究却肇始于上世纪六十年代。[4] 1977年，加格利米诺（L. M. Guglielmino）等人进而将研究视角转向影响学习的内部因素——学习者身上，从而开辟了自我导向学习理论“个人取向”的新视野。加格里米诺（2008）分析信息时代学习者实施自我导向学习的原因，指出人类进行自我导向学习的根本原因是自身的求知欲，小学生亦然。信息和通讯技术革新导致教育资源的无限丰富要求教育工作者深入了解学习者的自我导向学习过程，以帮助他们获得自我导向学习的目标和能力，也要求学习者在课程活动中运用学习能力迅速适应学习变化，通过自我导向学习应对压力，取得更高的生活满意度。[5]

自我导向学习与行为控制和目标实现紧密地联系在一起。“控制”可以理解为依据《课程标准》和教学要求，在教或学的过程中引导学习个体，使其实现自我控制和自我经营；而“目标”则是通过具体的学习步骤所要达成的效果。对此，自我导向可以理解为学习目标、内容、方式等方面的协商或自主选择、决定和控制的过程。[6] 1980年代开始，自我导向学习在西方国家已成为学习科学研究的重要增长点，研究主题趋于丰富，研究领域日趋拓展，被誉为“最有效的学习方式”，被证实为“其他学习方式的理论基石”。不少国家和地区都对这一领域产生浓厚兴趣，自我导向学习研究逐渐走向国际化。

这种蕴藏着新思维和新能量的先进教育理论，引领着隆亭小学的生长教育研究不断深化，教育事业进一步发展。课题从市级到省级，探索脚步从未停歇，思考、规划、实践，一次挑战，一场磨练，一次尝试，一项突破，勇者的目光所至、脚步所到，前方已然有鲜花含苞待放。教师深度参与课题研究，在实践中获得了教科研引导的教学创新及其真切体验。

在关注学生发展核心素养的新时代，小学生学习方式如何优化？自我导向学习理论主要是解决小学生如何在丰富课程资源条件下“怎样学”的问题，但同时也为广大小学教师带来了在信息时代“怎样教”的困惑，在具体的实践研究中还需要教育各界同仁多提宝贵意见，让教研助力教学。

隆亭小学通过文献研究，厘清了小学生目标导向作为主动学习和自我实现的重要特征。培育自我导向学习的目标，以及基于目标对学习过程进行有效管理，是自我导向学习得以顺利进行的前提与保障。课题研究以学习契约为教学生长的剧本，引导学生根据自身需要对目标进行自我设计与管理。

自我导向学习省规划课题研究的重点，在于对小学生学习契约的设计实践和对小学生主动学习策略的研究，这对早期培养自觉自主的终身学习者有重要现实意义，它能从策略的角度为自我导向学习在基础教育的衍生研究提供有力实证，同时也为儿童的学习科学研究提供了新的角度和实践样本。

自我导向学习是一种新人文主义教育理论，突出学习者个体的重要性和自动力，注意激发学习者自身的进步欲望，以学生和教师或家长共同协议学习契约的方式，引导发挥他们自身的能力和内在的力量，强调学习是一个延续不断的过程，从而解放教师，成就儿童生长。随着学生年级升高，学习经历逐步增长，学习所得逐渐内化，渐渐形成目标设立和目标管理的自觉，从“教”到“学”，从依靠外力的“他控”，逐渐走向自我控制和自我管理，从而提升学生的自我导向学习水平。

隆亭小学的这本课题专著，反映了核心学科及其他学科的研究成果，呈现了教师对小学生自我导向学习所做的思考和实践研究，具有一定的教学论创新特质。如何基于学生自身的学习需要和学习水平开展追求理解教学设计，与学生（如有可能邀请家长参与）共同商议个体的、多样化、梯次晋级目标体系，规划他们的未来课程并作阶段性的学习计划，并制定与之相适应的学习进程，包括发现学习资源和选择学习策略等，形成对学习过程整体管理的学习计划。

隆亭小学的教师善于学习前瞻性教育科学理论，勇于专业目标导向的实践创造，在自我导向学习课题研究中，以学习契约协议为载体，引导学生把大目标分解成便于达成的小目标分解实施，每一小步化为具体，逐个击破，并在学习进程中通过记录学习经历、设置最近学习任务提醒等手段，不断调整目标，调适个体学习行为，从而实现对目标的管理。

从教学论和学习论的角度解读隆亭小学的课题研究，我们可以感受到那种有才有识的专业视野，那种教育服务的江南传统文脉，那种教师与小学生共同生长的新人文主义情怀。

祝愿隆亭小学，在以“为儿童生长而教”的核心理念引领下，让自我导向学习的本土化理论和校本化教育实验在隆亭小学发展、生长。

自我导向学习，让智慧的光芒射向每一个儿童，每一位教师。

（作者为无锡市教育科学研究院博士）

【参考文献】

[1]（明）王永积．锡山景物略[M]．清光绪二十年（1894）刻本．页四七．

[2] [美]杜威．民主主义与教育[M]．王承绪译．北京：人民教育出版，1990社：119-125．

[3]马克思恩格斯列宁斯大林著作中共中央编译局．马克思恩格斯选集[C]．北京：人民出版社，2012：329．

[4]何爱霞．国外自我导向学习研究的过去、现在和未来[J]．成人教育，2009（12）：52．

[5] Guglielmino L. M. (2008). Why Self-directed Learning? International Journal of Self-directed Learning, 2008, Vol. 5, No. 1, 1-13.

[6]陈晓新．论国外自我导向学习的研究取向[J]．河北大学成人教育学院学报，2012（06）：38．

目录 CONTENTS

第三部分　项目成果：小学生自我导向学习的研究特色

第四部分　学习叙事：30个小学生自我导向学习的小故事

第一部分

研究报告：

小学生自我导向学习的校本实践

小学生自我导向学习如何培育？小学生自我导向学习如何实现？自我导向学习方式给教与学带来什么变化？这是一份关于小学生自我导向学习的行动研究历程，也是一段将自我导向学习运用于基础教育小学教育阶段的艰辛探索。

导语 Introduction

这是关于小学生自我导向学习的行动研究历程。

现有的自我导向学习研究的理论成果大多来自成人教育。虽然随着研究深入，已然衍生至基础教育领域，但在中小学的实践运用和理论研究还很鲜见，特别是在小学教学改革领域，更是很难查到相应的实证资料。这是基于自我导向学习契约理论，汲取学习契约的实践研究成果，向小学教育领域进行的延伸研究。

随着年级升高，小学生渐渐呈现出一定的自我导向学习倾向，也渐渐具备了一定的自主学习能力、习得了一些自主学习的方法和策略，但这些还远远不足为下一轮即将开始的中学学习做好能力和方法的预备适应。

2016年，学校开始关注自我导向学习在小学教学改革中的实践运用。2017年3月，《发展核心素养视阈中小学生自我导向学习实践研究》获准立项为无锡市“十三五”科学规划重点课题。在课题研究过程中，我们加深了对小学生自我导向学习的理性认识，对进一步研究也有了更大的积极性。

四年来，我们执着于小学生自我导向学习的行动研究，逐步提升学生自我计划、自我管理、自我评价的自我导向学习能力，使学生逐步适应高一级学习的需要，并进一步形成持续学习的自觉，为努力成为终身学习者奠定基础。

这是将自我导向学习运用于基础教育小学教育阶段的艰辛探索。

课题的关键概念是“自我导向学习”，这原本来自成人自我教育领域，要在基础教育小学阶段找到“落点”，其中难度可想而知。

我们进行了深入的学习。通过研读文献，以期对自我导向学习理解得更深入更透彻；通过研究相近课题，以期发现研究的相关性从中得到启发，尽管“自我导向学习”投射下一束光芒，但迷茫、困惑、架空之感依然重重。

我们一次次接受挑战。2016年进行省教育科学“十三五”规划课题申报，2018年进行全国“十三五”课题申报。这期间，无论是无锡市前瞻项目的中期评估，还是无锡市第二批新优质学校建设计划，每一次报告，每一个计划，我们都视之为进一步深入理解课题的台阶，无论是路径、策略，还是对主要观点的核心理解，种种创新之处，都逐渐清晰起来。我们还进行了锡山区第二届教育教学成果奖申报、无锡市教育教学成果奖申报，每一回都一如既往，竭尽所能地重新理解课题、修正路径、整理阶段成果。

尽管路途崎岖坎坷，但“路”在脚下慢慢走了出来。随着课堂教学实践研究的推进，小学生自我导向学习“四自五学”基本路径逐渐浮出“水面”，学校的生长课堂学生“学”的氛围浓了，教师以学为中心，更多关注学生学习过程中的“备学”“导学”“促学”“延学”，更多关注学习的完整过程以及学习的真正发生。随着课堂教学对“学”的聚焦，我们致力于构建上一轮带动下一轮螺旋上升式的“学习轮”，提升“自己学”能力的学习策略也逐渐形成经验，总结提炼为研究成果。

我们坚信，回到自我的学习，依靠自我的学习，这项研究具有前瞻价值；更重要的是，这是人向未来必须迈出的一步。

自我导向学习的发展与探索

随着教育课程改革不断深化，发展学生核心素养成为当前教育教学的根本任务和目标。变革学生的学习形态和学习方式是培养学生核心素养的重要切入口。自我导向学习作为一种学习理论和学习方式，受到了教育各界的关注。本文简单回溯了“自我导向学习”的发展渊源及主要研究成果，深刻地剖析了小学生自我导向学习实践研究的可行性，阐述了小学生自我导向学习实践研究的价值与意义。

一、国外自我导向学习研究成果

国外有关自我导向学习的思想可以回溯到希腊三哲，追溯到杜威。1966年，塔夫（Tough）正式提出了“自我导向学习”一词并对之做了比较全面的论述。自我导向学习思想的集大成者诺尔斯（Knowles）发展了塔夫的理论，提出了系统具体的学习契约理论。朗、戈瑞森、格罗欧、理查德、加格利米诺等人又进一步发展了自我导向学习理论。

（一）自我导向学习的内涵及特点

自我导向学习，是一种自主的“计划学习”。自我导向学习是一种由个体自己引发的，基于自我学习需要，确定学习目标，选择资源和策略，评价学习结果的过程。自我导向学习者是指能够主动引发学习，具有强烈的学习欲望和信心，具有自我训练、自我监控的能力，能够运用基本的学习技巧，安排适当的学习步骤，能够独立而持续进行学习的人。

1.自我导向学习强调学习者的独立自主性

自我导向学习，是以促进学习者在过程取向与个人发展取向之间求得平衡为目的的学习，更多依靠学习者的自我控制，较少受外在学习条件限制，强调学习者的独立自主性。其与传统的学习方式相比，自我导向学习的责任主体发生了转移，由教师主体转向了学习者主体。由学习者自行建立学习目标，自己负责寻找学习资源、选择学习的方式和策略，自我控制、自我调节，自主掌握学习的进程，自主评价学习结果，这种方式具有较强的自主性与灵活性。

2.自我导向学习注重发挥学习者自身的能量

自我导向学习是一种有高度意识的努力，需要在高强意识状态下学习，学习者必须具有强烈的学习欲望和学习信心，才能持续参与到自我导向学习活动之中。自我导向学习强调学习者个体的重要性，也强调学习者的内在力量，学习者通过主动参与学习实践、自我管理、自我反思改进，达成学习目标。自我导向课堂学习活动建立在学生学习潜能被自动激发的基础上，学习中担负责任的主体转向学习者本身，是一种内发性学习，促进学生生命价值和意义得以实现。

3.自我导向学习强调学习过程的持续性

自我导向学习，强调学习过程的持续性。艾伦·塔夫指出自我导向学习者要具有强烈的学习动机，每次学习活动时间不少于7小时，目标要指向知识的获得与某些行为的持久改变。诺尔斯和加格利尔米诺也强调自我导向学习需经历准备、实施、评价等程序。由此可见，自我导向学习应遵循一定的程序、步骤，应强调学习活动的持续性、连续性。

近年来，自我导向学习研究主题趋于丰富，研究领域日趋拓展，被誉为“最有效的学习方式”，“其他学习方式的理论基石”。世界不少国家和地区的研究者都对这一领域产生了浓厚兴趣，自我导向学习研究逐渐走向国际化。

（二）对自我导向学习模型的研究和认识

自我导向学习的学习模型，由个体参与自我导向学习活动的方式决定。塔夫和诺尔斯提出了一种线性学习模型——学习契约，即从学习需要诊断，资源和教学计划确认，再到结果评估。20 世纪80年代，自我导向学习模型有了进一步得到丰富和发展，相继诞生了交互型、指导型等学习模型。

1.学习契约理论及实践程序

学习契约也称学习合同、学习计划，是指学习者与教师为达成学习目标达成的书面约定或口头约定，是实现自我导向学习的一种学习工具。学习契约理论的实践程序一般包括以下几个步骤：(1)氛围营造;(2)学习需求诊断;(3)学习目标确定;(4)　学习资源识别;(5)学习策略的选择和实施; (6)学习结果评估。

2.交互型与指导型模型

以诺尔斯为代表的线性模型产生之后，对于自我导向学习模型的重构主要涌现两种主要的学习模型：交互型模型与指导型模型。主要有五个交互型模型，其中加里森模型是比较有代表性的学习模型。

加里森模型，基于“集体建构主义”的视角，整合情境控制、认知责任与任务参与，展示了一种有意义和有价值的自我导向学习方法。第一个维度，即自我管理。教育性自我管理关注特定情境下学习材料的运用，关注学习者发生互动的社会环境，持续沟通的机会，关注检验和确认共同理解的机会;第二个维度是自我监控，指向学习者监控自身的能力，即元认知能力，包括学习者使用一系列学习策略的能力与对自身认知过程的认知能力;第三个维度是自我激励，主要研究让学习者主动参与、深度卷入自我导向学习活动的因素，以及促使他们持续投入到活动或任务中的因素。

指导性模型正式应用到正规环境之中的也有两种主要代表性模型，其中格罗提出的分层自我导向学习(SSDL)模型相对知名。格罗详细阐述了教师如何帮助学习者在学习中变得更有自我导向性，提出了处于四种层级的学习者特征。格罗，根据学习者的状态，描述了教师或促进者的可能角色，探讨了教师角色或风格与参与者的学习状态不匹配时产生的问题。格罗强调，好的教师采用个性化的教学策略来适应学习者在自我导向性上的状态，并且使得学生在其学习过程中更加具有自我导向性。

3.自我导向学习轮

理查德通过案例设计与分析提出了一种新的自我导向学习过程模型，即自我导向学习轮。该模型将学习促进者与学习者之间的关系、学习发生的情境、可获得的或需要获得的资源视作影响学习者行动的关键因素，澄清了自我导向学习过程中学习者的角色。由该理论模型可以看出，学习者是自我导向学习的真正主体，学习者的学习动机、学习态度和学习能力等关键人力资源，在不同程度上对学习者的学习产生影响，对自我导向学习的顺利实施至关重要。学习促动者、学习资源、学习情境等外力要素也不断影响着学习者的自我导向学习。

二、小学生自我导向学习实践研究的可行性分析

小学生自我导向学习实践研究，将自我导向学习研究由成人教育拓展到基础教育小学阶段，使研究立足于终身学习、终身教育视野进一步展开。小学生成为新的研究对象，我们需针对其非成熟、非理性的学习心理特质，探索在学习意志控制下的探究性学习方式，促进学生自我导向水平向更高层级发展，这具有一定的实践创新价值。以下从四个方面对小学生自我导向学习实践研究的可行性进行分析。

1.从发展学生核心素养的目标分析

小学生自我导向学习以发展核心素养为出发点和归宿，指向自我认识与自我调控、创造性思维和问题解决、学会学习与终身学习等未来公民必须具备的基本素养，聚焦学生自主管理、学会学习等方面的指标，意在培养全面发展的人。这些核心素养所指向的培养目标和自我导向学习要求相一致，自我导向学习对处在学习初级阶段的小学生的自主学习有较大的促进作用。

2.从自我导向学习者特征分析

诺尔斯认为，自我导向学习者应该具有以下主要特征：一是学习者应具有强烈的自我概念，“我要学习”、“我有我的方式”、“我有我的想法”、“我需要得到尊重”，逐步摆脱依赖走向自我指导。二是学习者选择和参与何种学习活动，都是以其生活经验为背景的，

自我导向学习需要学生经验的参与；三是学习者的时间观念会发生变化，即从将来储备知识走向及时运用知识。小学生是学习活动的主体、主导，与教师、学习资源以及学习情境等不同要素之间的联系需进一步密切。作为成熟中的独立个体，他们的自我意识逐渐提高，对生活和学习的责任意识不断增强，并希望受到尊重，生活和学科经验随着年段的升高不断得到累积，已有一定的自我导向学习发展基础。自我导向学习既适应小学生期盼独立的心理需要，又符合他们自我导向的人格需要。

3.从自我导向学习层级分析

依据学习水平的不同，自我导向学习可以划分为四个层级：低自我导向学习、适度自我导向学习、中间自我导向学习和高自我导向学习阶段。随着年段的升高，学习者学习能力的提升，小学生自我导向学习水平，逐步由低水平层级走向较高水平层级。在学习的过程中，小学生由单纯依靠兴趣，依赖教师学习，逐步走向正视个体差异、情境等因素给自己带来的影响,主动地确立目标，主动地选择学习策略；主动地监控、调节学习行为，主动地评估自己的学习效果，在学习过程中，学生通过自我反思、自我调节，不断降低外部情境、自身特征等因素对自我导向学习所产生的影响。

4.从影响自我导向学习的情境变量分析

把自我导向学习作为组织学习的一种方式在本质上是情境性的。理查德的自我导向学习论进一步澄清了学习者的角色，自我导向学习效果与学习者准备程度、学习者与教师教学风格匹配程度等情境要素密切相关。这些认识与小学生年龄特征及“情境依赖性”学习特点相吻合，利于小学生自我导向学习的展开和施行。小学生自我导向学习强调在特定教育情境中的自我管理，一方面小学生要学会自我监控以提升学习中的认知责任和能力，另一方面又要和学习材料、学习促动者等情境变量之间进行持续沟通，从而在各种正面激励因素的影响下持续参与卷入活动或任务，这是一个双向交互，相互促进的过程。

本研究既关注学习者的主体性，又关注影响小学生自我导向学习行为的关键性情境变量。如，关注学习者的心理准备向度、学习技能，关注教师作用、学习资源和学习环境等对自我导向学习的影响。从学习者心理控制、教育者行为控制等角度，研究教育控制程度对自我导向学习发展水平的影响，探究形成高自我导向学习的心理因素及行为因素等，构建学习者和促进者之间新型的合作关系，为小学生自我控制和转化提供支持性背景。

三、小学生自我导向学习实践研究的价值与意义

中小学生核心素养成为教育界普遍关注焦点，并成为中小学教育的一种目标表述。小学生自我导向学习实践研究旨在以发展核心素养为目标，依据义务教育各学科课程标准精神和

教学建议，研究我校教育课程改革中小学生学习形态和方式的变革，探索教师引导下的小学生自我导向学习的方法和实施过程，形成学生自主学习的新样态。

1.对早期培养自觉自主的终身学习者有重要现实意义

终身学习者是现代社会发展的需要，小学阶段进行自我导向学习研究，从长远的角度来看，着眼的是对人的教育的最终目标。现实中，学生学习“他控”现象严重，日益失去了对学习的兴趣和主动性，自我导向学习则正是基于学生学习的内在动机，从根本上变“他控”为“自控”。进行小学生自我导向学习的研究，有利于学生独立学习品格的早期培养，有利于学生适应高一级学习和持续学习，有助于学生努力成为自觉自主的终身学习者，促进学生生命价值和意义得以实现。

2.为自我导向学习在基础教育的衍生研究提供实证

现有的自我导向学习研究的成果，大多来自成人教育。虽然随着研究深入，已然衍生至基础教育领域，但在中小学的实践运用和研究还很鲜见，特别是在小学教学改革领域，更是很难查到相应的实证资料。本研究基于自我导向学习契约理论，汲取学习契约的实践研究成果，研究了小学生自我导向学习的基本样态、具体策略、评价方式等内容，对于补充自我导向学习在小学教育领域的实践运用提供了有力实证。

3.为儿童的学习科学研究提供了新的角度和实践样本

从人的学习的内在动机和所必备的自我学习能力角度进行小学生自我导向学习研究，是对儿童主动学习这一国内外关注的学习科学研究领域作出的新的实践探索。教师关注学习者的心理准备、自我导向学习技能，从内部调动其心理资源，激发学生主观努力，发掘自身潜力；学生在教师帮助下自主确定学习需求和目标，制定、执行学习计划，择取学习策略，保持、强化学习动机，形成学生自导、教师辅助的新型教学方式。

关于“小学生学习方式”的校本调查报告

《发展核心素养视阈中小学生自我导向学习实践研究》是无锡市教育科学“十三五”规划重点课题，研究初期，课题组进行了“小学生学习方式”的校本调查。

一、调查目的

“十二五”期间，我校开展了“儿童生长课堂实践建构”研究，把“促进儿童生长”作为课堂的价值追求，倡导基于儿童经验，尊重儿童主体，顺应儿童规律，发展儿童潜能。“十三五”课题研究期间，我们期望学生从“学会”到“会学”，达成最佳学习效果，提升学生自主学习能力等核心素养。因此，了解我校学生当前的学习状态、学习目的、学习兴趣及学习方法等方面的情况，可以为我校有效开展小学生自我导向学习的研究提供有效的实践依据及改进路径。

二、调查对象

教师74人，学生1450人。

三、调查方法

本次调查制定了关于学生学习兴趣、态度、方法和能力等方面的问题。师生分别完成问卷内容，进行分类统计。本次调查共发出教师问卷74 份，回收74 份，回收率100%。学生问卷下发1450份，回收1450份，回收率100%。

四、调查结果

师生调查问卷回收结束，我们对调查问卷的10个问题逐一进行了汇总。

问题1：认真学习是为了什么？

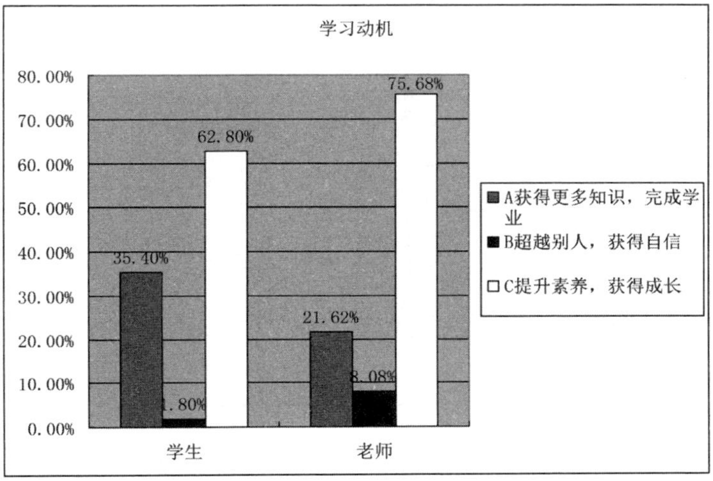

图1

问题2：课堂上老师提问，学生会认真思考吗？

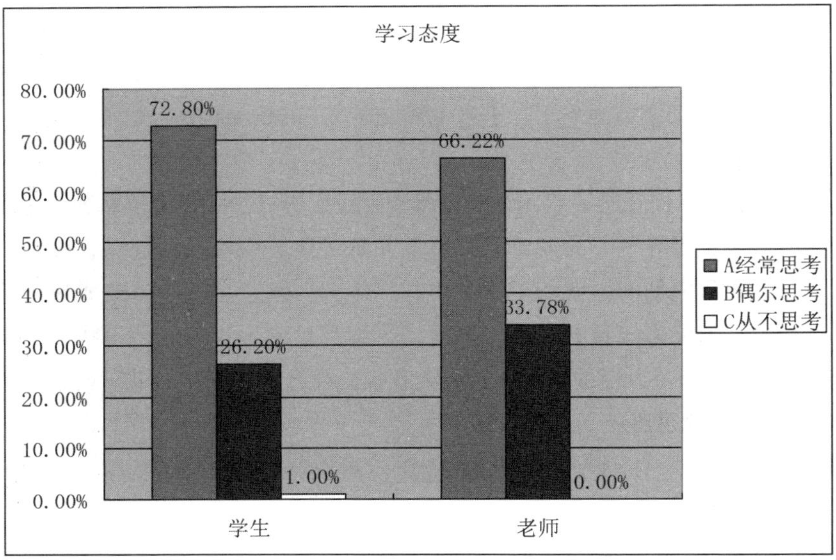

图2

问题3：学生喜欢学习吗？

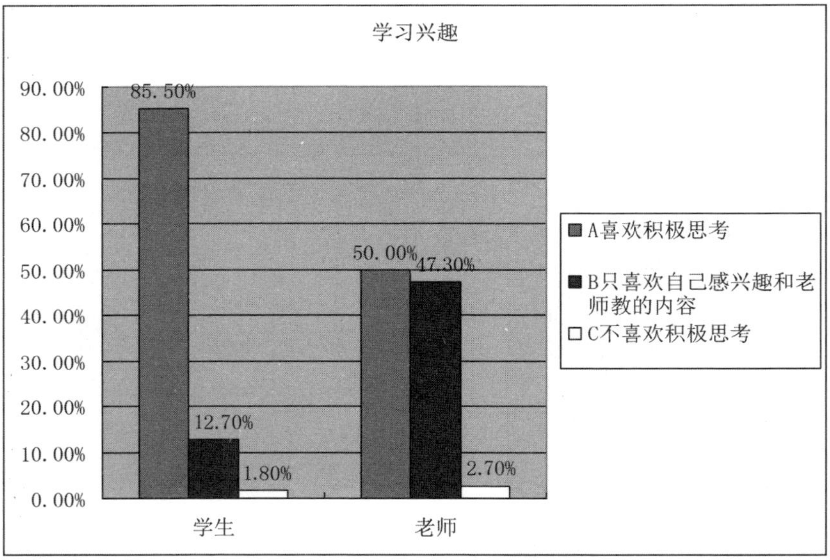

问题4：作业做遇到了不会做的题，怎么办？

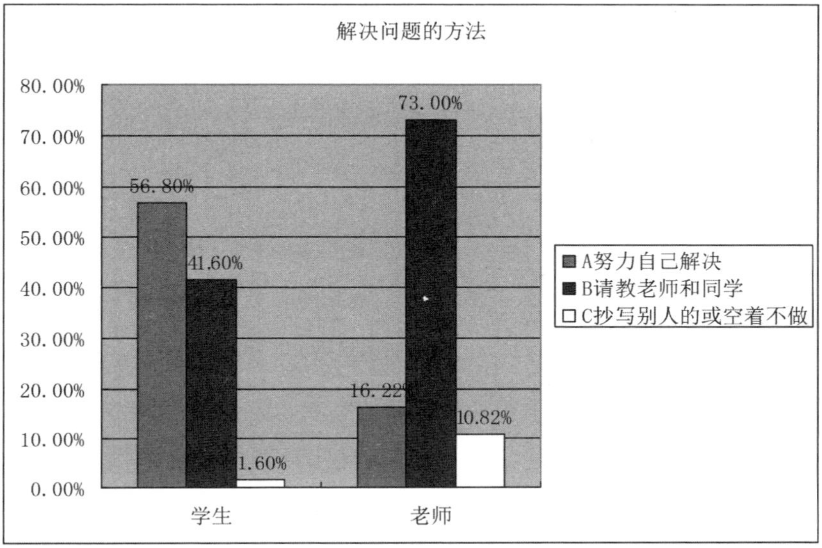

图4

问题5：用什么方法或途径来提升学习能力？

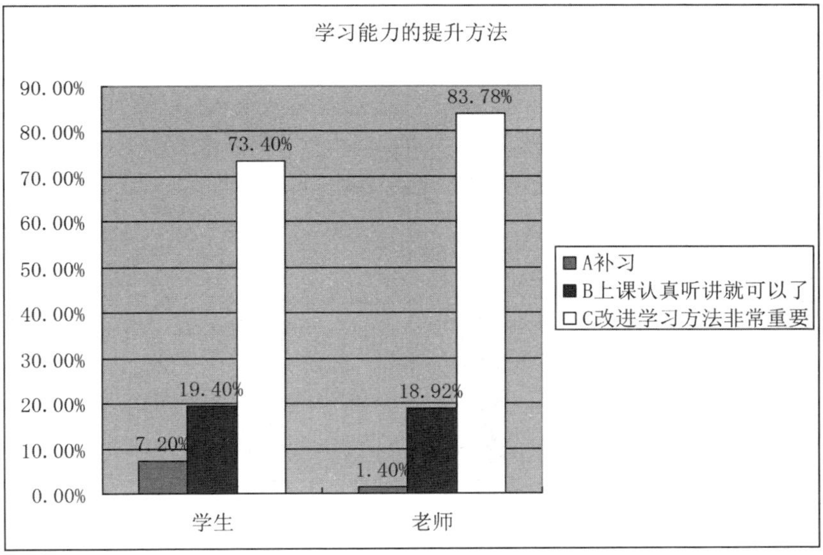

问题6：学习有了进步，什么可以让学生的学习更有动力？

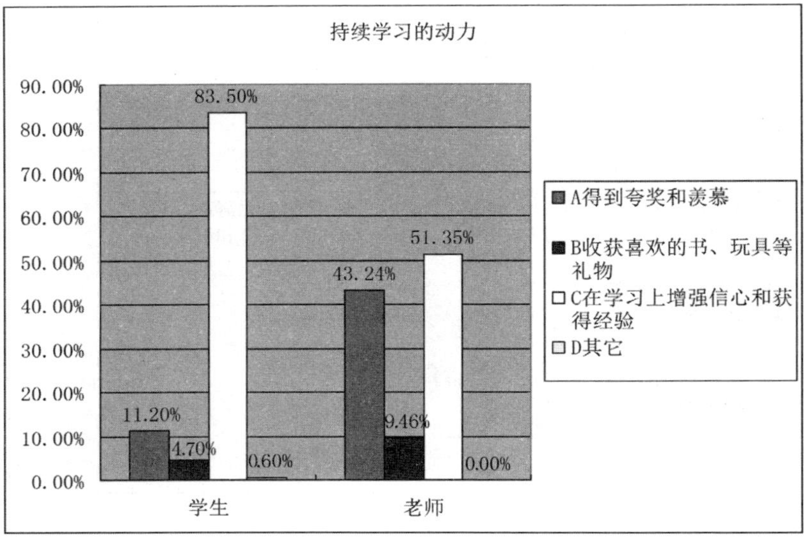

图6

问题7：学生目前的学习状态是怎样的？

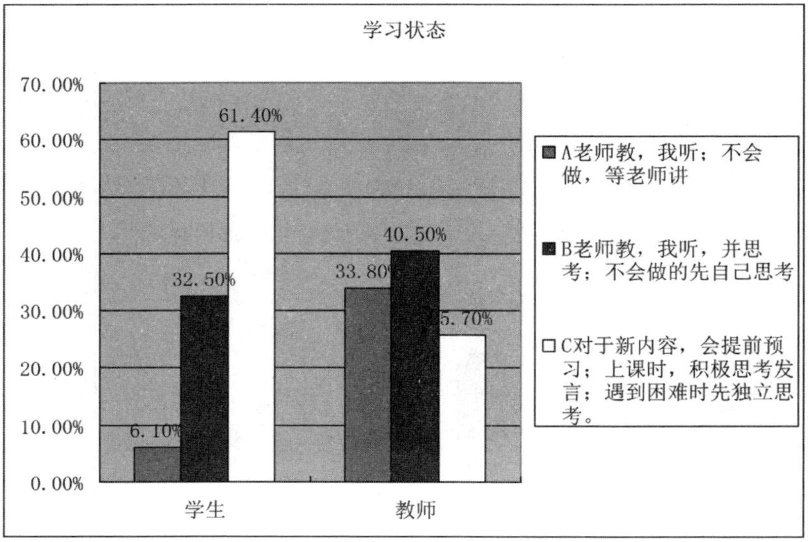

图7

问题8：在学习过程中，哪种方法最有效？

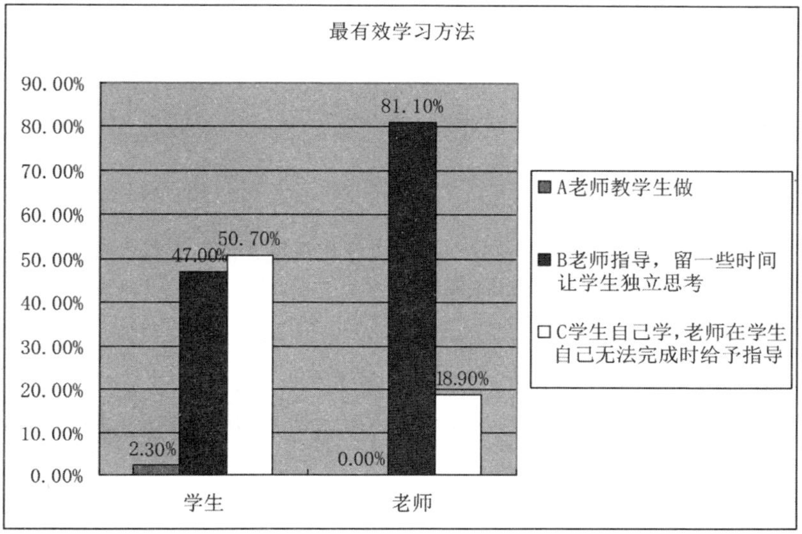

图8

问题9：学生喜欢哪种学习方式？

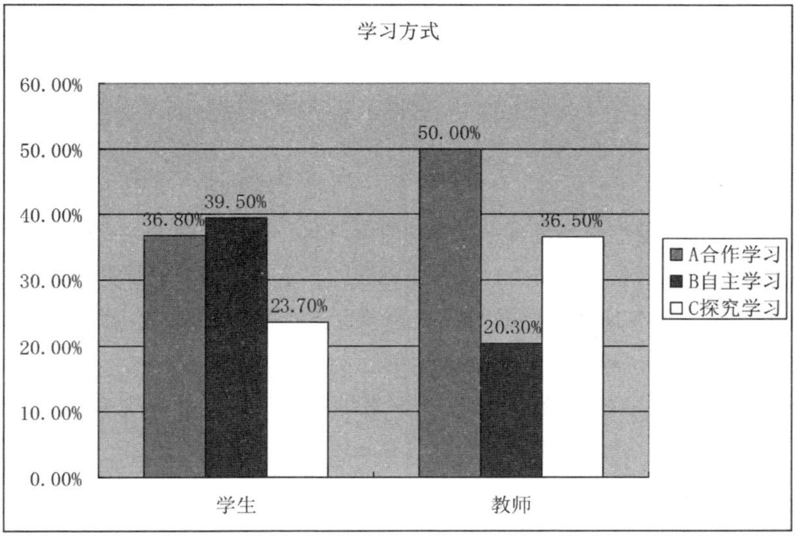

图9

问题10：学生靠自己完成一项新的学习任务，能完成吗？会怎样做？谈一谈。（开放题，一、二年级不做回答。）

大部分学生表示能完成。常见回答如下：

三、四年级：先预习，自己思考，可以联系学过的知识来分析，例如学习语文，可以圈关键词，了解生字和词意，熟读，从而理解文章；学习数学，可以画图、联想；学习英语，可以读单词、抄写单词、默单词。必要时还可以上网学习，如果还有困难，再请教他人。

五、六年级：了解学习内容，思考不理解的地方，学老师的样子去分析、理解，深度思考，也可以上网搜索资料，再做练习题，验证自己是否学会。学会了，可以给自己一些奖励，实在学不会，就放弃，等待老师、同学、家长的讲解。

部分学生表示不确定能完成，原因如下：

1.对自己没有信心，需要老师讲解帮助。

2.自律能力差，独自学习效率不高，一起学习可以互相帮助，活跃思维，提高效率。

3.看情况，如果是自己感兴趣的学习任务会认真完成。

同样的问题，在老师眼里：

18.18%的教师认为学生能靠自己完成一项新的学习任务。

54.55%的教师认为部分学生能完成，且完成的情况与任务的难易程度、学生的自觉能力、学习能力有很大的关系。

27.27%的教师认为学生不能完成，学生自主学习、独立分析的能力有所欠缺，需要老师来指导。

五、调查结果分析

通过对“关于小学生学习方式的调查问卷”的统计，我们对师生各自的感受和体验有了初步了解和认识，同时，通过师生答卷的统计数据对比，我们也发现了一些存在的问题。

1.从图1、图2、图3数据统计可见，学生热爱学习，且学习目的纯粹，即希望通过学习获得成长，课堂上大部分学生学习态度端正，能积极主动地思考问题。

2.从图4师生选择的数据对比发现，学习中遇到问题后，超过半数的学生会尝试自己解决，也有41.6%的学生会选择请教他人，选择抄写别人的或空着不做的学生几乎没有。由此可见，学生作为学习主体，他们更愿意自主、主动地学习，并能在问题中寻找相应的解决方法。而教师问卷数据则显示，学生会努力自己解决问题的不多，大部分教师觉得学生会通过请教老师同学解决问题，还有10.82%的教师还认为学生会抄写他人的或空着不做。由此可见，教师对学生自主学习的习惯和能力有所低估。

3.从图5可见，师生选项的比例较为相似，大多数师生都认为改进学习方法对提升学习能力非常重要，小部分师生认为上课的认真听讲也必不可少，“上补习班，一切交给补课老师”选项的比例学生比教师多一些，但没有超过10%。通过柱状图也可以看出，目前的学习现状中，个别学生对补课学习有一定依赖性。

4.从图6统计所见，83.2%的学生认为学习中增强的信心和获得的经验（C）会让自己的学习更有动力，获得了学生的绝对认可，而得到他人的夸奖和羡慕（A）、收获喜欢的礼物(B)这两项的选择总和还不到20%。教师的统计数据却显示选项A和C占主导，且相差不大。由此可见在学生持续性的学习中，教师不仅注重学生自身能力和经验的发展，同时也会用一些激励性的的语言来鼓励学生继续努力学习。而学生则认为跟自身的成长和进步相比，一些外在的、物质性的奖励不那么重要。

5.如图7所示，关于学生整体的学习状态，61.4%的学生认为自己会积极主动地学习，而教师方面则只有25.7%认为学生自己会积极主动地学。在教学中要继续重视处理好主导与主体的关系，充分发挥学生的主体作用，把教学过程变成在教师指导下学生主动学习的过程。

6.如图8所示，在“你认为最有效的学习方法”方面，学生和老师表现出了不同的想法，50.7%学生认为老师在自己无法完成的时候予以指导就行了，在自己可以解决的前提下是不需要老师过多指导的。而在老师眼里，有81.1%的老师认为自己应该在课堂中指导学生学习，只要留一些时间给学生自己独立思考就行了。综上分析，课堂中，学生需要老师留有充足的时间，让他们去思考，去探索，他们渴望在自觉积极的状态之中，来进行合作学习，自主学习。

7.如图9所示，关于学生最喜欢的学习方式，老师和学生的选择表现出差距不是很大。所以，在老师的教学和学生的学习中，对于不同的教学内容就需要不同的方式，以学定教。

六、结论与建议

“关于小学生学习方式的调查问卷”从学生的学习动机、学习态度、学习兴趣、学习能力、学习方法和学习动力等方面进行题目设置，比较综合而全面地反映出了对于目前我校小学生的学习方式，师生表现出的感受和体验差异。

此调查为无锡市教育科学“十三五”规划重点课题《发展核心素养视阈中小学生自我导向学习实践研究》初期工作的推进提供了基础参考，我们结合此调查报告对课题的进一步研究做出如下建议：

1.相信学生作为学习者的力量。

儿童是天生的学习者、探索者、发现者，具有好学的天性与学好的愿望及潜力。因此儿童可以成为自我导向学习的主体，随着其自我导向学习的水平逐步提升，能够做到自主调控学习进程，自主选择学习策略方法。

2.学生的学习需要动机激励和过程指导。

至今为止，没有一种学习活动完全可以排除来自外在的资源或刺激。教师要设计学习情境变量，促进学生主动参与学习实践，主动卷入学习活动，习得学习方法，实现学习目标。

3.思考和选择学习策略非常关键。

一味延长学习时间，一味依赖师长，而不用合适的教学策略，并不能取得好的学习效果，自我导向学习的策略十分重要。

4.教师的教学水平和风格是很重要的因素。

教师的教学行为，教师对学生的期望和激励等，会影响到学生自我导向的学习活动展开。

附1：关于小学生学习方式的调查问卷（学生卷）

附2：关于小学生学习方式的调查问卷（教师卷）

附1：

关于小学生学习方式的调查问卷（学生卷）

亲爱的同学们：

学习是什么样的？你又是怎样学习的？一起来参加下面这个小调查吧！

1.你觉得认真学习是为了什么？（　）

A、能让我获得更多知识，完成学业。　B、能让我超越别人，获得自信。

C、能让我提升素养，获得成长。

2.课堂上老师提问，你会积极思考吗？（　）

A、经常　　B、偶尔　　C、从不

3.你喜欢学习吗？（　）

A、喜欢　B、我只喜欢自己感兴趣的内容和喜欢的老师所教的内容　C、不喜欢

4.作业中遇到了不会做的题，你会怎么办？（　）

A、努力自己解决　B、请教老师或同学　C、抄写别人的或空着不做

5.你主要用什么方法或途径来提升学习能力？（　）

A、上补习班，一切交给补课老师。　B、只要上课认真听讲就可以了。

C、改进自己的学习方法非常重要。

6.当你的学习有了很大的进步，什么可以让你的学习更有动力？（　）

A、得到父母老师的夸赞和同学好友的羡慕。　B、收获喜欢的书、玩具等礼物。

C、在学习中增强的信心和获得的经验。　D、其它

7.你目前的学习状态是怎样的？（　）

A、老师教，我听；不会做，等老师讲。

B、老师教，我听，并思考；不会做的，先自己思考。

C、对于新学内容，会提前进行预习或了解；上课时，积极思考发言；遇到困难时，会先独立思考。

8.在学习过程中，你认为哪种方法最有效？（　）

A、老师全程指导，我只要跟着做就行了。

B、老师适当引导，要留一些独立思考的时间给我。

C、自己学习，但需要老师的指导，以及在我无法完成时给予帮助。

9.你喜欢哪种学习方式？（　）

A、合作学习（在小组或团队中明确分工、互相帮助中学习）

B、自主学习（自己独立分析、实践等得出自己的答案）

C、探究学习（根据自己的猜想或假设，在科学理论指导下，运用科学的方法对问题进行研究学习）

10.要请你靠自己完成一项新的学习任务，你能完成吗？你会怎样做？请谈一谈。

附2：

关于小学生学习方式的调查问卷（教师卷）

亲爱的老师们：

目前，学生的学习是怎样的状态？学生是怎样学习的？一起来参加下面这个小调查吧！

1.你觉得学生认真学习是为了什么？（ ）

A、能获得更多知识，完成学业。 B、能超越别人，获得自信。

C、能提升素养，获得成长。

2.课堂上老师提问，你目前所教的学生会积极思考吗？（ ）

A、经常 B、偶尔 C、从不

3.你目前所教的学生喜欢学习吗？（ ）

A、喜欢 B、我只喜欢自己感兴趣的内容和喜欢的老师所教的内容 C、不喜欢

4.作业中遇到了不会做的题，大多数学生会怎么办？（ ）

A、努力自己解决 B、请教老师或同学 C、抄写别人的或空着不做

5.你认为什么方法或途径来提升学习能力最有效？（ ）

A、补习。 B、只要上课认真听讲就可以了。 C、改进自己的学习方法非常重要。

6.学生学习有很大的进步，怎样可以更有动力？（ ）

A、得到父母老师的夸赞和同学好友的羡慕。 B、收获喜欢的书、玩具等礼物。

C、在学习中增强的信心和获得的经验。 D、其它

7.你目前所教的学生整体的学习状态是怎样的？（ ）

A、老师教，我听；不会做，等老师讲。

B、老师教，我听，并思考；不会做的，先自己思考。

C、对于新学内容，会提前进行预习或了解；上课时，积极思考发言；遇到困难时，会先独立思考。

8.在学习过程中，你认为对学生来说哪种方法最有效？（ ）

A、老师全程指导，学生只要跟着做就行了。

B、老师适当引导，要留一些独立思考的时间给学生。

C、学生自己学习，但需要老师的指导，以及在学生无法完成时给予帮助。

9.你认为学生喜欢哪种学习方式？（ ）

A、合作学习（在小组或团队中明确分工、互相帮助中学习）

B、自主学习（自己独立分析、实践等得出自己的答案）

C、探究学习（根据自己的猜想或假设，在科学理论指导下，运用科学的方法对问题进行研究学习）

10.如果要学生靠自己完成一项新的学习任务，你目前教的学生能完成吗？如果能，请总结一下经验；如果不能，请写一写对策。

发展核心素养视阈中
小学生自我导向学习实践研究

《发展核心素养视阈中小学生自我导向学习实践研究》，编号为C/B/2016/003，2017年3月由无锡市教育科学规划领导小组办公室批准立项为无锡市教育科学“十三五”规划重点课题，2017年4月通过开题论证，2019年5月通过中期评估。本课题的研究旨在以发展核心素养为目标，依据义务教育各学科课程标准精神和教学建议，研究我校教育课程改革中学生学习形态和方式的变革，探索教师引导下的小学生自我导向学习的方法和实施过程，形成学生自主学习的新样态。经过三年多的研究，完成了课题研究预期任务目标。

一、课题核心概念的体现认识

核心素养，“学科核心素养”的上位概念，指每个学生应具备、能够适应终身发展和社会发展需要的必备品格和关键能力，代表个体普遍应达到的共同必要素养。《中国学生发展核心素养》框架于2016年9月13日正式发布，以培养“全面发展的人”为核心，分为文化基础、自主发展、社会参与三个方面，人文底蕴、科学精神、学会学习、健康生活、责任担当、实践创新六大素养。本课题着重关注“自主发展”板块下的“学会学习”这一素养。现代课程教学重在培养学生适应个人幸福生活、实现终身发展的素养和能力，导向自我的学习，并能在学习中认识和发现自我价值，实现自主发展。

小学生自我导向学习，美国学者塔夫正式提出自我导向学习（Self-Directed Learning，简称SDL）并作论述，指学习者自发或在别人帮助下，激发自我学习潜能和主观努力，形成强烈的学习动机和主动控制学习的高强意识，独立而持续完成学习活动的过程。小学生自我导向学习指小学生自主或在学习促动者的支持下，激发自我学习潜能和主观努力，逐步增强学习动机和主动控制学习的意识，在不断向自我导向水平较高层级过渡中，逐步独立而持续完成学习活动的过程。

发展核心素养视阈中小学生自我导向学习研究，以发展核心素养为小学生自我导向学习的研究背景和目标，发展核心素养视阈中小学生自我导向学习，更需要激发儿童自我学习潜能和主观努力，教师成为一名优质的学习促动者，把学习的主动权还给学生，指导学生制定和执行自己的学习程序，提高自我管理学习的能力，不断向自我导向水平较高层级过渡，不断提升自身核心素养。

二、课题研究目标

通过研究，改变课堂教学中教师主控的学习心理和范式，探索发展核心素养背景下顺应小学生自主发展的新型学习方式，形成对自我导向学习较为系统的理性认识，形成一系列建构自我导向学习的操作策略。

通过研究，使小学生具备“自我导向型学习者”的一般特征，从心理上成为“更会学习的自我”，从行为上学会调整和控制学习活动全过程，获得独立自主的发展。

通过研究，促进教师在自我导向学习理论指导下不断实践反思，改良自己的课堂和行为，形成一批小学生自我导向学习案例，把促进学生自我导向学习作为新的教学追求。

三、研究实践进展

依据专家论证的课题《实施方案》，学校课题组多次组织课题核心组成员和全校教师学习自我导向学习和学习契约相关理论，以行动研究法和个案研究法为主要研究方法，组织专题讲座和培训学习，结合教师个人研究点，进行本课题研究和实践。

(一)开展文献学习，勾画自我导向学习对小学生自觉成长的研究愿景

2016年，学校课题组在整理省教育科学“十二五”规划立项课题《儿童生长课堂实践建构研究》课题成果时，即开始思考推进儿童生长课堂深度建构的“十三五”课题。在《中国学生发展核心素养》框架正式发布，中小学生核心素养成为教育界普遍关注的焦点背景下，课题组基于发展核心素养视阈对“儿童生长”深层阐释的需要、基于儿童生长课堂对“学习本质”深入理解的需要、以及基于对“儿童生长课堂”实践研究深度回应的需要，经过研讨确认，选题《发展核心素养视阈中小学生自我导向学习实践研究》作为隆亭实小“十三五”教育科学研究的主方向。

2017年4月27日，学校举办了课题开题论证会。锡山区督导室主任、教育局副局长孟晓东，锡山区教育局规划办主任储建明等相关领导和专家，为课题研究提出了宝贵意见。同年9月，学校“十二五”课题研究成果《儿童生长课堂的理念与行动策略》获江苏省教学成果评选一等奖，该项研究成果为学校“十三五”课题研究开展奠定了良好的基础。

9月14日，学校举行了课题实施方案解读会。分管教科研的陈晓红结合具体课例深入浅出地作了课题文本的解读和导学，帮助全体教师明确了课题基本概念和总体理念。20日，利用业务学习时间，全体教师根据前期学习的自我导向相关教育科研理论，结合教学实践，进行现场思辨，寻找教学实践、研究的相近、相通、相关联处，进行理性分析，将课题理念逐步内化为主体认识。28日，课题核心组成员马石蓉老师为全校教师作了《发展核心素养视阈中小学生学习方式调查报告》解读。从调查目的、调查对象、调查方法、调查结果、调查结

果分析、结论与建议六个部分阐述了“小学生学习方式”的校本调查结果，为小学生自我导向学习的研究提供了具体的数据背景。至此，学校全体教师初步形成了对课题的共同研究愿景，期待以先进理念和创新学习方式推动学生自觉成长。

（二）积极行动研究，建构自我导向学习在小学阶段应用的研究路径

学校课题组围绕研究目标和内容展开研究，在“实践——反思——再实践”的过程中紧扣实践中的问题与细节进行总结、提炼、建构，将课题研究落到了实处。

2017年10月开始，课题组在前期理论学习的基础上，聚焦学习的准备、发生、达成、延续等进行专题研究，初步形成了小学生自我导向学习“四自五学”双向建构路径，22位教师结合个人专项研究进行了理论、实践成果分享，语文课题成果《语文生长课堂自我导向学习的实践建构》获锡山区教学成果一等奖。

2019年上半年，课题研究进一步聚焦小学生主动学的方法和策略，初步形成了“自己学”为核心的行动策略以及指向“成长自觉”的教师辅助策略。4月，钱敏等骨干老师以“自我导向学习策略的探究——主动学”为主题，向全体教师阐释了何为“主动学”的状态。下半年，学校以“主动建构学习路径”为主题，策划了语文统编教材的专题研讨活动，全国著名特级教师孟晓东、江苏省特级教师诸向阳两位专家对学校课堂教学给予了充分的肯定，课题组及时吸纳意见，调整研究视角，使课题研究不断走向深入。2019年，18位教师进行了课题研究微讲座分享，教师发表课题相关论文10篇，103篇论文在各级各类比赛中获奖。

2020年初，全国突发新冠疫情，线上学习成为学生的主流学习模式，课题组根据学生线上学习的调研反馈，引导教师将研究视点转向小学生自我导向学习的目标培育与管理。5月18日，陈亚敏、陆晓凤、张凯凯老师围绕学习契约的制定与实施进行了案例分享。7月，语数英学科关于学生学习目标培育与管理的一组研究文章发表在《无锡教育研究》。《语文生长课堂自我导向学习的实践建构》获市教学成果二等奖。

（三）涵养教师素养，培育教师个人微项目研究的学习型组织共同体

学校以《发展核心素养视阈中小学生自我导向学习实践研究》为抓手，开展草根式研究，鼓励教师将学校课题研究与教研活动整合，与教师个人微课题研究结合，约请青年教师、骨干教师、专家教师中走在前、有收获、能反思、乐分享的教师代表围绕主题研讨，进行案例式解读与交流，促进教师集体学习与反思，富润教师个人科研素养与行动自觉，形成教育科研合力，积极培育追求目标达成与探索的学习研究共同体。

林语论坛·微讲座一览表

序	视点	选题	主讲
1	诊断与反思——课堂中非自我导向学习的现象	为促进自我导向学习而教	尹菊芬
		数学课堂中非自我导向学习案例分析	吕丹萍
		在科学课中培养学生的选择和质疑的科学精神	瞿　凯
2	发现与提炼——我所看到（经历）的自我导向学习	从“教学”到“自学”　——浅谈自我导向性学习在英语课堂中的运用	陈　芸
		发现与提炼：我所看到的自我导向学习　——以《春联》教学为例	陈　悦
		今天，你的课堂自我导向学习了吗?	马石蓉
3	目标与行动——我可以这么做	让学生“培养自己”	王学芳
		诊断，发现，行动——小学生自我导向学习初探	华叶花
		“给”与“引”——张齐华老师《圆的认识》一稿与四稿之比较	周丽萍
4	双向备学、双边促学、双轨延学	强意识促学，引发儿童自我导向学习	陈晓红
		《初识Scratch》教学中双轨延学的体现	陈玉圣
		科学课堂中的导与学	瞿　凯
5	双向备学、双边促学、双轨延学	备　学——把握已有状态，激活潜在学力	王冬云
		“内部驱动，外部优化”的师生双轨延学	史亚莉
		顺着儿童问题去展开的双向促学	蒋梦飞
6	聚焦自我导向学习双向建构研究中的重点板块，与儿童生长课堂相关评价指标相结合	双轨延学：功夫在课内，延学在课外	陆晓凤
		创设游戏情境，课堂一玩到底——浅谈美术课堂中的原动力激发	何灵杰
		探索双边备学，助力儿童数学经验自主建构	陆以文
7	聚焦自我导向学习双向建构研究中的重点板块，与儿童生长课堂相关评价指标相结合	促学：让学生成为学习的主体	虞小蕙
		深度学习，让学生真实生长	冯　镭
		思维导图提升学生英语学习	赵　辛
		“板块再构”，激发学生自我学习需要力	金洪美
8	自我导向学习小妙招：教师如何帮助学生“自学”“共学”“结对学”“教他人学”	自我导向学习策略的探究——主动学	钱　敏
		5H，言语和思维同生共长	尹菊芬
		浅谈学生的学习方式	周丽萍

9	自我导向学习小妙招：教师如何帮助学生“自学”“共学”“结对学”“教他人学”	课前预习：隐藏在课堂前移中的自我导向学习	倪继红
		从“教”到“学”：目标导引式课堂活动设计	陈晓红
		浅谈如何培养学生数学自主学习能力	施　翊
10	自我导向学习小妙招：教师如何帮助学生“自学”“共学”“结对学”“教他人学”	例谈“以学为中心”的小学英语课堂教学	华泠泠
		自我导向学习策略在小学生英语教学中的运用	陈　芸
		例谈“自己学”练习设计要点	胡烨青
11	自我导向学习小妙招：教师的促学意识和行为支撑下的小学生自我导向学习	开发自身潜能，形成自主学习习惯——小学语文自我导向学习习惯的探究	张艳明
		浅谈备学在美术课堂中的重要性	王媛媛
		激励性评价引领课堂主动学习风尚	张　婷
12	自我导向学习小妙招：如何指导学生选择适合自己的独特的学习方法	兴致盎然学汉字——低年级识字教学中“自己学”的方法探究	张艳明
		自我导向：创造探索性的学习经历	郭　健
		从学生需求出发 还原评价本义	王艳梅
13	自我导向学习小妙招：如何维持或增长学习动机	小学语文课堂学习支架的明铺暗设	陆映红
		学习动机：自我导向学习的必要条件	孙建清
		问题支架：激活小学生的英语思维力	张凯凯
14	学习契约的制定与实施案例分享	口语交际课堂全员参与模式	陆晓风
		基于学习契约的小老师微课堂实践	陈亚敏
		书上有路“约”为径	张凯凯

四、研究的主要成果和结论

《发展核心素养视阈中小学生自我导向学习实践研究》属于实践探索研究。我们从“小学生学习方式”问卷调查入手，以典型课例的探索与积累为主线，积极探索小学生自我学习的路径和策略，通过行动研究的方式，积极探索具有学科特点的小学生自我导向学习形态、方法和策略，推动教学方式的校本化研究。

（一）初步提炼了小学生自我导向学习目标管理策略

培育自我导向学习的目标，以及基于目标对学习过程进行有效管理，是自我导向学习得以顺利进行的前提与保障。在各学科的教学实施中，我们以学习契约为载体，实践研究了如何根据学生自身需要对目标进行自我设计与管理，最终促使目标实施达成，形成目标设立和目标管理的自觉。主要建构了以下目标管理操作策略：

1.基于学习契约制订的目标自探自设策略。教师基于对每位学生的了解，引导学生根据自身的个性需要和学习水平，对新一轮学习作设计和规划。教师与学生共同确定具体到个体的、多样化、分层次的目标体系，即“我想学习什么”，制定与之相适应的学习进程，包括确认学习资源和策略等，形成对学习过程整体管理的学习计划，即制订学习契约。

2.基于学习契约实施的目标分解细化策略。以学习契约协议为载体，通过学习讨论，进一步促进学生目标自探、自知、自设；通过学生公开行动，促进学生目标自我调整、自我修复、自我完善；引导学生把大目标分解成便于达成的小目标分解实施，每一小步化为具体，逐个击破，并在学习进程中通过记录学习经历、设置最近学习任务提醒等手段，不断调整目标，调适个体学习行为，从而实现对目标的管理。

3.基于学习契约评价的目标评价汇报策略。在契约学习过程中，促使学生以学习目标为导引，以契约精神进行自我约束，适时展示学习成果，通过学生个体、同伴、教师、家长多元多向评价反馈，促使学习走向深入。“创作个人诗集”“小小故事会”“数学戏剧节”“英语主题秀”等创意活动汇报学习成果，使学习评价在成果展示与汇报中再次升华为新一轮的综合性学习过程。

（二）深度建构了小学生自我导向“学习路径”

“十二五”期间，课题组形成了“儿童生长课堂”的基本框架：三点基本认识，四个操作要点，五项行动策略，二层评价维度。“十三五”期间，深度建构了小学生自我导向“学习路径”：

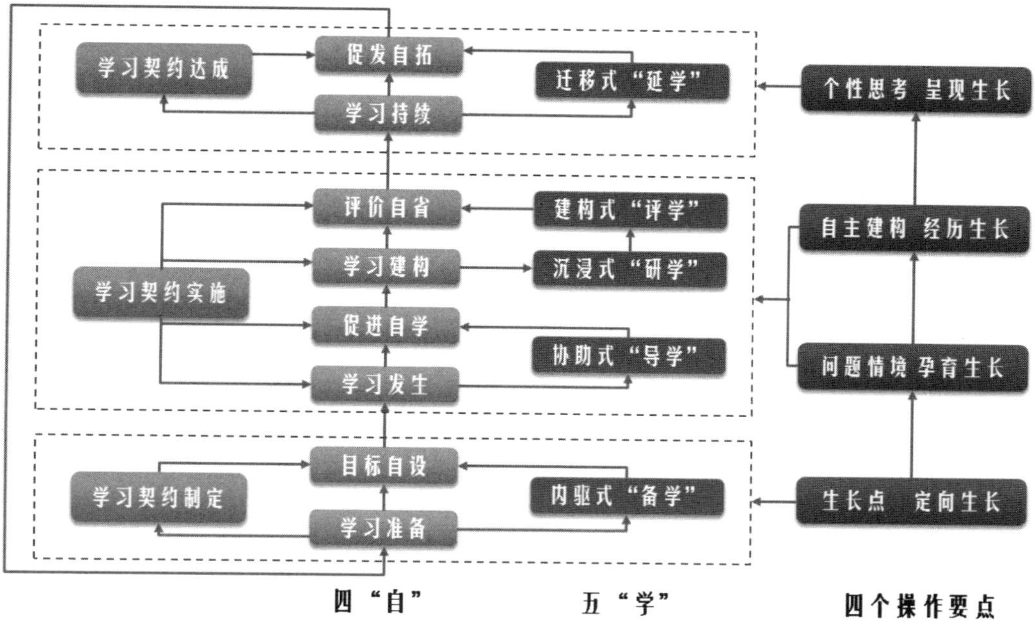

1.小学生自我导向“学习路径”由三条主线构成。

主线一：“生长点定向生长”——“问题情境孕育生长”——“自主建构经历生长”——“个性思考呈现生长”，是“十二五”期间提炼出的儿童生长课堂的四个操作要点，明确了小学生自我导向学习是立足于儿童生长课堂的，是一种持续推进和深度建构。主线一体现了本课题与“十二五”课题研究的衔接和启承。

主线二：“四自五学”学习路径，是本课题研究过程中实践建构而成，儿童通过“内驱式备学——协助式导学——沉浸式研学——建构式评学——迁移式延学”，逐渐展开“目标自设——促进自学——评价自省——促发自拓”的完整学习过程。主线二展现了本课题三年来实践研究的轨迹。

主线三：学习契约的制订、实施、达成，是本课题对“十二五”课题研究的创新点，学习从计划、发生、建构、评价，再进入下一轮循环，不断修正行进的方向与速度，周而复始，螺旋上升，从而形成学习闭环。主线三凸显出学习契约是本课题向省级课题的延伸点和突破点。

2.小学生自我导向学习教学行动策略。

在“十二五”总结的“儿童化策略”“学科性策略”“卷入策略”“活动策略”“适切策略”五项行动策略的基础上，进行学习平台、大单元、项目化设计策略研究，进一步提升教师导学的专业素养和能力。

3.小学生沉浸式自主研学策略。

通过“自己学”“共同学”“结对学”“教他人学”四项自主研学策略，勾画了以“自己学”为核心的自主研学技术路线。结合以上学习策略，教师大胆进行“小先生微课堂”“小组任务型学习”等实践研究，开启了“学生上前”“教师退后”等主动学习的课堂教学改革。

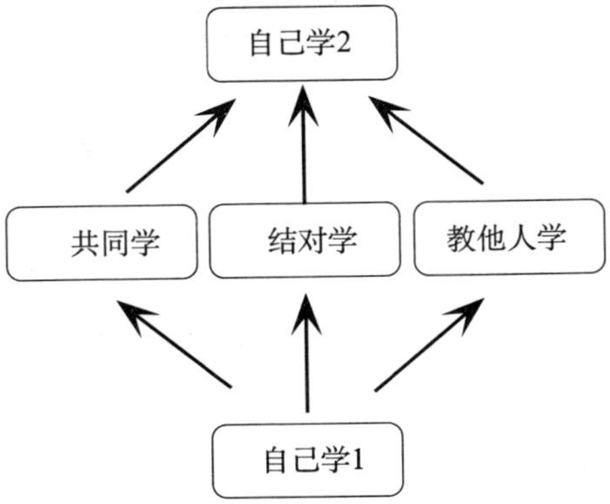

（三）多维建立了小学生自我导向学习师生协同机制

自我导向学习过程中需要教师的促动支持，教师的角色是协助者，发挥的是辅助作用，指向的是小学生的成长自觉。教师辅助策略，一方面体现在意识层面，激发学生内驱，不断明确自我导向学习倾向；另一方面体现在行为层面，教师对学生自我导向学习行为的积极干预和协助式导学。本阶段，重点研究了对学生的主动学习和自觉成长起关键作用的师生协同机制。

1.动机维持或增长的双向交流机制

创设“喜欢学”“持续获得胜利”的学习情境，通过双向交流，运用任务提醒，协助和推动学生持续聚焦任务，引发学生的自我导向学习动机，以保障自我导向学习持续进行。

2.提供方法选择的双线互动机制

在师生互动中分析、描述、点拨、评价，指导学生选择适合自己的、适宜当前学习的学习方法；教师通过策略学习研究，引导学生总结、提炼、选择、运用学习方法策略，确保学生自我导向学习能力的渐进。

3.促进评价反思的师生协同复盘研讨机制

我们推进基于师生协同的“复盘式评课”实践，通过教者备盘预设、师生复盘评议、教者翻盘重构等途径，引导教师从“教学目标匹配教学活动”“学习活动落实教学目标”“学习效果达成教学目标”三个层次维度，反思评价指向主动学习的教学行为；引导学生以“我的目标实现了吗？我取得了哪些进步？我学到了哪些方法？我有什么问题”四个问题进行内省性自评，反思评价指向主动学习的学习行为。师生协同，双向建构，使学生进入主动学习的良性循环圈。

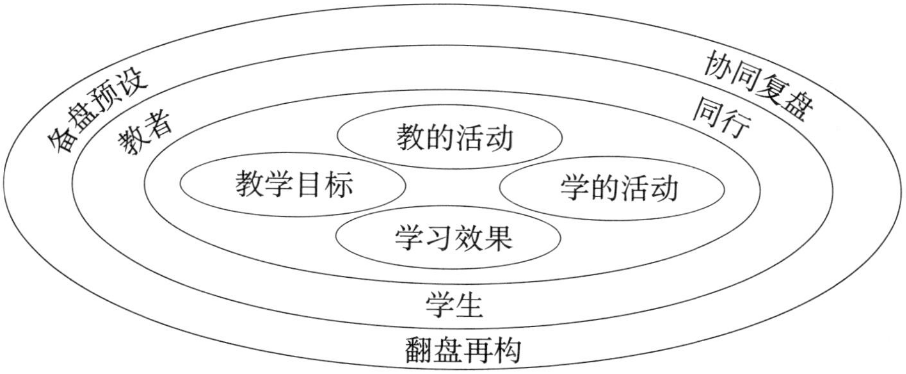

基于师生协同的复盘式评课研讨实践策略，促使教学过程与学习过程在“备盘——复盘——翻盘”的过程中不断匹配、一致，随着师生达成目标自知、自定、自探，在翻盘之际，不断将教学与学习聚焦于“学为中心”的探索性、启发性、发现式、体验式学习活动之中。这一阶段研究成果，发表于《江苏教育》（教师发展版）2020年第7期。

（四）积累了50个小学生自我导向学习的案例

课题研究深入到课堂学习生活内部，有机融入各学科教学活动。针对不同学科特性，从不同的视角切入，选择关键性研究内容，展开具有学科特点的行动研究。运用个案研究法，选择、收集、积累了一系列以小学生自我导向“学习闭环”为依据设计的小学生自我导向学习案例，形成案例编写格式，以典型案例为素材，通过具体而理性的分析、解剖、归纳，促使教师深入特定的教学情景和学习过程，建立真实的研究感受，不断寻求解决问题的方案，以理性思考引发对问题的持续性关注和行为跟进。校刊《知耕》成为教师分享展示教研成果的主阵地，成功发布50个典型案例，其中《成语故事》《槐乡五月》《Cartoon time》等多篇案例在省市级刊物刊登发表。同时，课题组汇编案例成集进行推广，在各学科教研组内互学共享，切实促进了小学生自我导向学习个性化研究和创新实施。

（五）课题研究的物化成果

2017年至今，学校共有45篇论文发表于《江苏教育》《教育界》《小学语文教学》《辅导员》等杂志。围绕“自我导向学习目标的培育与管理”的一组专题文章发表于《无锡教育研究》，获得黄树生、孟晓东两位专家的肯定与点评。400余篇教育教学论文在区级以上获奖或发表。开展与课题相关的教学公开课33节。共编撰校刊《知耕》7册。30万字的课题专著《儿童，天生的学习者——小学生自我导向学习》编撰完成，计划于2021年1月正式出版。《语文生长课堂自我导向学习的实践建构》获锡山区第二届教学成果奖评比一等奖，无锡市教学成果奖评比二等奖。陈亚敏副校长、马石蓉老师参与区《学生发展核心素养视域下的课堂教学指南》编写。陈亚敏副校长代表学校在无锡市新优质学校论坛中交流学校课题研究经验与成果。锡山区“施萍一”名师工作室挂牌成立。施萍一校长受邀在无锡市第三期教科院大讲坛暨全市小学（跨）学科项目化学习的实践探索与经验交流培训活动中作为代表进行《基于学习契约的整本书阅读的项目化设计与实施》的分享发言。施萍一校长等骨干教师多次代表学校，在浙江、安徽、河南等地组织的教师培训活动中作主题讲座、执教观摩课，均产生良好影响。

五、研究展望

小学生自我导向学习的研究中，最宝贵的是使教师群体形成了“为学生自主发展而教”

的集体朝向。在同步开展的省级课题研究中，我们将继续以“儿童生长”为文化主题，以“学习契约的制订与实施”为重点，深度探索适用于小学生的自我导向学习方式研究。

进一步强化实践研究。在研究内容上，更体现实用性，把自我导向学习实践经验提升为理性认识的同时，更要指导教师的课堂实践，将科研成果转化为日常具体的教育教学行为，凸显科研的真正价值。

进一步厘清研究内容。项目组将继续加强自我导向学习理论和行动研究，厘清研究内容之间的逻辑关系，以顶层设计为导向，以教师微项目研究为抓手，促使研究走向深入。

进一步规划物化成果。要进一步形成外显、物化的课题成果，推进专著编写、出版，阐释较为完善的小学生自我导向学习理论、策略体系，并在区域范围内得到有效推广。

第二部分

专题研究：

小学生自我导向学习的研究推进

创新专题式研究，探究小学生自我导向学习的目标机制、操作策略；深入课堂观察，在自我观察和他人观察的多重视角中，还原学习过程中的细节，提炼和建构“我的”经验，唤醒成长自觉，唤醒学习天性。

导语 Introduction

小学生自我导向学习研究，我们已然走过四年。

研究初期，我们对小学生的学习方式进行了调研，为有效地开展小学生自我导向学习的研究提供了具体的数据背景；我们组织教师进行“自我导向学习”诊断辨析主题研讨活动，引导教师在前期理论学习的基础上交流碰撞思想，不断聚焦研究目标。通过这一阶段的研究与学习，我们加深了对小学生自我导向学习的适用性认识。

随着研究推进，我们立足课堂，一如既往注重课堂教学突围，以市区级课题展示课为平台，映现我们的教学主张与创新之处，与课程专家、大家对话，兼收并蓄各方意见，及时调整研究方向。我们以专题方式进行阶段研究，积极探求学习方式的突破与改变，加强阶段研究过程中的理念内化，反思总结，提炼归纳学习变化的表征与样态。

我们脚踏实地在儿童生长课堂寻找提升点、深化点、延伸点，研究自我导向学习的主体、情境等影响因素，探寻课堂学习向前预学，向后延学的完整过程，初步形成了“四自五学”基本路径。

我们大胆开放地在儿童的学习过程中进行“批注式自主阅读”“点评式主动学习”“小先生微课堂”“小组任务型学习”等具体学习行为的创新实践，总结提炼了“自己学”“共同学”“结对学”“教他人学”四项主动学习策略，并勾画出“自己学”为核心的主动学习轮示意图。

我们进一步探索自我导向学习与其他学习方式的融合与统整，吸取项目化学习研究成果，融入表现性教学评价思想，深入探究小学生自我导向学习的目标机制、操作策略，由评价表现逆向思考学习目标，由达成目标导向学习计划，初步建构了以“学习契约”为载体的目标管理操作策略。

我们推进了指向“成长自觉”的师生协同机制的研究，形成动机维持或增长的双向交流机制、提供方法选择的双线互动机制，促进教师角色转型，提升互动分析、描述点拨、评价指导等引导艺术，增强任务提醒、协助推动等协助能力，深化总结提炼、内省内化等反思评价能力，辅助学生共同进入主动学习的良性循环圈，使课堂教学中自我导向学习的教与学的行为表征进一步显性化。

我们引导教师深入课堂观察，从观察学生课堂表达、实践活动，到师生协同复盘研讨，逐渐在自我观察和他人观察的多重视角中，还原学习过程中的细节，提炼和建构“我的”经验，唤醒成长自觉，唤醒学习天性。

专题一：小学生自我导向学习的诊断与发现

主持人语：

学校“十二五”课题《儿童生长课堂实践建构研究》认为，“儿童生长”是指儿童的知识与经验不断得到丰富与加深，个性与能力不断得到展示和发展，生命潜质不断得以实现和积极变化。“十三五”期间，我们以“小学生自我导向学习”为教研项目，进一步聚焦学生的具体学习行为，进一步追寻学习的真相和本质，从自主发展、自我学习的视角对“儿童生长”作更为具体、深入的研究。

第一阶段研究目标是反思“十二五”课题研究中已关注但未深入、有意识但欠行动处，对“小学生自我导向学习”现状作深度调研和理性诊断，探索课题研究的空间并设计课题研究的方案和思路。

小学生自我导向学习是以学习动机为内驱力，通过教师恰当的引导和协助，及学生之间的分享和互助，引发学习的发生及思维的发展。理想的小学生自我导向型课堂是由“教堂”变为“学堂”，学生不但想学，并且会学、能学会。学习成为学习者“充满渴望的自我更新”，成为主动进行的使其行为或行为潜能发生改变的活动。但在现实教学中我们发现，小学生因年龄小，自控力弱，自我意识低等客观因素，课堂学习中普遍存在学习兴趣不浓，内部动机不足，学习表现不稳定，反思性学习意识缺乏等问题。学生的思维被牵引，想象被禁锢，情感被抑制，落入“假学”“浅学”“被学”怪圈，在自我管理维度出现了不同程度的障碍。教师作为小学生自我导向学习的促动者，在角色定位上有偏差，对学习过程的辅助作用没有得到充分发挥，比如课堂上为了“不打击学生”，只作肯定倾向的反馈，而忽视学生自我反思能力的提升，使学生逐渐习惯于对学习信息、学习反馈的被动接受，形成依赖的心理定势。在这样的现状下，学生乐于探索、善于思考的学习本性常常被遮蔽，活泼的天性与活跃的思维在课堂中表现出一种蛰伏状态。

但另一方面，我们通过调查又发现，学生普遍具有自主学习的意愿和潜能，并且随着年段升高，生活和学科经验不断累积，自我意识和责任意识慢慢增强，呈现出一定的自我导向学习倾向。这一发现为自我导向学习的构建和发展提供了实践基础和事实依据。

为进一步探明小学生自我导向学习的真实现状，我们聚焦教学中的典型案例展开对问题的诊断与发现的行动研究，以理论学习为底气，以典型课例为素材，以解析归纳为方式，通过分析现状，诊断问题，提炼出不同学科课堂教学中客观存在的非自我导向学习的困顿、缺失、迷茫点，聚焦课题研究的目标与重心，作为研究中必须瞄准攻克的靶心，为后续小学生自我导向学习策略研究提供了理论与实践相结合的基础性、支撑性素材。

本组文章在真实案例中融入了系统的理性思考，体现了“教”与“研”，“行”与“思”的结合，展现了老师们在研究起始阶段所作的创造性探索，并展示了初步的实践成果。

“真学”的课堂：从“真问”开始

——例谈三堂语文课的问题导引

语文课堂的教学应该遵循不同发展阶段学生的学习特点和成长规律，既要富有生命意思，又能体现学科价值。教学设计要站在学生“学”的立场，指导学生积极地投入到自我发现、自我探究、自我生长的过程。在语文课堂中，学生真正的学与学习的真正发生，都将从教师的“真问”开始。

一、真思维——从“浅问”到“真问”

“浅问”指课堂教学教师设计的教学问题没有真正立足于学生生长的原点指向生命的远方。由于教师的“浅问”，导致学生在课堂学习的过程中既没有形成扎实的语文根基，又不能炼成语文的千日之功，学生缺少真切的体验和深度参与，无法实现生长的最大可能性。

“浅问”课例：

一年级部编本《青蛙写诗》是一首轻快、活泼的学生诗。诗人把池塘里的“蝌蚪、水泡泡、水珠”拟人化，并把它们生动准确地想象成逗号、句号和省略号。

教者为了让学生明白“，”和“小蝌蚪”的相似处，是这样指导学生学习。

课件出示图片，播放小蝌蚪录音（我要给你当个小逗号），出示第二小节文字（小逗号变红）。

师：小蝌蚪怎么可以当小逗号，它们哪里像？（出示小蝌蚪 逗号图片）

生：小蝌蚪圆圆的脑袋跟逗号圆圆的头很像。

生：他们都有一条小尾巴。

总结：看，小蝌蚪的头圆圆的，拖了一条小尾巴。小逗号呢，有一个圆圆的黑点，也拖了一条小尾巴。（相机板贴，来，伸出手来，来把小逗号描一描：圆圆的脑袋拖个小尾巴，圆圆的脑袋拖个小脑袋）谁来当小蝌蚪读一读，我们一起来读。

课堂上学生很踊跃，回答的答案看上去也是非常正确。可是，“小蝌蚪怎么可以当小逗号，它们哪里像？”这样的提问仔细探究一下，有没有问题？能不能改一改，变一变？这样一问，就发现这样的提问方式是从教者理解文本的角度（逗号跟小蝌蚪长得像）出发，而未提供学生自我思考的空间。问题除了没有思维空间外，还容易造成学生答案没有条理、不全面，不利于培养学生思维的缜密性。

如果教者这样问：“小蝌蚪为什么可以当小逗号？”学生完全可以自主探究到小蝌蚪

与“，”很像，这样的问题是有思维含量的“真问”，它不仅提高了学生探究能力与思维能力，更是把自主学习的权利还给了学生。问题简单的改一改，尽管答案的内容一样，但是后者的课堂上有了学生思维呼吸的空间，后者的答案更照顾了学生思维的整体性。学生回答必须先要找到问题的标准答案“小蝌蚪和逗号很像”，然后在一一罗列像的原因。这样的具有探究性质的提问才能培养学生的“真思维”。

二、真感悟——从“伪问”到“真问”

“伪问”指课堂中教师的提问学生看似生长了，回答热闹，生生、师生互动频繁，学习活动看似很丰富，但是对话流于无智力价值的问答，活动仅为形式上的表演，事实上没有触动学生实质性的思维和精神领域，掩盖了学科本质真正的生长。

三年级上册有一篇历史故事《卧薪尝胆》，课文里讲到“勾践夫妇来到吴国，穿上了粗布衣服，住进了石头房，给吴王养马驾车，舂米推磨，受尽了屈辱。”

教学这篇课文，教师都会这样提问：“为什么说勾践夫妇受尽了屈辱呢？”孩子从文字出发，对于“屈辱”的理解，就会去寻找文中寻找答案：“穿粗布衣服，住石头房，养马驾车，舂米推磨”，预习充分的孩子甚至会补充资料说明勾践夫妇还受到了很多难以忍受的折磨。

那么，问题出现了，“穿粗布衣服，住石头房，养马驾车，舂米推磨”就是屈辱吗？答案是否定的。对于当时的普通奴仆来说，这些都是日常生活和工作，谈不上屈辱。而做这些事情对于原来享受锦衣玉食、奴仆成群的越王勾践来说做这些事情才是真正的屈辱。那么对于学生容易出现的理解的偏颇，教师此时的“真问”则需要进行一次追问“穿粗布衣服，住石头房，养马驾车，舂米推磨真的是屈辱吗？”

通过教师的引导，学生寻求问题的过程中触动了孩子思维的实质，有了“恍然大悟”般的惊喜。这样的课堂，孩子有学习语文的愉悦感，有对语言文字感悟能力的真生长。

三、真生长——从“被问”到“真问”

“被问”指课堂中学生的语文学习路径是被教师的问题控制的，思维与思想是被禁锢的，没有充分顺应学生的学习规律、语言的生长规律，学生主体地位受限、被动，没有得到真正凸显。

教导学生学习语文，学习课文，就必须从学生的学习基础出发。课堂里的所有提问、追问，都要从学生的回答中来，顺着学生的思路，才能让学生不断生长。

《牛郎织女》是六上的一篇民间故事，课后有一个习题“读完这篇民间故事，你对故事中各个人物有自己的认识和评价，和同学交流交流”

案例一：执教者理清故事人物后，这样提问：故事中哪个人物给你留下了深刻印象？请同学们读读相关情节并试着来谈谈你对人物的认识和评价？

学生很顺利的找到了形容这些人物的四字词语：牛郎身世凄苦、心地善良；老牛知恩图报；织女心灵手巧、勇敢坚定；王母娘娘心狠手辣、不近人情。

执教者在学生找到四字词语后围绕相关情节再引导学生展开了对情节的想象和对重点字词的感悟。

案例二：民间故事的语言、情感的表达有其独特的魅力。让我们再读这个故事，用心想一想，故事中哪些内容给你留下了深刻的印象？大家可以轻轻地吟，默默地思，这是适合民间故事的阅读方式。

学生通过阅读故事本身，聊印象深刻的情节，很自然地谈到了老牛、牛郎之间关系亲密。从而感悟到牛郎身世的凄苦，对老牛的照顾；而老牛善解人意、知恩图报，不仅帮牛郎找到了仙女做妻子，死后的牛皮还发挥了重要的作用。

案例一与案例二进行对比分析，可以发现两者的教学目标是一致的，都是为了完成课后习题对故事人物进行认识和评价。那么，从学生学的角度出发，学生对故事阅读是先认识人物还是先评价人物呢？显而易见，学生一定是先阅读故事，发现自己印象深刻的内容，再谈自己的认识和对人物的评价。

案例一的教学问题显然学生处在一个“被问”的情景中，虽然学生的回答、思考的方向是正确的，但是这样的课堂却缺少了一份语文课堂的情趣。案例二的问题创设则是基于学生的基础，顺着学生的思路，符合学生的语言规律。改变了提问的方式，消除了“被问”的状态，学生学习的原动力被激发。这样的课堂产生了生长的气息：学生对这一篇看似简单的民间故事有了学习的渴望，才能兴致勃勃地阅读，喜出望外地发现，乐此不彼地探索，卓有成效地吸收。学生的语言能力在发展，思维在拔节，精神在成长，成为了语文课堂的主人、学习的主人。

（陆晓凤）

童心缺失的儿童学习

儿童是独特的生命个体，是拥有丰富的情感和天马行空想象力的独立存在。神气的眼睛，生动的语言，自然而投入的举止，烂漫无羁的笑声……他们有自己的喜好和朋友圈，他们用自己的方式感知着大千世界。他们的生活应该是丰富多彩的，他们的言语生命也应该是蓬勃向上、充满活力的。同理，儿童的学习应是自然的、自主的，他们的学习能力应该“与生俱来”，我想这应该就是我们课题中关键词“小学生自我导向学习”提出的基础。那么反观我们的课堂，儿童的表现又如何呢?

现象一：人云亦云的跟风

国庆假期前，三年级语文老师都教了习作《我的自画像》，同办公室的陆老师唉声叹气，愁眉不展，她说：“有的小朋友皮肤不白，我就说可以写成丢在煤堆里都不一定认得出来，结果班级里全都是黑人了；有的小朋友眼睛很小，那可以写成我一笑起来，眼睛就会眯成一条缝，结果全班都是小眼睛；还有的小朋友鼻子可好了，像狗鼻子一样灵敏，结果全班都是狗鼻子。”我不由大笑，纵然孩子们的模仿能力不可小觑，但那么多个性独特的孩子感觉怎么总是出乎意料的一致呢?

现象二：司空见惯的敷衍

师：同学们，这道题听懂了吗?

生：听懂了。

师：这道题会了吗?

生：会了。

师：这些知识点记住了吗?

生：记住了。

现象三：索然无味的交流

许多英语课堂伊始，很多老师会有free talk，今天是星期几？今天是几号？今天天气怎样？一些学习基础好的同学就会觉得索然无味，翻来覆去就那么几句，学习基础差的同学也是听不进去，固然老师的本意是好的，但这种标签式的交流使对话失了几分兴致与活力。

现象四：剥夺与依赖并存

课堂上，我们时常能看到老师手臂酸痛地书写板书，孩子们乖乖地埋头奋笔疾书，课本上的标准答案黑压压地遮住了生动的配图，密密麻麻布满纸张。还比如语文学科的作文，由于教材规定，老师们跟着教材走，自然就少了几分变革与创意，于是作文就让儿童讷于表达，怯于表达，烦于表达，懒于表达。还有遇到新问题、新概念时，老师舍不得“浪费”时间给学生思考，学生往往不是通过分析、综合、归纳、演绎得出自己的结论和认识，完成对知识的主动吸收，而是等待教师给予方法和结论，只获取浅层知识，难以实现深度学习。

诸如此类，不胜枚举。德国哲学家叔本华说：“记录在纸上的思想就如同某人留在沙上的脚印，我们兴许能看到他走过的路径，但若想知道他在路上看见了什么东西，就必须用我们自己的眼睛。”为什么从原本灵动的孩子眼里或口中，我们只能看到或听到味同嚼蜡的机械重复？没有闪光、没有生成，我们作为老师，是不是从心里生出一丝悲凉？

这些现象因何而起？究其根本，不外乎兴趣索然，缺乏进取精神和好奇心，缺乏目标，动力不足等因素。在应试教育下，教师片面追求课文内容，繁琐分析，缺乏文学鉴赏等本体性知识支撑，强加于学生身心诸多不合理的心理生成；是忽视儿童习得语言的内在规律，导致儿童思维跟不上的无所适从，也是儿童对某些教学内容长期似是而非、似懂非懂的迫不得已的自我保护。倘若儿童在学习生活中，习惯了被动接受，习惯了人云亦云，习惯了敷衍了事，只是茫然地学习书本知识，没有深度思考，忽略真实的生活；只知理论，不重视真实的体验，久而久之，会让儿童墨守成规，不思进取，阻碍自我潜能的发挥。所以，我们要跳出这种怪圈，要站在儿童的立场上，改变学习观，改变教学观，让儿童能真正张扬个性，自我学习。

课堂应该是一个有魅力的磁场，是孩子们言语能力生长的土壤，作为孩子们成长的引路人，我们应该为促进学生自主导向学习而教。目前不能期待“生命的林子”里每一棵树都修长挺直，但总会有越来越多的个体会为了一缕阳光，一滴雨露而奋力向上生长，然后将来，终将会有一片自由呼吸的绿色原野。

（尹菊芬）

非自我导向学习倾向的探究
——数学课堂之案例与分析

积极心理教育强调教育从学生的心理需求角度出发是活跃的、积极的、主动的。目前我们学生的学习，很多都不是出于自身想学，也不是出于自己的渴望去学，更不是尽自己的能力在学，而是被动的，被家长逼着、被老师牵着学习，这样的学习就应当是非自我导向性的学习。自我导向学习是指学生自主或在学习促动者的支持下，激发自我学习潜能和主观努力，逐步增强学习动机和主动控制学习的意识，逐步独立而持续完成学习活动，并不断向自我导向水平较高层级过渡。下面，我就举三个案例来说一说课堂上一些非自我导向性学习的现象。

一、过度追求多元，浅化自我思维

【案例一】一年级下册《100以内的退位减法》。

出示情境图，学生自主列式算得数教学片段：

1 通过摆小棒，算出得数。

2 与同桌交流自己的方法。

3 在算法交流过程中，学生依次发言。（上台演示）

生1：从10根小棒里面去掉8根剩下2根，再和26根合起来是28根，10-8=2，　26+2=28

生2：从30里面拿出2和6合成8，30-2=28

生3：先减去6根，再减去2根

生4：36分成16和20，16-8=8，20+8=28。

生5：从30里面拿出8，还剩下22根，22+6=28

生6：36-10+2=28

学生交流后比较：你喜欢哪一种方法?

生1：我喜欢第一种方法。

生2：我喜欢第二种。

……

师：你喜欢哪种方法，就用哪种方法算！

分析："你喜欢用哪种方法计算，就用哪种方法算"。一般来说，低年级学生是无法凭借自己的学习能力达成优化算法的目的。我们老师过高地估计了学生的学习能力。低年级的孩子绝大多数不懂哪种算法是最优化的，在他们自己独立摸索之后得到了这种算法，就会觉得自己的算法是最好的，根深蒂固的记住了自己的方法。表面上的比较是没有意义的，低年级的学生并不具备"自主选择和优化算法"的意识和能力，只有让学生把所有方法都尝试一下，才能初步认识到哪些算法是比较简单的，哪些算法又是属于比较繁琐的。但也只是初步，因为一部分学生接触到新算法，也会因为不熟悉而觉得繁琐，认为是"不好"的算法。只有学生充分经历这一学习过程，才能真正地提升思维水平。

二、过度依赖教材，窄化自我理解

【案例二】一年级上册“5的加法”新授课。

教材编写的意图是：渗透算法多样化的理念，鼓励学生独立思考。我们来看一下某些老师是如何教学这个片段的呢?

师：你是如何算出得数是5的呢?

生1：4+1=5。

生2：4和1组成5。

师：为什么用加法?

（无人举手）

师强调：小朋友，还记得昨天学习的加法吗？什么是加法？就是把两个数合起来。所以，现在要把4只和1只合起来，应该用加法。

师：我们来看一下算式，4+1=5，算式中的4、1、5各表示什么意思?

生：（略）

师：现在我们算出了是5只鸟，是用什么方法算出来的?

生：（脱口而出）用加法。

（估计教师想要的方法没出来，于是教师要求学生讨论）

师：请四人小组讨论。

生：（学生讨论）

师：谁来说一下是怎么算出来的?

生1：用加法。

生2：想组成分解。

生3：心里想的。

生4：5-0=5（这时，学生有点“丈二和尚摸不着头脑”）

生5：4和1组成5。

生6：跟他一样是心里想的。

（这时教师干脆直截了当地“导”）

师：在心里怎样算？先数几?

生7：先数4。

师：再数几?

生7：再数5。

（至此，才明白老师要的是“用数数的方法来计算4+1=？”终于出来了）

分析：我们可以想一想，这位老师为什么非要用这么长的时间来让学生说出用数数的方法计算“4+1=5”呢？因为数数的方法是教材上出示的。有一部分老师就会以为教材既然提倡算法多样化，那就必须让学生掌握教材中出现的每一种方法。可见这部分老师仍然是“

以教材为本”“以教案为本”，没有自己去深读教材，消化教材，理解教材，以致于让学生在这十分钟的时间里无所增长，甚至反而让学生的已有认知水平下降了，学生有的只是失败的体验，更加谈不上学习的乐趣了。课堂上这样的教学是失败的，从教学目标的3个维度来看，无论是知识与技能，或是过程与方法，亦或是情感态度与价值观，都是阻碍了学生的发展的。当学生列出4+1=5时，可以让学生说一说：你是怎么想的？学生能说出几种就几种，教材出示的几种算法，不是非要学生都说出来。其实，老师可以设计一些有助于学生思维提升的游戏或者练习。学习数学的最终目的是让学生在生活中能学以运用，可以让学生举例说说生活中有没有可以用5的加法来表示的事？我们的教学要站在学生的角度思考，要从学生的实际出发，要以学生的认知发展水平和特点为依据，去设计教学，要体现教学是为学生的思维发展而服务的理念。

三、过度倡导互动，浮化自我评价

【案例三】二年级下册《找规律》的练习课。

教学环节：以6人为小组合作，创造时间规律。

出示一组钟面，钟面上的时刻分别为6时半，7时半，8时半，9时半，下一个钟面时刻应该是多少？

生1：10时半。

生2：10时半。

师：你怎么知道的？

生2：因为每两个钟面都相差1小时。

师：你们的眼睛可真亮。出示第2组时刻，根据规律接着猜。1:15，1:55，2:35……

师：给你一个时间，你能自己创造出规律吗？

生：可以。

给出8时。

动手操作一直是学生最感兴趣的，然而，课堂上我们发现大多数学生是自己在随便造规律，小组之间并不存在合作这种说法。交流时，学生都抢着说自己的成果，可是当一个学生在表达时，其他学生并没有在认真听，对别的学生造的规律也根本不关注。学生都只关注自己造的规律，没有去倾听别的同学的发言。这样的小组合作就没意思了，仅仅只是浮于表面。我们老师在要求小组合作时，可以适当提出一些要求，明确如何合作。例如在别的学生出示创造的规律时，谁能快速找到规律是什么？还可以让学生来打分，根据其它小组创造出来的规律的难易程度给出1星到5星的标准。

这样，可以使每个学生都有了听的积极性，从而达到最佳学习效果。

由此可见，非自我导向学习阻碍了学生的终身发展，自我导向学习才是令学生终身受益的一种学习方式。

（吕丹萍）

专题二：小学生自我导向学习目标的培育与管理

主持人语：

目标导向是自我导向学习的重要特征。

为什么不是“确定目标”，而是“培育目标”？确定目标，意味着目标是固定清晰、明确肯定的；培育目标，则强调目标的自我萌生，发展成长。自我导向学习强调“我”的学习，强调学习过程中，“我”的意识，“我”的主动学习。因此，自我导向学习的目标，注重于唤醒自我意识，对目标进行自知、自设、自定。前者强调目标的确定性，后者强调目标的发展性。

为什么不是“目标达成”，而是“目标管理”？目标达成是学习的结果；目标管理，则强调在目标达成的动态持续、不断发展的主动学习过程中，对学习目标的提醒、调整等自我有效管理，以促进学习目标的发展、完善、达成。前者强调学习结果，后者强调学习过程的监控。

本组文章总结提炼了语数英核心组教师对“自我导向目标的培育和管理”的思考和实践，尽管所做的可能还比较粗浅，但是凝聚了一些可贵的尝试：比如在目标培育方面，指出基于学生自身的学习需要和学习水平，引导学生根据对新一轮学习作出的设计和规划，确定具体到个体的、多样化、分层次的目标体系，并制定与之相适应的学习进程，包括确认学习资源和策略等，形成对学习过程整体管理的学习计划。比如在目标管理方面，提出以“大目标分解成小目标”的策略，以便学习目标通过分解实施、分步具化能逐个击破；提出以“学习经历记录”“设置最近学习任务提醒”等手段调整目标，调适个体学习行为，从而实现对目标的管理。

本组文章立意在于，随着学生年级升高，学习经历逐步增长，学习所得逐渐内化，渐渐形成目标设立和目标管理的自觉，从“教”到“学”，从依靠外力的“他控”，逐渐走向自我控制和自我管理，从而提升学生的自我导向学习水平。

导向主动学习的目标培育与管理

——高年级语文自我导向学习的实践与建构

学生升入小学，自我意识开始慢慢萌发。随着年级升高，对教师的依赖逐渐弱化，相反对新鲜事物的好奇心，对未知世界的求知欲、探究欲却在慢慢增强。到了高年级，学生更是被唤醒了“要成为一个怎样的人”的自我追求，这一志向促发和激励着学生树立学习的近期目标和远期规划，目标发挥作用就导向了学生的主动学习。

可见，小学生随着年级升高，渐渐呈现出一定的自我导向学习倾向，也渐渐具备了一定的自主学习能力，习得了一些自主学习的方法和策略，但这些还远远不足为即将开始的中学学习做好能力和方法的预备适应。因此，进行小学生自我导向学习的行动研究，逐步发展学生自我规划，自我管理、自我评价的自我导向学习能力，使学生逐步适应高一级学习的需要，并进一步形成持续学习的自觉，努力成为终身学习者，具有前瞻价值。

一、驱动主动学习的自我心向

尽管高年级学生已经体现出一定的自我学习能力，但对于取得高质量学习效果来说这只是一种可能和必要的基础。因此，需要教师以指导者、支持者、甚至是共学者的角色，给学生提供辅助支撑。

1. 良好习惯养成——简化策略

语文作业和学习内容的丰富多样，或者说纷繁复杂，是高年级学生对语文学习的热情与喜爱慢慢消失怠尽，从而囿于机械应付，导致产生学习厌烦的根本原因。

良好的习惯和态度，会在学生的学习过程中潜移默化地发挥强大的作用，因此高年级语文教师一方面要简化学生的语文作业和学习内容，突出学习重点和语文要素，注重语文能力的方法；另一方面必须智慧地辅助学生养成简化学习的策略，比如：要养成认真严谨的态度以确保正确的第一印象，减少基础知识的错误；要善于将课前备学与课中学习相结合，以提高当课学习效率；要借助课后习题等及时巩固运用，以形成稳固的学习经验。总之，要节省时间和精力的消耗，简化学习的步骤和次数，就要在学的态度与专注习惯上下苦功夫。

2. 丰富学习经验——能训策略

“学文如筑沙”，语文学习最为讲究积累，而丰富的语文学习经验，对于高年级语文学习来说，也犹为重要。在高年级语文教学过程中，要注重语文能力的培养，对学生朗读、倾听、表达、鉴赏进行强化训练。可以有效运用“朗读点评策略”和“习作点评策略”。

“朗读点评策略”具体操作办法为：利用班级微信群，在学习新课文前一天晚上，与家长、学生将7：00–7：30固定为朗读点评时间。先由五位学生上传朗读语音，大家认真倾听后，每人进行点评。为每条朗读及点评进行积分。

“习作点评策略”具体操作办法为：定期或不定期请学生朗读自己的习作或推荐的优秀作文，每位同学针对习作中的不足或值得学习的地方轮流进行点评。

“朗读点评策略”“习作点评策略”给学生创设了朗读、倾听、表达的氛围和平台，可以使学生的综合能力得到有效的提升；同时，也是学生之间、师生之间，方法互学的有效途径，特别是教师如果能善于发现、总结提炼学生朗读、倾听、表达等呈现出的问题与方法，会对学生更好地表达与倾听起到促进的作用。

3.建构理想关系——记录策略

学生眼里，教师是追着自己的“黑猫警长”，教师对学生呢，则常常玩的是“打地鼠”，怪不得常有人用“猫和老鼠”来形容现在的师生关系。

学生能否懂得体会老师给予他们的关心，能否懂得感恩，向师心程度如何，对于老师的要求，能否照着去做，对于有难度的学习任务，能否努力尝试着去完成，这关乎自我导向学习实施的成败。小学生的自我导向学习，主要特点是教师协同和辅助下的主动学习，建构理想的师生关系没有捷径，只有“真心换真情”。因此，可以用“记录策略”，把师生之间发生的故事，片段等记录下来。

比如，开学初有一回语文课，一位学生发烧了，当时教师对学生的情况还不大熟悉，打电话与家长联系后才得知学生的妈妈经常会去外地，刚巧这段时间去浙江了。教师出于习惯，帮学生倒了半杯热水，并且细心地安抚他。后来，在这位学生和其他同学的作文中，经常会谈到这难忘的一幕。可见，孩子情感需要真情关怀，这会带给他们安全感和建立信任。

教师和学生都可以运用记录策略，用打动人心的师生故事，去温暖学习时光。师生有一颗柔软的心，那么润物细无声的美好境界就不远了。

学者指出“儿童有着惊人的学习能力”，那为什么在事实的学习过程中没有表现出来呢？这可能跟小学生学习“他控”现象仍然极为普遍有关。小学生“学什么、怎么学、学得怎样”很大程度由教师、家长等成人控制，甚至那些成绩优异的学生，他们的学习动力也未必全都是来自内驱，导致学生的学习动能来源常常是被动的、外加的、惯性的。

然而，正如一颗种子具有无穷的生命力量那样，学生没有表现出来的学习潜能很可能蛰伏在其心灵深处。对于高年级学生的语文学习来说，学习习惯良好、有一定学习经验、理想的向师性就会很好地驱动主动学习的心向，迈出自我导向学习的第一步。

二、推进目标自定的学习讨论

自我导向学习要求学生围绕“学什么？”“怎么学？”“学得怎么样？”“怎么证明我已经学会了？”来制定学习目标和计划。这种学习方式的转变对学生来说是陌生的，“学习讨论”可以有效帮助学生自察阅读需要，自估阅读水平，从而促进目标的自我设定。

以六年级《西游记》整本书阅读为例，学生需要依据自身特点与实际设定个性化的阅读目标。一方面因为整本书阅读本身就是开放式的，很难用同一种目标去界定，另一方面每个学生的阅读经验与阅读能力都不是整齐划一的，也无法用同一标准去衡量。

1.多站式的讨论特色。围绕阅读后举行的“读书会”进行反思讨论，通过“教师—学生1—学生2—学生3—……教师”的多站式展示讨论，彼此的发言是交织在一起的，但又具有内在联系。比如学生会提出“按照章节阅读”“结合电视剧来读”“和同学一起读”“读后做些笔记”“围绕大家感兴趣的内容进行交流”“还可以进行COSPLAY”等。听起来似乎很复杂，但可以看出学生对阅读速度、阅读方法、阅读交流、阅读展示等多种问题的关注，思维也极其活跃，推动学生对阅读目标自探、自知、自设。

2.多话题的公开讨论。每人围绕“一个感兴趣的话题”公开自己的阅读行动，在把自己想做的表达出来的过程中，学生在同伴的视野下考量自己行动的可行性和可操作性；同时，为了要体现出自己的表达更具有说服力，学生在思考时会更清晰、更有条理、而且会主动修复一些不尽完善之处，不时还会冒出奇思妙想。比如“孙悟空的朋友圈”“孙悟空的‘三打’和‘三借’”，多话题的公开讨论，推动学生对阅读目标的自我调整、自我修复、自我完善。

三、促进目标达成的自我管理

高年级学生目标管理的难点在于“坚持不下去”“不能持续进行”，尤其在当学习遇到困难、受到阻力的时候。此时此刻，扭转或改变学习动力削弱，学习热情降低，学习效能减少趋势最为有效方法的是学生对目标的自我管理。

比如目标的分解，即面对一个比较大，或者较为长期的阶段目标，可以指导学生将目标分解成若干小目标，若干小步骤，以降低难度，设置坡度，确保目标能分步实施，分层落实；目标的任务提醒，即指导学生在最近任务设置一个“学习闹钟”，提醒自己及时了解学习进度，检测学习质量，及时调整学习节奏；目标的完成记录，即尝试记学习日记、写学习便条等方式，记录学习的方法、经验，学习过程中的收获，对学习进行反思等。

依据心理学积极暗示效应，自我激励也是一种对目标自我管理的有效措施。比如文言学习，这是高年级语文学习要挑战的一个难点。随着小学语文统编教材的实施，为学生进行中小学文言学习的衔接铺垫，成为当务之急。可以分三个不同阶段，引导学生逐级进行自我激励。

1.第一阶段“玩水”，自我激励口号“坚持就是胜利”。

时间为五年级暑期，具体行为：跟随公众号，主动参加学60天学古诗活动。学生将每天听、读、思一首古诗作为目标。为保证学习效果，学生每天在“一卷读书馆”里进行汇报交流。通过教师提示，反馈点评等方式，引导学生以“坚持就是胜利”进行自我激励，消除懈怠、放松、拖延等阻碍目标达成的心理。

2.第二阶段“试水”，自我激励口号“脑子越用越灵”。

时间为五年级，具体行动：在成语文化课程中，去触摸邯郸学步、完璧归赵等历史故事背后的优秀文化。成语故事有着深刻内涵，通过画情节图，结合情节来评价历史人物等方式引导学生以“脑子越用越灵”进行自我激励，磨炼学生思维的深度、广度，为学生今后阅读这些故事的文言版奠定基础，促进学生自觉、自主完成目标管理。

3.第三阶段“亲水”，自我激励口号“跳一跳摘果子”。

时间为六年级，具体行动：为学生开设古文课程，从《世说新语》中精选篇章。通过读、思、悟，掌握文言朗读的停顿、节奏，习得理解文言的方法和技能，引导学生以“跳一跳摘果子”进行自我激励，消除了与文言初次见面的突兀感、困顿感、盲目感，逐渐形成良性的认知过程，促进目标化为具体的学习行为，并促进学习的生成。

总之，要使高年级学生语文自我导向学习从理论层面的可行到操作层面的可为，需要大量的时间和实践，需要教师的智慧与勤勉。但不可否认，这是向未来学习迈出的可喜一步。

（施萍一）

小学数学自我导向学习的目标培养和管理

自我导向学习的目标管理是倡导民主参与的学生自我控制，是将学生学习目标和教师教学目标有机贯通，以更多地调动学习的主动性、创造性和积极性，将个体学习成就和整体教学现场密切关联，经历全程的多发性映照互动，采用科学的方法习得知识，不断增进持久的学习动力，“让自己变得更优秀”变为实实在在的行动，鼓励学生为实现适恰的学习愿景而努力。

一、自觉设置学习目标

数学课堂的教学目标，是知识、能力、方法态度价值观的综合体，教学流程中贯穿了知识点的步步深入，学生只有充分体验知识发生、发展的过程，才能找到学习的方向，教学中教师需有意识地帮助学生把教学目标转化成儿童的学习目标。

1、新知引入：做一次《焦点访谈》

新知从哪儿来？认知冲突点在哪儿？通过展示新旧知识的冲突让学生深切体会原有知识、方法的不足，激发学习新知的欲望，这是在数学课堂上比较常见的教学策略。作为自我导向学习的课堂，需要教者进一步放大这种冲突，让冲突清晰、精准和强烈，创设“焦点访谈”式的全方位聚焦。

课始，先通过教学情境让学生充分感受知识能力缺陷的地方，例如，在教学《整数乘法》出现了很多很多个相同加数连加的算式（长得让学生震撼），学生直觉到用一个一个相加的办法太繁琐了。还有在教学《和与积奇偶性一课》，当教师迅速地报出很长算式答案的奇偶时，学生惊讶了，产生学习需求，也顿生获得新方法的欲望。此时教师不急于给予告知方法，而是让学生讨论、观察、思考、交流，联系学过的知识，逐步自我探究，学习目标不断生成。另有一些课例，则开门见山，例如出示课题“倒数”，发问学生“通过课题你想到了什么？”学生会说：什么叫倒数？倒数怎么求？求倒数应注意什么？随即形成学习目标。

因此，数学课学习目标的生成应根据学生年龄、知识和班级学情灵活掌握，重在让学生明晰学习和探究方向，找到课中学习过程的主要线索，也成为总结和反思学习的重要归宿。

2、探究知识：牵一只拉线风筝

生成学习目标后，最主要任务是探究新知，教师应尽可能设想到学生将遇到的困难、困惑和需要的材料，提供必要的指导，如提供多种必要材料让学生动手操作时选择，讨论典型的学程供学生自学时参考，提供一些看似相同实则大相径庭的例子让学生比较和辨析，以便于学生能快捷有效地获取探究的路径。学生获得各种解决问题的方法后，老师不立刻公布结果，而是让学生对自己探究的结果在小组或班级进行成果分享，交流碰撞，反复比较，实现方法的最优化，同时引导学生关注探究过程中是怎么做的？还可以怎么做？别的同学哪些好的做法可以借鉴，自觉丰富自己的学习方法，使自己的学习目标不断明晰、丰富和优化。

3、新知运用：要让你飞得更高

练习的作用既是对新学知识的巩固，也是对知识的拓展和延伸，最好的境界是让学生在练习中学习，在练习中提升。例如在《认识梯形》一课中，学生获得了“只有一组对边平行的四边形是梯形”以后，学习并没有中止，在完成基本训练后，利用几何画板，把四边形的四个顶点进行移动，让学生观察任意移动其中的一个顶点，呈现一组对边平行另一组对边不平行皆为梯形，并且认识哪些梯形上、下底不变、高变了，哪些梯形的底变了、高不变，什么时候变为平行四边形或长方形了，沟通平面图形之间的联系，拓展学生空间思维。学生此时的学习欲望会进一步提升，产生强大的建立更高层面的学习目标的兴趣。

二、自主管理学习目标

1、完成目标的指标自知：心中有数

学习目标的管理，需要学生即时地把现状与目标不断地比照，认识自己在学习中学习目标完成的数量和质量，除了通过提问回答、练习测试等常规形式外，需要学生养成反思的习惯，及时回溯学习的过程，做了些什么？得到了什么?在课堂中要经常观察和思考：我是怎么做的？别人是怎么做的？还可以怎么做？还想做哪些事？为什么要那样做？有没有更好的途径？为后续学习同类知识可以提供哪些有用的经验？只有学生成为反思性学习者的时候，学生才会主动积累学习的经验，以利于后续学习的跟进和对学过知识的修复，成为一个能力强大的学习者。教学中老师应创设更多的这样的机会，让学生回顾反思，总结收获。

2、调整目标的途径方法：开放疏通

学习目标管理，目标完成质量需要同伴和老师做出必要反馈。学习目标不是越多越好，在数量和类别上应有所节制和约束。学生要学习目标会很多，不应来者不拒。应围绕知识的主线，尽可能聚焦和贯通，如果把知识之间的联系看成是河流，应注重以往知识的河道俞宽俞深，不是一味开挖新的小溪，通过成功的知识和经验的加强一定会探索出新的河道。需要教师从哲学的高度去思索学生学习数学中沉淀下来的基础知识和基本方法，来通过教学加深和加宽这个“河道”，例如在《分数的认识》一课，小学数学教材中前后共出现了三次，是不断加深，螺旋上升的一个过程。

要让学生自小懂得舍弃，或许当前的舍弃是为以后更好地获得，还可以通过自我评价、同伴评价和教师评价等手段帮助学生准确地调整学习目标，并因人而异，对学有余力的孩子应放手是遨游知识的蓝天。对相似的目标进行合并，对怪异的目标进行调整，对新颖的目标给予助力。

3、实现目标的成功体验：不吝激励

学习目标管理，需要在调整中不断提出新的目标。学习目标是阶梯状结构，低阶的学习目标完成后，需要及时提升目标，走向高阶的学习目标。学习是一个成长的过程，需要教师和学生共同配合，对学习目标的完成度进行记录和反馈，并加以肯定和激励。在低年级的时

候经常有教师通过奖励小星星等方式进行激励，但是传统的方法显得零碎和不连续，需要教师有通盘的考虑，所以满十颗星换一朵花，这样的做法相对会更好一些。对于学生的成长，教师需要结合学生学习目标系统思考，这样才有利于激励学生不断进步。

评价方式是多元的，让学生做一次小老师也是一种特别的奖励，一个学期评一次“小天才”和“小蜜蜂奖”是阶段性鼓励，用“红星”榜的高度来记录学生平时的努力程度会让学生产生“你追我赶”学习氛围，在总复习阶段用测试的分数做成折线统计图作为献给老师的礼物会让学生产生“感恩”和“成就”的感觉，如此种种，都有利于学生产生更高的目标。

三、自我实现目标导向

1、课堂学习中的导向：种子课

课堂中学习目标导向是为了高质“完成新知的学习”，是学生顺利建构知识的前提。让学生明白知识从哪儿来、到哪儿去，清晰呈现知识的脉络，传统数学课堂主要以教师传授为主，学生是被动的接受者，没有充分经历知识生成的过程，体验是不深刻的。只有当学生有了具体可观的学习目标才能促进学生优质地探究学习，体验才深刻而真切。数学课中，有时还需要执教者有“种子课”的意识，把新授课做成完善的“胚胎”，胚胎做好了，学生的发展一切皆有可能。所以学习目标是一种教学的手段，更是学生的一种学习习惯和方式。

2、练习作业中的导向：发现法

练习作业中的目标导向追求的是生成新知识，使学生对知识多角度、全方位地予以认识，打破知识壁垒产生新的联系，把新旧知识和不同领域的知识更好地贯通。学生有了学习目标的基本习惯以后，就不会觉得学完新课后什么都知道了，他们会始终追求新的发现。练习是检验知识新授达成度的基本途径，学生在目标引领学习之后，练习中就会自觉地采用这种方式，当有了新的发现后会欣喜万分，也会修缮先行学习中的不足。练习中的目标导向是带有综合性和发展性的，所谓综合对以往所有知识和方法的运用，所谓发展性，一定是高于新授、有专项侧重和拓展的，这时学生的学习目标导向不可缺失。

3、分享交流中的导向：我能行

分享交流在新课程课堂中是老师们惯用的手段，但是很多时候知识判断对错，匆匆而过，没有起到导向的作用。我们不仅需要学生知道对错，更重要地是让学生体味怎样是更好的，需要从哪些方面作更多的尝试和努力。需要教师用体态语言和精炼准确的话语对学生进行点拨，让学生既体会到因自己的努力得到同学和老师的肯定，又产生进一步探究的欲望。所以需要教师首先具有学习目标的意识，帮助学生在学习目标系统中完成的情况，帮助学生认识并不断地设立高阶学习目标，自主地进行下一步的学习。

（孙建清）

“无我”到“自我”：学生学习在场感的唤醒
——探微小学生英语学习目标的培育和管理

特里林说现代教育的目的并不是引导年轻人去适应现代世界，相反，应该让学生成为“未来知性生活的创造者”。所有的老师都期待这美好愿景：课堂内外，所有儿童都是独特的生命个体，他们是拥有丰富的情感和天马行空想象力的独立存在，神气的眼睛，生动的语言，自然而投入的举止，烂漫无羁的笑声……他们有自己的学习方式和生命表达方式。学习应是自然的、自主的，他们的学习能力应该“与生俱来”。

“自我导向学习”是目标导向的主动学习，是学习者旨在达成自己的目标，由自身发动的持续的认知、情感、行动的过程，意味着“自我调控学习”。早在20世纪90年代中叶，“自我调控”学习的作用之大已经被展开进行了深入研究，不同领域均展现了自我调控学习的重要性。里夫（J. Reeve）根据研究焦点，把这类学习分为“为什么进行自我调控”“进行怎样的自我调控”“怎样进行自我调控”三类。

本文基于小学生英语学习日常，微探适合小学生的自我导向目标学习策略：“为什么要自我设定目标”“设定怎样的学习目标”“怎样自觉进行目标管理”。培育自我导向学习的目标，以及基于目标对学习过程进行有效管理，是自我导向学习得以顺利进行的前提与保障。小学英语课堂教学中的自我导向学习有助于老师了解学生学习的动态，建构有生命活力和生命张力的教学模式。

一、自我培育目标：Why?

1、“无我”现象比比皆是

有一种觉得叫“老师觉得”：老师觉得这道题是最容易犯错误的；有一种以为叫“老师以为”：老师以为你们都学会这类句型结构了。很多课堂上，学生学什么，怎么学，过分依赖于教师，让教师代替学生的经验感受和目标思考的现象比比皆是。这种长期的依赖最终把“学生自我”弄丢了。苏立康教授说过：“课堂上，教师常常是用自己的理解代替学生的理解，用自己一人的认识去统一大家的认识——‘你们都得跟着我走’”。如此的课堂，教师的“教案”替代了学生的“学案”，教师的“教学目标”替代了学生的“学习目标”。

2、儿童是学习的主人

儿童是自己的主人，儿童学习必须通过自我建构完成，而英语学科在小学学习中有独特的意义和价值，是“张眼看世界”的启蒙阶段。“自我导向学习”的课堂尊重学生主体，顺应认知规律，引导学生培育目标。这样的课堂，不只是课堂时间和空间上有“我”的存在，更多的是指课堂教学进程中融入“我”的学习目标和学习方式，最终能改变学生对课堂的无动于衷，烘热他们的心，拉近课堂与他们的距离，师生双方都能获得体验、感受、思考、领悟，最终建构个性化的课堂生活。

笔者所在学校的儿童从三年级开始英语学习，研究发现，随着年龄增长，学习的依赖性逐渐减少，独立性在形成，学生能在与伙伴的交流中，结合老师的支援，基于自身的学习能力和兴趣设定学习目标。

二、设定学习目标：What?

1、现有目标分析

无目标，盲目跟风。在教学实践中，我们不难发现有很大一部分学生对学业成绩持无所谓的态度，学习只是完成任务。

有目标，不切实际。在实践中，不乏这类学生，他们有目标有想法，但是缺乏先天优势或者后天努力不够，慢慢发现其目标与现实差之甚远，于是，失望放弃，悲观抑郁，寻找多种理由放弃主动学习；

目标不明确，似有还无。在教学实践中，也有学生本来没有目标，当有父母或老师引导时，他们会出现暂时性的目标，但当引力消失，目标随即消逝。

2、支援设定适切目标

小学生的自我导向学习受年龄特点、思维水平和知识经验的制约，以下情况会促使他们主动学习：觉得有趣，有好奇心；觉得有用；感觉有人在关心自己；看到了成功的机会。但是他们在“设定怎样的学习目标”上欠主动，他们年龄尚小，不善于独立解决问题，对教师和长者有较强的依赖性，所以基于对小学生的观察，教师要指导学生：

（1）设置近期的、具体的学习目标；如：预习任务单

Unit 4 Then and now预习任务单

一、听录音，跟读课文。

二、调查下手机的功能：我们可以用手机来做哪些事情呢？

We can use the mobile phone to

三、调查下自己的家人生活，过去和现在发生了哪些变化？

（2）设置有一定高度且可以实现的学习目标；如：挑战学习单

Unit1 The lion and the mouse挑战学习单

《Aesop’s fables》 《Chinese idiom》

1. Find one of the two books.

2. Read a new story.

3. Tell the story to classmates.

（3）把复杂的目标分解成具体的、简单的学习目标。如：我的学习目标与计划

我的学习目标：成绩保持优异，争做班内的“领头雁”。

我的天天计划：1、早上，早起10分钟，读英语书，“百词斩”背10个新单词。(得分：____)

2、课上，不开小差，认真听讲，作业不拖拉。(得分：____)

3、家里，先完成回家作业，再做课外拓展。(得分：____)

三、自觉目标管理：How?

目标管理的核心概念是“自律性自我调控”，怎样才能有效的自我调控？ 齐默尔曼认为，“自我调控”由“预见”“执行”“自我反思”三个阶段。顺克（D. H. Schunk）和齐默尔曼界定了“自我调控”发展的社会认知模型。这个模型设定了四种水准的发展阶段：“观察”“模仿”“自我监控”“自我调整”。

1、预见阶段——自知之明

“预见阶段”是先行于学习的，是自我准备展开学习的动力源泉。自知之明即自我认识的能力，包含自我分析和自我制定计划两部分。

（1）学习目标“自我确定”

虽然课堂教学中的课题不是每一位学生能够自我选择的，但是自我观察了解自己的学习能力、优势劣势、了解自己的学习情绪、动机、兴趣、愿望是学习行动的前提与基础。如笔者所任教的六年级英语学科，共有8个单元，主题鲜明有特色，“Good habits”健康生活习惯的指导、“A healthy diet”合理膳食、“Road safety”行路安全、“A party”社交礼仪等等，对学生的健康成长有着积极的引领意义。教师在实施整个单元的教学任务时，往往会历时一周至二周之久，单元目标会宽泛粗糙，所以课时目标的设定尤为重要，每一课时每一天学什么、学到什么程度、什么时候完成最终目标由学生自我确定。

如：现行新版译林教材每个单元第一课时“Story time”版块，不同的学生经过自我分析确定不同目标。

有的学生要求自我当堂掌握，能复述故事内容；

有的学生要求自我课上能流利朗读，课后能完成复述任务；

还有的学生要求自我在课上学会新单词的发音，了解故事内容即可，课后再多一点时间同伙伴与老师交流，第二天完成复述任务。

（2）学习方法“自我选择”

每个学生的认知风格迥然，有的学生喜欢独立思考，课堂上虽然会回答老师的问题，但不愿意举手，有的学生则喜欢和人交流，哪怕答案并不是斩钉截铁，也愿意和老师同学互动，这并不影响学生的认知发展。

如：英语教学中，朗读和表演是故事演绎的必要教学手段，但学生表达自己感情的方式迥然相异。所以自读、默读、合作齐读、分角色表演、演哪个角色等让学生自己选择。尊重学生的认知风格和学习方式反而会让他们更加积极主动，激发更多的创作热情和能力。

2、执行阶段——自治之能

“执行阶段”是学习中产生并付诸实施的作用过程。自治之能即学生能对目标产生管理的意识和能力，主要表现为自主、自律和自勉三个方面。

（1）**自主**。学生表现为有主见，能根据学习情况果断下决心，采取积极对策，能有计划地合理利用时间，具有良好的生活习惯和一定的奖惩意识，能用各项规则支配自己的言行，敢于表达自我见解。

（2）**自律**。指学生的自我控制、自我调节的能力，其行为表现为能根据自身和社会的需要自觉地调节自己的行为，能自觉抵制诱惑，主动排除干扰，做事有始有终，能控制自己的情绪，保持良好的心态。

（3）**自勉**。学生在学习过程中难免会碰到困难和干扰，这就需要通过个人意志努力进行自我控制，从挫折体验中恢复过来，使学习坚持进行，并锲而不舍地解决问题。

3、反思阶段——自省之意

“自我内省阶段”是对学习结果的作用过程。自省之意指学生能够经常进行自我省察和反思的意识,其行为表现为自我评价。自我评价的能力实质是一种元认知能力。克鲁威强调元认知所具有的积极性和反省性特征，结合元认知理论，学生在学习过程中的自我评价不止于“判断”和“反省”，在作出客观准确的判断后，能将判断的结果及时反馈，进行反思，并进一步调节学习方式、学习态度等，这才是完成一次有积极意义的自我评价。

如：在小学英语教学中，学生自我评价体系覆盖了每个单元，主要考察学生单元学习之后词汇、句型等知识与技能，评价方法单一、标准模糊，信度不高。据此，小学英语教学可以在以下方面提升小学生自我评价能力：

增加有意义的评价体验，提升学生自我评价方法的掌握；

变换自我评价形式，根据年龄特点，指导学生在评价内容上既要关注学习的结果也要关注学习方法；

根据评价结果及时反思并调节学习，使学习和评价形成一个螺旋上升的良性发展态势。

小学英语“自我导向学习”会碰到许多困难，但只要儿童有了培育目标和管理目标的方法，他们就会主动地同“教科书对话”设置学习目标、同“他者对话”设定适切目标、同“自我内心对话”调整学习目标，如此儿童就拥有了自我点化和自我润泽的可能，就会自觉承担起自身成长的使命，为一生发展打好底子。

（尹菊芬）

专题三：小学生自我导向学习的基本路径

主持人语：

犹记得四年前的某个午后，课题组在专家的引领与点拨下，确定将“自我导向学习”作为“十三五”课题研究的新方向——那时，“自我导向学习”把我们带进了一个全新的研究领域，我们满怀着新鲜感和好奇心。

犹记得二年前的春天，课题组在历经两个月的研读、修改，仍然确定以“自我导向学习”为课题，二度进行江苏省科学规划立项课题的申报——那时，我们意识到“自我导向学习”是一只荆棘鸟，它像燃烧的火焰般鲜艳，深深地吸引着我们，但要捕捉到它，眼前却是一片荆棘丛生。

犹记得2018年的秋天开始，课题组与“自我导向学习”一次次较量，逐渐披荆折棘，一丝曙光出现在黎明的天空……

自我导向学习研究是对于学校“十二五”期间启动的儿童生长课堂的深度建构。在“十二五”儿童生长课堂的“三点基本认识”“四个操作要点”“五项行动策略”“两层评价指向”的研究成果上，深化推进点在“建构主动学习路径”方面寻求突破。

脚下，没有通达目标地的大道，只有隐蔽的小径，只有等待开垦的土地。路，只有靠双腿自己走出来。经过四年的课堂实践，我们以“自”和“学”为“刀斧”，在课堂教学改革中破冰前行。

这一专题，就是核心组成员和一线教师辛勤耕耘，共同努力，走出的小学生自我导向学习方式的基本路径。

这条基本路径，以“目标自定”“促进自学”“效果自评”“促发自拓”的“四自”，以“内驱式备学”“协助式导学”“分享式互学”“认同式评学”“迁移式延学”的“五学”，构成“四自五学”主线，依据自我导向学习理论，尊重学生“我”的知识经验、情感体验、实践学习，体现出学生学习过程中的自主学习，自我存在，自我效能，自我认同等重要价值和意义。

小学生程序设计思维的自我进阶

一、程序设计思维现状分析

（一）原教材中的问题

目前小学信息技术教材中，程序设计的教学常采用讲授法，教师示范讲解，学生上机实践操作，偏重于知识的灌输，是一种注入式的学习，而且教材与实际相脱离，没有体现程序设计思想。如原教材中的LOGO语言简单、优美而且功能强大，学生开始兴趣也很大，随着学习的深入，需要记住更多繁琐、复杂命令的时候，学生的兴趣度越来越低，最后感觉到枯燥，老师在教学过程中也感觉非常乏力，这在一定程度上束缚了学生的思维发展，培养出的学生实践能力不足，综合分析能力及创新能力都有所欠缺。

（二）新教材带来的变化

对于小学生来说，学习某种编程语言是一种手段而不是目的，因为流行的计算机技术日新月异，但在这门编程语言中学到的算法和编程艺术却是一脉相承的。

去年在苏教版小学《信息技术》5年级中，出现了Scratch软件，去掉了原来logo语言，Scratch软件完全用图形界面，它只要用鼠标拖拽事先准备好的命令组件就可以实现程序的编写，就像儿童搭建积木一样有趣，使学生在游戏中轻轻松松就做出各种动画、互动式故事、游戏等。小学生对Scratch的兴趣很大，因为能够相对容易地做出许多带图形界面的程序，如简单的游戏等等。这也给我们的信息技术课堂带来了机遇与挑战，Scratch的课怎么上，大家都在实践摸索，有的也总结出很好的方法，但我们也要注意，这种以图形为主，面向儿童的编程平台也有其不足之处，各种花哨的图形界面很容易掩盖了其背后的编程思想。

（三）我的探索

结合我校无锡市教育科学“十三五”规划重点课题《发展核心素养视域中小学生自我导向学习实践研究》，反思老师的教和学生的学，教师采用协助式导学，学生采用分享式互学，探索教师引导下小学生自我导向学习方法和实施过程，形成学生自主学习的新样态。

二、学生程序设计思维的自我进阶

Scratch软件的学习，是在一个个不同情景中完成，学生要不断地思考，求证想法，做到有序思考，逻辑合理，并在实际操作中体现创造性设计，在思维与问题间不断挑战。

学生依靠自己实现进阶的过程中，教师的导学与学生的互学其实不是单一、割裂的，而是统一、相互联系的，它们是双向的，都朝向同一目标。

当学生困惑、迷惘的时候，老师采用“追问”的导学方式，让学生在不断思考、不断探索的过程中，获得知识的重建。

当学生有新奇创意的时候，采用“同伴互学”的模式，让学生的眼界和思维豁然开朗，从而让一个思想去碰撞另一个思想，从而产生新的火花。

（一）教师协助式导学

阶段一：完善框架，知识进阶

在学习之初，教师首先应带领学生了解各章节的主干知识框架，让学生对所学内容进行初步构建，在之后的教学中，再对知识不断地进行延伸与细化。这样，我们的学习过程就符合了认知的一般规律：先整体后局部，先简单后复杂。知识的增长，犹如发芽的种子样，先长茎杆，再生枝叶，最后开花结子，先后有序，层次分明。当我们的知识积累到一定程度时，不用刻意强求，顺其自然，必定会绽放奇葩，结出硕果。

阶段二：激发内驱，动力进阶

学生“学习内驱力”的觉醒当是我们教育者追求的最终方向，我们作为教师，教给孩子多少知识，都无法与“学生内驱力”觉醒相比较。当每个孩子真正的内驱力被激发，孩子的创新能力、自我发展意识等等终将被孩子实现。采用各种方法激发学生学习欲望，①设计自主课堂，学生是主体，进行小组合作，自主参与；教师主导，双边互动。②设计认知冲突，激发求知欲望。认知冲突是人的认识、经验与所面临情境之间的冲突和差异。这种认知冲突给人以新奇感，富有吸引力，产生求知的冲动，能激发学生学习的激情和欲望。③创设成功机会，给予成功满足。

阶段三：创设情境，思维进阶

捷克教育家夸美纽斯曾说：“一切知识都是从感官开始的。”创设良好的活动情境，吸引学生注意力，激起积极思考，在情境中产生认知冲突，引起积极的学习情感，良好的求知心理。

教学片断

师：同学们，平时你们玩过走迷宫的游戏吗？

生：学生交流玩过什么样的迷宫游戏。

师：今天老师也带来几款迷宫游戏，有谁想来挑战一下吗？

师：别急，在玩的时候，老师要求仔细观察，你们有什么发现？

生1：上台操作试玩。

生2：上台操作试玩。

……

师：你们有什么发现？

生1：鼠标要碰到老鼠或小猫，它们才跟着走。

生2：它们只要碰到迷宫的边缘，就会回到原来的位置。

生3：它们碰到终点的食物或者老鼠，会说：“真好吃”“抓到你了”等，游戏结束。

师：你们观察的很仔细，平时玩游戏的时候，都要遵循一定的规则，刚刚你们说的其实就是这些游戏的规则，大家同意吗？

生：同意！

师：老师把你们的话整理了一下，简单的概括为以下三点：

①如果角色碰到鼠标，那么跟随鼠标指针移动

②如果角色碰到绿色区域，那么返回起点

③如果角色碰到角色，那么说“……”，游戏结束。

师：游戏规则是每一款游戏的重要组成部分，因此，制作游戏前，每一位游戏设计师都要先构思设计游戏的规则。

（二）层级二：学生分享式互学

阶段四：自我发现与优化进阶

在刚刚课堂导入的过程中，学生试玩游戏后，说出游戏规则是什么，这个过程其实就是学生之间的相互分享、相互学习的过程。

“侦测”与“判断”是教学重点。本节课的游戏规则里需要用到条件判断语句，“如果…那么”“面向”“侦测”“循环”“移动”等控件。学生一下子理解不了，我采用了复习旧知导出新知的方法来实现，当学生把小老鼠的动作一个个拖拽进脚本区后，在运行脚本时会发现，小老鼠只动了一下，并没有像预想的那样在舞台上一直移动，这是怎么回事呢？引导学生再来读脚本，既然是一直要移动，也就是说是在重复地做着这个动作，那么，哪个指令能帮助我们重复做同样的动作呢？通过找寻不难发现“循环指令”模块了。

这时，我追问：小老鼠这样的运动是不是设计需要的？学生当然说不是，它没有跟随鼠标指针移动，从而引出：怎么让小老鼠跟谁鼠标移动？在课堂中，我举了例子“请同学们盯着老师看”，用一个“盯”字，让学明白“面向”控件的含义，学生添加“面向”控件后，发现小老鼠确实能跟随鼠标指针移动了，我这时继续追问：小老鼠这样的运动是不是设计需要的？学生对比规则发现，还不是。还缺少了一个条件“当鼠标指针碰到老鼠时”，老鼠才动。最终引出“如果…那么”条件判断控件、侦测控件，学生在调试脚本的过程中不断发现问题，解决问题。这样，通过说“剧本”，编“脚本”，游戏的第一条规则基本完成了。

阶段五：分享交流与鉴赏进阶

我认为在以学生为中心、学习为核心的“学的课堂”中，分享是必须的，评价也是必不可少的。这个过程同学们把自己的作品和大家进行分享，充分的感受到了学习的乐趣和Scratch的魅力！学生通过展示自我的平台，使其作品得到充分肯定，增强学习自信心。对于学生的Scratch作品，一般先让学生自己介绍，说一说自己创作思想，有哪些内容和想法，准备使用哪些命令模块来实现，再通过程序演示，是否达到了自己的要求。再由学生或教师进行作品点评，包括①是否运用了本节课的知识点，②该作品有创意的地方，③有没有改进的地方？在评价时要注意以过程性评价为主，结果性评价为辅。在评价的过程中，学生巩固了

知识，教师与学生也得到了共同成长。

三、小学生程序设计思维自我进阶的思考

本课的主要学习任务是通过鼠标控制小老鼠的运动，其涉及的知识点有：老鼠鼠标跟随，运用“侦测”“如果那么”和“重复执行”控件来实现不同条件下，躲避障碍，最后碰到食物。“碰到鼠标指针”控件和各种“侦测”控件、条件“判断”控件如何使用，理解上有一定难度，因此在教学中更多的让学生自己去尝试、体验，形成自己的理解与架构。根据本课的教学目标可将教学内容分成三部分，第一部分：游戏试玩，得出游戏规则；第二部分：通过学生的生活经验，让学生理解鼠标跟随控件，“侦测”和“判断”控件来实现小老鼠避障，在搭建脚本的过程中，不断体现结构化程序设计思想；第三部分：学会运用“侦测”和“判断”及其它不同的控件来创作故事或游戏任务。

（一）逻辑思维能力有待进一步提高

逻辑思维能力是指正确、合理思考的能力，即对事物进行观察、比较、分析、综合、抽象、概括、判断和推理的能力，采用科学的逻辑方法，准确而有条理地表达自己思维过程的能力。

本节课，包含的知识点较多，对于五年级的学生来说，理解和掌握有一定的难度，特别是“侦测”和“条件判断”控件的含义，因此在教学的过程中，一定要让学生理清各个角色之间的逻辑关系，每个角色的脚本又是如何搭建，各个条件之间的侦测与判断的结果是什么，让学生不断的调试和运行的体验过程中得以掌握。

（二）创造性思维有待开发

学生从范例到自主创作，都在积极融入自己的想法，最后到自己做编剧、导演创作出属于自己的作品并分享交流自己的成果，在交流中改进作品，在这整个过程中学生的学习积极性和创作热情都很高涨，同时，也让学生在这螺旋上升的学习过程中感悟到了程序设计的思想。但我感觉到，学生放得还不够开，作品并没有呈现出我想要的百花齐放的感觉，有时同学们的作品都体现出了一致性，雷同性。如舞台的背景、角色的选用大都相同。在今后的授课中要思考如何释放孩子的创造力？

“为创作而教”“为学生的兴趣而教”，遵循孩子“玩”的天性和“学”的要求，师生在互学导学的教学氛围中，变静态教学为动态教学，使学生在轻松、愉快的情境中有效地构建知识内容。从而培育学生程序设计思维和创新编程能力。

（陈玉圣）

小学英语课堂自我导向“五学”

——以译林版英语四上Unit7《How much?》教学为例

小学生自我导向学习是指小学生自主或在学习促动者的支持下，激发自我学习潜能和主观努力，逐步增强学习动力和主动控制学习的意识，逐步独立而持续完成学习活动，并不断向自我导向水平较高层级进行过渡。

自我导向学习课型，即根据特定学科、内容和学习者当前认知水平，以“自我导向学习”为核心目标，统筹各环节之间的逻辑联系，进行课型的实践架构。笔者以小学英语课堂教学为例，从“备学、导学、互学、评学、延学”五个层次展示自我导向学习在英语教学中的体现。

一、内驱式备学

备学就是学生自我预习，使问题从学生的备学中来。教者在此阶段应辅助学生设定合理的预习任务，使学生通过运用已习得的知识，对新课内容进行初步了解，并通过解决设定的预习任务达到真正的预习效果。如果学生能在课前积极主动的使用正确的方法预习教学内容，那么他在上课的时候就能变被动为主动，从而大大提高听课效率。

在《How much?》课前作业的布置上，教师通过课前布置学生回去找一找闲置物品，为义卖做准备，如玩具、文具等。教师还布置了相应的任务，首先学生要自己先说一说物品的名称，在学生预习时，老师提供一些句型，让学生自己描述所准备的物品，如：This is .../It's .../They're .../These are ...。在物品准备的基础上，学生自己还要做到对物品的数量心中有数，以通过这个任务让学生来复习数词。

除了准备义卖物，老师还让学生自己为准备的义卖物定价，提前发给每位学生标签，让学生用英语写好价格，并贴好标签，为本节课的数词做好准备。学生通过义卖把自己的物品卖给其他同学，为青海的小朋友献出自己的爱心，学生很乐意做这样的事。义卖活动让学生了解了相关规则，还能用优惠的价格买到心仪的物品。通过这些课前自学活动，充分调动学生参与义卖活动的积极性，激活学生关于学习用品类、玩具类、数字类等相关话题的讨论，为当下这一课做好充分的心理和语言知识的准备。

二、协助式导学

导学即师生对原发性问题进行共同的诊断、整合、筛选、揭示，对学习原初经验和再学习过程作引导，实现再生长。教者在此阶段结合教学内容，通过图片、视频等方式，让学生对教学内容有直观的感受。再通过设定导向性的问题，引导学生自我思考、自我实践，实现学生自我生长。

课堂上，在学生们的义卖开始前，老师先通过让学生观看其他班级的义卖视频，让学生了解义卖的规则，然后老师把全班49名学生，分成4大组，通过学生们的相互推荐，每组推荐出两个负责义卖的同学，这两个学生要尽可能的把义卖物都卖出去，在学生自己义卖的过程中，老师参与到小组里，当看到学生不知如何推荐更多东西时，老师会给出一些帮助。

案例：

Let's have a school charity sale in English.

Look at the students in class4.

They had a charity sale yesterday.

They did a good job.

Now it's our turn.

You are group 1、2、3、4.

You work here and put your things together.

Each group choose two students to sale.

Go ,go ,go.

No Chinese.

S1: Can I help you?

S2:Yes.I'd like this pencil.

How much is it?

S1:It's only two yuan.

S2:Here you are.

S1:Thank you.

T: Anything else?

S2:I'd like that doll.

How much is it?

T:It's only three yuan.

S2:Here you are.

T:Thank you.

Goodbye.

Goodbye.

三、分享式互学

互学，基本方式为同伴互动，是师生、生生、小组内的一种合作学习。小学生处于好奇心较为旺盛、想象力较强的阶段，所以在英语教学中，教师要努力增加互动的类型，使课堂互动更具趣味性和挑战性。笔者尝试利用“信息差”，提高课堂教学效率。所谓的“信息差”即信息不对称，是指持不同信息的双方通过交际手段、交换信息，填补空白，从而完成交际任务。

教者在本节课中，通过无文字图片，引导学生展开想象，让学生进入角色，以身体之，以心悟之，学生间互相启发，激活学生已有的知识经验，进一步丰富发展语言，从而引入新知，在新旧知识的碰撞下，引导学生在对比中互相启发，找出新旧知之间的联系与区别，帮助学生进一步建构语言结构，提升学生的语言运用能力，帮助学生在相似的语境中，实现语言迁移运用，并能适时进行学习策略，阅读策略的分享。具体路径如下：

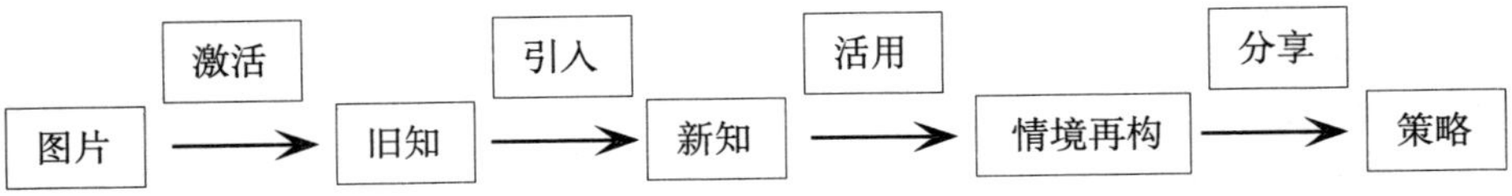

案例：

Picture 1:

1.SH and SY are selling things.

2.What do they say?

Can you guess?

Listen.

Follow the computer.

Teach: Can I help you?

What else can we ask?

We also can ask: What would you like?

Let's ask LT together. "Good morning. Can I help you? "

人机对话： Yes, I'd like these shoes.

How much are they?

T: LT would like the shoes.

He asks: How much are they?

Picture 2:

Look at pic2.

Can you find the answer from the picture?

S1: YL would like the socks.

T: Look at the socks.

Are they nice?

How much are the socks?

How do you know?

SY shows four fingers.

YL gives four yuan.

Are they four yuan ?

Let's listen and check.

How much are the socks?

S2: They're four yuan.

You can get information from the sentences and the pictures.

So we should read carefully.

Read after the computer.

Act the story.

I'm Yang Ling. Who wants to be Su Hai?

You are Su Hai , you say first.

四、认同式评学

教者适时恰当的评价，肯定学生在自我导向学习中取得的成果，并对存在的不足提出中肯的改进建议和改进方向，让学生在自我导向学习中有获得感和成就感，进一步巩固自我导向学习的成果。

本节课，老师把故事的拓展与学校的义卖活动相整合，让学生在真实的场景中，进行有意义地交际。真实的任务情景，让学生更有使命感，促使学生更用心地投入，最大程度地发挥自己语言的功能，为义卖助力。在义卖结束后，老师请每组的两位义卖员上台跟大家分享他们的义卖成果，当每一组说出自己的钱时，全班的同学一起对他们这一组做出评价，如：Well　done！这是本节课新授句型。老师再进行追问，还可以怎么评价，学生会说：Great！Very good! Wonderful!学生间相互评价、鼓励，让学生在真实的情境中，发自内心的评价，对学生义卖活动的鼓励，更好地激发了学生今后参加慈善活动的热情。

五、迁移式延学

延学是保持学习动机的持续能动性，让学生保持继续学习、深度学习的特性。教者针对课堂学习的内容，创设现实场景，让学生在真实环境中加强语言的实践应用，真正实现所学知识的自我吸收、自我转化。

通过本节课的学习，学生们对义卖很感兴趣，老师和部分学生组织了第二次义卖，这次把义卖搬到了课外，老师带着学生们来到馨和园，老师只帮助学生把物品从车里拿出来，其余的分工由学生自己完成，学生分工合作，有人负责铺地毯，有人负责摆物品，有人负责准备好义卖箱，还有学生负责义卖，这次的义卖跟课堂要求一样，学生只能说英语，对于一些听不懂英语的路人，学生用肢体语言来帮助他们，学生们在这次活动中收获很大。

六、小结

新课程倡导多样化的学习方式——自主、实践、探究、合作，教师应成为学生的引路者、指导者和帮助者，努力为学生自主学习营造良好条件。通过自我导向学习的研究与应用，尝试逐步增强学生的学习动力和主动控制学习的意识，使学生的学习方式由“被动接受”向“主动汲取”转变。笔者相信只要创造了适宜学生自主学习的土壤，学生也一定会像小树一样茁壮成长。

（陈芸）

巧设备学，为低年级语文学习“探路”

课前备学，就是提前学习和学前准备，为新课学习起到“探路”的作用，是学生以自主学习方式进入正式学习的预备环节，是学生自我导向学习的独特学习方法，能提升学生自主学习的能力。较好地进行课前备学，能缩短学生在学习上的差异，同时提高课堂效率，能适时延展课堂内容，有效提升学生的语文素养。

一、固定式备学，探“学路”

古人说：凡事预则立，不预则废。叶圣陶先生也曾指出：在精读指导前，得先令学生备学。但是，在教学实践中，学生对于教师布置的预习任务，往往是粗粗地读一遍，就算预习过新课了，连字词读音的正确掌握都无法做到，真可谓是应付了事。教师不提要求，学生更是无从下手，没有目标，没有方法。学生被动地学习，读书也成了枯燥乏味的事儿。基于上述情况，我认为应让学生在备学中习得方法，培养学生的自我导向学习能力。

有一个有趣的备学口诀是这样的：

一画段儿，二画圈儿，三画需认字，四画疑难处，五画好词句。

这“五画备学法”很好地为学生概括了备学方法，其实在这“五画”之外，还能够根据班级学情产生更多“变式”。不同学段，教师应当根据学段特点引导学生掌握备学方法，以此培养学生自主学习的兴趣；同时，关注学生年龄特点，让学生的眼动起来，嘴动起来，手动起来……寓教于乐，真正达到叶圣陶先生说的“教是为了不教”之目的。

就一年级的语文具体备学要求来谈。

一上：

1、读课文三遍，标好几句话（儿童诗）。

2、所有生字读三遍，四会字描红，仿写。

一下：

1、读课文三遍，标好自然段或小节号。

2、所有生字读三遍，四会字描红，仿写。

3、生字标好音序，查字典（标好页码）。

对于一年级的学生而言，主要以读书、识字、写字为主。读课文是本阶段备学的重点。课上教会孩子指读的方法，备学时，第一遍要求孩子手指字，逐字逐句地读，不认识的字，借助拼音进行拼读，并把字词多读几遍。第二遍仍是指读，但要求要能读正确字词。第三遍尽可能地读流利。根据自身情况也可以多读几遍。

四会字的描红、仿写也是备学重点之一，让学生对生字笔顺有初步认识，但部编版教材也有个问题：书上缺少生字笔顺，老师可以在布置备学要求时带着孩子先书空一遍本课生字，或者为孩子网上找到本册书的生字笔顺表，减少学生笔顺错误出现。学生在备学描红、仿写生字时，是一个独立观察，自主学习的过程，也为课上的写字学习打下了基础。

查字典是下学期的教学重难点，音序查字法查字典光靠一次课堂的学习是不够的，有些同学学完就忘记了，备学时加入此项任务，有目的地让学生进一步加强、巩固查字典方法。

法国数学家笛卡尔说："有价值的知识是关于方法的知识。"备学指导要充分调动学生自主学习积极性，教给学生备学方法，让学生有兴趣学，有方法学，培养自我导向学习能力。

二、趣味式备学，探"思路"

语文学科是一门最能凸现学生主体性的基础学科。教师可以根据文本特征，设计多种形式的备学方式，让学生与文本产生完美地初次"遇见"，同时，将一定的阅读技能和方法巧妙融合，使阅读真正成为有益于学生身心发展、有益于减负增效、有助于培养学生个性发展和自我导向学习的教学策略。

1、巧设备学单，提高学习力。

备学单有助于学生学习自觉性地提升，让学生在自主学习生字词语及课文时，有目的、有步骤地进行。新课标强调教学要"以学定教"，备学单作业的完成情况就较好地反映了学生知识的原点，以及对教材的初步理解程度。教师在课堂上以此对教学思路进行及时调整，更有效合理地完成教学任务。

《荷叶圆圆》备学单

备学要求：	完成情况自评（优秀　良好　合格）
初读课文（读准字音，读通句子。），给课文标上小节。	
认真阅读课文后，给生字注音，并完成练习。 躺　展　亮　美　机　朵 上列生字中，"亮"的部首是（　）；"美"是（　）结构； "机"第六笔是（　）；"朵"第二笔是（　）	
再读课文。照样子填一填。　例：（圆圆）的荷叶 （　）的荷叶　（　）的大树　（　）的柳条 （　）的苹果　（　）的香蕉　（　）的西瓜	
聪明题：三读课文，思考。 ＿＿＿＿说："荷叶是我的＿＿＿＿。" ＿＿＿＿在荷叶＿＿＿＿＿＿。	

以上设计的备学题型基于提高学生语文学科素养，如对一篇文中易错部首、易错结构及易写错的字，设计了"两星题"让学生进一步巩固及掌握。同时，根据课后习题，设计了"三星题"，起到文本拓展的作用。最后的"聪明题"，具有一定难度，对学生进行了读写训练。备学单不是简单地出几道题，而是需要教师在认真研读教材的基础上，进行文本知识点的提炼，归纳出学生可以通过自学掌握的，易错的知识点。这样既为学生提供了备学的方法，也节省了不必要浪费的时间。同时，用灵活多样、充满趣味的备学单作业吸引学生，让学生带着挑战意识，在愉悦的环境中投入到学习过程，更能激发学生自主探究的欲望。

2、趣味竞赛，增强趣味性。

备学中融入丰富多彩的竞赛活动，使学生的语文学习充满趣味性。小学生有较强的好胜心，有你追我赶的劲头。如赛一赛“谁的发现多”“谁的书写漂亮”“谁是读书小能手”等，使他们在竞赛，交流，展示中相互帮助，相互学习，共同进步。

以《夜色》一课为例，本课四会字：色 看 晚 再 外 爸 笑

我们发现这一课生字比较容易写错，如何让学生在备学的时候能认真对待，正确、工整地完成书后描红，仿写，不妨用上赛一赛的方式。布置备学的时候提醒孩子们要进行“赛一赛”的游戏：比比谁书写的漂亮？谁的发现多？教学新课前，先对学生的描红，仿写进行评分，表扬书写漂亮的小朋友，同时鼓励书写认真的小朋友，以此激发学生的写字兴趣。随后在指导生字书写时，进行交流“谁的发现多？”让学生自己去发现每个生字需要注意的地方，既培养了学生仔细观察、自主学习的习惯，又提高了学生的学习自信。

三、合作式备学，探“新路”

1、同伴互助，促进共同发展。

“三人行，必有我师”，备学环节尝试同伴互助的方式，孩子的思维，孩子的语言，更易被同伴接受，更易产生孩子间的共鸣。因此根据学生个性特点，按生生合作形式组成备学小组，让学生在小组交流讨论中，逐步学会合作，学会交流，并促进自学。

合作备学要求：

（1）选一段喜欢的文字读给小伙伴听。

（2）考一考小伙伴课文中的小知识。

（3）讨论：你有什么地方有疑问。还有补充吗？

（4）讨论：你想到哪些相应的课外知识。还有补充吗？

课堂上的同伴互助备学，让学生通过读、考、议的方式，使学生思维更活跃，学生眼界更开阔，激发起了孩子智慧的火花。同伴互助学习，小组成员的答疑，让有的孩子一下子豁然开朗；有的孩子更是学会了举一反三，有了新的思考；更多孩子们集思广益，收获了更多课外知识。同时，老师在课堂巡视中，及时帮学生答疑解惑，一般性问题老师可以帮助他们个别解答或请其他同学做“小老师”解答；普遍认为难的问题，老师能进行全班统一解答。这样，既有效解决了学生的疑问，又使得课堂教学更为高效，特别是问题得到了筛选和升华，使问题提得更有质量。

2、亲子共学，促进情感交流。

部编教材中出现了“和大人一起读”板块，意在激发学生阅读兴趣，鼓励学生多读课外书，培养学生的阅读习惯。一年级上下册中各有8篇文章，有古今中外经典的童话、寓言、精美短文，也有朗朗上口的童谣、儿歌等，每一篇都配有精美、富有童趣的插图。

美国著名儿童文学家波罗·福克斯说：“当你念书给孩子听，当你把一本书交到孩子手上时，你便带给孩子无限的人生可能性，你便成为一个启发者。”低年级学生受年龄、阅历等限制，对于作品内容还不能充分理解，亲子共读就起到了事半功倍的作用。有了家长的

陪伴，孩子就能逐步走进语言文字，品析文学作品，体会文字内涵。同时，通过亲自共学，家长和孩子更增进了对彼此的了解，拉近了亲子距离。因此，此版块可以鼓励家长在家与孩子一同备学，在朗读《小兔子乖乖》时，可以进行角色扮演，演一演故事，唱一唱童谣。读《狐狸和乌鸦》时，告诉孩子小故事大道理，可以推荐孩子读读《寓言故事》。读《夏夜多美》时，和孩子分角色读读文章，夜晚到室外赏赏夏日的夜景。相信在这样别样的备学兼学习的过程中，共读也提升了学生自我导向学习的能力。

总之，语文的基础知识面多而广，想要备学有成果，教师要根据学生的实际情况，结合学段特点、文本特点等制定切实可行的备学计划。同时，通过巧设各种备学方式，让学生围绕目标和要求开展备学工作，让课前备学起到事半功倍的效果。

（倪继红）

初学文言文的“三环节”

——以《伯牙鼓琴》为例

自2019年秋季教材改编后，《伯牙鼓琴》一文是江苏六年级学生第一次接触的文言文。小学生初学文言文，相对来说知识储备不足，学习技能不强。如何才能在他们与文言文初次接触之际，不被文言文的“深奥陌生”所困？笔者在教学实践中，摸索出了“读—解—悟”文言文学习三环节，有效地减少了学生对文言文学习的畏难情绪，帮助学生轻松入门。

一、有法有依“读”文言

【片段一】

*读准字音

要求：大声朗读课文，读二至三遍，争取读通课文。

师：文中有些多音字，谁能来读准？“少选之间”“汤汤乎若流水”“以为世无足复为鼓琴者”

什么意思？你怎么知道的？评：很好，你借助注释理解了词语意思。借助注释是我们学习文言文的好办法。

*读出节奏

文言文不仅要读准字音，还要读出节奏，这两句话会读吗？

谁来试试？这里的两个“乎”有两个意思，前面一个是语气词表示停顿或舒缓，后面这个乎跟在叠音词后面，无意义，不译，所以应该这样读。一起读。这句会吗？谁来试一试？

看来，注释不但能帮助我们理解词语，还能帮助我们朗读呢！我们一起来读一读。

*读出韵味

读书是越读越有感觉的，读文言文和我们读现代文不一样，古人读书讲究读充分、读入情，读出文章的韵味，下面我们就一起来找找古人读书的感觉。

我读半句，你们读半句。就是这样，速度放慢一点，这文言文的感觉就出来了，抓住这种感觉，我们换过来再读一遍。

同学们是越读越有韵味了！下面请一位同学来读描写伯牙的句子，一位同学来读子期的感叹。

此处应该有掌声。伯牙和子期多有默契啊！伯牙想的，子期都理解。请男生和女生也来读一读，抓住刚才的感觉和韵味。

读的真好，让我们一起读。没读几遍就能把一篇古文读成这样，我真想说一句：善哉！

借助注释是学习文言文的钥匙，也是古诗文学习中最常用的方法，注释给我们提供了很多的学习资源，所以学生要充分重视课本中提供的注释，对其理解透彻就是帮助自己理解全文。并对常见字词加强记忆，为以后的文言文学习奠定扎实的基础。

文言文有它的特点，有它自身的诵读方法，故在教学的第一步就要求学生通过自由朗读、指名读、分角色朗读等多种朗读形式，呈螺旋上升的趋势，让学生在不同形式的读中感悟文言文的节奏之美、语气之美，从而体会文言文诵读的韵味。《伯牙鼓琴》从头到尾至少读了三遍，在整体感悟文本中，理解文言，感受文言，读是重中之重，以读为本，辐射出浓浓的语文味。

二、有策有导“解”文言

【片段二】

师：古人云：“读书百遍而义自见”，下面就请同学们用自己的话说说这个流传千古的故事，自己先练一练。

……

方：刚才，谁在弹琴？我们解释的时候要人名补进去

志：心志，放在句子里不怎么通顺，我们可以换一换，心里想

若：像，在解释的时候可以调整词序，把话说得更流畅些

乎：语气词无意义，删去不译的

……

师：请你连起来说说这个故事。

师：所以在理解文言文的时候，我们可以用上补一补、换一换、调一调、删一删的方法来帮助理解。

除了注释为文言文的理解提供了很好的拐杖，“增、删、调、换、留”也是文言文翻译的“五字法”。“增”也可以说是“补”，就是增补词语或句子的成分；“删”是删去不译的，如语气词、助词等；“调”是调整语序；“换”是用现代词替换古代词；“留”是保留，保留古代的人名、国号等。刚开始学习文言文，学生对于这五个字是陌生的、不理解的，所以在理解句子意思时，通过一步步的引导，让学生对这五个字有了初步的理解，在这里打下基础，以便进行后面文言文的学习。

三、有想有说“悟”文言

【片段三】

师：善鼓的伯牙，善听的子期，真不愧是知音呀！乐曲中除了这巍巍泰山、汤汤流水，还会有哪些景色？

（预设答案：还会有1：鸟语花香。2：春天百花盛开。3：冬天白雪皑皑……）

师：是啊，也许他的琴声还表现了……（再次出示词语：清风徐徐、白雪皑皑、明月皎皎、秋风习习，读一读）现在老师就是伯牙，你们都是子期，当伯牙鼓琴，志在白雪——

生：“善哉乎白雪，皑皑兮若白雪。

师：当伯牙鼓琴志在明月——

生：“善哉乎鼓琴，皎皎兮若明月。……

师：是呀，伯牙想到的，锺子期都能听懂了，实在难得。这就是所谓的——

生：知音。

师：“人生难得一知己，千古知音最难觅”能遇此生的知己，伯牙是何等的愉悦，幸福呀。让我们再来感受一下知音相遇时的那份情感。（学生感情齐读文前三句，读出伯牙遇知音的欣喜与愉悦。）

文言文语言凝练、意境深远，音韵优美和谐，借助语言文字引导学生想象琴声之中的意蕴，充分感受经典的魅力。从朗读到仿说，一步一步的让学生进入创作的情境。学生和教师配合得很默契，再现了1200年前伯牙与子期一弹一听的画面。此过程移情入境，学生们真正感受到伯牙和子期间的深厚情谊，从而让学生认识到知音的重要，知音的存在才会让生活更加幸福美好，此过程实现了语文教学中“工具性”和“人文性”的和谐统一。

部编版的小学教材选编了15篇文言文，本文作为江苏六年级学生的第一次接触，打好文言文学习基础的意义重大。部编版教材里文言文的补充编排可以让学生提升思维品质和运用能力，提高道德素养，增强民族自豪感。《义务教育语文课程标准（2020年版）》（7~9年级）学段目标与内容规定：“诵读古代诗词，阅读浅易文言文，能借助注释和工具书理解基本内容。”根据初中这一要求，小学学习文言文意在为之后的学习打好基础，所以教学目标要简单：激兴趣、知大意、能诵读、重积累。

“读-解-悟”三环节，贴近文言文初学者的学习心理，找准突破口，瞄准重难点，可以有效帮助学生在文言文学习中，轻松起步，循序而进。

（胡烨青）

美术学习的引·导·探
——以三上《手提袋》为例

问孩子是否喜欢美术，很少会听到否定的回答。问孩子为什么不喜欢美术，大多源于困难而选择放弃。美术课堂是孩子提高审美、发挥创意、创新思维、美化生活的主阵地，孩子的学习感受不该是望而却步的活动过程，而应是轻松活泼的学习享受。因此，教师的职责便在于探索用更为有效的方式让孩子自主地参与、想象和创造，不断向更高境界的自我导向学习跨越。下面笔者以苏少版小学三年级美术《手提袋》教学为例，谈一谈如何在美术课堂中引导孩子进行自我导向学习。

一、原型启示，引发学生个性化联想

【教学片断1】

师：老师用图案装饰了一个手提袋，想看吗？

（出示手提袋作品）

谁来点评一下老师的作品？

生：老师设计的手提袋很有创意，袋身上画了一只大象，而拎带就是大象的鼻子。

师：是呀！你们看，老师将这长长的拎带联想成了大象的鼻子，这样的设计多巧妙！（板书：联想）动脑筋想一想，这长长的拎带还可以联想成什么？

生：长颈鹿的脖子\伸长的手臂\彩虹\蛇的身体\植物的藤蔓……

师：普通的拎带居然能联想出这么多有趣的东西，你们真厉害！如果老师把拎带变成这样细细的，你们还能进行联想吗？

（出示细拎带的手提袋）

生：可以，像一根绳子，下面可以画一个小朋友在跳绳\可以想象成手机充电线或者耳机线\像茶壶的提手\像细细长长的钓鱼线……

每个孩子都是幻想家，即便是对待同一样事物，在他们眼里都有千姿百态的解读。教师通过展示绘有大象图形的手提袋，引导孩子发现拎带的巧妙联想。又以不同的拎带为原型，指导孩子观察并自由地展开联想。这一教学环节，拎带成为了每一个孩子思维的起点，教师只要牢牢抓住这把原型钥匙，适当加以引导，就能打开孩子幻想世界的大门。

同样可以进行联想的还有手提袋的袋身。通过大小不同，形状各异的袋身联想，孩子

的思维可以变得更活跃，设计制作的目标和方向也会变得更明确，从而为接下来的创作奠定基础。

二、策略支持，突破学生瓶颈性障碍

心中所想即便再美好，如果不能通过动手实践变为真实的作品，孩子的学习经历就不能算是完整的。让孩子的美术学习成为一种真实的经历，让孩子对美的期待成为现实，这恰恰就是一名美术教师最该做的。

【教学片断2】

师：这样的图你们曾经见过吗？

（出示手工制作步骤图）

生：见过，折纸书上就有。

师：按照上面的步骤一步一步做，我们就可以完成一个手提袋袋身制作哦！可是这些步骤图上的符号你们看得懂吗？

生：有的能看懂，有的不太懂。

师：仔细看，这里有答案哦！

板书制作符号：内折线 —·—·—·—

折叠方向 ———→

粘贴部分 ▬▬▬

师：继续看步骤图，还有问题吗？

生：第5步不会。

师：这一步谁会的？

（请会的孩子上来演示，教师适时辅导，直至完成袋身制作。）

师：都看懂了吧！给大家一首歌的时间，用我们研究的方法，制作出手提袋的身体。

制作手提袋袋身是该课基础学习环节，往往也是难倒孩子的关键部分。教师没有直接示范制作方法，而是出示制作步骤图，通过了解基本的制作符号，让学生自己研究袋身的制作方法。该策略在实施中虽然会占用多一些的时间，但孩子一旦能看懂制作图，就能收获一种自我学习的能力，延续到课外，孩子通过这种能力就可以创作出更多的作品。

经过原型启示的学习过程，孩子展开了丰富的联想，心中早已有了自己对手提袋的美好憧憬。但是如何让孩子们的这些美好憧憬化作手中作品，其间从心到手的转化不是所有孩子都能顺利完成的。这就需要教师带领孩子用美术的语言去实现。

【教学片断3】

师：瞧！老师手里拎着一个什么手提袋？

（出示茶壶手提袋作品）

生：是一个大茶壶。

师：对，宜兴紫砂壶可有名气咧！仔细看，老师是用什么方法表现茶壶的？

生：老师是在袋身上用彩纸贴上了茶壶的壶嘴和壶盖，贴上去的拎带是茶壶的提手。茶壶上面还画了一些画。

师：是呀！光用画笔还真做不出这个茶壶手提袋，请彩纸来帮忙，可以贴袋身上，也可以贴出袋身，这样创作出来的手提袋是不是更有意思啊？

如果让你也来做一个茶壶手提袋，你能做得跟老师不一样吗？

生：可以，我可以做一个方形的茶壶，上面还可以写字。

师：想法不错！茶壶的造型不同，壶身上还写了字，这样就变得与众不同了。

师：看老师是怎么让它变得与众不同的。

（出示画有菊花茶的茶壶手提袋作品）

茶壶变成透明的了！看到里面装的什么了吗？

生：菊花茶。

师：还能装什么？

生：玫瑰花茶、绿茶、柠檬茶。

师：瞧，你们应该更喜欢装着这些美味饮料的茶壶手提袋吧？

（出示画有橙汁、珍珠奶茶、加冰块的可乐的茶壶手提袋作品。）

好玩吧？你们也能让自己的手提袋变得更有趣吗？

生：能！

师：刚才你想到了把拎手联想成植物的藤蔓，这根藤从下面的袋身慢慢爬到上面，那袋身上可以怎么来设计，你有好主意了吗？

生：可以画一个花盆，藤从花盆里长出来。

师：你可以想的更大胆一点哦。一个小朋友伸出双手，发现这棵植物从手心里长出来了，几只小蜗牛正在努力的沿着枝条往上爬等等。

本课教学难点在于巧妙设计、制作出有趣而创意的手提袋作品。孩子有丰富的想象力，但往往不懂得如何运用美术语言去表现自己的想法，这成为了他们自我导向学习继续深入的障碍。通过茶壶手提袋的展示，孩子们发现用彩纸剪贴和创意添画的方法可以把心中的想法表现出来，这种美术语言的引导，让孩子的作品更具艺术魅力，学习兴趣也变得更加浓厚。

三、评价点拨，激励学生再创作热情

以艺术的眼光，以儿童的心灵，敏锐地发现孩子作品中的闪光点，美术教师的这种专业素养是引发儿童群体自我导向的一个抓手和契机。在满足儿童成就心理的同时，教师更高的评价水平，影响着儿童更高的审美眼光，激励着他们再创作的热情。

【教学片断4】

师：这个手提袋（作品1）上面还有表情呢，上面的人笑起来嘴巴张那么大，该是有多开心呀！也有小朋友把袋身联想成人脸的，可是这件作品又很不同，你们发现了吗？

生：我发现手提袋背面也画了一个人脸，可却是伤心的表情。

师：你看他多会动脑筋！手提袋两面都装饰起来了，心情好的时候拎着它可以把笑脸朝外，心情糟糕的时候又可以把另一面朝外，多有想法啊！

师：这个手提袋（作品2）漂亮吧！它的小作者在哪里？快告诉大家你是怎么做的？

生：我的手提袋是一盆植物，我把袋身联想成了花盆，然后在彩纸上把叶子画了出来，剪下来再贴到袋子上去的。

师：设计得巧妙，画得也很棒！彩色的花盆里，生发出一根根柔软的枝条。绿油油的叶子一片挨着一片，显得蓬松又有朝气。仔细看，每一根叶脉都画得这么精神，好像它真的有了生命。大家把掌声送给她！

第一件作品把袋身联想成人脸，用表情来装饰手提袋，这种方式很多孩子都能想到。难能可贵的是，这个孩子将手提袋的两面都考虑到了，作品的完整度较高。同时一哭一笑的表情自然地流露出了这一年龄段的孩子追求趣味的心理。教师以此为切入口，一方面引导孩子认真的创作态度，一方面鼓励其大胆、趣味的表达，孩子自我导向学习水平获得提高。

第二件作品主要运用了画和剪贴的方法创作。在作者眼里方形的袋身就是花盆，盆里生长着绿色的植物。彩笔装饰过的花盆色彩更丰富，彩纸剪贴后的藤叶显得更加立体真实。教师捕捉到孩子作品中的闪光点，引导孩子细心体会作品巧妙的设计，感受作品的立体效果。孩子喜欢上这件作品，学会欣赏这件作品，再创作的学习热情引导着孩子继续自我导向学习。

有法而会学，乐思而善教。学生拥有更高水平的自我导向学习方法，才能轻松驾驭学习。美术教师要勤于反思，勇于实践，才能提高自身的教学水平，探索出更多促进小学生自我导向学习的方式。

（马石蓉）

“给”与“引”

——张齐华老师《圆的认识》一稿与四稿之比较

张齐华老师是众多数学教师心目中追随的“数学王子”，他对数学课堂的深刻见解化为匠心设计和诗化演绎，厚重、开阔、深邃、美丽……是我心目中理想的数学课堂。下面我以他的成名课《圆的认识》的一稿和四稿为例，结合我们学校研究的课题，谈谈自己的想法。

一、“给”学生学

第一版的教学整体很大气，张老师并没有沿袭传统的小步子教学，即在亦步亦趋的“师生问答”中展开，而是通过拓展空间，将学生进一步置身于探索者、发现者的角色，引导学生在认识圆的一些基本概念后，自主展开对于圆的特征的发现，并在交流对话中完善相应的认知结构。

片段：

师：说句心理话，你们觉得，关于这个圆，有没有什么值得我们深入去研究的？有吗？

师：不说别的，单说这圆心、半径和直径，这当中还蕴涵着丰富的规律。同学们想不想自己动手来研究研究？

生：想。

师：行！一会儿呢，正巧这都是刚才我们同学们剪下的圆片，（师手举一圆片）这就是我们等下要研究的素材，同学们还带了直尺，圆规，这些就是我们的研究工具。同学们，一会儿，以小组为单位，自己动手，折一折，画一画，量一量，比一比，相信每个小组一定会有新的发现。有信心吗？

生：有！

师：我提几个要求：1、当你们小组交流，有了新发现了，别忘了记录在学习纸上，一会咱们来交流，但是别耽误了记录。有了发现以后在小组里讨论讨论，到底呆会怎么把这个发现介绍给全班同学，让别人相信你的发现是正确的。2、如果在研究过程中，实在遇到问题了，不知道该用什么办法了，别着急，老师事先给你们准备了一份研究提示，到时候同学们可以把他打开来参考参考，明白了吗？

师：那就抓紧时间。

小组合作学习，教师参与其中。

思考：以上片段是学生通过画圆初步认识圆的基本特征后，让学生进一步对圆的圆心、直径、半径概念深入探究的过程，张老师大胆放手，把学习主动权完全还给学生，让学生自己“探”前，张老师一句“你们觉得，关于这个圆，有没有什么值得我们深入去研究的？”引发学生再度深入思考，然后一句“不说别的，单说这圆心、半径和直径，这当中还蕴涵着丰富的规律”给了学生探究的方向，之后就地取材，以学生刚刚自己剪的圆为素材，用圆规和尺子为研究工具，有意识的安排学生用量一量、折一折、画一画、比一比的方法合作探究圆心、直径和半径之间的关系，启发学生用眼观察、动脑思考、动口讨论、用耳辨析，让学生运用多种感官参与学习的全过程，让学生“尝试发现——阐述发现——论证发现——完善发现”，在动手操作与合作交流中感悟、体验，逐步完善对圆的认识。这中间，老师的“引导”真可以用“精致”来形容，有探究动机的诱发，有探究材料的提供，有探究要求的提出，甚至还有探究失败的补救。这种场面，其实在我们普通老师的研究课、赛课中，也是经常能看到的，换句话说，能上成这样也可以算是跟得上潮流的一个高水平老师了。

这个环节在张老师如此“精致”的引导下，学生是在自主学习、合作学习，但是这一切，细细想来，似乎有种感觉，学生一切的“自主”还都在老师的“把控”之下，教师作为引导者、合作者，似乎分量还是多了一些。

二、“引”学生学

张老师的第四稿，实在让人惊叹，他舍弃了精美的课件、精细的课堂控制，全课变成只有一张纸，纸上只有一道题。将诸多细小的认知活动统整在一个综合性、探究性的数学研究活动中，通过学生的自主探索、合作交流、共同分享等，引领学生经历了一次“研究与发现”的完整过程。整堂课，“发现与分享”成为真正的主旋律，而知识、能力、方法、情感等在创造与分享的过程得以自然建构与生成。

（播放视频）

片段：

师：瞧，屏幕上就有一个。（出示圆）确定这个圆的大小需要几个数据呢？

等待10秒钟后，张老师让学生悄悄告诉自己答案，但用手势不断重复学生的答案。学生8人，认为需要1个数据的5人，需要2个数据的有2人，还有一个被“否决”。

师：用哪些数据就能够确定这一个圆的大小？在每个同学的“桌洞”里面我们都有这么一个圆。以及这么一个问题，记住问题是“究竟用哪些数据能确定这个圆的大小”？请四人小组研究。

师：你可以用手指一指啊、比一比啊、划一划啊，你说你用它能够确定，为什么呢？原因是什么？理由是什么？对不对？四人小组先开始商量，不动笔。

思考：这节课就一个核心问题：用哪一个数据能确定这个圆的大小，为什么？核心问题推动着学生找半径、找直径，彼此分享、交流、补充……每一个环节学生都有精彩的生成，张老师又借力打力，利用学生的生成整体性地进入下一个环节。如果仔细品味，整堂课是有内在的逻辑结构的：表面上看是学生在交流分享，但背后呢？圆心、半径、直径的概念，圆的特性（轴对称）、画圆、圆的文化，都有了！让我们看到学生“冲”在了前面，教师只在身后摇旗呐喊，使学生真真正正地经历了探究、思考的过程，从关注“数学”走向了关注“儿童”，为张老师这样的“退”而喝彩。四稿的这节课，看似简单粗放，却达到了简而不凡的效果，这需要更高的数学教学能力。

多少年来，在孩子们的心目中，在教师们的课堂里，数学一直与定理、法则、记忆、运算、冷峻、机械等联系在一起，难学难教、枯燥乏味一直成为障碍学生数学学习的绊脚石。事实上，造成这一现象的原因是多方面的，而一味注重数学知识的传递、数学技能的训练，漠视数学本身所内涵的鲜活的文化背景，漠视浸润在数学发展演变过程中的人类不断探索、不断发现的精神本质、力量，显然都是造成这一现象的重要原因。让我们不断的改变教学观念、改进教学方法，把课堂真正的还给学生。

最后，用一句话作为本次微讲座的结束语：最美好的课堂是什么样子的？我不清楚。但在最美好的课堂里，孩子们一定是安全、自由、舒展、开放而充满想象力和创造力的。

（周丽萍）

手工制作的“仿”与“造”
——听王媛媛老师上《纸卷魔术》一课有感

【片段一】

1.同学们，老师最近交了一位新朋友，你们想认识她吗？

2.看！这就是她！她叫果果，你能说说我这位新朋友长什么样吗？（大眼睛、金色卷发、穿着可爱的裙子）

3.你们雪亮的小眼睛有没有看出来她是怎么制作出来的呢？（用纸）

4.没错，是用纸。请你再仔细看看，猜猜我是用什么方法做出来的呀？（卷一卷）

5.对！原本平躺着的纸，卷起来以后就像变魔术一样站起来啦！站起来的纸卷还可以变出一个个可爱的人物形象呢！你们想做一次小小魔术师吗？（想！）

6.今天，就跟着王老师一起来探索纸卷魔术的奥秘吧！揭题并板书《纸卷魔术》。

【评析】

本课用一个漂亮可爱的大型卷纸人导入，既给学生带来视觉上的震撼感，又激发学生探究的手工制作的兴趣。提问学生用什么方法做出来？对学生提出要求，认真仔细的观察才能找出制作的方法。这样一个完整的作品涉及到很多种造型方法和技巧，主要方法是什么？用纸卷出各种造型，所以学生第一感觉是“卷”，简洁明了的回答符合学生的对未知事物的认识，同时“卷”引出学习的主题。向学生传授剪、卷、粘等手工技巧，是制作美术作品的基础。学生初步获得感受方式，基本确定今天的学习任务，要做一个纸卷人，根据老师出示的作品，可以模仿着做。卷便是接下来老师和学生需要共同研究的问题。

【片段二】

1.同学们再观察一下，果果的身体和鼻子分别是什么形状的纸卷？

（身体像圆圆的柱子、鼻子是上面尖尖的）

2.这两个纸卷都有自己的名字哦，像柱子一样的纸卷叫做圆柱卷，上面尖下面圆的纸卷叫做锥形卷！你知道怎么卷出圆柱卷和锥形卷吗？

（请两位同学分别上台用纸演示）

3.圆柱卷非常简单，两头对其卷一卷贴起来就能完成啦！锥形卷按照这位同学的方法确实可以卷出来，假如想让它平稳地站在桌面上还需要做什么？（把下面剪平）

4.老师还有一种卷出锥形卷的方法，你们想知道吗？（想）

5.看！就是这个半圆形！在这条直线一半的位置贴上双面胶，卷一卷再固定，一个胖胖的锥形卷就完成啦！假如想做一个瘦瘦的锥形卷，有两种方法，可以是往里面多卷一点，也可以剪掉一部分再卷。

（出示半圆纸片，示范卷出锥形卷）

6.圆柱卷和锥形卷的方法你们学会了吗？（学会了）给大家五分钟的时间，选择你喜欢的两种不同的颜色的8K彩色卡纸，卷一个圆柱卷和一个锥形卷。你现在卷的纸卷待会儿都是要派上用场的哦！

【评析】

教学生怎么卷，把卷好的各部位按照人物的形象粘好，这里安排了第一次作业时间。让学生学习制作人物的主体形也就是基本型圆柱和圆锥的方法，在此基础上研究制作更多的不同形状、不同大小的圆柱和圆锥，为整个纸卷人的造型做准备。如果是照样画葫芦的模仿，形式单一，形状大小、甚至色彩都是固定的，王媛媛老师鼓励学生在制作的时候尝试多卷一点能做出什么形，少卷一点又是什么样子的，探索了在模仿之上的一次创造，学生亲手体验胖的锥形卷和瘦的锥形卷，并学习了如何粘贴和剪平底部的基本手工技巧，在这过程中，学生会主动和无意识地比较方法，从而获得一种全新的判断和对纸塑的感受力，解决教学中的一大难点。

【片段三】

1.纸卷怎么变成人呢？

我们重新把视线集中到果果身上，仔细看老师还在纸卷上做了什么？

（贴上了手和脚、画了眼睛嘴吧、做了头发）

2.你们可观察得真仔细啊！可是我做的果果是坐着的，下面这个脚太软了，站不起来！想要让你做的人物站起来的话，你有好的方法吗？

（示范：将圆柱下面剪去一个三角，就可以变成两条腿站立起来啦！）

3.有一群聪明的同学想出了一些不同的方法，来瞧瞧他们是怎么做的吧！

（PPT展示不同的纸卷人物作品，并请2-3位同学说说在作品中找到了什么新方法？）

【评析】

进一步深入的探索纸卷人，理解并学习造型方法与技巧。在第一次作业的形状上可以思考，人有形形色色，做的是大人、小孩还是老人，人物的五官需要继续用纸卷制作，发型服装需要有特点，这些都需要学生在模仿的基础上进行再创造。模仿中的创造是培养学生想象力的一种好方法，模仿中的创造能摆脱思维模式的束缚，有时一个好形象、一块好的颜色，都可以激发美术创造的欲望。如把圆柱变成两条腿，剪两刀，把圆柱性的身体可以长出两条手臂等等。训练学生在欣赏、体验、感受基础上的认识能力，结合学生发挥直观感受和想象力，再经过多次训练，实现创造能力的提高，学生的艺术观念也会得到转变。

（陆晶晶）

让学生“培养自己”

在课堂教学中，教师无法顾及到每一个学生，也难以满足每个学生的学习需要。因而，小学音乐教师要注意开始让学生进行自我导向学习，让学生变为音乐学习中的主人，化被动为主动，培养学生的音乐素养。

一、共性和个性，定准自我导向学习的目标

有研究表明，学生在宽松和谐的环境里更容易体会每首歌曲蕴含的情感，要想让学生在愉悦的环境里掌握知识，教师就得培养学生自主学习的能力，体会每个学生的心灵感受。师生之间是一种平等相互信任的关系，这就需要学生自主地去说、主动去思考、主动和教师交流，这样教师就会对学生有更深入的了解，制定准确的共性目标。如教学《唱得幸福落满坡》的共性目标就是让学生用热爱、赞美的情感演唱歌曲。在完成共性目标的同时，教师可以聆听每个学生的需求，了解每个学生的个性特征，指导学生确定符合他们的个性目标：可以为学习能力较强的孩子设计这样的个性目标：能用多种方式学会歌曲旋律，如：用笛子吹奏的方式学习歌曲旋律等。

二、平行和互补，优化自我导向学习的协助

在小学音乐的课堂中，教师应当指导学生进行合理地分组以避免组内成员水平均一化，并充分发挥组长的作用。如果是四人小组的话，教师应将一名学习能力较强的学生、一名学习能力较差的学生和两名学习能力中等的学生安排在一起，这样的小组分配能起到一个互补的作用，各成员之间互相弥补，同时，每个小组的水平也是相当的、平行的。组内有人音乐学习能力较强，有人能够调节气氛，有人能够主动提出问题，使得小组合作更加团结。每个小组的小组长都起到至关重要的作用，教师应教导小组长该如何做好小组内的管理工作，分配好各个组员的任务。小组长可以带领组员课前就自主做好本堂课的准备工作，各成员在组长的管理下互相配合，以培养学习音乐的积极性。

如在教学《夏夜》这首歌曲时，为了创设情境，教师首先通过一组图片再加上导入性的语言把孩子们带到了一个夏天的夜晚，进而引导孩子们可以小组讨论一下夏夜有些什么小动物会发出声音，学生回答小青蛙、蛐蛐，那同学们可以小组设计一下编创小青蛙和蛐蛐儿欢唱的节奏声音，有的孩子模仿小青蛙呱呱的叫声，有的孩子模仿蛐蛐的叫声，再选择合适的节奏表现，这样的情境就更加生动形象。在这一教学环节中，各小组的分配是平行的，小组内的各个成员的作用是互补的。

三、互通和合作，完善自我导向学习的方法

小学音乐的自我导向学习离不开综合性学习的互通。所谓综合性，指的是音乐与其他艺术性学科相结合的学习方式，从而让学生学得不枯燥。教师在教歌曲时可以播放相应的舞蹈，学生就可能跟着手舞足蹈地跳起来；也可以放一段与歌曲主题相吻合的具有教育意义的视频，让学生在视觉意识中体会这段音乐所带来的感触。学生在这种精彩绝伦的音乐活动中以一种愉悦的心情掌握音乐的知识技能，获得一种高质量的音乐艺术体验，从而增强音乐学习的兴趣，有了学习音乐的动力。这种综合其他艺术学科的学习方式是颇有成效的，学生在其中不仅收获了音乐知识，更收获了对于美的感悟和体验。

合作学习也是完善音乐课堂自主学习的方法之一。合作学习是以学生为主体的，主要就是学生与学生之间的互动，教师将大量的课堂时间留给学生，让他们互相展示分享自己的作品或者想法，每个人都可以展现自己的性格特征，所有学生都可以参与到音乐学习中去，自由地说出自己内心所想，从而达到合作学习的良好效果。况且如今大多数学生都是独生子女，自我意识很强但是缺乏人与人之间的合作意识，而合作学习的方式就可以培养他们的团结意识，个人的自主学习总没有合作的自主性学习来得全面，合作进一步提升了学生自我导向学习的成果。例如合唱这一音乐训练，合唱是很多人同时发声，那就需要大家的声音都往一个点上靠齐，高声部低声部做好他们的本职工作，从而使各声部协调，达到一个统一的效果，这就需要全体人员的共同努力，才能唱出更为优美的作品。听音乐时，合唱作品气势磅礴、激动人心，总能让人品味出一种团结的力量。所以，学生之间的共同学习才能谱写出一首动人心弦的歌曲，才能唱出一种团结的精神，从而使更多的人去喜爱音乐，向往音乐学习，开启音乐学习的大门。

总而言之，小学音乐的自我导向学习是以学生自我想法为依据，紧跟社会以人为本的发展潮流。小学音乐的自我导向学习不仅提高了学生自由学习的能力，提升了学生整体的音乐素养，也为学好其他学科起到了铺垫的作用。这种新兴的音乐教学理念使整个音乐教学结构变得更为完好，这种教学模式也使学生从被动变为主动，从而成为音乐学习的主人，有利于学生未来的成长，促进了学生的自我成长和进步，对学生日后的良好发展起到了不可磨灭的作用。

（王学芳）

例谈“以学为中心”的小学英语课堂教学

随着小学英语课堂教学方式进一步改变，小学英语课堂在教学方法、学习方式和评价方式等方面都有了较大的改变。课堂教学变革，在教学方式上表现为从传递、讲解、评价的教学转向触发、交流、分享的教学，在学习方式上表现为个人学习走向合作学习，从习得、记忆、巩固的学习转向探究、反思、表达的学习。其要义就是从“以教为中心”转向“以学为中心”，其核心是以学定教，顺学而导。下面我就例举几个课堂中 “以学为中心”策略运用的案例来谈一谈，和各位同仁共享。

一、意义先行——“慢”学

[案例一]

教学内容及分析:

译林版《英语》五（下）U5Helping our parents 的Grammar Time其内容是“现在进行时”，即运用“I am/He' s/ She’ s/It’ s/We are/You are/They are + doing”来谈论正在发生的事情或存在的状态。

教学设计思路:通过“Frozen” “找例子” “创情境”和三个体验性游戏，学生学习正在进行时的意义和构成。

游戏一：“Frozen”

什么是正在进行时?教师给学生1分钟自由时间,学生随意做各种动作,当教师喊“stop”时，大家同时被“Frozen”，并保持之前的姿势。

T: What are you doing now?

S1: I am jumping now.

S2: I am singing now.

S3: I am talking with my friend now.

游戏二：“找例子”

如何正确使用正在进行时表达正在发生的事情?各小组均拿到五类卡片,对应为:“人称（I, My mother, The students）"be 动词（am, is, are）” “现在分词（eating lunch, washing the plates, reading English）” “地点状语（in the restaurant, by the river, under the tree）” “时间状语（at 11:30, after the English lesson, these days）” 。学生随意抽取各类卡纸一张拼句子，小组

共同朗读并判断句子的构成和意义是否准确，随后由书写速度快的同学摘记：

I am eating lunch in the restaurant at 11:30.

My mother is washing the plates in the restaurant at 1 1:30.

My mother is eating lunch under the tree at11:30.

The students are reading English by the river after the English lesson.

The students are eating lunch under the tree these days.

游戏三："创情境"

生活中的"正在进行时"在哪里?小组合作创设正在进行时的生活化情境，以短剧、采访或校园故事讲述的形式汇报:

1. 10:00 on Sunday morning in the park.

2. Call the friends and know the things they are doing.

3. the second lesson on Wednesday the teacher is not in class.

4. in the English lesson on Friday morning.

分析：在小学英语教学中，教师要让学生在具体的语境中理解语法项目的意义和用法，因此语法知识的呈现要从语言使用的角度出发，遵循意义先行的原则，即语言的意义和用法先行，形式靠后。

英语语法学习旨在鼓励学生多说多感悟，在大量语言实践中体会语言的规律。以上三个游戏，学生通过亲身感受正在进行时的语言意义，即定格在某一时刻发生的事情；随后，在"拼句子、找例子"的过程中创设了三个时段:at 11:30,after the English lesson, these days, 学生创设出各种有意义的句子，进一步明确了如何使用正在进行时表达正在发生的事情；最后，学生自由创造生活情境，在真实情境下通过说和演的方式内化语言意义，达到运用语言的目的。教师给予学生充分的时间体验语言的意义，看似课堂上耗费了较多的时间，然而，真正的学习本是如此：I hear and I forget. I see and I remember. I do and I understand.

二、先引后放——"试"学

[案例二]

教学内容及分析：译林版《英语》五（上） U3Our animal friends 中的Story Time 介绍自己的动物朋友们。分析学情和教材，发现学生可能存在以下学习难点:

1.影响学生理解课文内容的单词：arm, body, foot, leg , tail, wing；

2. 学生对如何用英语有条理的表达自己的想法存在一定的问题；

3.中西方学生对动物的不同态度。

教学设计思路:

1、通过朗读课文找出同学们各自的动物朋友。接着先有老师引导学习Nancy's animal friend。提出三个问题:

a. What colour are Nancy's animal friends?

b. What do they have?

c. What can they do?

通过三个问题，初步把怎样介绍动物朋友的条理理清，为下面的学习做好铺垫。

2、其他同学的动物朋友也是围绕这三个问题展开，学生通过自主阅读，合作学习等方式学习“Mike”和“Liu Tao”的动物朋友，学习起来较轻松。

3、最后教师大胆放手，借助插图，促进学生自主构建文本。

分析：教学论告诉我们，当学生能够自己阅读教材和思考的时候，要先让他们自己去阅读和思考，然后针对学生在阅读和思考中提出、发现和存在的问题进行教学。

本案例中，为了帮助学生理清思路，学会举一反三，教师引导学生学习第一个动物朋友，接下来用同样的方法学习下面的三个动物朋友。这样可以培养学生们独立自主学习的能力。教师只要稍作指导，学生就轻松地掌握，可以使学生的学习成就感得到满足，充分培养了学生的自信心。

在进行了足够的语言输入后，最后让学生及时进行语言输出，所学知识得到及时巩固，学生在复述活动中将句型和单词的学习相结合，培养了学生的语言表达能力，激发了学生用英语交流的兴趣，锻炼了学生瞬间记忆的能力。由旧知到新知、由单一到多个，循序渐进，由易到难，这样的教学设计让学生更易于接受，也能体现教学的真实性，还能让学生保持学习的兴趣。

与传统的教学相比，这个过程中，整个教学以学生为中心，营造了轻松、活跃的学习气氛，激发了孩子们的学习英语的热情(全员参与)，使学生在娱乐轻松环境中掌握知识，培养了学生的综合能力，调动了学生学习的积极性，使课堂充满了活力。先引后放,弱化了教师的“教”，突显了学生的“学”。

三、任务驱动，解决问题——“探”学

[案例三]

教学内容及分析：译林版《英语》五（下）U8Birthday的Story Time，该板块通过对话形式谈论了苏海苏阳和麦克的生日信息。

教学设计思路:

教师将文本内容进行了巧妙设计，即通过“调查问卷的设计”“信息的获取”“调查分析”以及“调查展示”完成系列调查任务。具体每项任务的要求如下：

Task1.设计有关苏海苏阳和麦克生日的问题Ask;

Task2. 阅读文本，获取有关生日问题的答案Get;

Task3.对获取的信息进行观察、比较与分析，并阐述调查发现Find;

Task4. 对整个调查进行创造性汇报Show。

分析:

《英语课程标准》指出教学活动要“促进学生的认知能力思维能力、想象力和创造力等综合发展”。与教师主导式的阅读教学相比，这种学习方式让学生远离了学习的舒适区，始终围绕着他们的思维障碍来学习，教师不急于引导学生接受正确方法，而更多地让学生在尝试解决问题的过程中发现问题，并引导学生参与对问题和错误的剖析。

任务驱动，学生在合作互助中尝试探究式学习，在解决问题的过程中达成学习的目的。如，在设计调查问卷的任务中，学生选择自己喜欢的调查对象，进行头脑风暴，组织语言，为设计问题而产生了强烈而迫切的学习动机；在获取信息的环节，学生阅读文本并寻找自己所需的答案,任务下的学习目标性强；在对调查结果进行分析时，基于自身的生活经历和所掌握的中西方生日文化知识，学生进行信息的整理和中西方生日文化的比较，调查发现进一步鼓励了学生的探究意识；在最后的展示环节，学生的学习自主性更强，他们根据自身的兴趣，选择合适的形式来展示汇报，以呈现问题解决的多样途径，这也培养了学生的创造性。过去,是以学生获得已有的结论作为教学任务，直接将结论传递给学生，或者整个过程就是为了验证一个既定的结论。如今，以“学”为主的课堂，拒绝教师直接佳递结论，学生要发现问题、分析问题、解决问题，实现从以“教”为主到以“学”为主的转变。

四、捕捉生成，以生为本——“促”学

[案例四]

教学内容及分析：译林版《英语》四（下）U7What's the matter? Cartoon Time 本课的学习重点为：打电话用语、关心身边的人、询问他们的状态并提供帮助或关心。

教学设计思路:

课上学完Cartoon Time，请学生模仿课文打电话来关心别人，课上教师带了一部玩具电话，学生都积极的参与表演。

前面两组学生的表演精彩到位，赢得了同学们的掌声，第三组同学上来表演了，当电话铃响起:

S1：Hello, is that …speaking?

S2：对不起，你所拨打的电话已关机。

这时，全班同学哄堂大笑，过了3秒，教室里格外地安静，学生们以为老师要发火了。刚开始，我是有点生气，但转念一想，这不正是一个很好的教育契机吗?

T: Can you speak English?

S2: No, I can't.

T: You can find it after class. And teach other students tomorrow, OK?

S2: OK.

今天，这个班级的回家作业也变成了查找电话用语的英语表达法，比比谁学会的多。

分析：所谓教学效果的生成性，是指在教学活动中会涌现出许多意想不到的信息和问题，教师不能机械地按原计划确定的一种思路进行教学，而应凭借自身的素质，根据学生学习的情况，把教学中人的、物的、精神的诸多因素有机地结合起来，对之灵活地调控，积极引导教学活动不断更新，生成新的超出原计划的教学流程，以此达成最佳教学效果。

假如按照常规的处理，教师可能会把学生训斥一番,接着按部就班的学习书本内容。这样的处理不仅让学生感到不服气，也会打消他们学习英语的积极性。学生的语言习得是依靠在真实语境下的实践体验而获得的，片面的语言结构分析较难激发他们真正的语言学习兴趣和参与的动机。因此，学生在机械地说着语言，表演很木讷，话语中没有丝毫真情实感，从学生的真实生活中挖掘学习资源,让他们自己去寻找资源，基于生活经验生成的内容，才是他们最乐于接受的。

小学英语课堂教学中，从“以教为中心”转向“以学为中心”的教学理念，其工作是大量而繁杂的，我们只有真正树立起“一切为了学生，为了一切学生”的教学理念，在实际的教育教学工作中不断积极努力地探索，才有可能取得较好的成果。

（华泠泠）

专题四：小学生自我导向学习的活动设计策略

主持人语：

学习活动，是一个系统的概念，包括：活动的内容、活动的结果、活动的方式、活动的过程、活动的内外部特征等。

小学生自我导向的学习活动设计，带来的是思维的转变，在本专题中，教师从整体思维、平台思维、问题思维、开放思维、串联思维、要素思维、优化思维等七个维度进行了设计策略的总结提炼。

学习活动设计思维的转变，带来的是教学行为和学习行为的转变。

比如，意味着对课时的打破。“点点落实”“面面俱到”面对单元整体教学，即将失去市场，迎来新的挑战；“当堂练”“课课练”，更要注重课与课之间对学习能力和核心素养的持续练习和不断巩固。

比如，意味着对教材的打破。自我导向学习是目标导向的主动学习。教师要进行必要的题材选择和组编，创设各类学习平台，研究如何根据学生自身需要对目标进行自我设计，并使目标制定与自我相适应。

比如，意味着对课堂的打破。学习情境会更开放，向学生所在的生活环境，社会空间进行开放，资源、学材、共同体，这些元素在课程中会越来越显出重要的地位。

比如，意味着对学习的打破。学习不再是单一的，而是跨学科，跨越的，不再是被动的，而是问题导向，目标导向的。

总之，本专题从多个思维层面探讨自我导向的学习活动，以期通过学习活动的设计，多角度触动传统学习带来的思维定势，思维惰性，从而使课堂焕发思维活力。

小学语文统编教材单元整体教学设计策略

小学语文统编教材突出了“单元”这个整体概念，也对一线语文教师提出了单元整体设计的新挑战。

单元整体教学设计，主要体现两个方面的统整。一是对于教材单元页呈现的“语文要素”的统整，必须打破课时，在单元学习中进行整体理解和落实；二是对于学生语文学习能力训练的统整，必须打破课时，在单元学习过程中持续练习和不断巩固。

以下，从“教材解读”“教学目标”“教学课时”“学习活动”四个方面谈谈小学语文统编教材单元整体教学设计的策略。

一、单元解读及主题确定

1、单元解读策略：运用“坐标式”“网格状”“连续体”多维度策略判定语文要素在本学段的水平、上下学段的前后支撑关系。明晰单元语文要素，围绕语文要素对每篇课文进行全面解读，重点研究语文要素在每篇课文中的具体形式、具体侧重、具体要求和具体方法。

2、主题确定策略：运用“读写一体”策略，将指向阅读的语文要素和指向表达的语文要素整合起来，进一步概括、提炼，确定“读写一体”的单元学习主题。

下面以六年级上册第一单元为例：

本单元人文主题为“触摸自然”，编排了《草原》《丁香结》《古诗词三首》《花之歌》四篇课文，一次习作，主题为《变形记》，一个《语文园地》。

本单元学习主题为“想开去和写开来”。

学习主题确定：

本单元语文要素有两个，阅读要素为“阅读时能从所读的内容想开去”，表达要素为“习作时发挥想象，把重点部分写得详细一些”。进一步概括提炼，确定单元学习主题为“想开去和写开来”。

单元学习建议：

“想开去和写开来”是本单元语文要素要落实的两个层级。

(1)“想开来”策略：课课落实，逐级提升。结合本单元编排的《草原》《丁香结》《古诗词三首》《花之歌》4篇课文、语文园地交流平台，总结提炼“想开去”三个具体策略。策略一，边读边想象画面。策略二，联系自己的生活经验想开去。策略三，从课文内容产生类似联想。策略一是对四年级语文要素“边读边想象画面，感受自然之美”的巩固运用。策略二、策略三是策略一在本学段的提升点。

比如阅读《草原》，读到课文中主客相聚与惜别的内容，可以联想生活中自己与他人相聚和惜别的情景，由此与作者产生情感共鸣，从而加深对课文思想感情的理解与体悟。比如《丁香结》一课，丁香结引发了作者对人生的思考，由此可以产生类似联想——梅、兰、竹、菊，这些植物象征着什么？这些植物与我们的人生追求有什么相似之处？以此活跃学生思想，激发创造力。“想开去”不仅是阅读要素，同时关联表达要素的达成，即“想开去”在阅读理解的基础上，还要揣摩体会表达方法，为“写开来”铺垫、积累、引路。学生在阅读中，由所读的内容联想到自己的生活经验，与作者的感受产生共鸣。

（2）“写开来”策略：读写匹配，综合提升。单元页“发挥想象，把重点部分写详细”的表述，即明确了“发挥想象”把重点部分“写开来”的操作策略，体现出阅读要素与表达要素的匹配性，因此，在学习中，要着重通过不同的选文，不同的表达方式，体会“想开来”的不同内容和策略，逐渐达到熟练的程度。习作要求“发挥想象，把自己变形后的经历写下来”，“重点部分”是“变形后的经历”，因此策略“想象”要求发散思维，《花之歌》一文可以提供阅读要素与表达要素的高度匹配，并进一步通过图片引路、情境创设、题目提示等方式为学习搭建思维支架，引导学生对“变形后的经历”展开大胆而奇妙的想象，并最终落实到写。

二、目标统整及学材重组

1、目标统整策略：基于对单元教材的全面整体解读，运用生成性目标陈述策略。一以学生具体外显的行为来陈述目标，使目标体现精确性、具体性、可操作性；二以学习的过程来陈述目标，使目标体现生长性、过程性；三以唤起主题学习的兴趣来补充陈述目标，使目标体现创造性、个性化的导向。

下面以六年级上册第一单元的单元学习目标设定为例：

（1）基础知识“读写背默”。

①正确认读22个生字，抄写并默写37个词语。默写《西江月·夜行黄沙道中》。

②正确、流利地朗读课文（含4首古诗词）。背诵指定的课文段落和古诗词。

（2）想开去策略“习用悟”。

①想象草原迷人的景色、想象雨中丁香等画面、描述《六月二十七日望湖楼醉书》每一句诗的画面，交流《花之感》和阅读链接中想象奇特的地方。通过撰写批注的方式，在想象、描述画面的同时，体会表达的情感，读出自己的感受。

②体会课文中含义深刻的句子，并交流生活中类似的经历。联系生活经验，理解引发作者产生的人生思考。体会即景生情、借景抒情、融情于景的表达好处。

（3）写开来策略“想写改”。

①根据习作要求和提示，结合《花之歌》和阅读链接，以“变形”为想象触发点，通过图片引路、情境创设、题目提示等引发学生展开大胆而奇特的想象。

②通过画情节图示的方式，把重点部分写详细。

③进行小组评议，推荐全班朗读，点评建议的方式，促进对习作的再思考、互学，并正确运用修改符号，修改完善自己的习作。

④以“变形记”为主题，将习作创编成连环画，并进行展览。

2、学材重组策略：

（1）功能重组策略：分“阅读学材”“能训学材”两类。“阅读学材”由精读课文、略读课文、拓展课文构成；“能训学材”由语文园地、习作构成。

（2）差异重组策略：分“同质学材”“异质学材”两类。在统编教材中，依据语文要素的具体表现，大同小异的可以组成“同质学材”，同中有异的可以组成“异质学材”。

（3）版块重组策略：根据主题将单元学习内容作为整体，以版块形式重组为“基础知识学材”“表达方法学材”“读写结合学材”等。“基础知识学材”，即将单元课文中所有的字词句等语文知识进行版块重组；“表达方法学材”，即将单元课文中体现写作方法的重点内容进行版块重组；“读写结合学材”，即将单元课文中读写结合点进行版块重组。

三、课型开发及课时划分

学生经历一次完整的学习过程，大体分为课前备学（预学）、课中共学（互学）、课后延学。基于完整学习策略进行单元课型开发和课时划分。

单元导学课型。进行单元整体前置性学习，一般在单元学习之前进行，可以是课前自主完成，也可以是课中教师指导完成，达成目标为三个左右的备学任务，学习载体为《备学单》，引导学生对单元学习的目标、重点进行整体把握和熟悉。一般为1课时。

下面以六年级上册第一单元单元导学课为例：

【学习内容】

单元页语文要素把握，单元学习任务布置，单元整体预习与准备。

【学习目标】

1.明晰本单元语文要素及各课达成目标。

2.整体明确单元生字新词、日积月累的重点段落和古诗词。

3.单元学习方法交流分享。

4. 单元整体预习与准备指导。

课时安排：

1课时

学习过程：

一、单元选文特点

1. 本单元编排了《草原》《丁香结》《古诗词三首》《花之歌》4篇课文、习作“变形记”、语文园地。

2.本单元课文共同的特点，即在表达方法上都体现了“情景交融”的特点。

《草原》描写老舍第一次访问内蒙古大草原时的所见、所闻、所感；《丁香结》中，作者宗璞将自己对人生的思寄寓在平凡的自然景物之中；《古诗词三首》都写到了自然之景，不同的景寄托着作者不同的情；《花之歌》中，诗人纪伯伦借“花”这种大自然的语言来表达伟大的情操。在表达方法上都体现了“情景交融”的特点。

3.根据本单元课文特点，一要体会“景”，二要感受“情”，因此本单元学习重点有两个，一是阅读理解方面，体悟作者所借景所抒情，二是表达体会方面，体悟作者借景抒情的方法与手段。

二、单元语文要素

1.引导学生从单元导语开始，先了解人文主题“背起行装出发吧，去触摸山川湖海的心跳”，找到人文主题与选文的匹配。

游记散文《草原》，在优美的草原自然风光中，可以触摸到两族人民的深情厚谊；自然界中很普通的丁香，因融入了作者自己的情感而在平凡之中有了一种独特的神韵，不仅要触摸自然的心跳，更要触摸作者的心跳。而古诗词的景物更是投射着作者的人生经历和当时的心境。可谓“一切景语皆情语”。

2.了解单元语文要素。

（1）学生朗读。

（2）根据要素提炼学习主题：想开去，写开来

（3）想开去，就是想象。指导学生回顾已掌握关于想象的经验，确定本单元学习起点。

（4）根据语文要素、语文园地交流平台，明确本单元学习提升点。

（5）写开来，其实就是运用想象形成对重点部分的丰富表象，然后具体写下来。

三、单元学习任务

1.围绕本单元人文主题以及语文要素确定本单元学习主题——想开去和写开来。（学生齐读）

2.小组研讨本单元学习目标。

（1）小组讨论。

（2）小组交流。

（3）集体交流。

3.形成并把握本单元学习目标。

（1）基础知识“读写背默”。

①正确认读22个生字，抄写并默写37个词语。默写《西江月·夜行黄沙道中》。

②正确、流利地朗读课文（含4首古诗词）。背诵指定的课文段落和古诗词。

（2）想开去策略“习用悟”。

①想象草原迷人的景色、想象雨中丁香等画面、描述《六月二十七日望湖楼醉书》每一句诗的画面，交流《花之感》和阅读链接中想象奇特的地方。通过撰写批注的方式，在想象、描述画面的同时，体会表达的情感，读出自己的感受。

②体会课文中含义深刻的句子，并交流生活中类似的经历。联系生活经验，理解作者产生的人生思考。体会即景生情、借景抒情、融情于景的表达好处。

（3）写开来策略“想写改”。

①根据习作要求和提示，结合《花之歌》和阅读链接，以“变形”为想象触发点，通过图片引路、情境创设、题目提示等引发学生展开大胆而奇特的想象。

②通过画情节图示的方式，把重点部分写详细。

③通过进行小组评议，推荐全班朗读，点评建议的方式，促进对习作的再思考、互学，并正确运用修改符号，修改完善自己的习作。

④以“变形记”为主题，将习作创编成连环画，并进行展览。

四、单元学习评价

1.基础知识过关评价。

2.阅读方法运用评价。

3.语言表达成果评价。

单元共学课型。一般为单元精读课文的学习，在教师与学生，学生与学生的共同学习过程中，体会、揣摩、总结、提炼达成语文要素的方法和策略，形成单元学习的语文经验。一般为4-5课时。

单元自学课型。一般为单元略读课文的学习，结合共学课型在精读课文学习中掌握和形成的方法和策略，加以自主运用和巩固。学习载体为《任务驱动式导学单》。进一步促进方法、策略的巩固、更新、丰富。一般为1课时。

单元延学课型。在对单元学习进行复习整理的基础上，进行适当适度的课外拓展学习。以迁移运用作为操作要义，引导进行课文相关的文体，如同一文体、同一作家、同一名著等的“阅读训练”，或者是读写结合的“牛刀再试”。一般为1课时。

下面以六年级上册第一单元整理延学课为例：

学习目标：

1.基础知识做到背诵默写过关。

2.整理归纳“想开去写开来”的方法和策略。

3.进行排比句的赏析和批注拓展练习。

教学过程：

一、基础知识复习整理

1.小先生教生字词活动：

①以习字册为载体，学生轮流当小先生。

②小先生教大家学习每课1-2个关键生字的特点和书写规范。

③小先生对每课生字新词中易错字、重点字，进行提醒和强调。

④对本单元37个重点词听写并进行巩固。

2.背诵竞赛活动：

①引导学生发现、总结、提炼背诵《草原》第1自然段、《古诗词三首》《过故人庄》的规律和方法。

②师生竞背、生生竞背，激发学生自主流利背诵的积极性。

③一帮一背诵。（由已经能流利背诵的同学认领1位学困生，进行一帮一背诵活动。）

3.默写过关活动：

①《西江月·夜行黄沙道中》在读、写、背的基础上，进行默写过关。

②《草原》重点段落、《宿建德江》《六月二十七日望湖楼醉书》《过故人庄》佳句摘抄、默写积累。

想象策略复习整理

1.回顾本单元运用了哪些想象策略，用图表进行总结归纳。

学生四人小组先进行交流讨论。

选择合适的图表方式进行总结归纳。

指名两位同学在黑板上展示自己总结归纳的图表。

师生交流完善图表。

2.参考如右图：

三、批注式阅读练习

1.交流回顾批注式阅读的方法。

2. 总结归纳批注式阅读的方法。

参考如下：

（1）基础批注法：即对文中基础知识圈点勾画，划出重要的读音、生字词；中心句、重点语句。起到前置预习、整体感知的目的。

（2）感受批注法：即记下阅读时的理解体会、困惑疑问、启发收获。起到深入理解文章，把握文章主旨的目的。

（3）评点批注法：即对文章的精彩内容或表达特别等自己进行褒贬评价、总结提炼、归纳观点等。起到个性化阅读、形成独特感悟的目的。

（4）联想批注法：即写下由此文而联想到的一首诗、一个人或者一件事，由此人联想到的彼人彼事，由此及彼进行知识迁移、文外拓展。起到有助于知识迁移、信息归类整合、巩固运用的目的。

（5）赏析批注法：选取喜欢的、耐人寻味的词语、句子或段落，把对其妙处、效果等赏析写下来。主要用于批注经典作品。

（6）质疑批注法：对阅读中的疑惑之处进行提问。起到促进积极主动思考，训练批判审辩思维的目的。

（7）补充批注法：阅读中，对文章感觉有遗漏的地方进行补充记录。

（8）模仿批注法：对文中遣词造句好的词句进行模仿，在旁仿写一词一句。起到学以致用的目的。

3.批注式阅读实践运用

阅读学材：《雨之歌》作者 纪伯伦

（1）学生自主阅读。

（2）学生进行批注式阅读，重点对运用排比的句段进行批注。

（3）学生交流分享。

（4）学习评价

批注式阅读评价： 是否推荐分享：

☆☆☆☆☆ 是（ ）否（ ）

四、课后拓展延学

1.用排比的手法写一段话。

2.批注式阅读丰子恺的《梧桐树》，作者丰子恺。

（1）学生自主阅读。

（2）学生进行批注式阅读。

（3）学生交流分享。

（4）学习评价

批注式阅读评价： 是否推荐分享：

☆☆☆☆☆ 是（ ）否（ ）

四、学习计划及活动实施

1、学习计划制订策略：以学习契约为载体，学习者与指导教师共同协商，学习者在指导教师辅助下，制订个人学习计划。一份完整的学习契约包括学习目标、学习策略、学习证明、评价标准、完成学习目标时间表。

2、活动实施展开策略：

（1）综合活动式实施展开。围绕单元语文要素，设计综合活动勾连单元各课文。比如三年级童话故事单元，就可以通过多种形式的读、讲童话活动来串联单元学习。

（2）主题活动式实施展开。围绕单元课文主题，逐层推进单元学习活动。比如六年级作家鲁迅单元，就可以结合鲁迅这一主角，读鲁迅的诗文，故事，开展各种层次的“走近鲁迅”主题学习活动，逐步体会鲁迅的思想、成就、贡献等。

（3）项目活动式实施展开。以项目化活动统整单元各课文，比如教材中有创编诗集的要求，单元学习时，就可以“少年创作”为活动项目，统整资源和课程，实现学习优化。

五、学习评价及成果展示

1、学习评价策略：

（1）交流分享策略：结合《备学单》《导学单》进行交流分享，引导师生、生生自评、互评。

（2）反思评价策略：教师对课堂教学进行《复盘式教学评价》，学生结合学习契约的达成情况进行《反思性学习评价》。

（3）考核检测策略：结合能力达标要求，对朗读、默读速度，对阅读理解能力、对表达方法运用情况等进行分级考核检测。

2、成果展示策略：

（1）图式化学习成果展示。语文学习中，运用情节绳、结构图、阅读地图、思维导图等图式加强阅读理解，检视阅读效果，并将图式化学习成果进行展示。

（2）海报式学习成果展示。创编故事、主题活动等，加以运用海报等呈现学习成果，并定期进行展示汇报。

（3）文字报告式学习成果展示。以文字形式展示读书报告、小课题研究报告等成果。

（4）语言类学习成果展示。以故事会、朗读会等形式进行语文学习的成果展示。

（施萍一）

基于学生自主建构的平台设计策略

《中国学生发展核心素养》框架的正式发布，中小学生核心素养成为教育界普遍关注的焦点，并成为中小学教育的一种目标表述。“核心素养”以培养“全面发展的人”为目标，更加注重自主发展、合作参与、创新实践。以发展核心素养为小学生自我导向学习的研究背景和目标，发展核心素养视阈中小学生自我导向学习，更需要激发儿童自我学习潜能和主观努力，要使教师成为一名优质的学习促动者，把学习的主动权还给学生，指导学生制定和执行自己的学习程序，提高自我管理学习的能力，不断向自我导向水平较高层级过渡，不断提升自身核心素养。有人说21世纪是设计的时代。数学课堂中，学生的思想与行为同样与教学的设计有关，教者应着眼于学生自我导向、自主建构的学习平台的打造，为学生的自我学习提供广阔的可能。

一、指向归纳和提炼的操作平台设计

（一）平台设计理念

新课程强调儿童经验的作用，提倡经历学习过程，当下的数学教学，很多数学学习过程都是在教师的指令下完成的。所谓的“经历了过程”，学生对这一切究竟是怎样发生的，却无从感知。因此，我们的数学教学不仅要让学生经历这些过程，更要“品味”这些过程。所谓品味，即让学生去叙述、提炼和概括自己的操作过程，把学生的感性认识提高到理性认识，实现认识的飞跃。使学习的过程真正成为学生自我导向、自我发展的过程。引导学生反思感知知识的获取过程，让学生获得可以持续发展的知识结构、不断生长的认知结构、支持儿童发展的心理结构，使得知识的掌握成为可以复制的“经验”，并且在新情境中能够自我适应、创生和发展，促进学生学习能力的良性生长。

（1）回溯操作过程，提炼“我怎么做的”。儿童不只是模仿和接受成人的策略和思维模式，他们会用自己经验中已有的数学知识去过滤和解释新信息并同化。要提供思维含量高的操作情境，探索问题的开放度和指向性，鼓励学生在操作过程中保持专注、原创和独特。

（2）自我评价方法，提高“我还会巧做”。让儿童真正经历操作过程，当学生独立面对新的问题时，会运用初步获得的经验去尝试分析和解决。要汇聚不同学生的多样性操作办法，促进学生对问题本质的把握，提高辨析能力，探寻多种方式架构起知识与问题之间的桥梁。鼓励学生使用多样化的方法，让学生不满足于现有的方法，自觉进行方法的优化，养成习惯。

（3）大胆质疑过程，提出“我还有想法”。要提供多种机会让学生不断地质疑与拓展现有的知识结构，对知识严谨审视，获得更为广泛的发展。要大力激发、培养和提高学生的质疑能力和拓展能力。

（二）操作平台实例：

《三角形的认识片段》

1、初步实验，探索规律

（1）你会用小棒来围一个三角形吗？

（2）是不是任意长短的三根小棒都能围成三角形呢？

（3）操作体验。你们围成了吗？我们同学还发现了有三条线段围不成三角形的情况。真了不起！

2、继续实验，寻找原因

（1）你觉得为什么这三根小棒围不成三角形呢？

（2）这三根小棒不能围成三角形，你能不能想个让它们能围成的三角形呢？

3、思不等式，完善发现

学生：两条边的长度之和大于第三条边

4、10+4>6，也是其中两条边的和是大于第三条边的啊？但真的围不成。这到底是什么原因呢？

5、不断质疑，优化方法

学生：要任意两边的和大于第三条边才能围成三角形，是否都满足“任意两条边的和大于第三条边”

（1）短边一＋短边二＞长边

（2）长边＋短边一＞短边二

（3）长边＋短边二＞短边一

6、学生：两条短边之和大于长边，就能判断了！（老师鼓励）

二、利于演绎和推理的语言平台设计

（一）平台设计理念

数学教学的本质是思维对话。课堂上最为重要的就是促进学生思维发生和发展的过程。生长课堂学生思维的特征应该是：心求通而未得、口欲言而不能，处于愤悱之间，情绪高昂激亢，新、旧知识发生强烈的交锋、碰撞，最终扫除障碍、实现飞跃。在数学课堂中，教师要更加有意识地培养和发展儿童的思维品质。我们要沿着学生思维生长的路径来组织课堂教学。 研究以提升“三种方式”为主要手段：

（1）叙述层面，凸显数学本质。要求学生条理清楚地表达。数学课堂要让学生的思考化隐为显，要暴露学生的思维过程，要让学生从知识到思想，从肤浅到深刻，从部分到系统，要能够感受思维的发展和提升。从而能够站在更高的层次上去引导学生的思维方向，并及时优化学生的思维方式。

（2）发现层面，拓展认知边界。要求学生有创见独特地表达。通过数学课堂，引领学生从计算和解题中摆脱出来，透过现象看本质，要让学生转变认知方式，形成初步的数学思想，掌握必要的数学方法以灵活地解决实际问题，让数学课堂成为智慧课堂。

（3）推理层面，提升思维水平。要求学生有逻辑深入地表达。数学课堂要让学生学会数学地思维，还要“从学会数学的思维走向通过数学学会思维”。鼓励学生勇于用数学的眼光和方法去认识世界。要广泛开发数学综合实践活动，创新课堂组织形式，为促进学生数学综合能力的提高提供广阔的天地。

（二）语言平台实例

《认识分数片段》

1、抓住本质，叙述意义

师：同学们,小猴今天过生日，猴妈妈为它们准备了好吃的蛋糕。如果把这个蛋糕分给这四只小猴，怎么分最公平呢?

生：把一个物体平均分成4份，每一份就是这个物体的$\frac{1}{4}$。$\frac{1}{4}$是一个分数，是我们上学期学过的分数知识，同学们都还记得，真不错。

2、对比分析，发现新知

（1）初步感受把一个整体平均分4份，每份是它的$\frac{1}{4}$。

谈话：吃完蛋糕，猴妈妈把准备好的一袋桃子拿出来，猜一猜共有几只桃子？（4只）

生：把4个桃看作一个整体，平均分成4份，每份有一个桃子，一个桃子占了整体的$\frac{1}{4}$，每只小猴能分得这些桃的$\frac{1}{4}$。

（2）改变桃的个数，再次感悟把一个整体平均分成4份每份是它的$\frac{1}{4}$。

8个桃子，平均分给4只小猴，也就是平均分成几份？每只小猴分得其中的几份?

3.演绎推理，总结提升。

谈话：刚才4个桃平均分成4份，每份用$\frac{1}{4}$表示，现在8个桃、12个桃平均分成4份，每份还是用$\frac{1}{4}$表示，怎么都可以用$\frac{1}{4}$表示呢?

学生：因为它们看成一个整体平均分成4份，取其中的一份。

如果有16个桃呢？如果有100个桃呢？甚至更多呢？回顾我们刚才分桃的过程，你有什么发现吗?

小结：是啊，不管有多少个桃，都可以把它们看作一个整体，只要平均分成4份，每份就是它的$\frac{1}{4}$。

三、注重迁移和转化的练习平台设计

（一）平台设计理念

数学课堂练习应该是数学课程动态生长性的延伸，是对数学课程意义的重建与提升的创造过程。我们对数学习题的设计，要有利于学生自我建构数学知识，有利于丰富学生的思维发展和终生学习。而且教学过程是一个有行为目标的系统，要实现教学目标，提高教学质量，必须依据反馈原理，加强教学反馈。反馈信息越及时、准确、全面，效果越好，可以说教学反馈是实现教学控制的必要手段。通过课堂练习的反馈功能与诊断功能，能及时反馈学生掌握知识、形成技能等各种信息，帮助我们了解和把握学生的知识水平和学习能力状况，为老师调整教学行为提供可靠依据，从而使练习的效果得到落实和提高。所以我们老师对练习的反馈与诊断功能还要提高认识，落实和提高练习的反馈与诊断功能，让小学数学课堂练习的实效性得到提高。

（1）仿例型练习，夯实基础知识

传统的“一刀切”做法无法顾及每个层次学生的认知需求，制约了学生个性的发展。现代教育心理学认为，激发学生学习动机的种种诱因中，成就动机则是最普通的、有效的一种。心理学家皮亚杰说过：“所有智力方面的工作，都依赖于兴趣”。课堂上精心设计“自主选择式”练习很必要，同一知识点，设计不同的练习，让不同水平的学生自主选择，给学生练习的“自主权”，实现“人人能练习、人人能成功”，使每一层次的学生都能得到训练和发展。

（2）变式类练习，把握知识核心

布鲁纳说过：“学习的最好刺激,是对所学材料的兴趣。”经常联系生活实际进行练习设计，才能给学生以新鲜感与认同感，体现数学的应用性。例如在教完“圆的面积”一节之后，设计了如下练习：一头牛被用3米长的绳子栓在四周都是草地的牛桩上，请问这头牛能吃到多大范围的草？这样的变式设计符合农村学生的生活环境，使学生一看就熟悉、来劲，能变“要我做”为“我要做”。

（3）综合性练习，深化策略运用

俗话说的好，数学是思维的体操，发展学生的思维能力，是数学永恒目标之一。有的综合性练习就是将问题涉及的图形或数量，赋予某种隐藏的特殊关系中，激发学生深入研究的积极性，提高思维的深刻性、创造性等。如在教学倍数问题时，设计如下练习：姐姐的邮票比弟弟的邮票多36张，姐姐的邮票是弟弟的5倍，弟弟的邮票有多少张？这样练习有一定的深度，能调动学生积极探索的热情，挖掘学生思维潜力。

（二）练习平台实例

《倒数的认识教学片断》

1、初步感知：先计算，再观察，看看有什么规律？

3/8 × 3/8　7/15 × 15/7　5 × 1/5　1/12 × 12

2、下面哪两个数互为倒数？

3/5 6 7/2 5/3 1/6 1 2/7 0

师：你是怎样找一个数的倒数的？

生：求一个数的倒数，可以把这个数的分子、分母调换位置。

3、想一想：1的倒数是多少？0有倒数吗，为什么？

4、说出下面各数的倒数

4/11 16/9 35 7/8 4/15

5、说出下列各数的倒数

二又五分之二 0.2 1.75

6、辨析。

（1）互为倒数的两个数，乘积一定等于1。（ ）

（2）因为0.5 × 2 = 1，所以0.5和2都是倒数。（ ）

（3）假分数的倒数一定小于1。（ ）

（4）a的倒数是1/ a。（ ）

自我导向学习是目标导向的主动学习。通过教师必要的题材选择和组编，培育自我导向学习的目标，促进学生基于目标对学习过程进行有效管理，使自我导向学习顺利进行。以学习平台为载体，研究如何根据学生自身需要对目标进行自我设计，并使目标制定与自我相适应。还要研究如何通过把大目标分解成便于达成的小目标、记录学习经历、设置最近学习任务提醒等对目标的管理来完成学习任务，最终促使目标实施达成，以使学生在学习中自我导引生长目标，随着年级升高、学习经历增长逐步内化，形成目标设立和目标管理的自觉。

（孙建清）

开放式学习情境的设计策略

——听郝近峰老师上《信息搜索》一课有感

【片段一】

（教师出示上课PPT的封面，上面写有课题、执教教师和来自的学校，不过字都很小）

师：同学们，请问我是什么老师？

生：信息技术！

生：电脑老师。

师：我是来自什么小学？

（学生仔细寻找）

生：江苏太仓市实验小学。

师：有谁知道我姓名吗？

生：郝老师。

师：对了，你是怎么知道的？

生：（学生手指着屏幕）PPT屏幕上写着呢！

师：你呢？

生：我刚刚进来的时候，看到老师手里有一张安排表，上面写着你的名字。

师：你观察得真仔细，请坐。

师：同学们，在课堂上我们要认真的观察、仔细的倾听，才能获得更多的信息。

师：今天我们就来找一位张老师，她就在我们这些听课老师中间，你们通过一些信息的获取并分析，来找到这位张老师。

【设计策略】

本教学片段运用的开放式学习情境设计策略为"把学习任务转化为日常生活问题"。教师通过平时我们常见的问题，"我是什么老师？""来自什么小学？"引发同学去认真的观察和思考，在不断的搜索中发现答案，教师顺势提出要求，在课堂上也要认真的观察、倾听，才可能获取更多的信息，并引导出今天这堂课的主要任务：找张老师。至此，教师自然而然地把信息技术中信息的获取、加工、传递、处理所必须的技能，通过课前的热身活动，转化为学生日常已有的生活问题，贴近学生生活动经验，使学生充满探究的动力。

【片段二】

教师出示搜索规则：

1、小组内合作，但不要影响学生间的相互判断；

2、不能询问听课老师，不能碰听课老师物品等；

3、铃声响才能开始；

4、搜索时间为60秒；

5、出现违规的本轮即为失效。

生：学生开始自主搜寻，并把认为最有可能的把她拍下来。

60秒后，6组学生均未能找出张老师。

师：你们为什么没有找到“张老师”？

生：我们的信息太少了。

师：你们每组可是有两张求助卡，可以使用啊！

生1：张老师是男还是女？

师：非常好，你已经开始思考如何获取关键信息了，老师告诉你是女的。

生2：今天她穿的是什么衣服？

师：这个问题非常敏感，只能告诉你衣服的颜色是黑色。

学生再次搜索，60秒后仍无果。

师：同学们可以查看老师今天上课带来的物品啊，说不定里面也有相关信息。

学生搜寻，其中一位学生在讲台的讲义内发现一张照片。这时其他学生一哄而上，抢夺照片，最终照片难逃厄运，变得皱皱巴巴、面目全非。教师顺势进行信息获取规范的教育并教育学生，团队合作真的很重要。学生最终找到了“张老师”。

【设计策略】

本教学片段运用的开放式学习情境设计策略为“把学习任务分解为解决问题的过程”。信息技术的教学是开放的、综合的，信息技术课也因而丰富多彩。这堂课确实是更贴近了新课程标准的理念，而且很受学生的欢迎。学生在收集信息的同时培养了很多的能力，如阅读能力、判断能力、摄影能力……每位同学都通过在找“张老师”这活动中，不断的去探索、思考、判断等，在一次次的锻炼中，他们获得了成功。在活动中，他们知道了如何规范的去获取信息，也提高了合作、创造、思考、分析、综合等能力。这堂课设计具体的实际活动，是一个问题解决的活动过程，不但对信息技术教学本身有很大的帮助，同时其教育理念的深度和实践运用的广度也远远超出了信息技术教学的范畴，具有普适性意义。

（陈玉圣）

问题支架：激活小学生的英语思维力

教育部《关于全面深化课程改革落实立德树人根本任务的意见》指出，学生应具备适应终身发展和社会发展需要的必备品格和关键能力，这就是核心素养。王蔷教授在关于英语学科素养专题报告中提出：学生英语素养是指文化意识，语言能力，思维品质和学习能力。

在小学英语教学中培养学生英语核心素养，要把培养学生的思维品质放在首位，发展他们的英语思维。问是思之始，思维是一个不断提问，不断解答，不断追问，不断明朗的过程。支架教学其实是源于前苏联著名心理学家维果茨基的“最近发展区理论”。

以笔者执教的《译林英语六上Unit4 Then and now》为例来介绍。

一、原点问题 唤醒学生的英语思维力

原点问题指源于学生当前认知水平的问题，是低阶问题，常用于课堂导入及巩固环节。

1、在导入环节设计原点问题

在导入环节设计原点问题可以让学生在潜意识唤醒英语思维力，为阅读教学点亮基点。

【例】Can we see the dinosaurs now?

课堂伊始，呈现一段古今对比的视频，“我们在视频中能看见恐龙，那我们现在的生活中能看见恐龙吗？”看完之后，当学生在影片的吸引下，慢慢浸入课堂时，根据学生的认知水平，提了这个学生感兴趣的问题，由于学生并没有学过“dinosaurs”这个单词，所以这个问题还能考验学生是否认真观看影片，也让他们唤醒自己的英语思维力。

Can you see…now? Could you see… before?

教师根据古今对比视频进而对学生提问，Can you see…now? Could you see… before? 是基于学生观看的视频提问，继续唤醒学生的英语思维力。

What can/could you do?

教师总结说“World has changed. I have changed. Twenty years ago, I …But now I … How about you?”学生看了影片之后，教师给学生介绍自己生活中的过去和现在的不同，教师提问学生的生活是否有着变化，这时学生自然而然地会有一个情感的迁移。使学生联系自身，想一想自己发生在自己生活中的变化，让学生更有话说。

Who are in this passage?

Lead-in

T:总结发现了自己的变化，引出文本内容。

介绍文中人物的过去和现在的不同

Boys and girls, please tell me who are in this passage?

在导入文本时，通过一些简短的话语来介绍文中Mike一家人的过去和现在的重要变化，让学生对文本有一个主要信息的输入。选择了一个较为简单的问题，让学生猜一猜文中出现了谁，让学生对文字信息和一些经过模糊处理的图片进行猜测。引导学生联系之前学过的人物信息得出答案。

2、在巩固环节设计原点问题

在巩固环节设计原点问题，可以再次唤醒学生深层的英语思维力或是检验学生的英语思维发展是否达到预期。

【例】1、本课在学完文本过后，让学生来总结归纳文中提到的一家人方方面面的变化，让学生思考并回答文章的标题是什么？考验学生在学完文本后，对文本是否理解。

2、What can Mike’s family do now? What could they do before?

巩固环节中，由四人一小组，让学生在小组合作中进行深度思考，提炼文本的大概含义。小组中的学生，每人负责介绍一个人物的过去与现在，在合作学习的过程中，小组内先分工后交流讨论，遇到困难时组内同学一起帮忙解决。本环节的问题，是基于学完文本后学生知识的新原点，既能再次激发学生的思维又培养学生的合作学习能力和表达能力。

由此可见，原点问题的搭建，是课堂起始环节的热身，让学生身未动，思已行。其作为课堂的操练环节，让学生的英语思维力再攀高峰。

二、中点问题 引导学生的英语思维力。

中点问题指的是基于学生就近发展区的问题，属于中阶问题，指要学生多思考一下的问题，就是我们常说的，跳一跳才能找摘到的果子，多用于文本学习环节。

这不是简单的提几个问题就能解决的，需要结合文本内容以及学生的认知水平，科学合理设计。这些重点问题可以慢慢引导学生英语思维力，同时也需关注学生其他方面能力发展。

1、构建关键支架，问答式处理文本

【例】What could Mike do? What can he do now?

T: 自读课文第一段，用“波浪线”划出Mike以前能做和不能做的事情，用“直线”划出他现在能做的事情。

在上述课堂教学环节中，基于文本的特性和学生的认知水平，对于Mike的信息我选择问题支架教学，这个问题统领是文本脉络的，问题引导学生有意识的从这两方面入手对Mike信息的了解。教师提出的问题引领学生解读文本，帮助学生建立与文本相关的英语思维范畴，引导他们发展文本解读的思维。

2、延续支架 合作式处理文本

【例】How did Mr Brown contact people? How did he call people? How does Mr Brown contact people and how does he call people now?

	Then		Now
Mike	six years ago	could read and draw could not write	can do many things
Mr Brown			

在Mr Brown 信息的处理延续了主要问题枝干，但是在具体操作上又略有不同，将其设计为表格式的，让学生在学完Mike信息的基础上来合作学习Mr Brown的信息。培养学生合作学习的能力，同时培养他们的英语思维的批判性与逻辑性。同时，伙伴的思维力可以相互引影响，相互扶持，共同提升。

3、弱化支架，自主式探究文本

在进行Grandpa和Mrs Brown的信息文本的解读过程中，我弱化了问题支架，选择借助表格的方式来培养学生英语自主学习能力。

Grandpa ‘s & Mrs Brown’ s part

阅读相关章节并完成表格

	Then		Now
Grandpa			
Mrs Brown			

让学生自读课文并完成表格，培养学生的阅读能力、即获取信息能力、对文章主旨或段落大意的把握能力、对疑难、陌生词语的猜测能力、对重要细节的识别、记忆、比较和分析能力。这是学生的英语思维力得到独立发展的时期。前期学生的英语思维力随着问题的引领，伙伴的合作有了一个预热到发展的过程，在这一环节中顺应着之前的发展，学生的英语思维力得到了很大程度的提升，他们的英语独立思考的能力和英语综合思维能力也有所提升。

在英语阅读教学中，有必要根据学生实际情况结合文本设计一些重点问题，在学习文本过程中，不断创设螺旋上升的中点问题，有助于学生解读文本，发展英语思维力。

三、远点问题 提升学生的英语思维力

远点问题是指：能发散学生的思维，有深度的问题。在英语阅读教学中恰当运用远点问题，让学生由文及身，进行深度思考，用英语进行真实的表达，点亮学生英语思维的习惯。

【例】在解读了Grandpa 的信息后，我对学生追问了4个问题，让他们四人小组讨论

这些问题是文本之外，生活之内的，与文本和学生的学习生活也有联系。先让学生联系自身学习生活，进行小组讨论，对于一些英语思维缓慢的同学来说，在组内交流的过程中，可以从其他同学处得到启发。另外，同组内同学的思维也会碰撞出别样的火花。

【例】在说到Mike妈妈的变化时，提到Ms Brown在网上购物，问学生们的妈妈是否也会在网上购物？由文中走入学生生活，从课堂发言来看，学生发言积极，都很认同。继而问"妈妈在网上买些什么时?"引发学生的进一步思考，从学生的回答中他们发现，妈妈更多的是为家庭，为他人购买物品。我想，学生在回答完之后会对妈妈所做的事有个更深的认识。

【例】介绍自己和家人的变化后，问"Can we use computers too much?"学生答"No"，教师点出"bad for our eyes"，继而呈现多张因过多使用电子产品而与家人朋友距离变远的图片，问"他们有时间和自己的家人朋友交流吗?"学生回答"No"，同时展示一些传统活动：看皮影，看京剧，旅游等，呼吁多与家人朋友面对面的交流，传承传统，回归家庭。

语言的习得是为了表达，有思维的表达才是真实的交流，才能真正的深入学生的心里，并使之成为习惯。

【例】在拓展环节，我设计了一个采访秀，让学生以小组操练的方式来进行问答的"过去与现在"。让学生四人一组，相互进行采访，了解各自的变化，进一步巩固新知的同时，也发散他们的思维。同时让学生写一段关于变化的小语篇，培养学生的写作能力。

课堂提问好似学生的思维"催化剂"，促进他们积极动脑，主动寻求问题答案。一个个问题触发学生一个个英语思维点，点点相通，编织成属于学生的英语思维网，并不断扩大。

（张凯凯）

对比式串联，跨越式生长

——《图形的放大与缩小》课例评析

路老师执教了一堂研究课《图形的放大与缩小》，这节课是属于空间与图形领域中图形与变换方面的内容。这节课路老师对教材作了一番研究和整合，尤其值得肯定的是对图形的“放大”和“缩小”两个主体学习内容运用对比式推进的方法，促进了学生自主学习、探究性学习能力的提高，具体体现了以下几个特性：

一、精心设计，体现多元性

A．全体性

苏霍姆林斯基说：“源于生活的教育是最无痕的教育”。数学课程标准也指出：“数学教学必须从学生熟悉的生活、感兴趣的事物中提供观察与思考的机会，使他们体会到数学就在身边，感受到数学的趣味和作用，对数学产生亲切感。” 路老师的课一开始就用4张尺寸不同、图像相同的照片抓住了每一个学生的眼球，激发了学生的学习兴趣。

师：同学们，你们喜欢拍照吗？路老师这儿也有一张照片，我们一起来看一看吧！

（出示图片）尺寸依次从大到小出示4张。

师：这些照片大小不同，相片里的人有没有变形呢？

生：没有变形。

师：这是为什么呢？我们一起就从这节课的学习中来找答案吧！

B．自主性

本节课路老师注重培养学生的自主意识，通过让学生动手操作，自主学习、自主探究、自主思考，真正让学生成为课堂的主人，增强学生的成就感，培养学生学习数学的自信心。

师：请同学们自己来探究图形的缩小。下面图形中，你看到图形的缩小了吗？请同学们任意选择两个图形，同桌互说，你找到了按怎样的比把图形缩小。

师：你是怎么想的？

师：现在还是放大后吗？

师：按1:3 缩小又表示哪两个数量的比呢？

生2：缩小后图形与原图对应边长的比。

师：那按1:3 缩小，缩小后图形的边长是原图对应边长的几分之几？

生3：按1:3 缩小，缩小后长方形的长是原图长的三分之一。

师：宽呢?

生3：缩小后长方形的宽也是原图宽的三分之一。

交流反馈：按1:2 缩小；按2:3 缩小。

C．实践性

路老师这节课始终把学生的实践贯穿于整个教学过程中，给学生创造合作、探索、交流的机会，让学生通过实际操作，总结出图形放大和缩小的概念，从而找到其中的规律；获得放大和缩小图形的性质，掌握图形放大和缩小的画法。

师：把一个图形按一定的比放大，就是把对应边长放大到原来的几倍，放大使用的比……（前项比后项大，比值大于1）；把一个图形按一定的比缩小，就是把对应边长缩小到原来的几分之几，缩小使用的比……（前项比后项小，比值小于1）

师：我们找到了将图形放大和缩小的比的不同点。我们接着来看，其实，不管是把图形放大还是缩小的比，他们都表示哪两个量的比?

生3：都是变化后图形与原图对应边长的比。

师：通过刚才的学习，我们认识了按一定的比放大或缩小图形。

D．创新性

在学生实践操作中，路老师充分发挥学生的想象力，培养学生的创新意识和创造能力，让学生感受到数学的实际应用价值，感悟知识的生成、发展与变化。

师：今天，我们学会了把正方形，长方形，三角形这几个图形放大或者缩小。是不是只能把这些图形放大或者缩小?

生1：不是，还可以是平行四边形、梯形。

生2：我觉得可以是任何图形。

师：好，把下面的这些图形按相同的比放大或缩小，这是老师留给你们的任务，下课以后，请同学们试一试。

师：最后，回到我们的课开始提出的任务，其实想要得到大小合适的照片或图片并且不变形，我们只要……

生3：按一定的比将图形放大或缩小就可以了。

师：我们学会的“图形的放大与缩小”，那生活中放大和缩小是不是也是这样的呢？我们一起来看一看。（观看生活中的事例）

生：不一样。

师：对，今天我们学的只是数学意义上的“图形的放大与缩小”。

二、合作探究，突破重难点

路老师创造性的使用教材，比如在教材中的两幅画写着：“第一幅长方形画”和“第二幅长方形画”，路老师把他们改成“原来的长方形”“变化后的长方形”，虽然仅仅是一个名称的改变，但学生就容易分辨出图形放大或缩小时写比的方法和规律。接下来路老师又要求学生先分别量出这两个长方形的长和宽，再让学生探究它们之间的关系，通过小组合作、同伴互助，通过观察、比较、讨论认识了图形的放大和缩小，巧妙的突破了本节课的重点和难点。

师：这个长方形的长和宽是几呢？

生1：这个长方形长是5，宽是4；

师：那这个长方形的长和宽呢？

生2：这个长方形长是10，宽是8。

师：放大后的长方形与原来的长方形有什么的关系呢？学生四人一组讨论交流。

生1：放大后的长方形的长是原来的长方形长的2倍，放大后的长方形的宽也是原来的长方形宽的2倍。

师：很棒！也就是放大后长方形的每条边长是原来的长方形对应边长的2倍。

师：用比怎么说呢？

生2：放大后长方形的长与原来的长方形长是2:1，宽也是2:1。

三、加强对比，提高分析能力

路老师在这节课中对比变化前后的图片，始终围绕着一个问题：什么变了？什么没变？让学生在变与不变中找到数学的本质。

路老师在练习的设计中也加强对比。如第1题，让学生先观察，再比较得出先排除第2个和第3个长方形，从而得出答案是第4个或第5个图形；又如学生完成判断后路老师及时提问：判断图形是放大了还是缩小了，有什么好方法？学生通过对比，得出了判断的方法；再如路老师让学生观察一组比，进行比较，使学生在对比中得出这个比表示的具体含义。

总的来说，这节课路老师根据学生心理和思维特点，通过师生对话、生生对话，不断地观察对比，使得这一枯燥概念变得生动有趣，让学生自然而然的掌握并能应用这一知识。通过这节课，学生学会从生活中发现问题、提出问题并设法解决问题，进而培养了学生的数学素养。

（钱敏）

创造性复述策略，提升言语表达智慧

统编版语文教材的第九册第三单元是民间故事单元，这些故事都有着口耳相传的特点，书后习题和本单元的语文园地中也都提到了要对故事进行创造性复述，因此在教学这些课文时，先要引导学生学习创造性复述的方法，再进行运用强化。创造性复述有别于一般的复述，它要求学生根据课文的主要情节，对文本语言进行理解、内化，然后展开合理的想象，使故事情节更具体、丰满，对学生来说要求比较高。如果学生们经常练习创造性复述，不仅能较好地帮助他们加深对课文的整体了解，还能提升他们的阅读理解能力、创造性思维能力和言语表达能力，调动学生学习语文的积极性。

一、创造性复述“补白”策略

一些课文在内容和情节上往往都有“留白”，读者读着读着常常会加入自己的一些想象，对文本进行补充。学生在进行创造性复述时，教师要试着引导学生抓住这些空白点，对故事情节进行填充，或是人物当时的动作，或是人物当时的所想所说……这些“补白”不但使情节变得更丰厚，更培养了学生的想象能力和创造能力，不知不觉中，学生的语言表达能力了也得到了提高。请看《猎人海力布》（统编五年级上册）的教学片段。

师：这时候，海力布知道自己再怎么干着急也没用，他做出了决定——（出示句子）他想到这里，就镇定地对大家说：“今天晚上，这里的大山要崩塌，洪水要淹没大地。你们看，鸟都飞走了。”

学生齐读

师：此时此刻，生死攸关，在面对生与死的抉择时，他是怎样的心情？

生：他心里肯定非常着急。

生：他很担心灾难的来临。

师：那他为什么这么镇定，他是怎么想的呀？

生：他会想，时间紧迫，救乡亲们要紧，牺牲我一个值得了，他已经做出了舍己为人的准备，所以很镇定。

生：他会想，看来只有告诉乡亲们实情他们才会相信，不能再拖延下去了，灾难即将来临，我一定要救乡亲们！

师：你们说的不正是海力布内心的独白吗？谁来把海力布的所说所想完整地讲一讲。

生：海力布心想，灾难即将降临，时间紧迫，我不能再犹豫了，不然，乡亲们会没命的。既然乡亲们不相信，那我就把为什么要搬家的原因告诉他们。

学生联系上下文想象了海力布当时的心理活动，不仅丰富了原文的内容，更帮助学生深层体会到海力布当时从焦急到镇定的心理变化，自然而然的感悟到人物的品质，体会到人物的精神，从而提高了学生的语言运用能力，激活了学生的思维潜能。

二、“变换式”创造性复述

1、人称变换。

统编版的语文教材中的课文大都是第三人称，教师可以尝试让学生进行人称的变换，把“他（她）”改成“我”，这样更能让学生与故事中的人物产生共鸣，进一步感受到人物的情感和思想。《猎人海力布》（统编五年级上册）课后有一道习题是“试着以海力布或乡亲们的口吻，讲一讲海力布劝说乡亲们赶快搬家的部分。”教学时，可以让学生当“海力布”或者“乡亲”，用第一人称来讲述这段故事。

师：海力布，你是怎么劝说乡亲们搬家的？（出示提示）有一天，我正在深山里打猎……

学生讲述。

师：如果你是经历了这一切的乡亲，你会如何向别人讲述呢？（出示提示）有一天，海力布急急忙忙跑回来告诉我们……

学生讲述。

学生变换了人称来讲述这个感人的民间故事，这种换位复述，一下子拉近了学生和故事的距离，仿佛就发生在自己的身边，是自己亲眼所见所听所想，和故事中的人物挨得更近，能一下子走进他们真实的内心世界。原先普普通通的讲述，借由这种人称变换，成为了学生的主观讲述，是一次难忘的独特体验，锻炼了口头表达能力。

2、顺序变化。

大多数课文时按照事情发展的顺序进行叙述的，如果改变思路，尝试调整叙述的顺序，大胆地“变一变”，变插叙为顺序，变顺序为倒叙。这样轻轻地一变，不仅仅只是改变了文本的叙述方式，还激发了学生对原有文本的新鲜感，使学生有跃跃欲试的冲动。

《猎人海力布》（统编五年级上册）课后有一道小练笔“根据课文内容，给那块叫‘海力布’的石头写一段话，简要介绍它的来历”。课堂上先进行复述练习，可以为练笔打下基础。介绍来历可以按照课文的顺序，也可以教学生一招，采用倒叙的方式。学生从故事的结局开始讲起，设下悬念，吸引听众：“故事发生在内蒙古自治区的一个小山村，据说那里有一块非常特别的石头,它居然还有名字，叫“海力布”。这块石头的背后有着一个动人的传说。主人公就是一个叫海力布的猎人……”

用不同的叙述顺序讲述，更能够让学生体会到不同叙述顺序的好处，顺序是按事情的发展来讲，前因后果，显得有条理；倒叙则使故事产生悬念，更能吸引人，增强阅读兴趣。

通过改变人称、结构的形式复述 ，让学生明白言语的表达方式是多样的、灵活的，学习就是一种创造性的活动，可以用自己的智慧让文本变得更有价值。

三、“表演式”创造性复述

对于一些故事情节精彩，人物形象非常鲜明而突出的课文。可以依托课文文本，让学生通过表演互动，加深对文章的理解，从而进一步深化自己的认识。小学生都喜欢表演，在人物扮演的过程中，他们能体会到改变形象和性格的乐趣，学生模仿文中人物的语言、动作和神态，甚至创造性地给人物加戏，从而使自己表演的人物更加血肉丰满，有艺术形象。

师：让我们再现当时的情景。谁来当海力布到台上来劝劝我们这些乡亲?

（一个学生上台扮演海力布）

师：注意，你就是海力布，劝的时候可以加上动作、表情，来表达你的焦急。海力布，你跑得上气不接下气，什么事让你这么着急呀?

生:(奔跑着，气喘吁吁的样子）乡亲们，咱们赶快搬到别处去吧！这个地方不能住了！

师：（扮演乡亲）海力布，怎么可能，我们祖祖辈辈住在这里都很太平，好好的为什么要搬家?（对着坐在下面的全体学生）乡亲们，你们相信吗?

学生们：（纷纷摇头）不相信。

生：（一手抹眼泪，一手指向天）我可以发誓，我说的话千真万确。相信我的话吧。赶快搬走！再晚就来不及了！

师：（扮演乡亲）海力布，搬家可是件大事，无缘无故的要我们搬，总得给个理由呀?你说呢?（请台下一个学生继续说）

生：（扮演乡亲）对呀，海力布啊海力布，怎么能说搬就搬呢?你不说清楚，我们是不会搬家的！

师：嗯，是呀，（对着坐在下面的全体学生）大家说，是不是呀?

学生们：（纷纷点头）是的。

在表演的过程当中，教师给语言训练创造了一个真实的情境，在师生、生生的表演互动中全体学生都主动参与的复述的学习过程，学生通过自身对文本和人物的理解，演绎出文中人物的动作、语言、神态，学生乐于参与，劲头很高，既当了一回小演员，过足了表演的瘾，又在轻松、活泼的学习氛围中潜移默化培养了学生语言的表达能力和语言的活用能力。

既然在复述前面加了“创造性”三个字，就应该要在复述中寻求创新，体现创造性。作为教师，在课堂上要有策略地进行复述指导，激发学生的表达热情，激活学生的语言思维，提高学生的言语表达，发展学生的言语个性，最终实现学生言语智慧的增长。

（虞小蕙）

基于儿童视角的言语实践优化策略

新课标强调，在教学中教师应当坚持以学生为本，面向全体学生，根据学生的发展状况，整体规划教学任务，有效整合课程资源，优化课堂教学，培养学生的自主学习能力，使之成为课堂学习活动的主人。我有幸听了本校金洪美老师的一节课，这是一节让我为之震撼的好课。在这节课中，金老师把课堂真正的交给了学生，做到因材施教并有所创新，为学生提供了更加广阔的思维空间和自主发展空间。在金老师的课堂里，把传统的“要我学”改变为学生积极主动参与式的“我要学”，实现了以教师为主导，以学生为主体的教学模式，从而使学生的主体地位得到了真正的体现。让我们来看一看金老师是如何让她的学生成为课堂主人的。

一、优化活动设计，提升学生自主学习的意识

金老师这节课的内容是译林版五下Unit7 Chinese Festivals，课堂伊始，金老师就告诉了同学们这节课的学习目标她把教学目标一一呈现在PPT幻灯片上，紧接着她的精彩导入就来了，‘How to study today’s lesson well, first let’s play a game and be a happy player.’话一出，学生的兴趣就来了。刚上课就玩个游戏，学生怎么会不喜欢呢？金老师就顺着游戏话题，提出了游戏规则。精彩部分是本节课的新词汇和重点短语都被金老师巧妙地设计进游戏规则里。来看看金老师精心设计的游戏规则，‘I will play a game with you. You will listen to some pieces of music. Each piece of music tells you about a festival. If you know the festival, please knock on the desk with your right hand. When you answer the question, please let all the people inside hear your voice. But please don’t shout. If you are right, I will give you some candy as a treat. Maybe it is a special present---a pumpkin lantern, or a mask. If you are wrong, I will play a trick on you . Maybe I will paint your right hand. I think you will have lots of fun.’玩游戏是要付出代价的，原本枯燥被动的单词学习就这样不知不觉进入学生的脑海。金老师充分了解学生的学习经历、学习水平和学习风格，知道学生们喜欢什么对什么有兴趣，这样的游戏规则的设计不仅解决新单词的教学更是为下面节日的学习做好了铺垫。金老师尊重学生的个体特点，通过这个导入环节很快就与学生建立起了真诚、理解和信任的关系，为下面的学习活动的开展起了一个好头。在接下来的学习活动中，就显得非常流畅。刚开始学生面对新老师和众多听课老师的局促感也大大缓解，同学们跃跃欲试地跟着老师一起加入到了游戏中。游戏教学是教师融合了特定教学内容于游戏活动中进行的教学，变静态教学为动态教学，充分激发他们学习兴趣和学习主动性，培养他们创新能力，

使学生轻松愉快有效的掌握了知识并提高了能力，从而收到了令人满意的教学效果。

二、优化活动方式，养成学生自主学习的习惯

新课标下的课堂，我们提倡让学生自主学习。自主学习是与传统的接受学习相对应的一种现代化学习方式。自主学习是以学生作为学习的主体，通过学生独立地分析、探索、实践、质疑、创造等方法来实现学习目标。在这节课里，金老师很注重发挥学生的主体作用，她大胆地整合教材，深入挖掘教材内涵，尽可能地最佳的教学模式。如，她一步一步设计让学生‘Be a good audience’听课文录音回答问题，‘Be a careful reader’让学生轻声读课文判断句子的正误，‘Be a loud reader’让同学们大声朗读课文了解每段课文大意及一些细节知识，在后面的环节还设计了‘ Be a brave speaker’让学生们自由发挥根据给出的信息来尝试复述课文，‘Be a careful writer’还设计了写的环节让同学们有所练习巩固对文章的理解。在最后，金老师结合教学内容，引导学生关注语言的文化因素，了解中外文化的异同，增强学生对不同文化的理解力，还特意编入一个短篇的阅读理解文章——Thanksgiving Day 以及各个国家传统节日图片展，让每一位同学‘Be a knowledgeable reader’和‘Be a learner and traveller in life’扩展到课本外知识，升华文章所蕴含的主题思想。在这些环节中，金老师放下严师的架子，以朋友的身份参与到学生中去，扮好参演者的角色，用真诚和爱去感染和关注到每一位同学，想学生所想，做好引导以开启学生的思维，灵活地给与配合，给学生提供独立活动的空间，让每个学生都有参与活动的机会，在活动中有一块属于自己的天地，能表现自我，最大限度地开发学生的潜能，让学生成为学习的主人。正是这种宽松民主的课堂氛围调动出学生积极主动性，让其在以学生为中心的生动活泼的学习环境中具备了强烈的求知欲，自觉主动的完成学习目标，发现和解决新问题，获得新体验。学生的学习方式从单一的被动的向多样化的学习方式转变，最终使学生成为课堂真正的主人。

如何才能让学生真正成为课堂的主人，使学生在课堂中“活”起来呢？我认为激发学生学习兴趣，唤起学生强烈的求知欲望是教学成功的关键。“兴趣是人对认识和活动需要的情绪表现，是积极探究事物的认识倾向”。浓厚的兴趣可以培养学生的求知欲，激发学生强大的学习动力，促使他们顽强拼搏，努力学习。教师在教学中的首要任务是如何为学生创造能够获得学习乐趣和成功的机会，让他们体验学习乐趣，以充分发挥学生在课堂的主体作用。金老师在这节课中有一个环节‘How to make a pumpkin lantern’设计的特别好，在课文第二段提到万圣节时，西方家庭制作南瓜灯，在对这一段充分理解后，吴老师提出这样一个问题。学生也非常想知道如何制作南瓜灯，所以立刻就有了兴趣。接下来的一步是很吸引学生眼球的。吴老师利用电脑向同学们展示一个做南瓜灯的小动画，一个大南瓜，老师利用鼠标在南

瓜上画出眼睛鼻子和嘴，轻轻一点南瓜灯就亮了起来，一闪一闪非常动感。同学们完全被这个小动画吸引住了。当金老师请某位同学到电脑前制作自己的南瓜灯时，教室里气氛相当热烈，兴趣高涨，同学们自然而然地掌握如何用英语表达制作过程，学习效果非常好。

三、优化活动拓展，培养学生自主学习的能力

有效课堂活动的组织与设计是学生融入课堂体现自主学习的必要途径。教师根据教学目标教材内容精心设计出丰富多彩、形式多样的教学活动,充分考虑学生的需要和潜能，创设出适合学生活动的情境，为学生的自主学习提供更广泛的空间。学生自主学习强调学生在课堂上的重要性，强调教师在课堂中的行为都是为学生服务的。有效教学活动对学生而言，具有重要的作用和意义。学生的发展都是在活动中的发展，也只有通过学生的自主活动，学生的发展才能成为现实。吴老师在这节阅读课中非常注重学生的阅读，先是泛读，然后听读，再大声自己读，跟着磁带读，根据关键信息读，最后还设计了很独特的读书环节，“Be a great reader”要求学生带着不同感情色彩去读一些文章中的句子。之前的种种读书或多或少的是被动性质的，是任务下的读书，读完课文要回答问题的。所以学生的读书并没有充分体现自我，而吴老师在整篇文章学习之后，在回过头来去让学生用心用感情读书，把原本枯燥的读书变成一个大舞台，激发学生的情感和兴趣，活跃课堂学习的氛围，让每位学生都能得到锻炼和表现，体现读书的乐趣，真正的体现学生在课堂教学中作为主体的地位，让每位同学成为课堂真正的主人。

四、优化活动评价，激励学生自主学习的动力

英语课堂教学中教学评价是必不可少的一部分。动态的课堂观察评价有助于教师更好地了解自己的学生学习潜能和存在的问题，可以让教师通过课堂观察评价进一步掌握学生情况，改善教学方法，进而达到促进学生有效自主学习。无论答案正确与否，金老师在这节课中从始至终一直用激励性语言对学生的回答进行评价，对学生这是一种肯定和鞭策，增加学生自信的同时也突显学生的主体地位。不论以何种方式，对学生学习的评价都尊重个体差异，让学生在学习过程中不断体验进步和成功，认识自我建立信心。这能更好的提升学生学习的兴趣，激发学生主动性和创新精神

金老师这节课让我受益匪浅，从她的课堂教学中我真切体会到学生作为主体的地位，感受到课堂上师生间的平等和谐。在老师引导与学生思考相结合，静与动相结合，知识理论与实际操作相结合，课内与课外相结合中，一定能最大限度激发学生学习兴趣，让课堂成为学生成就知识的大舞台，让他们成为这个舞台的主人。

（孔婷婷）

问题设计：让思考更“有意义”

——以二上《认识平均分》为例

苏教版第三册教学除法之前，先让学生认识平均分，通过分6个桃理解平均分的含义。

一、学生钻进问题怪圈了

【第一次教学】

1、先来分分小猴子最爱吃的桃子（出示题目）

[学生兴趣盎然]

2、动手用手中的6张桃子图片摆一摆，分成几堆。想想还有什么分法？

[学生变换着各种分法]

3、学生交流汇报，有如下几种分法：（用*表示一个桃子）

（1）** ** **

（2）* *****

（3）*** ***

（4）** ** * *

（5）* **** *

（6）* * * * * *

（7）***** *

（8）**** **

4、这么多的分法，一起来分分类吧！你准备怎样分？为什么？

在学生独立思考、小组交流的基础上，进行全班交流。

生1：我觉得第2种与其它不同，因为它的每一份都不一样多。

生2：我觉得第7种与众不同，因为它的一份里有5个，最多。

生3：我觉得第4种与其它不同，因为它每两份一样多。

依然没有我要的答案，但也不能否定他们的回答，此时心里感觉有些焦急。

生4：我觉得第1种与众不同，它的每份都一样多。

“那你再仔细看看，还有每份都一样多的吗？”

其余学生七嘴八舌起来：“有，有，第3种！还有第6种！”

于是，我把第1、3、6种分法放在一起，揭示：像这样每份分得同样多，叫做平均分。

【教后反思】：

课后，我在想，为什么学生的回答绕了很多圈子？没有头绪又很盲目？问题在哪儿？

1、“自由生长”不是“无序生长”

“你准备怎样分？”这个问题是备课时我“琢磨”后自以为的“精心设计”。新课标中不是要求教师要充分发挥创造性，依据学生的年龄特性和认知水平，设计探索性和开放性的问题，给学生提供自己探索的契机，让学生“自由生长”吗？然而针对我这个没有任何限制的问题学生就挖空心思去想不同的方法，学生是“标新立异”了，走出了不同路径的圈子，但我困惑的是：在宝贵的40分钟时间里兜这些圈子值吗？意义大吗？对学生的发展有促进作用吗？学生是否从“思考”中真正有所“意义的得”？

2、“多答案”不是“多生长”

在交流分类方法时，学生思路开阔，方法多样，表面上体现了数学问题的开放性，方法的多样化，仔细想想却只是量的累积，而不是质的建构；不仅不能帮助学生合理建构知识体系，也不利于学生应用知识时对信息的提取。

二、直击靶心的高效交流

【第二次教学】

在另一个班教学时我改变了问法。

当很多分法出示后，我这样问道：观察一下，你觉得哪几种分法比较公平？

话音刚落，唰唰地伸出了好几只手，学生马上找出了第1、3种分法是公平的，并非常自信地说出了理由，因为它们每份都一样多。

我微笑着点了点头，“那还有公平的分法吗？”

学生又找开了，一会相同的声音响起了，“第6种”！

我很自然地揭示道：像这些非常公平的分法，也就是每份分得同样多的，叫做平均分。

【教后反思】

“你准备怎样分”与“你觉得哪种分法比较公平”两种问法相比较，前者更开放一些，学生可以从不同的角度去思考问题，放松了对学生思维的限制，充分发挥了他们自己的新见解。但开放也需要一个“度”，问题所涉及的知识的随意性和目标指向的不确定性，让开放变成了盲目的猜测，呈现了一种“无序生长”的现象。所以在编拟一个开放性问题时要考虑到学生能否学习到科学的探究方法，能否从思考中得到一些“有意义”的生长？不妨多问自己几个为什么，如“这么问的目的是什么？”“此题所涉及的知识内涵是什么？”让40分钟的课堂显得更有效、更经济！让孩子真正有所意义的“得”！

1、**问题设计要有效**。课堂上，“效”很重要，即问题要形成效度能激发学生思考,引发思维碰撞。教师的提问，将直接影响课堂学习活动的开展，进而关系到学习活动的效果。如果教师没有科学地理解和运用课堂提问，不仅会导致课堂提问有效性的降低，而且会使课堂教学效果大打折扣。“你准备怎样分?”表面看启发学生思考实则缺乏针对性，收效甚微。孩子们滔滔不绝各抒己见，看似各有理由，但跟这堂课的知点、要达到的目标没有交集，可以说是一种无效的讨论和交流。所以，我们教师在设计问题时定先要吃透教材，做到目标、教学和问题的统一。

2、**问题设计要明确**。小学生以具体形象思维为主。教师在设计探究问题时、要充分考虑学生的年龄特点，问题设计明确、具体，预设要有指向性，即老师预设的问题要引导学生向本节知识点上思考，预设的探究问题不能模糊、笼统，让学生在讨论时出现多种结果，致使课堂出现偏航。“你准备怎样分与“你觉得哪种分法比较公平”两种问法相比较，前者更开放一些，学生可以从不同的角度去思考问题、放松了对学生思维的限制，充分发挥了他们自己的新见解。但开放也需要一个“度”，问题所涉及的知识的随意性和目标指向的不确定性,让开放变成了盲目的猜测，呈现出一种“无序生长”的现象。总之，在编拟一个开放性问题时，要考虑到学生能否学习到科学的探究方法，能否从思考中得到一些“有意义”的生长。教师在设计问题时，不妨多问自己几个为什么，如“这么问的目的是什么?”“此题所涉及的知识内涵是什么?”让40分钟的课堂显得更经济、更有效，让孩子所得更多，经历更有意义的学习。

（周丽萍）

专题五：指向“成长自觉”的教师辅助策略

主持人语：

高品质的教育实践,其核心是激发师生的成长自觉，即帮助学生实现自我认同、自我导引、自我管理、自我评价，自我改进，帮助教师达成专业自尊、发展自觉、价值自足。小学生自我导向学习，重新定义了教师、学生的角色与关系。“学生上前，教师退后”，强调学生主体，教师主导。教师在学生学习过程中，给予支持与辅助，帮助学生适时达成自我导向的目标要求。

本组文章，聚焦小学生自我导向学习之教师辅助策略，从不同的学科出发，以发展学生的核心素养为出发点和归宿，关注学生自主养成，关注教师辅助支持，积极探索教师的教学如何导向学生的自主发现、自主领悟，教师的辅助如何支持学生的自我习得、自我养成，最终达成学生的自主学习与自我成长。文章从学习情境的创设、学习任务的设计、学习支架的搭建等方面分享了激发、维持、增长学习动机以及发展学生思维、提升学生学力的教师辅助策略。在学习过程中，教师持续关注学生的学习表现，通过激发学生的学习需要，调动学习积极性，给予具体的方法指导与策略指引，真诚专业客观的评价，给予学生鼓励与方向，协助和推动学生持续聚焦学习任务。有意思且有意义的学习活动，教师的策略辅助，帮助学生专注地投入到学习之中，深入到学习场域内部，自我导向，自我约束，自主实践，持续努力直至顺利完成自我导向学习，学生不断获得自我效能感。课堂上，学生从配角变成主角，从被动走向主动，主体意识得到唤醒，学习兴趣得到激发，学习潜能在不断体验“我能行”的过程中，得到前所未有的开发，逐步走向学习自觉。

具象学习策略，发展数学思维

——以二年级复习课为例

掌握数学知识只是数学教学最基础的目标，数学教学的本质正如郑毓信教授在《数学教育哲学》一书中多次提到的，是让学生“学会数学地思维”或“通过数学学会思维”。

数学思维过程是内隐的，数学教学要从儿童的认知规律出发，借助“圈、画、记、说”具体的操作支撑，促使思维通过儿童化、合理性“具象”外显，支持学生发展思维。

对于二年级学生来说，用学过的四则运算解决实际问题是一个学习重点，分析数量关系又是重点中的难点。教学中，可以借助摆学具或画图等具象策略，帮助学生不断经历从现实情境中抽象出数学问题的过程，不仅能积累分析数量关系、选择解题思路的经验，还能进一步增强有根据、有条理进行思考的意识，发展初步的推理能力，久而久之，学生良好的思维习惯便得以培植和发展。下面以二年级一节复习课为例。

一、圈出关键词——有依据地思维

【习题一教学片段】

	第一天	第二天	第三天	第四天
售书册数	5015	5972	3107	4898

（1）每天售出的书各接近几千册?

（2）第几天售出的册数与第一天差不多?

（3）第几天售出的册数比第一天少得多?

师：请小朋友读题，圈出你认为最重要的词。

生：我觉得第一题“各”字最重要。

生：我也觉得“各”字最重要。

师：为什么?

生：第一题只有一个问号，但是从“各”字看出来，要回答四个问题。

师：其他同学同意吗?试着算一算。

生：第一天售出的书接近五千，因为百位上是0，小于四，四舍五入。

生：第二天售出的书虽然五千多，但是百位上是9，接近六千。

生：第三天售出的书接近三千，四舍五入。

生：第四天售出的书接近五千，四舍五入。

生：“各”是分别的意思，也可以用一句话来回答：第一天到第四天分别接近五千、六千、三千、五千。

师：给这位同学点赞，还会综合回答。一个数接近几千，就是大约几千。

第二题：

生：我圈了“差不多”，表示两天差不多，很接近；

生：我还圈了“第一天”，是跟第一天比较的。

师：一个是五千多，一个是四千多，怎么是差不多？

生：一个五千出头一点，接近五千。一个五千不满一点，也接近五千，所以差不多。

第三题：

生：我圈了“少得多”，不是少了一点点，少了很多的意思。

“圈出你认为最重要的词”这一具象策略，利于教师在教学认识万以内的数的过程中，有效引导学生通过自己观察、思考、分析，找到解决问题的核心与依据,不断加深对数的意义以及数的大小的理解，提高了学生用数进行表达和交流的能力。

“圈”，看似简单的动作、要求，实则引导学生静下心来细细读题，与数学问题发生深度接触，这是思维的基础；“圈”也是引导学生抓住关键点，展开思考，聚焦而不游离，这是训练学生思维的指向。圈出关键词，聚焦关键点，静心独立思考，这既是一种思维习惯的训练，同时“圈”的过程也是学生深入分析、用心思考结果的外显。

二、记下信息点——有条理地思维

【习题二教学片段】

一趟从上海开往南京的列车共有610个座位，其中一等座51个，其余的是二等座。列车出发时有498位乘客乘坐二等座，二等座还有多少个空座位？

师：这道题目的内容很长，一句一句读，了解到哪些信息，请及时记录下来。

生：一共：610
　　一等座：51
　　二等座：已坐498
　　二等座：空？

生：共：610
　　一：51
　　二：坐498
　　二：空？

生：从记录的内容看出，可以先求出二等座有多少个，再去掉498个已坐的，剩下就是空座位。

“记下信息点”，要求简明、清晰，以短句、符号呈现，让人一目了然。记录信息的过程，既是学生对有效信息甄别与删选的过程，也是学生对有效信息分类整理的过程，更是学生发现已知与未知之间关联，梳理条件、寻求解决问题的过程。在教师指导下，学生把自己的观点、认识讲出来，画出来，表演出来，更符合小学低年级学生学习特点和学习水平。清晰的信息点，使得学生的思维过程更具象，使得学生的思考与表达更有理有据，更有条理。

三、说出"怎么想"——有系统地思维

【习题三教学片段】

口算44+25

师：估计一下：44+25的和是几十多？你们能口算出得数吗？先自己想一想，算一算，再在小组里说一说你是怎样想的。引导学生追根溯源，借助数学言语表达范式（如下表），引导学生系统思维，全方位思考。

因为.....所以......

我知道了......

我认为......

生：44+20=64 64+5=69 44 + 25 = 69

因为25可拆成20和5，先算44与20相加的和，用算出的结果与5相加，所以结果是69。

生：我知道 44+5=49 49+20=69；44 + 25 = 69

我先算出这个加数与几相加的和，再用算出的结果与整十数相加。

生：40+20=60 4+5=9 60+9=69 44 + 25 = 69

我认为可以把两个加数分别拆成几十和几，先分别算出两个整十数相加的和以及两个一位数相加的和，再把算出的两个和相加。

从上面的教学案例中，我们可以看到同一例题，就其计算结果而言，我们只能判断其正确与否，"说出怎么想"的环节，让我们可以更清楚地看到学生思维的不同轨迹，帮助学生分析问题，建构经验。可以说，学生分享交流的过程，是学生进一步思考的过程，是学生个体和个体相互吸纳的过程，是相关经验逐步累进的过程。"说出怎么想"，首先有助于学生将自己的思维过程进行梳理；其次，依托范式支架的帮助，学生能够系统地将自己的思维过程外化，使得内隐的思维更直观。学生在倾听与表达的同时，其实也是学生对自我思维过程的再认识与再改进，也是对自我认知系统的再完善和再丰富。

四：画出示意图——更灵活地思维

【习题四教学片段】

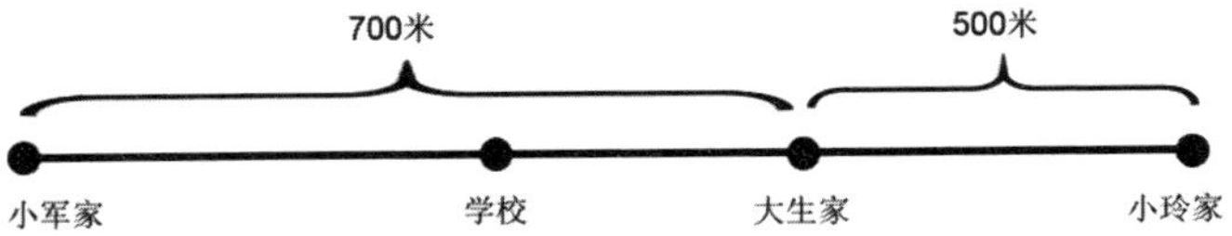

小军家离学校400米，小玲家离学校多少米？

出示例题后，教师引导学生通过画一画的方式，把题中的条件和问题在图中表示出来。

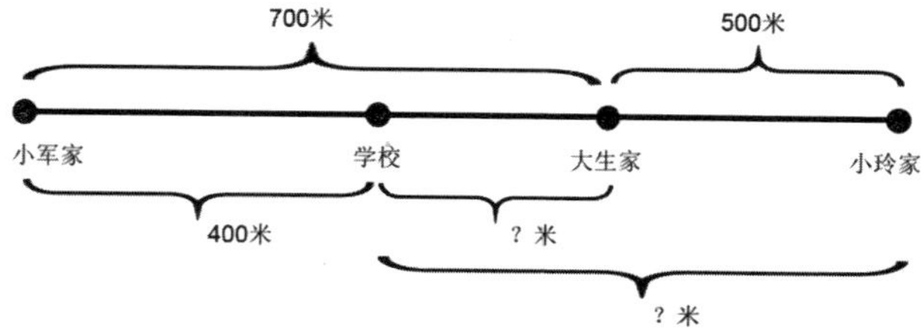

（示意图1）

生：因为小军家到学校400米，小军家到大生家700米，所以根据这两个条件，可以求出学校到大生家有多少米，列式为700-400=300（米）加上大生家到小玲家的距离，就可求出小林家到学校多少米。列式300+500=800（米）

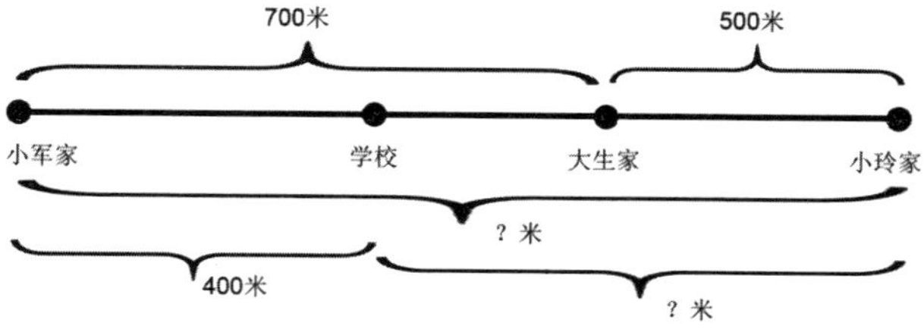

（示意图2）

生：我认为可以先求出小玲家到小军家有多少米？700+500=1200（米）去掉小军家到学校的400米，就是小玲家到学校的距离。1200-400=800（米）

画示意图的过程中，通过画出已知条件、间接条件、所求问题，学生的思路愈发清晰。我们能看到学生的思维进程、不同的思考角度和思维方式。从局部到整体、从整体到局部，学生画出的不仅是解题示意图，更是自我思维流程图、结构图，每一张示意图都是学生对问题的个性化解读。学习不是为了给出正确答案，而是让学生在过程中发现并发展自己的思考创新能力。画出示意图，看似家常、简单，实则是一种扩大学习成果并使思维可见的学习方式，这样的实践使整个教学生动起来了。把一个问题的多途径解决作为学习活动的关键环节，就是有针对性地训练学生的创造性思维和求异思维，数学就是这样发展和被建构的，数学学习就是这样层层推进、拾级而上的。学生的思维就是这样被点化、被激活、被升华的。

日本数学家米山国藏也说过：“作为知识的数学出校门不到两年就忘了，唯有深深铭记在头脑中的数学的精神、数学的思想、研究的方法和着眼点等，这些随时随地地发生作用，使人终身受益。”实践证明，对于低年级学生来说，从经验和能力出发，具体地“做”，让“做”成为数学思维与体验的过程，由感性到理性，由表象渐至本质，能有效带动思维方法的习得与思维能力的发展。

（王冬云）

发展小学生英语思维品质的辅助策略

释放学习的时间和空间，解放学生的思维和身体，让自然放松的学习场域成为思维绽放的天地，这是新时代学习改革的追寻方向。

然而课堂教学风向仍被盲目追求容量大、节奏快、效率高所主导，大、快、高的学习活动中，学生的逻辑性、发散性、创造性等思维品质的培养和形成面临着种种阻碍。

在这种学习需要与教学现状矛盾冲突之中，教师角色面临着新的挑战，学生更期望教师的教，能更多对自己的学发挥支持、协助、共建作用。本文基于学校十三五课题——“小学生自我导向学习”的行动研究，尝试从教师辅助策略这一角度找到一条发展学生思维品质的突围之路。

一、小学生英语思维品质现状分析

教师在课堂里的角色定位对于学生思维品质的培养起着关键作用。教师总是在“前”，不懂得退“后”，教师总是为“主”，学生总是为“辅”，这是造成小学生英语思维品质现状不如人意的根本原因。

（一）教师掌控课堂，导致学生思维“冷场”

教师被传统教学的思维所影响束缚，怕节外生枝，课堂失控，影响教学进程；对于英语学习来说，学生本身的语言积累不足，教师习惯于“给”，教师通过 “给、喂、填”这些方式来教授学生，这些行为无形中还是掌控着课堂。因此，我们看到课堂的教学目标、内容、环节、手段多了，但留给学生用心思考的时间却少了，思维空间窄了，思维程度浅了……在看似活跃的课堂中，学生的思维却处于“冷场”状态，甚至有的学生的思维更是被“冷冻”的。

（二）“连珠炮式”提问，导致学生思维被“绑架”

笔者曾经听过一节课，在一堂四十分钟的课上，教师一共提了大大小小30多个问题。其中包括许多“判定性”和“叙述性”的、缺乏思维含量的问题。留给听者和学者印象最深的无疑就是疾风骤雨式的快问快答。尤其对于学生来说，最大的感受就是学生的回答“声刚落”，教师的评价“话已至”，或者又一个问题已抛出（袭来）。这种快速提问的方式被美国心理学家称之为“连珠炮式提问”，而其最大弊端是学生缺少必要的思考时间和空间，无法理清自己的思路从而更好激发思维，这样不仅影响教学质量，同时容易造成学生心理的紧张和失控，从而影响到学生的身心健康发展。

（三）缺少整体设计，导致学生思维层级发展模糊

思维的逻辑性、发散性、创造性等思维品质都属于高阶思维，高阶思维的发展不是一蹴而就的，需要培育、生长、快速发展逐层达成。然而在实际教学中，教师总有一种思维定势，认为思维品质的培养是高年级的事，而在学生刚接触英语时，只是在一些机械性的背诵、记忆方面下功夫。但事实上，英语思维的培养是伴随着学生开启英语学习而开始的。读背单词、哪怕是学习字母，学生思维的逻辑性、创造性、发散性是无时无刻不在发展的。教师往往忽视了学生思维发展的整体教学观，导致了学生思维无法逐级攀升，到了高年级后无法达到应有的思维发展高度。

二、发展小学生英语思维品质的辅助策略

发展学生思维品质有两条路径，一是学生自主养成，二是教师辅助支持，但这两条路径不是截然分开的平行线，而是应该相互交织，互为指导，相辅相成的。教师的教学要导向学生的自主发现、自主领悟，最终达成学生的自主学习，教师的辅助要支持学生的自我习得、自我养成，最终达成学生思维的自我建构。

（一）发展学生逻辑性思维的对话构建策略

著名教育学家赞可夫说：“在各科教学中要始终注意发展学生的逻辑思维，培养思维的灵活性和创造性。”理解能力是思维能力中最基础的一种，良好的理解能力是发展其他思维能力的基础。“以学定教”是儿童生长课堂的基本原则，这意味着从尊重教材文本逻辑转向尊重学生经验与认知发展逻辑。课堂中要切实把握真实的生长原点，触摸到学生生长的脉搏，明晰学生生长的方向，组织起有生长意义和价值的学习。

小学生喜欢教材中的各个角色，他们喜欢在角色体验中学习，喜欢模仿他们的声音，喜欢模仿他们的动作，有的还喜欢加上自己独特的想法，教师不妨成人之美，在文本教学中引导学生来点角色思维，让英语学习成为基于英语本色，现于言意情趣，达于理解运用的“磁场”，从而学习欣赏语言的音、形、义，品味语言的色、香、味，掂量语言的轻与重，估摸语言的刚与柔，训练学生用英语进行思维的能力。

比如在教授译林版小学英语三年级下册Unit 7 On the farm Story time板块的第2和第3幅图时，教师要求学生朗读扮演这两幅图，学生带着明确的手势，惟妙惟肖的动作，生动形象的声音表演着，手势的运用让学生明白了these和those的区别，动作的使用让学生记住了动物的名称，语言在一遍又一遍的扮演中越来越熟练，越来越生动：They're lovely!/What big pigs!/How cute!...在几轮的角色朗读表演中，学生理解了文本内涵，儿童的逻辑思维能力也在悄然中孕育而生。

（二）发展学生发散性思维的活动组织策略

现行的小学英语教材中有一些空白点，我们要对教材进行深入地解读，合理地开发、挖掘教材，充分发挥教材中的留白功能，空白情节，延展提示，有效组织学生自主思考、亲近文本，从而培养和发展学生的发散性思维。

1、 发挥留白功能

教材文本是学生学习语言知识、发展语言能力的重要载体。在教学中，把静态的文本材料，转化为动态的体验活动，充分激活学生已有的学习经验。让学生真正与文本进行对话，并获得情感的成长和思维的生长。

如在教授译林版小学英语六年级下册Unit7 Summer holiday plans story time板块时，在教授完新知的基础上，聚焦I'll go back to London. I'll show you some photos.以及文本中的一些留白之处，进一步进行追问，What will they do in summer holiday? 在教学中，可以引导学生进入角色体验，根据图片提示以及自己的生活经验展开合理的想象。从学生的视角出发，深入挖掘故事内涵，有效启动学生的思维。同时引导学生提炼文本内容并根据板书进行复述：... will go to ... for the holiday. He/She will go there by...He/She will stay there for...He/She will...有些答案在对话没有提及，但是学生可以通过图片和以往学过的知识进行推理从而完成复述，由此可检测学生对文本的掌握，并且进一步发展了学生的发散性思维。

2、 拓展空白情节

“教育就是经验的改造或改组。这种改造或改组，既能增加经验的意义，又能提高后来经验生长的能力”。在寻常状态下，固定和发展新知的旧知是蛰伏于学生原有的认知结构之中的，不会自动显现。教师在组织“新知之舟”启航时应“探明”新知赖以建立的相关旧知，要找准新旧经验融合的关键“生长点”，唤起学生对这些知识、技能乃至策略的重视，按新旧知识之间的内在联系，变换旧知呈现的角度和形式，引起它们积极活跃，并且要善于组织新旧知识之间的充分积极的相互作用。

如译林版小学英语四年级下册Unit7 What's the matter?教材中围绕“父母对孩子的关爱”“同伴之间的相互关心”组织语用素材。如果说教材设置了学生成长经历中遭遇“What's the matter?”的情境，则缺失了“孩子对父母的关心”的情节空白。对父母爱的回馈——教材可以空白，但生命成长中却不能忽略。因此，在教授完这一单元的story time板块之后，可以拓展设计“妈妈身体欠佳”的情景，以延伸文本情景让学生来写一写，说一说，帮助学生在交流中体验语言的实用性，有效提升语言品质，提升语言表达能力。如下：

T：Liu Tao's parents love Taotao very much. They care about Taotao. Taotao cares about his parents, too. Look at Taotao's mother. What's the matter with her? Can you guess? Please use these sentences and try to make a new dialogue.

给予学生适当的时间交流，充分锻炼其口语表达的能力，真正做到启迪学生探索英语学习的真谛。紧接着，还可以利用母亲节、父亲节即将到来的契机，让学生设计创作一本“我和妈妈（或者爸爸）之间的故事”的小书，使学生掌握一定的英语基础知识和听说读写技能，形成一定的综合语言运用能力。

3、 用好延展提示

每个学生都有独特地观察、思考和解决问题的方式,有不同于他人的内在感受、内心世界和精神世界。也就说每个学生学习方式的不同，根本上是因为每个人都有着自己独特的个性，是其独特个性的体现。正如多元智能理论所指出的，每个人的智能类型不一样，他们对学习的需求、思考问题的方式、学习优势和其学习风格必然也不一样。因此，每个人学习方式的具体体现也是不同的。

三年级上册到五年级下册每册教材的开篇都是该册书中的Characters。仔细观察，可以发现Characters插图是极好的延展学习提示！例如，在教授译林版小学英语四年级下册Unit5 Seasons这一单元时，除了介绍文本中出现的四季的活动之外，就可以利用Characters插图中四季活动的场景，拓展spring, summer, autumn, winter四季的其他活动，进一步丰富学生的词汇量，让学生运用文本的语言支架进行交流分享，从而实现从教材的“范式表达”到“个性真实存在”的转变。让学生在快乐的体验和愉悦的感受中，学会表达，乐于表达。这些生活化的互动过程，让学生在自然的语言交往中把语言的形式进行多次融合和激活，让学习在实践迁移中真正发生。这样的设计让学生在课堂中获得的学习的快乐，不是单纯的感官愉悦，而是一种心灵愉悦，精神满足，思维生长。

（三）发展学生创造性思维的问题设计策略

现行的英语教材为发展学生创造性思维提供了素材，其中的经典童话、富有生活气息的故事，挖掘这些故事板块的教学资源，会给我们培养学生的创新思维带来创新之处。

译林版小学英语从五年级开始出现了经典童话故事，无论是五年级上册的Unit1 Goldilocks and the three bears，还是选自安徒生童话的六年级上册的Unit1 The King's new clothes，这些故事的中文版对于学生来说是非常熟悉的，而英文版的故事对于学生来说则是陌生的，那么如何使这些童话语言转化成为学生自己的语言呢？我们可以捕捉故事情节中的关键词作为问题的线索。

1、 复述故事：用关键词建立问题线索

复述故事是译林版小学英语五年级上册Unit7 Learning tips明确提出要培养的英语素养。复述故事的能力对于小学生英语思维的发展有着举足轻重的作用，通过复述故事，学生不仅积累了故事语言，同时在复述的过程中不断咀嚼、探究、发现故事中蕴含着的人性之美、智慧之光，而这种人性之美、智慧之光发现的过程就是学生创造性思维培育和发展的过程。如何使复述故事成为培养学生创造性思维的过程呢？作为教师要善于通过有针对性的问题对学生进行思维引导，让学生能够带着有思考性的问题进行复述，引发学生对故事内容进行更集中、更深入的阅读思考和讨论探究。具有思考性的问题才能够帮助学生深刻思考，从而训练学生的深度思维。

教师在设置问题时，应以故事语言为资源，捕捉关键词建立问题线索，促进学生结构化地掌握故事，随着问题的层层递进，启发学生思考，从而发展学生思维的创造性。

在教学译林版小学英语五年级上册Unit1 Goldilocks and the three bears故事版块时，教师用两个环节帮助学生捕捉关键词，建立问题线索，复述故事。

环节一：捕捉关键词。故事分为四段，第一段描述了森林里的一座房子，这是故事发生的一个地点，因此可以快速捕捉到a house这个关键词；第二、三段描述了Goldilocks is hungry and thirsty.图片中出现了三碗汤和三张床，从中可以捕捉到soup和three beds这两个关键词。故事的最后部分出现了小屋的主人，由此揭示出了故事的另一个主角，因此我们可以把three bears作为第四个关键词。

环节二：建立问题线索。英语中有这样一类疑问词，如what, where, when, why, how等等，他们在英语会话中经常使用，能够建立起会话的支架，又能够引发学生在会话中进行深层次的思考。围绕关键词提出以下问题：Where's the house? Who's in the house? What's on the table? How is the soup? How are the three beds? Whose house is this? 通过这一系列的追问，把学生一次次地带到情节中，使学生不断熟悉故事情节、故事语言，这样的复述就不是机械的，而是结构性的、理解性的、板块式的。

2、创造性复述故事：用问题链搭建思维支架。

这样的方法同样适用于译林版小学英语六上Unit1 The King's new clothes。教材基本已经呈现出了这个故事的整体，故事中蕴含着一定的智慧和哲理，对于学生来说创造性的复述这个故事是有一定挑战意义的。我们可以抓住magic clothes这个关键词作为线索，形成层层推进的、带有思考性的问题，带动学生深入思考，引导学生抓住问题的本质，鼓励学生进行创新性地思维和想象。

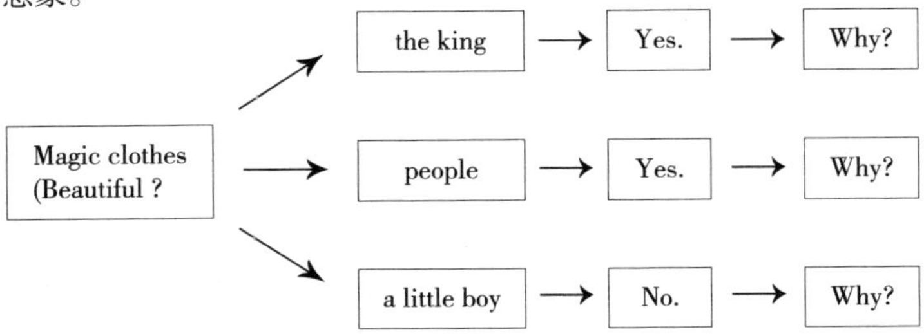

引导学生思考，为什么国三和人们都认为"the magic clothes"是漂亮的、美丽的，而小男孩却说"The king isn't wearing any clothes."通过一次次用Why追问？吸引学生主动探究问题链，搭建思维支架，培养学生积极的创新性思维。小学生普遍具有较强的想象力，教师要基于"儿童本位"的考量，紧贴儿童生长，寻找到既与学生心智水平相吻合，又能吸引学生主动探究的问题，或启发点拨，或追问评价，或精彩深刻地讲授，有意识拓展学生的思维空间，并逐渐将其内化为自身素养。

充分利用英语学习内容具有交际性、对话性的特点，选择和应用相应的策略，教师或启发点拨，或追问评价，或精彩讲授，帮助学生超越自己，真正培养学生的自主学习能力，不断提升其思维品质。

如此，英语学习的过程便成为学生在原有知识和经验基础上的自我建构、自我生成的和谐过程。学生的思维品质在学习过程中努力得到新的提升，而每一次提升都为下一次的学习提供最佳关系和固定点，使思维发展成为一个有意义的自我体验与建构过程。

（金洪美）

浅谈儿童学习动机的激发和维持
——以《春联》教学为例

我校“十三五”课题实施方案中指出：“小学生自我导向学习实践应用，研究聚焦点投射于发展核心素养视阈中，更关注和培养儿童强烈而持续的学习动机，主动调控学习过程、独立学习的意识和能力。”因此，我以《春联》为例，就“激发儿童强烈而持续的学习动机”，谈谈自己一些粗浅的想法。

一、情境激发学习动机

在教学的导入环节，根据教材的不同特点，可以采用不同的导入形式：或呈现画面，聆听音乐，产生美的享受，因爱美而要学；或创设问题，形成悬念，让儿童对这些问题产生猜测、联想，因好奇而要学；或联系儿童已有的经验，使其产生熟悉感、亲切感，因贴近生活形成关注而要学；或直接揭示实物，在逐步观察中引起思考，因探究而要学；或讲述故事，渲染气氛，唤起心灵的共鸣，因情感驱动而要学……无论是好奇求知，还是情感关注的需求，都能促使儿童形成“我想学”“我要学”的内发性学习动机。

《春联》一课，教师以“故事”导入，讲述了乾隆皇帝有一日来到“四方桥”上，随口出了一个上联：四方桥，桥四方，四方桥上看四方，四方四方四四方。大臣们你看我，我看你，大家都说不上来。这时，有个大臣叫纪晓岚，他走上前来，说道：万岁爷，爷万岁，万岁爷前呼万岁……接下来，你知道是什么吗？然后学生就开始七嘴八舌猜了。教师给予表扬，说道：“对对子一方面能看出一个人的语言能力，另一方面能看出一个人的智力。”

在这个过程中，教师没有将对联全部说出来，而是留了一半让学生猜一猜，激起学生浓厚的兴趣，教师紧接着给学生一顶“高帽子”，使学生的心理需求得到满足，因此产生的愉悦感形成了一股向着教学目标推进的“力”。

二、设疑维持学习动机

课堂设疑对小学生课堂学习有很大的帮助，它可以让学生在解决问题的过程中更深刻地理解文本；提高他们的探究能力、分析问题的能力；更能激起学生的兴趣，唤醒学生的思维，形成学习动机。

【课堂实录】

师：自由读读课文第二自然段，“对仗”这个特点可以用文中哪八个字概括？

生：字数相等，词类相当。

师：什么叫“字数相等，词类相当”？

生：上下联字数一样，词也是一样的。（说不清楚）

师：直接解释的确很难说清楚，语言表达不够准确，也不容易让人听明白。但作者用三句话把这个特点写得非常清楚，非常明白。作者是怎么写的呢？

（逐句读：齐读第一句；女生读第二句；男生读第三句）

师：第一句讲特点。第二句？

生：举了一个例子。

师：第三句？

生：规律。

师：第一句说特点，第二句举例子，第三句把例子中的规律再说一遍，这样就可以把对仗的特点介绍的非常清楚了。

（出示：绿柳舒眉辞旧岁，红桃开口贺新年。）

师：就拿这幅对联来说，上联是7个字，下联是——

生：7个字。

师：如果上联9个字？

生：下联9个字。

师：这就叫——

生：字数相等。

师：“绿柳”对？

生：红桃。

师：上联是颜色，下联就是（生：颜色）。上联是动词，（生：下联也是动词）。上联是一个短语，（生：下联也是一个短语）。这就是——

生：词类相当。

师：字数相等指的是数量，相当指的是词类。春联中有时候词类相同，有时候词类相近，所以作者用了“相当”，可见作者用词的准确。

“讲究对仗可以用哪八个字概括？”教师提出的第一个问题是在文本中能直接找到，比较简单的；紧接着，第二个问题“什么叫‘字数相等，词类相当’？”是从写作的角度提问，有点难度的。这一问题关注了文本表达特点以及语言规律，从提出到解决是要经过一番思考的，让学生的思想的“轨迹”产生一段“距离”。类似的问题还有在第一自然段的教学中，教师提出“作者用了什么方法把春联‘各种各样’这个特点写清楚的？”这种具有“解答距”的问题无疑能再次激发学生学习内驱力，维持主动学习行为。

三、拓展延续学习动机

课程标准指出，语文课程是实践性课程，应着重培养儿童的语文实践能力，应致力于语文素养的形成与发展。这就要求语文教师不能局限于教材，而应该整合教学资源，让学生更多地接触语文材料，并通过语文实践活动，培养学生的实践能力，让学生走出教材，走向生活，发展思维能力，激发想象力和创造潜能。因此，拓展延伸是小学语文构建开放和多元化发展的重要阵地。它可以帮助学生认识到更广阔的世界，促进学生的思维方式和多元生长。

【课堂实录】

师：默读第一自然段，用序号标出，作者按照内容进行分类，分成几类？

生：四类。

（板书“分类别”，分组读。）

师：作者是怎样把四类连起来的？

生：用了有的……有的……有的……更多的是……

师：作者用这样的句式把句子巧妙的连接，你还有什么发现？

生：“有的”后面的动词不一样

师：我们发现作者先分类别，每一类的后面还举了一个例子，用词各不相同，不重复，力求准确。还发现，把难以说清楚的 用一些适当的说明方法说明白。

师：人们常说“开卷有益”。在我们生活中还有很多这样的例子。比如“古诗”。你能用这样的方式来介绍古诗吗？

出示仿写要求：仿照课文第一自然段的写法介绍古诗内容丰富的特点。

（小提示：建议运用分类别与举例子的说明方法）

如果说，说的拓展延伸，是启迪学生思维，培养学生创新能力的催化剂；那写的拓展延伸，就是学生掌握和运用知识的阶梯。教师十分关注说明文的言语表达，为学生创造语文实践的机会，促进学生语文素养的形成与发展。四年级的小学生已经积累了一定的古诗储备，要完成这次拓展训练就要对已掌握的知识进行系统的梳理，有一定的难度。但是如果在反馈中获得正面、积极的评价就会使学生获得成功体验，并且会将这份体验延续到以后的课堂教学中。

（陈悦）

低年级写字教学中学习动机的维持策略

书法是中华艺术园的瑰宝，是中国文化的浓缩，更是中华民族精神的体现。优秀的书法作品总是那么令人赏心悦目，有的如青松般苍劲有力，有的如仙女般飘逸洒脱，还有的如野花一样纤巧美丽……正所谓“字如其人”，每一幅书法作品的字里行间蕴藏着一个人的文化修养、审美情趣和气质禀赋。我是一个书法爱好者，也是低年级的语文老师。我深知从小教学生写好汉字的重要性。

自我导向学习是一种自主性学习,自我导向学习强调学习者的学习动机和学习能力。学习动机是学习者发动与维持其学习活动的内部动力，也是影响学习者学习自觉活动的重要因素。只有激发学习需要，才能调动学习者的积极性，对学习产生浓厚的兴趣，自觉主动地实施自主学习。而学习者的个体因素在自我导向学习中的作用不可忽视。

低年级的儿童内在学习动机和自我学习能力是非常弱的，需要教师运用自我导向学习策略，通过给予外在刺激，调整学生学习情绪等来促使学生产生浓厚的学习兴趣，在学习的过程中使学生学会方法，习得能力，从而激发学生的学习内在驱动力，促使他们为更高的目标持续不断地努力。

一、激趣策略——“我爱写字”

托尔斯泰曾经说过：“成功的教学，所需的不是强制，而是激发学生学习的兴趣。”兴趣是求知的内在动力，能使学生积极主动地学习，学得轻松而有成效。

新课标指出，低年级写字的目标是让学生喜欢写字，有主动写字的愿望。对于低年级好动的学生来说，写字无疑是非常枯燥的。俗话说，兴趣是最好的老师，要做到努力激发学生的写字兴趣，让“要我学”变为“我要学”。

学习兴趣不是天生的，需要老师积极地引导。每次教学，我总是精心设计写字课的导入环节。上课前，我会在黑板上端端正正地写一些名人名言。这些千古流传的经典佳句蕴藏了美好的品格，对学生也有教育意义。例如，“千里之行，始于足下。”“绳锯木断，水滴石穿。”“宝剑锋从磨砺出，梅花香自苦寒来”……优美的字常常赢得学生们的围观。“哇！老师写的字好漂亮啊！我也想写这么美的字！”他们还会伸出大拇指，表达对老师由衷的赞美。有时，我会把搜集的优秀书法作品给学生们欣赏，他们会情不自禁地啧啧赞叹，美丽的汉字在学生们心中激起了羡慕和向往之情。

此外，语文课本中的写字故事也吸引了学生。《怀素写字》讲了古代书法家怀素小时候刻苦练字的故事。怀素是中国唐代杰出的书法家，他写的草书风格豪迈，潇洒不羁，独领一代风骚，闻名遐迩，史称“草圣”。当时，李白等很多有名的诗人对他的书法造诣也是赞不绝口。他写的《自叙帖》《食鱼帖》等书法作品在古代书法史上赫赫有名，赢得了世人的称诵，流传至今。怀素之所以取得如此杰出的成就，是因为他从小就酷爱书法。当时纸贵，怀素就找来木板当纸用，日子一长，木板竟被写穿了。他还用庭院里的芭蕉叶不停地练字，终于成为有名的书法家。《他得的红圈圈最多》讲的是邓小平小时候的故事。邓小平是新中国伟大的领导人之一，是我国社会主义改革开放和现代化建设的总设计师。在工作中，邓小平常常鼓励勤勉，写下了数量众多、书法水平精湛的题词。如，“实事求是”，“发展才是硬道理”，“实践是检验真理的唯一标准”等，他的题字浑厚有劲，非同一般，给人以力量。他书法功底如此深厚，和他从小的努力是分不开的。邓小平爷爷小时候勤奋好学，每次写字都能按老师的要求去做。所以，他得的红圈圈是最多的。此外，还有王羲之“临池学书”，柳公权“谦虚学字”等古人勤学苦练的故事也深受学生喜爱。有的学生还买了书法家的故事书，说等以后长大了也要做一个书法家呢！“随风潜入夜，润物细无声”，学生们在潜移默化中爱上了写字。

二、强基策略——“认真没商量”

美国心理学家威廉.詹姆士说：“播下一个行动，收获一种习惯：播下一种习惯，收获一种性格；播下一种性格，收获一种命运。”良好的习惯，对一个人的终身发展起着非常大的作用。

万丈高楼平地起，对于没有写字基础的孩子来说，养成良好的学习习惯和端正的学习态度是多么重要。而良好的习惯和态度不是与生俱来的，也不是一朝一夕能够形成的。它需要不断地强化，坚持不懈地训练。

第一节写字课上，我郑重地问学生:“你们喜欢写字吗？”学生们异口同声地回答:“喜欢！”我说:“喜欢写字很好！可写一手好字可不是一件容易的事！从现在开始要行动起来，跟着老师认真学习！”听后，学生们个个摩拳擦掌，跃跃欲试，在心理上做好了写字的准备。接着，我着重开始对学生的写字姿势、握笔方法进行严格的训练。我要求学生写字时努力做到：“头正、身直、臂开、足安”。为了细化要求，我还编了朗朗上口的写字姿势儿歌。“写字时，要做到，身正肩平脚平放，抬头挺胸坐端正，眼离书本一尺远，胸离桌边一拳距，手离笔尖一寸高”。每次写字前，我带领学生们一边说一边做，从而规范学生的写字姿势，促使学生养成良好的书写习惯。

低年级的学生缺少写字经验，我要求学生，每次写字前先认真观察分析汉字。看清汉字的笔画、笔顺、结构，以及每个笔画在字格中的位置、长短、高低变化等，做到心中有数。比如，“国”是一个全包围结构的字，书写时先外后内，国字框要写得方正修长。第一笔竖写在竖中线的左边，中间的竖写在竖中线上，中间一横最短，三横间距相等。字分析好了才可以开始写字。课上，我先一边讲解一边示范，再让学生照着我的字写。等写完了，我还引导学生和范字进行比较，看自己写的字哪里还有不足之处。由于学生观察能力有限，我教他们用尺子来帮忙。用尺子量一量，和范字比一比，找出不同来。经过一次次的比较和改正，学生们对字的观察分析能力提高了，写字也慢慢进步了。我还编了顺口溜让学生记在心里，坚持去做。“写字时，不着急。看一笔，写一笔，写完再来比一比。一看二写三对照，一个更比一个好。”在我的引导下，学生们努力做到“提笔即练字”，把认真端正的态度渗透到了平时的写字学习中。

三、想象策略——“快乐总动员”

从心理学分析，低年级的学生有意识注意不强，而无意识注意占主体地位，自控能力较差，容易受到外部环境的影响，上课注意力比较分散，学习的目的性不强，在学习的过程中遇到困难容易退缩，意志力较差，不能主动坚持学习。所以，在教学中应采用妙招紧紧抓住学生的心理，吸引学生的眼球。而形象化的教学手段恰恰能吸引学生的注意力，提高学生课堂学习的参与度，从而达到较好的学习效果。

教师的语言在教学中具有特殊的意义。在指导写字时，我力求讲得生动，通俗易懂，用形象化的语言牢牢吸引、感染学生。我还常常鼓励学生开动脑筋，发挥想象，积积主动地学习。例如教学“一”字时，我说，横画要写得平而有力量，就像农民伯伯肩上的扁担，要掌握好平衡，不能一头轻一头重。学生们会说，横像跳马的平衡木，而不能写得像跷跷板。又如“大”字，写好撇捺是关键。撇由重到轻，撇得尖尖的。捺正好相反，由轻到重，捺出尖脚。捺脚就像我们平时走路穿的鞋子。撇捺要写得舒展对称。学生说撇捺就像翩飞蝴蝶的一对翅膀，要保持平衡，写得美美的。再如“飞”字，写好横斜钩很重要。“飞”多像鸟儿在空中飞翔的样子，横斜钩就像鸟儿的身体，要写得光滑有力，舒展优美。学生说横斜钩的形状很像滑滑梯……原本单调的笔画和枯燥的汉字在学生们心里一下子变成了一幅幅栩栩如生的画面。学生们一个个喜形于色，兴致盎然，原来写字是多么有趣的一件事。

写字讲究循序渐进，笔画会写了，更要把握好结构。我继续给予学生鼓励和启发，把自己当成一名设计师，看谁最会搭配结构，设计出漂亮的“作品”。当然，我会教他们一些写字的方法和技巧。比如“心”字，要注意笔断意连，三点位置虽不同，但它们是一家人，彼此心心相映。又如“对”字，要讲究参差迎让，横撇要比横略高，而竖钩要比又字旁稍长，又字旁的捺要变成点，给右边的“寸”留位置，互相谦让是美德。再比如“口”字，要做到收放开合，上宽下窄形体美……我形象化地讲解，化繁为简，化难为易。通过举一反三，日积月累，学生们很快也学会了这一招，习得了如何观察分析汉字，从而把握间架结构的能力。“授之以鱼，不如授之以渔”，学生的学习能力更进了一步。

此外，丰富多彩的现代多媒体成为学生学习写字的助推剂，为写字教学锦上添花。多媒体具有声象同步、形象逼真，可反复灵活学习的强大特点，把枯燥的写字过程演变成活灵活现、富有动感的艺术过程。学习写字变得生动有趣，妙不可言。学生乐在其中，学习写字的效果也是立竿见影。

四、示范策略——“跟着感觉走”

孔子曰：“其身正，不令而行。其身不正，虽令不从。”教育家陶行知先生说：“要想学生好学，必须先生好学。唯有学而不厌的先生才能教出学而不厌的学生”。身教重于言传，教师的表率作用对学生有着特殊的影响。尤其是低年级的学生，具有极强的向师性和模仿性。他们往往非常信任、崇拜自己的老师。老师的一言一行常常成为学生模仿的对象。

课堂上，我总是工工整整地在黑板上写字，努力把最美的字展现给学生。批改作业、写评语时也同样如此。我严格要求自己，力求每次书写整齐又美观。天长日久，耳濡目染，无声的语言对学生们慢慢有了影响和效果。老师们都说，我们班学生写的字很漂亮，跟我写字的风格非常相像。看来，学生们已经默默把要求记在了心底，拿出了行动，一直在跟着我的感觉走，我感到很欣慰。

这次，为了战疫情，学校都进行了线上教学活动。对于低年级的学生来说，写好每一课的生字是语文课的教学重点。线上教学没有了原先课堂上的热烈气氛，缺少了师生面对面的互动交流。为了提高学生的写字质量，每次布置写字作业前，我都一丝不苟地把当天要写的生字范写一遍，然后用图片的形式发给学生，让学生照着我的字样来写。同时，我再通过语音的方式进行生字书写的提醒和强调。虽然没有了当面指导，但学生们写字的效果却出乎意料的好，一笔一画，一板一眼，端正优美。

除了平时带着学生写好字，我还引导学生仿影、临摹优秀的硬笔书法书本。比如:田英章书写的《写字好老师》、《硬笔书法入门》等，书法家的楷体字端庄大气又优美，非常适合他们打好硬笔书法的基础。学生们特别喜欢这样优秀的书写范本，如获至宝。课后，常常看见他们拿出来练习，描红、仿影，再临摹，不亦乐乎。他们俨然把书本上美丽的汉字当成了自己学习的目标，模仿的对象。树立目标，朝着太阳的方向，斗志昂扬跟着感觉走，学生们已然走在了前进的道路上！相信只要他们坚持不懈地走下去，终将收获一手美丽的字。

五、表扬策略——“车轮永向前”

低年级是写字教学的起始阶段，一切从零开始。学生们正如春天的幼苗，需要老师的精心呵护。美国伟大的心理学家威廉·詹姆斯指出：“人类本性最深的需要是渴望得到别人的赏识”。教育的艺术不在传授,而在鼓舞和唤醒。赏识最大的奥秘是能唤起内心的觉醒，极大激发一个人的潜能。赏识需要多鼓励，多肯定，多表扬。鼓励和表扬是神奇的魔法棒，它能带给人信心和生命觉醒的无穷力量。

班里四十几个学生，每个人的学习能力不尽相同，我们不能用同样的标准来衡量每一个学生。批改作业是对学生写字的一次极好的评价。每次写得好的字，我都会在旁边打上一颗五角星。对于写字好的学生，我从不吝啬打五角星，所以他们的五角星总是最多的。不仅如此，我还要在班里美美地夸奖一番。“看，这是我们班小小书法家的作业，这么多的星星，大家向他学习！”在我的大力表扬下，学生丝毫没有骄傲，说要把字写得更漂亮，成为班里的领头雁。对于写字不太好的学生，我总是努力寻找它们的闪光点。我会把他叫到身边，鼓励他说：“看，你的笔画写得很漂亮，如果观察再仔细点，把握好字的结构就更好啦！”当有的学生总写不好字的时候，我会摸摸他的头，说：“别着急，用心写，你一定能写好。”我还和学生们约定，只要作业批改是优秀的就奖励一朵小红花，累计满十朵小红花就能获得“书法之星”的小奖状。获得三张小奖状，就可以评为班级的“小小书法家”。平时，我还经常鼓励学生：“写一手好字其实不是一件很难的事情。只要你按照老师的要求去做，认真听，仔细看，用心写，坚持不懈就能成功！”

古人云：“亲其师，信其道。”一颗颗红红的五角星，一张张闪亮亮的小奖状，一句句鼓励的话语，拨动了学生们主动写字的心弦。学生感受到了老师对他们满腔的热情和真诚的期待，他们的内心升腾起无比自信和智慧的力量。学生们也表示将永不满足，追求进步。学生们在写字的道路上正向上再向上。

六、奖励策略——“我来露一手”

给学生一个舞台，展示他们的精彩。学生的精彩将带给他们满满的自我认同感和愉悦的自我价值感，体现了学习的意义和价值。老师最大的幸福是努力成就每一个学生，让学生在学习中享受快乐与成功。经过不断地学习，学生从不会到会，从被动到主动，写字水平有了很大的进步。为了让学生体验快乐和成功，我努力创设条件，开展各种比赛，给学生提供施展才华的舞台。

我和学生们约定，每月底在班级里开展一次写字比赛，学生们都万分期待，个个想来露一手。全班学生们全都参加比赛，最后评比出一等奖、二等奖和三等奖，每人都颁发一张小奖状。奖状是荣誉的象征，是对学生水平的充分肯定。每次比赛，学生们都认真对待，你追我赶不服输。一次次好成绩的取得带给他们强烈的自豪感和满满的自信心。山外有山，人外有人，学习是永无止境的。我还推荐写字出色的学生参加校级或更高级别的比赛，让他们再往上跳一跳，从而登上更高的领奖台。

此外，每年学校都会组织学生参加江苏省硬笔书法水平等级考试，我班的学生们总是特别开心与期待，积极地报名，认真地练习。新的平台，新的挑战，学生们为了目标而努力练字，最终也达成了既定的目标。第一次硬笔书法考级，报名的学生全都顺利通过了三级，达到了一个较高的起点。“跳一跳，摘到了果子”。学生们获得了硬笔书法考级证书的那一刻，个个眉飞色舞，喜不自胜。硬笔书法等级考试的平台让学生们充分发挥出自己的水平，也证明了自己的实力。“百尺竿头，更进一步”，学生们从此踏上了新的征程。

习字册是低年级学生的一本课堂作业本，它是一学期以来老师的辛勤指导和学生勤奋练字的结晶，也是一个学期写字成果的体现。翻开一本本习字册，字里行间缀满了红红的五角星，优美的字令人赏心悦目。在班级的走廊上，我开辟了一个学习园地——我来露一手。每到期末，我让学生自我推荐或同学推荐，挑选出自己最满意的写字作业，在学习园地进行展览。学习园地里笔墨飘飞，精彩纷呈，吸引了前来学习的同学们。学习园地是学生们展示风采的舞台，也成了小小书法家们快乐的源泉，成功的摇篮。

多年来，我送走了一届又一届的学生，看到他们写的字在我的指导下取行进步，在比赛中获得了许多的好成绩。我为学生喝彩，为他们感到骄傲。自我导向学习倡导的学生自主学习理念在写字教学实践中的策略运用有了些许小成绩。今后，做为低年级的语文老师的我要继续学习和探究，如何用学生喜闻乐见的方式来教，真正寓教于乐，让学生乐于学习，擅于学习，为着目标而学习。“合抱之木，生于毫末；九层之台，起于累土。”低年级的写字教学正如培植春天里的嫩苗，需要我们用心地呵护与栽培。低年级的写字教学是启蒙，是关键。为低年级学生打好扎实的写字基础任重而道远，吾将上下而求索！

（华叶花）

艺术训练中儿童潜能的激发

“忽如一夜春风来，千树万树梨花开”，近年来家长对儿童艺术培养的热情愈发高涨。在幼儿时期，许多家长就会选择一两种乐器让孩子接触学习，以此培养他们的艺术学习兴趣，使之拥有一技之长。

各类乐器中，竹笛以其携带轻便和拥有广泛影响力而成为众多家长启蒙乐器的首选。2011年，学校以弘扬“让学生拥有终身受益的兴趣爱好”的教学理念，全力打造“竹笛进课堂”艺术特色课程的建设，深入培养学生艺术素质和修养。

儿童在竹笛艺术课程的引领下，与竹笛为伴，与音乐为伴，在艺术修养和综合素质上得到了提升，越来越多的孩子开始喜爱上竹笛这门艺术，同时，学习竹笛给学生带来的一系列附加优势和益处，也使更多的家长对学校这门特色课程给予了更多的理解和支持。

作为一名参与特色课程建设的音乐教师，欣喜于孩子艺术训练结出的累累果实之余，越来越深切地感受到艺术训练对儿童内在潜能的激发有着得天独厚的优势。

一、艺术训练对儿童学习动机的激发与维持

缺乏持久的注意力和耐力是小学生普遍的学习特点，他们往往意志薄弱且受暗示性强，在学习方面，体现出动机和目的的被动性和依赖性。艺术训练则能激发儿童自我的学习动机，并能通过科学有效的方式对良好的动机加以维持。

案例1《我们来约定》

小轩是一个三年级男孩，聪明、活跃但竹笛练习的意志力比较薄弱。每次音乐课时，我总能看到他捧着书摇头晃脑地跟着唱歌。可每周一次的竹笛课上，他总会忘记带竹笛，即便带来了也是佯装在那吹奏，听不到笛音，指法也全是错的。

这是孩子在竹笛练习初期畏难、退缩、害怕的典型表现。课后，我与他谈心：“你觉得咱们班级中谁的竹笛吹得最好？”“女生有……男生有……”他一下子报出了好几个竹笛小能手的名字。我继续问：“你们都是从二年级开始接触竹笛的，但为什么他们吹得那么好呢？”他两眼直直地看着我，就是不说话，我知道他是明白的，只是羞于启齿。我继续跟他分析：“在班级里你的主课学习不差，唱歌也属于中上水平，那为什么竹笛水平却低于大部分同学呢？”他听着头低得更下了。

通过聊天，我发现他有一个大部分同学都会犯的通病：竹笛不用交书面作业，所以回家

从来不练。于是我和他约好，每天利用二十分钟时间到音乐室练习，坚持一个月的时间，保证他可以吹奏出简单的旋律。

一开始他很抵触，好几次故意没带笛子还理直气壮地说忘了。我拿出自己的竹笛给他，不让他有任何偷懒的理由。从一开始的指法纠正并记忆，到腹式呼吸的练习，再到单音长音练习，连线吹奏；从一开始的抵触偷懒到慢慢的肯静下心来训练；从最早的吹不出音到吹出气音再到后来明亮的单音……随着时间的流逝，我可以看出他自己对吹竹笛有了新的认识和改变。

一次课上，我让他带领全班同学领奏曲目《高山青》。从一开始的紧张，气息没调控好，到后来旋律的流淌，他越吹越好。领奏结束后，不少学生都情不自禁地回过去对他翘起了大拇指，“每个乐句间的换气记号、连线清晰、音高转换自然到位……”听着同学们对自己竹笛的肯定和赞扬，他开心地笑了，我相信今后的竹笛练习他一定会有新的积极行动。

儿童是一张白纸，我们对他的最初教育是怎样的，留下的印记就是怎样的。竹笛艺术练习与其他学科学习一样，需要让孩子明白学习是一件需要认真对待、全力以赴的事，以此端正学习态度，养成良好的学习习惯。否则，不仅会影响正常的竹笛艺术训练，还会形成凡事应付的不良态度和心理。

今天面对的是机械枯燥的竹笛练习，日复一日、年复一年磨练的却是锲而不舍的精神。因此想要在器乐的学习上有所进步，有所成果，培养儿童坚持学习的品性就显得尤为重要。小轩同学的可喜变化，正是源于他激发了内在的学习动机，并用刻苦品质，坚持意志使学习动机不断维持的结果。

一个天赋好的人，不一定能把音乐学得最好，但一个懂得坚持的人，一定能够收获更多的精彩与掌声。因此，艺术训练中，坚持比天赋更为重要，坚持每天练习，梦想就会离我们更进一步。

二、艺术训练对儿童积极情绪的激发与调动

积极情绪是积极心理学的一个重要概念，是指个体受外界影响或个体需要被满足时而产生的伴有愉悦感受的情绪，包括快乐、满意、兴趣、自豪、感激和爱。对小学生而言，积极情绪有利于增强身体素质，提升抗挫折能力，建立良好的学习、生活习惯。艺术训练尤其与激发与调动儿童积极情绪分不开。

案例2《小小个人独奏会》

我校除了二、三年级每周一节的竹笛普及课以外，三、四年级还挑选出优秀学生组成提高班，进行提高进度，加大难度的强化训练。以此类推，再在提高班中挑选出优异的学生组

建校级民乐队。

校级民乐队队员彼此之间仍然存在着不少的差距。要使队员们在校队训练中，竹笛演奏技艺更上一个台阶，需要培养学生有一颗乐观积极的心态。

目前，校民乐队训练的项目是竹笛合奏《我是一个兵》。曲子难度大，特别是对装饰音的演奏要求很高，而且曲目本身要求的演奏速度也极快。

训练开始之初，我很快就发现了问题，队员们每天练习比较被动，依赖性强，因此训练的效果不明显，曲子所要体现出的那种昂扬的精气神根本看不到。我意识到队员在竹笛训练时缺少你追我赶的学习氛围是问题所在。

积极心理学认为，发现自己的优点和长处,能增强人的积极情绪，提升个体的自信心。为了让学生们由被动变为主动练习，我专门组织开展了“小小个人独奏演出”主题活动。每天早晨在训练结束的最后10分钟，没规律的让3、4个学生以独奏演出的形式把《我是一个兵》展示给大家看，并根据每个人的演出效果予以打分，并按照D→C→B→A分为四组，最好是A组。然后告诉大家在学期结束前还会不定期的抽查，根据每一次的表现决定你的组别。而且黑板上随时公示四大组里人员变化的情况。这么一说我明显感觉到二十几个学生脸上的表情都变了，显而易见，谁都不想到D组去，都想争取到A组。

接下来的就不用多说了，明显感觉队员们训练时态度的转变：原来一次训练要贴好几次笛膜的次数明显少了；训练间隙指导时讲话的人没了；用红笔在谱子上记录的人多了……再加上我时不时有意无意的表扬：今天抽查下来感觉某某某有明显进步，气息处理比原来到位了；某某的装饰音听得出回家花了大功夫大精力的；某某前进一组到B组……

孩子们在一次次的点评中感受到了老师对他付出的努力给予的肯定，快乐、兴趣、自信心也多了，大家在聆听中不但发现了自己的优点，同时也汲取到了其他人长处，而且听音能力、注意力和记忆力也得到了相应的锻炼，养成了一个良好的学习习惯，营造出了一个良好的训练氛围。而这是我原来没有想到的，可以说是一个惊喜。

孩子们在练习过程中，感悟到积极心态对音乐学习的重要性，因为积极的心态能够传递出巨大的正能量，无论做什么事情、遇到什么困难，学音乐的人都能处之泰然，用认真、细致、耐心、乐观积极的心态去面对眼前或未来所发生的一切，这是成功必备的心态。

三、艺术训练对儿童内在驱动的激发和强化

苏格拉底小时候曾经问他的雕刻师父亲：“如何能成为一个好的雕刻师？”父亲捏着即将成型的狮子回答：“我并不是在捏这只狮子，我只是在唤醒它，狮子本身就是在石头的禁锢当中，我只是把它唤醒而已。”艺术训练可以不断激发和强化儿童内在的驱动力。

案例3《发现自己的优点和长处》

由于“小小个人演奏会”的实行，孩子们在随后的训练中相互追逐的那股子劲是愈发高涨。只要同一组里有人上进了一组，一到下课我身边就会围满了来和我预约演奏的学生。

我发现原本我发在QQ群里的《我是一个兵》的原版下载的人寥寥无几，但短短的几天下载人数突变。而且练习间隙，总是不时有学生主动来提高作品某一段某一句强弱怎么处理，怎样才是我心中所想要的音色；演奏时，大家总是会一起讨论突破某一个演奏技巧该用什么方法，反复的尝试寻找适合自己的方法；演奏时，大家学会多多琢磨如何通过手中的竹笛，把想好的“腹稿”变成一个个音符，和大家一起娱乐、交流、学习、演出……

教师被称为人类灵魂的工程师，我们要做的，不是按我们的预想雕刻孩子们的灵魂，而是要去唤醒他们早已存在于内心的热爱与愿望。致力于未来的教育，就是去开启他们内心的那扇门，让阳光照见里面蓬勃的生命渴望，进而唤醒它，点燃它，激发它。

总之，竹笛艺术练习的过程难免枯燥和乏味，但只要让孩子们从学习中收获成就感和满足感，深藏在孩子们生命体中丰富的情感，强烈的动机，磅礴的潜能，便会呼之而出，助力孩子们拔节生长。

（华敏）

专题六：小学生自我导向学习的课堂观察

主持人语：

自从有课堂教学以来，课堂观察也就随之产生了。课堂观察是一种研究课堂的方法，其起源于西方的科学主义思潮，发展于20世纪五六十年代。课堂观察是一种通过对课堂的教学情况进行记录、分析和研究，改善学生课堂学习状态，促进教师专业发展的研究性活动。

小学生自我导向学习的课堂观察起点与归宿指向的是学生核心素养与教师专业能力的提升。我们尝试从学生学习、教师教学、目标达成、学习效果等维度来建构课堂观察的框架，关注学生是如何进行自我寻向学习的，会不会学，学得怎么样；关注教师是如何教学的，是否给予学生自主学习的空间，是否给予学生相应的辅助与支持；我们关注学习目标与学习活动、学习效果之间的匹配度，关注教学评的一致性，从过程与结果双向测评课堂的效益。小学生自我导向学习的课堂观察，经历观察前、观察中以及观察后三个阶段。课堂观察前，引导执教者与观察者共同确定课堂观察的目的和重点，使课堂观察准备充分，占有更多资料。课堂观察中，观察者根据课堂观察记录表的要求和分工等，通过不同的方式，做好课堂实录，典型问题记录与分析。课堂观察后，观察者与执教者共同总结、探讨课堂教学中的问题，形成基于客观证据的改进策略。小学生自我导向学习的课堂观察，在实践和研究中不断得以改进与发展。从观察者的角度来看，从教师的自我观察，到他人观察，到师、生、同行协同观察，介入课堂观察的角色增加了，维度细化了，课堂教学的研究数据更多元更客观了。通过观看课堂实录，师生在观察他人的同时也在审视自我，这样的观察引发师生问题自知，目标自定，行动自觉。从观察量表的设计来看，从单一的观察记录表，到综合性的复盘式评价记录表，做到了定量与定性分析相结合，帮助执教者和观察者更好地研判教学事实，优化教与学的策略，提升教学品质。

小学生自我导向学习的课堂观察

小学生自我导向学习的课堂观察，是我校课题实施的基本管理方式，它既是课题计划实施的百分表，也是开放性研究的会诊中心。观察中，既要兼顾到观察课堂教学的一般规律，更要突出小学生在学习过程中的主体地位是否落实，包括：对于自我导向学习已经采取哪些主要措施及实际效果如何、是否形成与教学内容相匹配的自我导向学习方式、所采取的自我导向学习方式是否可进一步推广并形成某种教学范式等等。在开展课堂观察的具体过程中，经常采用自我观察和他人观察两种基本方式。

一、课堂的自我观察

所谓“自我观察”，就是执教者同时成为观察者，教师边执教、边观察，随时捕捉并审视课堂教学的每个环节以及组成的整体。对成功的做法，应继续推广；对发现的不足，要及时弥补。同一位教师，既是教学的组织实施者，又是形影不离的忠实观察者，有教学就有观察，有观察就有反思，有反思就有改进，有改进就有提高，最终成为课堂教学的自动补偿、修复系统，实现真正意义上的行动研究。笔者认为：课堂的自我观察是教学研究、教学改进最主要的方式。

课堂的自我观察，它是一种崭新而又古老的研究视角，是一种个人行动研究方式的具体化，它将使教师真正成为反思型教师，使教学的过程成为研究的过程，并加快成长的步伐，也是将研究工作转化为教育生产力的有效渠道。

1、目标观察

目标观察是以观察课堂教学目标是否达成的一种的观察方法，根据学科教学标准和教材，我们一定会把学段教学目标分解到每节课中，因此每节课课堂目标的达成度将直接影响到学科教学标准的落实。

小学生自我导向的教学目标，除了教材目标的落实，更重要的是观察学生在学习过程中是否真正成为学习的主人。具体包括：学习目标是怎么形成的？学习动机是怎么产生的？学习过程是怎么展开的？学习评价是如何进行的？这些学习素材的选择和编排方式是否合理？是否最有利于学生自主地开展学习活动？

例如：三年级数学组郭健老师执教的《两、三位数除以一位数（首位能整除）》一课。本课是在学生学习了表内乘、除法和有余数除法的基础上进行的，它是学习多位数除法的基础。执教老师带领学生经历了："看图观察、动手操作、感知算理""变式练习、数形结合、形成算法""层次分明，难易结合、学以致用"，本课设计练习丰富多彩。既有纯粹的计算练习，也有运用基础计算联系生活问题。让学生明白学习除法计算的重要性，最后的"坐船"和"做衣服"等实际问题设计的恰到好处，让学生感受到数学知识在生活中的作用。

在教学中，必须重视教学目标的设定和达成，并及时进行补充和完善，增强达成度。按照课堂教学的规律和课题实施的主旨来组织实施，适时调整。对不符合课堂教学规律的环节和做法，应自觉避免。

2、方法观察

为了达成教学目标，我们一定会采取适宜的方法和途径，方法选择的合理性将直接影响到课堂教学的效率。根据有效教学理论，教学方法必须多样化，这是一个非常重要的教学原则，它的落实将会使课堂教学呈现出丰富多彩的思维火花，使课堂经常保持灵性闪现，也能更好地落实对学生本真的学习方式给予真正的关照和呵护，能很好地落实"以学定教、学成导航"的教学原则，因此要经常追问自己是否采用多样化教学原则。

例如：六年级陈娅老师执教的《分数除以整数》，本节课的教学任务是在算法多样化的基础上让学生掌握分数除以整数的计算方法。比如4/5除以2算式出示之后，怎么探究得数？在陈老师的不断启发和同学们的共同探讨中一共得出了5种方法：（1）分一分、画一画，（2）化成小数（3）化成整数（4）用除法（5）用刚学过的分数乘法，这么多方法，自然我们都会选择最后一种方法，然而陈老师没有直接灌输，而是在探究中不断验证分数除以整数可以转化成分数乘这个整数的倒数的可行性。学生的数学思维得到自然的生长与有效的发展。

小学生自我导向学习的方法观察，主要侧重看教师在促成学生自我导向学习开展的过程中采取了哪些策略和方法，并且这些方法的使用是否具备长期性、适配性和生长性，具体来说包括：教师事先在课前做了哪些工作？准备了哪些学习材料？这些材料是如何编排的？构建了哪些学生可以介入和感兴趣的学习平台？这些方法是否偏重于形式？这些方式是否对教材目标的达成产生负影响？等等。

教学中，教学的多样化经常体现在很多方面，在选择多样化教学的时候必须从学生的实际出发，不能生搬硬套，符合学生发展实际的教学方法才是最好的教学方法，不能片面地认识教学方法的选择。

3、学生观察

学生观察分为通过学生来观察和观察学生的表现。通过学生观察是对课堂自我观察必要的完善和补充，学生与教师一起在课堂上开展教学双边活动，他们对教师教学的观察是调整改进教学行为的重要依据，因为他们的体验是最真实的。课题组教师开展了学生观察的活动，在学校教科室总的研究思路的引领下，在自己的数学教学中开展了小课题研究，研究的主题是：教学语言在课堂中黄金比例研究，即教师到底在40分钟控制多少话语时间比较合理，把多少时间留给学生表达或练习更有利于培养和发展学生数学的素养。于是设计了表格，诸如，“课堂中一句最成功的话语”“最不成功的话语”“话语时间是多少，占百分之几”……分教师和学生两个方面进行记录和统计，由几个学生代表进行记录，然后进行分析研究。刚开始研究的时候，学生告诉某老师他一节课说了几十个“嗯”，他自己都很吃惊，感觉到课堂语言需要进一步锤炼，做到语言丰富又清晰简洁，重在激发和引领。

观察学生的表现应该成为教师课堂自我观察很重要的方面，因为学生是课堂学习的主体，课堂上所做的一切目的就是为了促进学生的发展。学生的素质发展了吗？他们学得快乐吗？他们自己动手操作了吗？他们自主探究了吗？他们中有多少人能够顺利完成教学目标？他们在学习中遇到了哪些学习障碍？他们在想什么？他们最需要的是什么？他们对教师的教学满意吗？……教师在教学中要随时观察种种信息，来调整自己的教学行为，实现课堂教学的最优化。

二、课堂的他人观察

1、观察的侧重点

小学生自我导向学习的研究，根据学科、课型、年级等不同，在课堂上所观察的方面也不尽相同，因课因人有所差异，但不管如何，都应侧重于自我导向的学习方式和学习成效的高低。对于学习方式和学习成效这两个维度的观察，两者是相辅相成的，不能有所偏颇，如：学习方式新颖但学习成效低下、学习方式守旧但作业正确率高，以上类似情况都不是理想的课堂教学，所以我们一方面要观察学生自我导向的学习方式是否达成，还要看采取这样的学习方式以后，对学习的成效是否有正面的影响、长期的效应和整体学习能力是否能够得到提升。

具体而言，可观察以下方面：自我导向学习方式的新举措、学生对采取的新措施是否感兴趣、学习动力是否进一步激发、新知的深度和宽度有无增强，学习活跃的学生比重是否增加、各种层次的学生是否在原有的水平上都有相应的提升等。

2、观察的记录

学校十分重视课堂观察的方法，观察记录的方式分原始型、分类型和综合型，原始型记录即教学实录，分类型记录是针对同一问题学生不同回应，以便分析大多数学生究竟是怎么想的，综合型记录侧重关注每个教学环节课题价值有效做法。在教学观察中还要充分考虑到学生的参与面、参与率，不仅观察学生参与的广度，更要观察参与深度，为便于观察时记录，学校教科室专门设计各种观察表，以下是使用频率较高的课堂观察表（见文末附件表1表2）。

研究课围绕课题的核心问题，产生相应的研究点系列，在某一阶段突出其中相应的几个研究点进行研究，所以课堂观察就以执教者选定的研究点为主要观察方向，观察执教者是如何认识和处理研究点的，在哪些教学环节有显著体现，观察者在填写观察表的时候，要进行教学策略运用的时机把握、方法多样化、有效性分析，并提出改进的意见和建议。

利用两份表格，将观察到的情况用不同的标记在“班级平面图”相应的位置进行标注，就可以清楚地看到学生参与的面是否宽广、频率如何、一些学优生的领先一步的表现有否带动学困生等，通过标记的形状分布，对学生学习状况进行定量与定性分析，为课堂教学把脉。

3、观察的分析

观察分析既是对观察记录的梳理和整理，也是透过现象分析本质的过程，既是表里因果关系的进一步揭示，也是观察的根本目的所在。因此我们要在充分记录课堂现象的基础上进一步根据课题研究的侧重点科学地提出分析报告，实事求是，一分为二，首先，充分挖掘教者采用的自我导向学习新方法的积极意义，哪些方面可以进一步发扬？如何在教学的全部环节进行呼应、发挥整体效应？其次，我们要找到一些问题，如与学习内容、学生年龄特点不符的部分要明确指出，切勿操之过急。

4、提出改进建议

通过分析，要提出相应的改进建议和意见，这是课堂观察的落脚点。改进建议可在通用层面和课题层面分别提出，通用层面主要指课堂的一般性规范和以往课题研究中取得的经验在课堂教学中体现的情况，课题层面主要指自我导向学习方式在课堂中体现的状况。改进建议应贯彻两个原则，一是采用个人与集中相结合的方式形成，先由观察者分别提出，课题组长汇总大家的意见，然后形成学科组层面的意见，再征求大家的意见，比较成熟后再与执教者见面，取得共识；二是一课多上的原则，当改进建议与执教者见面后，会形成一个思想交融和方法选择的一个过程，最后纳入到执教者修改方案中，帮助执教者形成新的教学设计，然后第二次试上，有些课堂也许要经过多个轮回才能让研究走向更深入。

执教教师	钱 敏	课 题	长、正方体表面积、体积比较	班 级	六（2）
观察点	比较方式	观察时间	2019.9.30	观察者	

表1：

无锡市隆亭实小数学自我导向学习课堂观察表

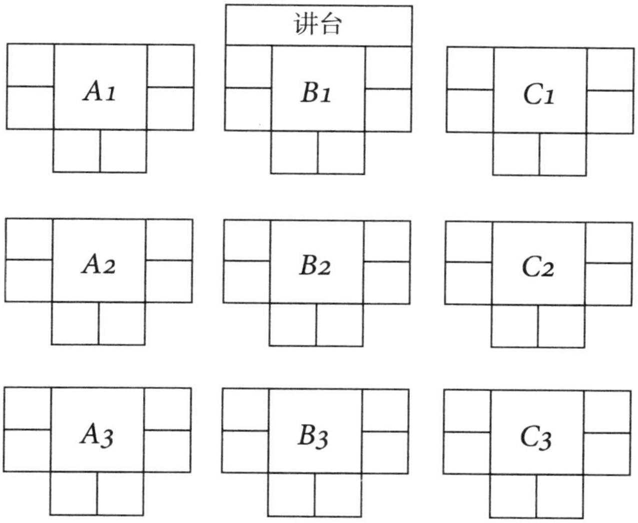

一、听课者对该班“研究点”的具体分析：

1、比较时机把握的分析：（完整性、全员性、参与度、深入度等）

2、比较方法多样化分析：（根据教学内容，比较方法是否多样、灵活、恰当等）

3、比较有效性分析：（比较方法与教学目标的对应性、实际效果等）

二、本堂课的亮点：

三、针对本研究点，请观察者提出意见和建议：

说明：“有创见”用“☆”，“会推理”用“□”，“会模仿”用“△”，“有欠缺”用“○”，有错误用“×”。

表2：

无锡市隆亭实验小学学生课堂表现情况观察表

________学科

班　级	精神面貌	发言态度	发言质量	总体分析

（注：现象描述与综合等第结合）

（孙建清）

言语实践活动单的设计与使用

——小学生自我导向学习的课堂观察

小学生自我导向学习的课堂观察是课堂研究与改革最为客观有效的研究方法。课堂的研究者和观察者带着课堂观察表，从真实的课堂中收集资料，观察教师在教学实施过程中的教学设计及教学效果的实施情况，在评课阶段，教者和课堂观察者、研究者一同商讨、调整、优化教学设计，从而提高教学实施效率。

通过课堂观察、分析、反思，能够及时发现、诊断、解决课堂教学中存在的问题，改进课堂教学的作用显而易见。因此，我们语文组教师聚焦语文课堂中的重点教学活动，通过观察、匹配执教者的设计言语实践活动单，一起商讨、优化、重构重点教学活动，从而促进自我导向学习表征在语文课堂中进一步凸显。

一、课堂观察前的准备：言语实践活动单的制定

语文教材由一篇篇文章构成，由于其具有特殊性，尽管每一篇语文课文教学内容、训练目标语文教师可以有所选择，但大家的教学侧重必须依据课程目标实施，根据教材“所供”与学生“所需”，学会择取、开发课程内容，以语文教师专业的眼光和策略，将课程内容转化为教学内容。语文老师需要敏锐地找到一个实在的、能聚起“教什么”的“核心点”即“生长点”，专业、准确地发掘“每一篇”教材的核心教学价值，并以此为中心展开语文课堂上的语言实践活动，直抵培养语文素养这一课程目标。

自我导向学习期待每一节课都是学生学科素养生长序列中的重要一环，都能促进儿童长进、发展与成长，都能给予学生新的“学科经历”和“学科经验”。因此，每堂课都要确立学习活动的生长点，在紧紧围绕生长点设计的学习活动中，为学生自我学习提供方法和技巧的指引，帮助学生得到语文能力与素养的提升。

案例1：苏教版四年级下册《7人类的“老师”》言语实践活动单

执教：李淑英	个人研究点儿童言语活动生长点的确定与展开
生长点的确定	经历以下两项言语实践，在运用中促成能力内化： 1、以“合并、摘录、微改”的方法概括自然段段意； 2、模仿文中的句式或自然段讲述一个“老师”的事例。
理由阐述 （文本、课标、学生已有经验）	1、文本：课文段落层次清晰，段意归纳方法典型，且课后练习有明确要求。（练习4）说说第3、4、5各自然段的主要内容； （练习5）你还知道哪些人类以生物为“老师”的事例，组内交流。 2、课标：能联系上下文，理解词句意思；能初步把握文章的主要内容；能清楚明白地讲述见闻，说出自己的感受和想法。 3、进入第二学段以后，学生已进行概括段意的练习（如找中心句等），需要方法的指导与强化；写段需要在“有顺序”和“说清楚”上强化练习。
主体言语活动	本言语活动主要教学内容： 1、说清被称为“人类的‘老师’”的生物及其原因； 2、概括第3、4、5段的主要内容，理清叙述顺序； 3、模仿文中的句式或自然段讲述一个以生物为“老师”的事例。
	本言语活动根据“生长点”落实语文能力的思路： 以“为什么是人类的‘老师’”这一浅近的问题为抓手，以第3自然段的教学为重点，从理解“写了什么”出发探究发现“怎么写的”，精简成人化的知识分析，不仅让学生“理解”、“懂得”，更让学生“实践”、“运用”、甚至“反复操练”，促进概括与讲述能力内化与提升。

仔细观察此表，执教者对本篇课文的重点教学目标一：以“合并、摘录、微改”的方法概括自然段段意是清晰而准确的，通过重点学习活动的研判和预设，能在有限的课堂教学时间内，有效激发学生学习科普性说明文的兴趣，培养学生概括段意的能力，为学生自主学习阅读同类型文章打下基础。

重点教学目标二：模仿文中的句式或自然段讲述一个“老师”的事例。这是一个围绕学生“写”的能力的训练，执教者紧紧围绕范文的几个自然段的写作方法“先……再……最后……”指导学生仿写。

言语实践单的制定，是对教材内容的实施与学生学习能力现状的预判与把握。言语实践单的制定，为观察者与执教者提供了一个交流的平台，使观察者对执教者的教学内容、教学目标、学生状态等有所了解。言语实践单中设置的生长点，亦可作为确定为课堂观察点的参考依据。

二、课堂观察实施：言语实践活动单的使用

言语实践活动单的制定，不仅仅是教者对教学内容、目标、学情的预设，更是给予了课堂观察者重点观察的目标和方向。课堂教学活动能否按照执教者的教学方案一一落实，教学目标能否一一达成，需要课堂观察者着重对学生学习活动和学习效果进行观察，即从

学生“会不会学、学得怎么样”的角度进行观察。

案例2：《游戏作文》言语实践活动单

执教：陆晓凤	个人研究点 设计思维挑战点，促进儿童语言生长的研究
生长点的确定	基于学生的个性差异的客观存在，教师的课堂针对文本的质疑要符合儿童思维，并设计不同梯度的，能引发孩子深度思考的问题。从而不断地使学生的语言得以生长。
理由阐述（文本、课标、学生已有经验）	课标： 习作1、乐于书面表达，增强习作的自信心。愿意与他人分享习作的快乐。2、观察周围世界，能不拘形式地写下自己的见闻、感受和想象，注意把自己觉得新奇有趣或印象最深、最受感动的内容写清楚。 学生已有经验：对三年级的小学生来说，认识世界的主要途径是观察，只有亲身去接触事物，仔细的观察事物，才能获得真实、深刻、细致的第一手资料，写作时才有话可写，写出的文章也比较真实生动。
主体言语活动	本言语活动主要教学内容： 1、组织“抢橡皮”的具体活动，引导学生明确活动的三点规则。并在步步分解的游戏中引导学生学会观察、学会感受、学会习作！ 2、“抢橡皮”是一个非常迅速的动作，本课将对这个动作进行分割讲解和剪切观察，从而把这个短暂的动作写出比较长的文字来。
	本言语活动根据“生长点”落实语文能力的思路： 以“游戏习作”这一学生感兴趣的内容为抓手，以对“抢橡皮”的简单经过进行步步分解，让学生在游戏中感受自己发自内心的言语活动，从而得到儿童语言的生长，并落实到具体的习作中。以点带面，让学生学会观察、学会感受，学生语言的组织，从而学会写一系列的关于活动、比赛类别的习作。

案例3：苏教版六年级下册《孔子游春》言语实践活动单

执教：施萍一	本课研究点：“言说型”言语活动的设计
生长点的确定	基于学生的个性差异的客观存在，教师的课堂针对文本的质疑要符合儿童思维，并设计不同梯度的，能引发孩子深度思考的问题。从而不断地使学生的语言得以生长。
理由阐述（文本、课标、学生已有经验）	1、学生经验：六年级学生怎样说？最近一直在训练的是学生用“联系”的方式来丰富言说。比如学《夹竹桃》，第三自然段不教，学第四自然段时，引导学生联系第三自然段来体会“无不奉陪”，比如学《广玉兰》，朱兆林同学联系给同学们作了一个很好的示范，在理解“四世同堂”时，做到了联系上文与下文。那么，在此经验基础上，本课学生可能怎样以联系的眼光来说呢？ 2、文本特点：本文是一篇富含哲理的文章，尤其是第八自然段，语言凝练，学生难以直接从眼前的文字走向具体的理解，不妨可以借助学过的语言进行有联系的学习，即与以往所学进行“前后联系”，于是设计“分别想到了哪些成语、名言、古诗、故事，以及学过的课文”，这样降低了学习的难度，使深奥的道理由抽象变得具体可感。 3、课标解读：第三学段阅读要求：“联系上下文和自己的积累，推想课文中的恰当意义，辨别词语的感情色彩。”明确地指出要“联系上下文和自己的积累”，这一有力地佐证了本课生长点确定的科学性、合理性。
主体言语活动	（一）大情境：孔子巧借水诱导弟子做真君子。 （二）小情境：1、赏景；2、论水；3、言志。 （三）提供示例：“论水”活动情境的设计。

课堂观察者可以根据《游戏作文》言语实践活动单，观察学生的学习行为是否指向目标达成。如，教师设计的“抢橡皮”活动，学生是否全部参与？学生在参与活动的过程中，是否关注了自己的动作、语言、心理变化等习作细节？通过课堂习作片段练习，有多少学生已经掌握了写亲身参与的活动的方法？如果换一个活动，教师不用慢动作、回放等方法，学生学会观察、学会感受了吗？依据《孔子游春》言语实践活动单，课堂观察者可以观察教师设计的不同梯度的问题，是否引发学生进行深入思考？有多少学生能真正理解“真君子”……

课堂观察者在进行教学过程观察的同时，还需要观察教学环节与总目标的适切性。例如：此教学环节是否达成教学目标？该环节花了多少时间？该环节的实施有多少学生已经达成教学目标？观察者在观察的同时也可以进行先行思考：此设计的优点是什么？是否还有不足？未达成教学目标的学生是受到了什么影响？如果是教学设计的问题，该怎样调整教学环节，可以使更多的学生达成教学目标？

由此可见，这样的语文言语实践活动单为课堂观察者观课奠定了基础。观察者不需要用以往的传统方式，观看记录师生课堂教学过程，翻阅书本思考执教者的设计意图，只需要在观课的过程中思考执教者的教学设计是否能围绕教学目标展开，是否合理有效。这样的言语实践活动单为听评课的有效、高效提供了更为简便的凭借。

三、课堂观察后的研讨：言语实践活动单的优化

课堂观察后的研讨分为两方面开展，一方面是执教者进行课堂教学反思：这节课的教学目标达成了吗？重点的言语实践活动环节是否有效？有需要优化和调整的环节吗？观察者则需要根据言语实践活动单的生长点、观察点，对于学生课堂表现观察结果的反馈，包括学生发言的面与质量、板演的情况、作业正确率以及课堂的生成性问题等。教研组针对课堂中的典型事件和存在问题，如：执教者的教学设计是否存在问题，对于学生的学习基础是否研究到位，教学问题是否表述清楚，教学媒体或资源是否得到了合理地使用……研讨成因，寻求对策。

例如，一位教师在《九色鹿》这一课时，按照常规的教学模式，从检查预习，到分析人物品质，从指导学生朗读课文，到课本剧表演，按部就班的，执行完了相应的教学程序。

课后，教研组长引导执教者和观察者一同对学生参与度和达成效果来分析，一致认为学生只是在配合老师上课，而不是真正地参与课堂教学。课堂上的热闹是假热闹，并没有激发学生真正的学习激情，也只有很少一部分学生有真的学习收获。课堂观察从教学对象的学习情况入手，就能发现执教者教学设计的不足，从而对教学设计以及教学把控提出更为合理的设计。

于是，教研组成员从这一节课的根本目标出发：把落实“分角色表演”这一语文能力作为优化设计的重点。我们意识到，所有的教学设计都是为了学生更好的学服务，都必须从学生学习的角度出发。怎样去达成“分角色表演”呢？需要学生读懂剧本（课文）主要内容，找到故事中的相应角色，明晰这些角色的语言、动作及心理，并能绘声绘色地表演出来。于是，教学设计的最终目标进一步聚焦。

我们对《九色鹿》这一课的言语实践活动做了如下优化：

	“分角色表演”言语实践活动推进过程	设计意图
1	当演员念好台词最重要，故事里的角色的语言就是台词。谁能把他们的语言读好，谁就能获得这个角色。	使学生明白分角色表演的基础就是要读好人物的语言
2	调达是在怎样的情况下喊的？快要淹死了，你会怎么喊？ 小结：设身处地，体会体会，台词就念得更好了。	设身处地，进入情境，才能更好地读好语言。
3	我们请台上的两位最终候选人进行PK，你们要吸取前面同学的所有优点哦！	要汲取他人的优点为自己所用，自己才会更出色。
4	一个出色的演员，不仅要会读看得见的台词，还要会根据文章内容还原台词。那我们就来试试吧！	提出较高要求：会根据故事情节编写台词。

执教者课前制订的言语实践活动单，可以为课堂观察者提供有效的观察点，让课堂观察者更好地进入课堂观察的情境。但是，言语实践活动单，只是执教者对教学活动的预设，它的准确性、可行性、适切性都有待于在课堂教学过程中去检验。因此，课堂观察者更要带着一种批判的眼光来考量言语活动的有效性，真实地记录，客观地评价，审慎地思考，做到边观察，边思考，边优化，以评促教，以评促学。

（陆晓凤）

基于师生协同的“复盘式评课”的实践探索

“复盘式评课”（魏本亚，2013）是由江苏师范大学魏本亚教授和他的团队提出的。“复盘式评课”是一种新型评课范式，它是从围棋的复盘中获得灵感，执教者、评课者通过还原教学事件，评估教学目标与教学活动、学习活动、学习效果的一致性，审辨、反思、重构、优化教学方案，是一种集体性的反思研究活动。

笔者所在的英语教研组在学习运用“复盘式评课”范式的基础上,受学校课题《基于学习契约的小学生自我导向学习方式研究》的影响，以学生发展为核心，以学生的学为基点，尝试进行基于师生协同的复盘式评课的实践探索。

基于师生协同的复盘式评课，是指师生组成教、学、研共同体，深入课堂中的要素、细节，深度关切教与学的问题，从执教者立场、同行立场、学生立场统筹研判教学事实、改进教学，建立一种三角验证模式，让研究、教学改进更客观，更科学。同时促使师生对自己的课堂状态、课堂行为等进行深度自省，达成目标自知，根据评价建议进行自我更正，使教学方案得以进一步优化，使课堂教学效益进一步提升。

一、基于师生协同的复盘式评课实施路径

基于师生协同的复盘式评课，需经历“备盘预设”“协同复盘”“翻盘重构”三个主要阶段。

授课前，教研组主持人根据不同阶段的要求进行组内分工，一是指导执教教师在前期备课的基础上，填写“复盘式评课表”中教学目标与教学活动两项内容，引导执教者自我审视教学目标与教学活动的匹配性，初步修正教学方案；二是组织师生聚焦教学目标、教的活动、学的活动、学习效果等课堂教学要素协同复盘，主要经历以下程序：同行听课并完成“复盘式评课表”中学生活动与学习效果两项内容的填写——学生观看教学录像完成问卷，进行反思与建议——执教者、同行通过观看录像，完善复盘式评课表，并基于学生反馈的问题进行自省、对话，协同反思；三是执教者根据同行与学生的建议进行改进，优化教学设计，进行翻盘重构（如右图）。

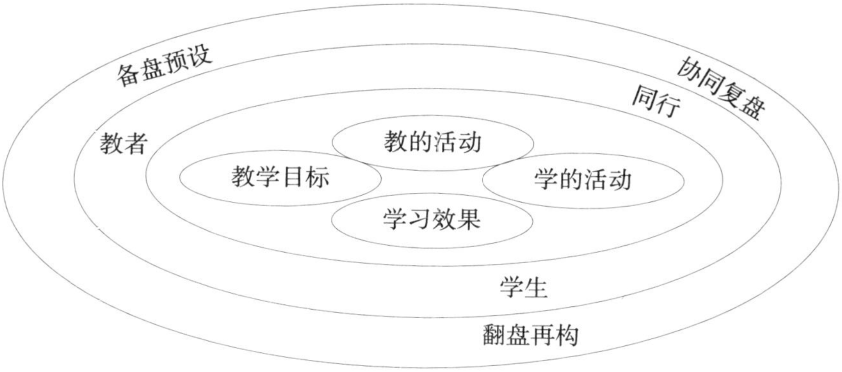

二、基于师生协同的复盘式评课的实践探索

下面笔者结合译林版《英语》三上第七、第八单元复习课教学研讨活动，具体阐述基于师生协同的复盘式评课的研究方式与进程。

1.“备盘预设”，目标活动初关联

执教教师在做好执教准备并提出教学展示申请后，教研组长（主持人）先要求执教者在施教前进行“备盘预设”。即引导教师从自身立场出发，将制定的教学目标和教学活动进行关联，预测教学活动的可行性和教学目标的达成度，通过执教者的自我反思、自我对话，初步判断教学目标设定是否科学合理，教学环节的安排是否与之相匹配。

例如，执教者在匹配三上第七、第八单元复习课教学目标和教学活动设计的过程中，发现教学活动与教学目标虽然基本匹配，但是，四项目标中知识型的目标较多，涉及字母、单词、句型等方面，且复习字母的教学活动仅为课前的热身游戏，考虑到学生尚处在英语学习的起步阶段，因此，执教者通过“备盘”，决定将复习字母这一目标去掉，四项学习目标整合为三项；另外第三项教学目标的内容为“了解中外节日文化的差异”，这一目标比较宽泛，比对教学活动后，教者将其修改为“了解中西方国家接受礼物的不同习俗”，使教学目标更聚焦，教学内容与之更契合，教学时间更充裕。“备盘”，就是要求执教者在正式教学前通过匹配、预演、删减、修正等方式，进一步明确教学目标，进一步优化教学实施方案，使教学活动设计更契合，让教学实施更顺畅，让学生得到更好地发展。

2.“协同复盘”，多维对话再审视

“协同复盘”是指师生通过还原课堂教学过程，匹配、分析课堂教学构成要素，认识、理解、把握课堂教学实质,实现师生群体反思与成长。教研组长（主持人）组织教师听课（同步拍摄教学录像）并填写复盘式评课记录表后，组织师生进行复盘。

（1）学生复盘：观察——自省——建议

学生“复盘”，是协同复盘过程中的重要一环。通过组织学生观看教学录像，引导学生围绕“学习收获”“学习困难”“学习建议”以及“自我学习状态”反思自身在课堂学习中的“得”与“失”“喜”与“困”以及“期待”与“诉求”，引发学生加深自我认知和自我反思，形成问题自知，促使学生自觉改进学习行为。通过学生视角的“复盘”，给予教师教学建议与意见，使课堂教学的研究数据更客观、更全面、更多元，使教学更好地从儿童出发，贴近儿童，契合儿童，更好地为儿童发展服务。

如执教完三上《英语》第七、第八单元复习课后，教研组长组织学生观看当堂课的教学录像，指导学生填写问卷记录表，为进一步深入剖析教学现象提供相关数据。

学生通过自我课堂观察与审视，进行自我反思。如，关于第一项“学习收获”，学生的反馈多是学会了谈论食物以及赠送礼物。关于第二项“学习困难”，学生认为补充的文本故事中，有些人物不知道如何称呼，如Mr Brown, Mrs Brown等，因此，就不敢与大家分享交流，怕出错。关于第三项内容，学生反馈，最喜欢的环节是通关密码游戏和角色扮演环节。学生的建议：一是希望用真实的食物进行分享，不要用食物图片代替；二是录音材料中Helen、Mike以及他们的朋友都是成年人的声音，很严肃，不亲切，一下子破坏了节日的氛围，希望老师制作的声音材料更有趣更活泼一些。对于第四项“自我观察”，有部分学生反馈：通过观课，发现自己在课堂上有时会“走神”，有时在老师提问后，没有认真思考，没有举手示意，就立刻大声喊出答案，不仅答案不完整、不严谨，而且影响到了其他同学，这样的表现不够好。

这种自我观察引发学生发现问题、正视问题、改进问题，这种“自知”“自省”“自愈”的方式，比教师简单地说教与提醒有价值得多。

这种方式还引发学生跳出“小我”，从关注自身表现走向关注学习场域中的其他因素，如心理感受、活动品质等因素，使教师更清晰地了解学生的学习状态、学习需求与学习效果，使教师更深入地思考对学生“学习起点”的定位是否准确，对学生的分析是否到位，教师在学习活动中的“引导”作用是否充分发挥，使学生的学习感受与想法得到充分地尊重，为全面顺利复盘，反思改进教学，提供了不同的视角。

（2）同行复盘：还原——提炼——对话

组内教师通过听课、完成复盘式评课表、回看教学录像，全面还原教学事件，审视“教学目标”与“教的活动”“学的活动”的适配性，审视“教的活动”对“学的活动”的指导与促进作用，审视“教学目标”与“学习效果”的一致性，借助教研共同体的力量，提炼教学中存在的问题，吸纳学生的意见与建议，开展深度剖析及对话,认定教学事实，寻求教学改进策略,不断提升教育教学质量。

本课目标为归纳运用第七、第八单元词汇句型；学习运用新句型What would you like? I’d like…及新单词milk, hamburger, juice；了解中西方国家接受礼物的不同习俗。

教与学的活动以New Year’s party为主题，以送礼物、唱歌、分享食物、做游戏这一party进程为学习进程。

通过分析比对，组内成员认为，四大项目学习活动中三个项目与教学目标直接相关,唱节日歌曲与话题相关，但与教学目标关联不大，主要是烘托节日气氛让学生稍作调整，可整合处理。

从学生的学习效果来看，第三项分享食物这一学习活动中，学生能够较好地发挥想象，巩固运用第七单元的主要句型，但是教师未引导学生及时进行归纳总结，因此，教学目标第一项未全面达成；活动中，学生还学习了新句型，但更多停留在机械操练的层面，未设计适切的学习任务，引导学生迁移运用，因此，教学目标第一项未全面达成。教学目标统领教学，经过三个维度的比对，从宏观到微观，从预设到生成，梳理出教学目标与教学活动、学生活动、学习效果中的不一致问题。教研组内就提炼出的问题进行深度追问，追根溯源。

同时，组内教师与执教者就教学目标达成过程中的根源性问题、深层问题、细节问题以及学生反馈的意见等进行对话与思辨。

如：在第一板块的学习活动中，学生称对Helen家人的称呼不清楚，导致对话过程存在障碍，教师是否存在活动预设不精准或在活动中指导不到位的情况；在第三大板块分享食物的环节，以听语篇的方式呈现新句型What would you like? I’d like …且这个板块又在整堂课的尾声部分，学生在学习输入和输出方面可能存在一定的困难，是否应将相关的句型教学提前，让学生有更多感知运用的机会？学生的意见，组内教师的追问，引发执教者更多地从“教”“学”一致性的层面来思考问题，改进教学。

（3）教者复盘：自省——吸收——反思

外界的意见，为执教者指出了研究改进的方向，但要想真正改变“被动”研究的局面，还需激发执教者的内在动机，从内部去打破。引导执教者进行自我观察，发现自身在教学设计与实施过程中的问题。通过观课，执教者发现，虽然在教学前已通过备盘将教学目标与教学活动进行关联，但并没有进行深入的思考，没有充分考虑到学生的学习困难，没有考虑到材料、环境对学生学习情绪的影响，没有给予学生更多的时间与空间去实践、应用与创造，也没有让学生在更有意义的交际中运用语言、建构语言、发展语言。除此之外，通过课堂自我观察，执教者还关注到了自身教学行为的问题：如，课堂语言还不够严谨，无效的口头禅，重复多次的问题，让课堂教学变得松散随意；对学生的关注不够全面，学生回答问题的面还不够广，课堂成了少数学生的舞台，这些都有待进一步改进。

与学生、同行、自我的对话与思辨，是理念与行为碰撞的过程，是教学认知不断提升的过程，也是自我反思自我修炼的过程。学生、执教者与同行，从不同的角度出发，从目标的确立、内容资源的选择、教学情境的创设、学生的学习表现等方面进行对话与研究，形成了一种三角验证式的数据链条，为深入研究提供了事实依据。同时，通过“复盘”与“自省”，对话与思辨，促进了执教者、学生、整个教研团队的反思与改进。

3.“翻盘重构”，反思实践再出发

“实践——反思——再实践”是教师专业成长的有效路径。基于师生协同的复盘式评课的实践探索，最终落脚点是发展师生教与学的能力，提升课堂教学效益。在经历“备盘预设”、“协同复盘”的过程之后，教研组长（主持人）要指导、督促教师做好各类数据的收集与分析，协同教师形成基于数据、问题分析的改进策略，执教者可以选择教学设计重构或课堂再现的方式进行“翻盘重构”。主持人可以根据需要，再次组织组内教师进行“二次复盘”。通过组内教师扮演学生的方式进行环节演绎，重点突破，帮助执教者、组内教师发现问题，打开思路，更好地把握学生的起点，更好地体悟学生的困难与情绪，在预设与生成中不断优化实施方案，建构课堂教学认知，提升教学设计与实施能力，提升群体反思能力。

三、基于师生协同的复盘式评课实践的价值追求

近年来，复盘式评课在各学科的教学研究中得到了广泛应用，也得到了专家与一线教师的广泛认同。基于师生协同的复盘式评课，是在此基础上的再发展与再丰富。

1. 师生协同，构建教、学、研共同体

基于师生协同的复盘式评课实践，将学生从单一的研究对象转化为参与评价、参与研究的主体，与执教教师、其他教师，组成教、学、研共同体，从不同立场、角度给予改进意见，在这种三角验证模式中分析数据，有助于教师排除个人成见或受专家权威的影响，从单一的“自我反思”走向“群体反思”，使教学研究更客观更全面地反映教学事件本质，帮助我们做出更合理的分析、判断与改进。

2. 自我观察，促使师生目标自知

基于师生协同的复盘式评课实践，让师生通过“复盘”直面教学时空中的“自己”，关联目标，关注行为，关注效果，审视自我，由简单的“观外在”，用眼睛看，用耳朵听，更多地走向用心灵感悟、思考、判断的“察内因”，实现问题自知，目标自知，从而产生自我修正、自我提升的动机与后续行动，使教学研究、教学反思成为师生成长的源动力。

3.基于目标，提升课堂教学效益

基于师生协同的复盘式评课实践，以促进学生发展为核心，紧扣课堂教学的构成要素，聚焦“目标”，关联“教的活动”“学的活动”“学习效益”，通过分析学生的“应然”与“实然”状态，审辨“教”的科学性与艺术性，审辨“学”的自主性与创造性，促使教师深入思考教学的内涵与实质，分析基于目标教学的取径，实现教学的思维转向，不断提升课堂教学效益，为教师专业发展蓄力。

（此文发表于《江苏教育·教师发展》2020年7月）

（陈亚敏）

专题七：小学生自我导向学习典型课例

回到成语故事的语境去学

——《8成语故事》教学设计

【教材版本】

苏教版第九册第8课

【设计理念】

有趣好玩、意蕴深远的成语，是我们中华民族灿烂的文化大观园中的一朵奇葩，本课《成语故事》便是缘引学生走进这个文化殿堂的一星烛火、一扇门扉。学生要通过具体的、真实的学习去获得一把钥匙，即对成语故事的特点及阅读策略了然于心。

语境与语言犹如土壤与植物，是肉与血的关系，一切的语言理解和运用都离不开语境。波兰人类语言学家马林诺夫斯基（B.Malinowski）早在1923年就区分了“情景语境”和“文化语境”，而张志公先生在其1985年主编出版的《现代汉语》一书中指出：“所谓语言环境，从比较小的范围来说，对语义的影响最直接的，是现实的语言环境，也就是说话和听话时的场合以及前言后语。此外，大至一个时代，社会的性质和特点，小至交际双方个人的情况，如文化教育、知识水平、生活经验、语言风格和方言基础等，也是一种语言环境。与现实的语言环境相对称，这两种语言环境可以称为广义的语言环境。”张志公先生的这段话似乎可以诠释“情景语境”和“文化语境”。总而言之，作为承载着传统文化的成语，既有本身的语言语境，又有着潜在的文化语境，因此，成语故事学习之钥，须回到语境中去获得。

本课教学中，教者引示学生回到课文的语言语境，抓住“谁？做什么？结果怎样？”的线索来概述故事；引领学生进入故事的情景语境，听楚国人怎么夸口卖矛和盾，看南郭先生怎么装作会吹竽来体验人物言行；引导学生回到韩非子原文在原始的文化语境中领悟寓意。同时，学习的起点，从学生课前自学的“三步走”开始，即第一步熟读故事，第二步查词典理解成语，第三步找找生活中的现象；学习随着教师的问题导学、学生的情境研学、活动互学一一展开，使学生对成语故事细节典型、深刻意蕴的特点逐渐得以建构，对成语学习的方法和策略得以掌握。

【教学目标】

1. 正确流利朗读《自相矛盾》《滥竽充数》。

2. 结合故事语境理解“夸口”等词语含义；查词典理解成语的意思。

3. 了解成语故事特点；联系生活经验理解成语故事所包含的深刻道理并在理解寓意的过程中受到启发教育。

【教学过程及意图】

一、说故事大意，练概括能力

1. 今天我们一起来学习第8课中自相矛盾、滥竽充数这两个来自古代寓言的成语故事。

2. 会写这两个成语吗？请在生字表旁边的空白处写一写，谁愿意到黑板上来写？

（1）学生写成语，请二名同学到黑板上写。

（2）校对

▲出示矛、盾图片：哪个是矛，哪个是盾？ 它们各有什么作用？

矛，有尖尖的枪头，用来刺杀敌人。盾，防御的牌，用来遮挡敌人的刺杀。

▲竽，古代的一种乐器，竹管制成，因此是“竹”字头。

3. 故事分别讲了谁？做了什么事？结果怎样？请同学们打开语文书，浏览故事，用一句话来简单说说。

▲相机引导：怎么卖矛和盾的？用一个词就能概括，是哪个？（夸口）连起来再说说。

▲相机引导：齐宣王喜欢听——，南郭先生怎么做？齐湣王喜欢听——，南郭先生只好怎么做？

相机板书：楚国人　　　南郭先生

自相矛盾　　　滥竽充数

回答不出来　　只好逃走

【概括能力是高年级学生要提升的语文关键能力之一，课堂学习是持续恒久练习的重要途径；概括能力的训练，需要找到适当的着力点。这两个成语故事很简短，唯其如此，学生会不由自主地以讲述故事内容的方式来进行概括，而这不是真正的概括。这时，回到课文的语言语境，抽取重点词“夸口”，抽取线索与脉络，则主干和核心内容会如破竹般呈现在学生面前。无论内容有多少，总能用最少的语言来加以概括，这就是概括能力的核心要义。】

二、入情景语境，品典型细节

故事中的楚国人，南郭先生可笑在哪里呢？

（一）楚国人

1. 先来看看楚国人怎么夸口的。

2. 出示文中句子，“夸口”什么意思？（说大话，吹牛）

3. 从哪里听出他是在说大话呢？先听听他怎么推销盾的：

（1）听录音

（2）你为什么觉得这就是在说大话呢？

▲相机将“随……都……”变红。

▲来，再换组关联词说一说看：

无论……都……

不管……也……

▲追问：这是一块怎样的盾？

最坚固，最结实的，独一无二，举世无双的，由此学生得出这是一块戳不穿的盾。

（3）真有这样的盾吗？这就叫夸口，叫吹牛，说大话！

（4）谁来当回楚国人夸一夸口？

一起来——

4.我们继续来听他推销自己的矛的：

（1）听录音

（2）学生谈谈想法。

▲相机将“随……都……”变红。

▲再试着换组关联词说一说，这又是怎样的矛呢？

（3）谁来当回楚国人再来夸一夸口？

一起来——

5.（指屏幕）刚才他是这样推销自己的盾，读——，现在又是这样推销自己的矛，读——，你们发现有什么问题吗？

6.你们发现了问题，围观的人都听出来了，出示句子：

(1)谁来问一问？

(2)围观的人这么一问，楚国人——（引读）张口结舌，回答不出来了。

(3)那真要用他的矛戳他的盾，会怎么样呢？

▲矛弯了，断了，盾破了

追问：说明了什么？

相机：这可真是把牛皮都给吹破了！

▲矛断，盾没有破

矛没有问题，盾破了

▲小结：无论出现哪种情况，都说明楚国人开始说的话和后来的结果相互抵触，这就叫自相矛盾，怪不得楚国人回答不出来了。

7. 楚国人该怎样推销自己的矛和盾，别人才不会质疑呢？

（1）学生自由说

（2）总之，不同时卖矛和盾，或者不同一个地方卖矛和盾，就不会自相矛盾了。

（3）还可以怎么做呢？改一改语言：

“我的盾坚固得很，______________________________”

“我的矛锐利得很，______________________________”

除了我的盾，其他的盾……

我的盾坚固得很，一般（普通）的矛……

▲最好既不矛盾，又能夸赞矛和盾，谁能做到的？

（4）这么推销啊，大家就不会质疑了，楚国人的生意一定会好起来。

8. 读楚国人的语言，我们看出了可笑之处，还帮助他成功地卖出矛和盾。（板书：语言），看来，你们比楚国人聪明！

【楚国人怎会自相矛盾？这是本故事颇有哲学味的命题，也是学生能领悟故事意蕴的关键所在。波兰人类学家B.Malinowski在1923年提出“情景语境”，这类语境，有着潜在的语义，我们通过两个主要来源即句子的上下文和背景知识，就能读懂潜在信息，进入语言的深层意义。因此，在这个教学活动中，播放“楚国人怎么推销盾”“怎么推销矛”的，录音把学生带到“情景语境”，此时，学生就会水到渠成地发现人物的矛盾之处，初步触摸到哲学领域中著名的“矛盾说”。】

（二）南郭先生

1. 我们再来看看南郭先生，从哪里可以看出他是在充数呢？赶快在故事中找一找。

2. 相机出示句子：

（1）如果说楚国人的语言让我们觉得可笑，那这一片断中，南郭先生的什么让你觉得可笑呢？（板书：动作）

（2）谁再来说说这些动作可笑在在哪？

（3）谁来把南郭先生装腔作势的样子读出来？(指导学生读好)

（4）每当演奏时，南郭先生是怎么假装会吹竽的呢？

指名学生上来演一演

点评：学生演得很像。你演得还蛮像真的，样子还很投入。

或：你的样子，一看就知道是装的，南郭先生是这样装的吗？为什么？

3. 南郭先生没有本事，混在队伍里冒充有本事，居然——（引读）得到了和大家一样多的俸禄。

4. 开始他混得好好的，后来却混不下去了，这是为什么呢？

▲相机出示文中语言

引导体会：南郭先生之所以前后不同遭遇，是因为两个君王有不同的喜好。

▲ 除了这个原因，有没有其他原因？

引导体会：归根结底是他不学无术，没有真才实学，靠弄虚作假来骗俸禄，

骗得了一时骗不了一世！

总结：故事中人物的语言、动作，给我们留下了难忘的印象，这样的典型细节，（板书）正是成语故事的特点，抓住典型细节揣摩体会，就能真正走进成语故事。

【同样的，“滥竽充数”也蕴含着语言的情景语境，由南郭先生装腔作势的动作细节而展开，朗读，表演，对话，尤其用一个探索性的问题“为什么起先他能混得好好的，后来却混不下去了？”贯通故事前后语境，学生既从不同角度思考原因，又抓住根本的原因在于南郭先生自身弄虚作假，由此对人物特点产生了饱满而立体的印象。】

三、进文化语境，悟深刻道理

1. 短小精悍的故事，可笑滑稽，令人忍俊不禁。它们来自战国时期的大思想家韩非子的著作。通过浅显而生动的故事，这位大思想家想告诉我们什么呢？

2. 我们来看看原文是怎么写的？出示原文，边看边听录音：（男声）

3. 猜一猜这几个字是什么意思？

鬻 誉 陷

4. 韩非子借助这个故事，在文中提出了自己的观点，是哪句话？

（1）会读吗？

句子加上节奏线，指名读、齐读。

（2）读懂了吗？

戳不穿的盾，什么都戳得穿的矛是不可能同时存在的。

故事中楚国人的言行，就是在启示我们——

相机板书：实事求是，前后一致

5. 滥竽充数，又告诉我们什么道理呢？

追问：也就是说要做怎样的人？

相机板书：真才实学 货真价实

6. 两个故事来自于战国时期，2000多年过去了，我们的生活中，这样的楚国人、这样的南郭先生还有没有呢？

（1）学生说生活中像楚国人、南郭先生这样的人和事。

（2）相机补充情境：

这样的楚国人还有没有呢？相机提供情境：爸爸平时总是教育我，过马路不能闯红灯。那天，爸爸开电动车送我去学校，刚好遇到了红灯

（事情怎样发展，就是自相矛盾的现象或就不是自相矛盾了？）

7. 看来，在我们的生活中，楚国人，南郭先生还存在，你能用上“不要……而要”来劝劝他们，或者提醒自己吗？

学生用“不要……而要”说说获得的启示。

8. 我们不要做（指板书：自相矛盾）的楚国人，不要做（指板书：滥竽充数）的南郭先生，而要做（指板书：实事求是，有真才实学）的现代中国人，这就是我们的祖先和先人留给我们的深刻启示。（板书：深刻道理）

9. 在韩非子的著作，还有不少脍炙人口的成语，比如《郑人买履》《守株待兔》《买椟还珠》《老马识途》《三人成虎》……课后可以进行主题拓展阅读，抓住典型细节体会揣摩，去领悟其中蕴含着的深刻道理，体会阅读成语故事的乐趣。

【B.Malinowski将语境分成“情景语境”和“文化语境”，文化语境指某种语言赖于根植在民族里人们思想与行为准则的总和。这两个成语故事来自韩非子的著作，其思想主张，哲学观点则是成语根植的文化语境之一。听读原文，就是回到这一文化语境；因为回到了文化语境，学习的终端从“蕴含的道理”延伸至“不要做……而要做……的现代中国人”，无疑，提升了学生学习的新高度。】

板书设计：

	成语故事	
	楚国人	南郭先生
典型细节	自相矛盾（语言）	滥竽充数（动作）
	回答不出话来	只好逃走了
深刻道理	事实求是，前后一致	真才实学

【板书呈现出“结构化”的特点，第一列“典型细节”“深刻道理”是成语故事的两个特点；第二、第三列，纵向看，是两个故事内容的概括，横向看，反映成语特点在两个故事中的具体体现。后两列纵向以“不要……而要……”贯通起来，就能正反两个方面来理解故事中蕴含着的深意。结构化的板书，便于学生形成“网状”的语文知识与能力版块。】

（本文发表于《江苏教育》（教学版）2017年第12期）

（施萍一）

协助与分享，推进自我导向学习
——《九色鹿》第一课时教学设计

学习内容确定

1. 读懂故事，概括故事大意。

2. 分角色朗读课文，挑选课本剧角色。

3. 根据情节，补充其他角色动作语言。

本课学习内容的生长序列

教　材	学习目标	核心要素及能力
1. 三上《小稻秧脱险记》	分角色朗读课文	读出人物语气
2. 四上《九色鹿》	分角色朗读课文	想象情景读好对话 补充人物语言、动作
3. 四下《公仪休拒收礼物》	分角色朗读课文， 排演《公仪休拒收礼物》	了解剧本形式 分角色读好对话 表演剧本

教学过程

一、概述故事，了解情节

1. 这节课我们学习那个故事？《九色鹿》齐读课题。

2. 九色鹿是什么样子的？（出示：课文的第一自然段）

3. 故事中还有一个主要角色？调达

4. 九色鹿和调达之间发生了什么故事呢？

5.　课文的2–9自然段就具体写了这个故事，可以按照“这天”“有一天”分成两个部分，分别用一两句话简单地说说。

这天，……（发生了什么？简单地说说：九色鹿救了调达，调达发誓不泄露九色鹿的住地。）

有一天，……（又发生了什么？也这么简单地说：调达见利忘义，出卖九色鹿，九色鹿斥责调达。）

6. 连起来，整个故事就是讲了九色鹿救了调达，调达恩将仇报，出卖了九色鹿。这就是故事的主要内容。

7. 小结：找到时间线索，简单概括各部分内容，连起来，就能讲清楚故事的主要内容。

【这一环节的设计目的是在学生自学读通读懂课文的基础上，由教师进行故事大意的概述指导。教师通过提示时间标志，指导学生进行分段，通过厘清故事主角指导学生围绕主角简单讲述故事大意。在这一环节的学习中，教师即明确了学生的自学起点，又在学生获得新知的同时使其得到方法的指导。】

二、故事溯源，激发表演兴趣

1. 知道吗？《九色鹿》最早是一个佛经故事，早在一千多年前就被画匠们绘制在敦煌莫高窟的壁画上。现代，它又被制作成好看的动画片《九色鹿》。我们要学这个故事，你想怎么学？

A讲故事。

B演故事。

三、理清角色，明确任务

1. 要演好故事，先来找到故事里的角色，除了主角九色鹿和调达外，还有？国王、王妃、乌鸦、军队（士兵）百姓……

2. 角色找到了，谁想表演呢？

过渡：大家都想来表演，那老师就来当导演，同学们现场pk，挑选最适合的演员。我们要开始喽！

四、读好对话，挑选角色演故事

当演员念好台词最重要，故事里的角色的语言就是台词。谁能把他们的语言读好，谁就能获得这个角色，公平吧？

（一）学习2-5自然段

1. 出示调达的话，这是谁的台词？谁适合演调达呢？大家先练一练吧。

2. 第一处语言：“救命啊，救命！”

①哪些同学想来竞争调达的角色？

②调达是在怎样的情况下喊的？回到文中，找关键词，说一说。

③快要淹死了，你现在会怎么喊？

小结：怎么样？设身处地，体会体会，台词就念得更好了。

3. 第二处语言：“谢谢你的……”

这是调达被救后，感谢九色鹿的话。

①谁来和调达们比一比？你跟谁比？（生比）

大家评一评，谁读出了“感激”之情。感激到什么程度？

我们学着他们的样子来读读调达的话。

②还有谁想来跟他们比一比？有个小提示，调达在说这段话的时候有个动作，做出来，就更像了。

③最后，我们请台上的两位最终候选人进行pk，你们要吸取前面同学的所有优点哦！

4. 出示九色鹿的第一段台词，九色鹿是绝对的一号角色，谁想来竞争？

①选3生读。

②诶，三个同学都读得很平静，我来问问你们，为什么呢？

同学们，九色鹿救调达，她认为是一件平常的事，你们认为呢？

这是一件了不起的英雄壮举，但是她却这样的平静说“……”一起读。

③要获得九色鹿的角色，最关键的是要读好第二段台词。

（二）学习6-9自然段

1. 出示九色鹿的第二段斥责调达的话。

这一段台词有点长，记台词也是一门功夫。怎么记住呢？我们先一起来读读，九色鹿想告诉国王什么？

2. 她想告诉国王什么？

①调达是个见利忘义的小人。

“见利忘义”调达见到了什么利忘掉了什么义？

为了得到国王的重金，违背了绝不暴露九色鹿住处的誓言，出卖自己的救命恩人九色鹿。

这就是见利忘义，我们还把这样的行为称作？背信弃义、恩将仇报。

调达就是这样一个见利忘义、背信弃义、恩将仇报的小人。

②她还想告诉国王？你不能跟这样的小人在一起残害无辜，你会被天下人笑话的。国王怕不怕天下人笑话？怕的。

你怎么知道的？

国王就会怎么做？不会伤害他了，反而会惩罚调达这个小人！

3. 如果说刚才九色鹿面对调达的千恩万谢是平静的，温柔的。那么，现在的九色鹿呢？气愤。

这一段话中，哪些词语最能表达九色鹿的气愤？

竟然（无论如何也想不到），想不到什么？所以文中用了个什么标点？“感叹号”

难道……吗？（反问）反问句，表达最最强烈的感情。

这一段台词能读好了吗？谁来试试？大家觉得谁最像？

4. 感受九色鹿的品质，采访选出来的九色鹿。

勇敢：九色鹿，士兵们的刀枪箭斧团团围住了你，你害怕吗？

智慧：九色鹿，我还想问问你，这段话，你是对谁说的？为什么不对调达说？

同学们，听出来了吗？这是一头怎样的鹿？勇敢智慧九色鹿，你是真善美的化身，相信你在正式的表演中一定会更出彩。

【为了达到指导学生读懂故事，读好角色的语言这一目标，教师设置了竞选角色的教学场景。学生学习的方式是自己选择的，朗读的技巧是学生自己悟得的，就是最终的角色表演对象也是学生自己选择的。这样的整个教学活动，学生始终是主角，教师在一旁起协助指导的作用。把课堂还给了学生，学生就能真正参与教学活动，获得语文能力的提升。】

五、想象语言，补充对话

1. 谁能决定九色鹿的生死？（国王）看来国王也是一个重要角色。

2. 国王有台词吗？没有，真没有吗？

出示最后一段：国王的台词就藏在这里，他表达了三层意思，一要？二？三？国王斥责调达，并惩罚了他，还下令保护九色鹿。

3. 一个出色的演员，不仅要会读看得见的台词，还要会根据文章内容还原台词。那我们就来试试吧！为了生动，大家可以用上“竟然”这个词，还可以用上反问等修辞方法。

4. 现在开始，写在书上空白处。

5. 打到五角星的同学请上台，你们已经通过第一关了，现在要开始pk了。

【课文是故事形式，而表演需要剧本。从课文走向剧本，需要作不小的调整。教师选择在故事的结尾，让孩子自己读一读课文，明确台词需要写哪几个方面。再让孩子动笔写一写，设身处地想象国王的语言。最后，由写得出色的同学来说一说，再把自己写的台词绘声绘色地读出来。虽然是竞选角色的三个小步骤，但是通过教师的引导，让学生明白，要把故事变成剧本，还需要自己动动脑筋，对没有被写出来的人物语言和动作进行补充。】

六、布置表演作业

1. 时间关系，我们还有一些角色来不及选，课后，请调达、九色鹿、国王一起做评委，挑选剩下的角色。

乌鸦，有台词，念一念

王妃，没有台词，添一添

群众演员军队、百姓，可以找有表现力的同学。

2. 下节课，我们就要来演一演这个故事了。

七、板书设计

九色鹿 —救→ 调达
九色鹿 ←出卖— 调达

九色鹿	调达	国王
美丽善良	见利忘义	王妃
机智勇敢	背信弃义	乌鸦
	恩将仇报	士兵

（陆晓凤）

穿越迷宫

【教材分析】

本课的主要学习任务是通过鼠标控制小老鼠的运动，其涉及的知识点有：小老鼠鼠标跟随，运用“侦测”“如果那么”“重复执行”控件来实现在不同条件下躲避障碍，最后碰到食物的目的。其中让学生感知“碰到鼠标指针”控件和多种“侦测”控件、“判断”控件的含义，对小学生来讲不易理解，因此在教学中应注重体验。根据本课的教学目标可将教学内容分成三部分，第一部分：游戏试玩，得出游戏规则；第二部分：通过让学生感悟生活中的选择行为学会使用鼠标跟随控件，以及相应的多种“侦测”和“判断”控件来帮助小老鼠躲避障碍，切身体验“侦测”和“条件判断”控件的含义和作用，及结构化程序设计思想，这是本课的重难点；第三部分：学会具有条件判断功能的简单脚本，运用“侦测”和“判断”控件来创作故事或游戏任务。

【学情分析】

对于五年级的学生来说，本课涵盖的知识点较多，如果直接讲授则学生不一定能理解和掌握，因此在教学中建议通过设计丰富的教学情境来组织教学。根据教材自主学习、自主尝试，然后通过全班交流来让学生掌握小老鼠鼠标跟随的脚本搭建。对于本课的难点，即理解多种“侦测”和“条件判断”控件的含义，特别对于小学生来说，掌握起来比较困难，建议让学生在搭建、调试和运行的体验过程中加以理解与领会。同时本课处于学习Scratch软件的中期阶段，在教学中应根据学生的年龄特征，适时安排些自主合作探究环节，包括侦测练习等，既充分体现了学生的自主性，又将需学习的内容加以灵活应用，实现预热和温故而知新的目的。

【教学目标与要求】

1. 掌握用多种方式控制角色。掌握多种侦测和条件判断的使用方法。运用多类侦测和条件判断，创作游戏。

2. 让学生经历发现、探究、修改、运用、创作的过程，理解条件判断控件在生活情景中的应用方法，并进而让学生初步感知任务设计的基本方法和思路。理解小老鼠在“穿越迷宫”中经历的过程。在活动中充分地体验、感知，在完成本任务的过程中要引导思考、猜测、实践与总结。

3. 通过Scratch游戏作品的制作体验结构化程序设计的思想；激发学生学习编程的兴趣，勇于探究的精神，在活动中体验成功与喜悦的情感，从而增加对Scratch的学习兴趣。

4. 在完成任务的同时不断创新与实践,并运用侦测与条件判断创作故事或游戏。

【教学重点与难点】

重点：理解侦测与条件判断的含义。

难点：运用侦测与条件判断创作故事或游戏。

【教学方法与手段】

以学生自主和合作探究学习为主，教师演示讲解为辅。

【课时安排】

安排1课时。

【教学准备】

计算机网络教室，电子教室，赛车游戏、扫地机器人录像。

【教学过程】

一、情境导入，得出游戏规则

师：同学们，平时你们玩过走迷宫的游戏吗?

生：学生交流玩过什么样的迷宫。

师：今天老师也带来一款迷宫游戏，有谁想来挑战一下吗?

生上台操作演示。

师：别急，这位同学在玩的时候，老师要求其他同学们仔细观察，猜猜这款迷宫游戏的规则是什么？（板书：游戏规则）

生：学生玩游戏。

师：我们平时玩游戏的时候，都要遵循一定的规则，我想问问你，你在玩的时候发现这个有什么规则?

生：说出规则。

出示游戏规则：

①如果老鼠碰到鼠标，那么跟随鼠标指针移动，

②如果老鼠碰到绿色区域，那么返回起点

③如果老鼠碰到食物，那么说“真好吃”，游戏结束。

师：游戏规则是每一款游戏的重要组成部分，因此，制作游戏前，每一位游戏设计师都要先构思设计游戏的规则。（板书：构思设计）

那么这些游戏的规则在scratch中是否能实现呢？接下来，让我们来逐条分析。

先请同学们打开桌面上的游戏雏形。

老鼠和食物是游戏中的两个角色，绿色的线就是简化版的迷宫障碍物。

通过学生玩游戏这一环节的设置，既能激发学生的学习兴趣，又能顺利地引出课题。同时将制作好的“穿越迷宫”游戏展示给学生，有助于引导学生产生主动学习的念头，更加深刻地理解程序设计的思想。

二、实现游戏规则

(1)面向

师：在之前的学习中，我们已经能让角色在舞台中移动了，你还记得要用到哪个控件吗？

生：移动10步

师：要让老鼠一直动，需要什么控件？

生：重复执行

师：老鼠现在的这种移动方式符合规则中要求的跟随鼠标指针移动吗？

生：不符合

师：那该添加什么控件呢？在动作模块中找一找。

生：面向鼠标指针/移到鼠标指针。

比较两种控件效果，看看哪种更符合跟随这个动作。

观察的真仔细，其他同学你们找到了吗？你们理解什么是面向鼠标指针吗？（小老鼠朝向鼠标指针，鼠标移动到哪，小老鼠的方向就朝向哪）

是不是这样呢，运行一下，我们发现不管鼠标有多远，小老鼠都会朝着鼠标的方向飞奔而去。

再次阅读第一条规则，看看，我们符合要求了吗？还有没有什么问题？

生：程序执行后，小老鼠直接就向鼠标指针移动了，而规则要求小老鼠碰到鼠标后才能移动。

学习应是学生积极主动接受知识的过程，所以并没有直接介绍控件，而是让学生通过观察与尝试，自己来发现所要学习的控件的知识，让学生通过与“游戏规则”对比，自己判断角色的移动是否符合规则，并在实际操作中锻炼学生分析与解决问题的能力。

（2）侦测判断碰到鼠标

师：是的，跟随鼠标指针移动，还有一个重要的条件：老鼠碰到鼠标。电脑怎么知道小

猫有没有碰到鼠标呢？老师来告诉大家，在scratch中，还有一个模块的功能是“侦测”。（板书）

请同学们在“侦测”模块里找一找，看看哪个控件符合我们的要求呢？

生：碰到鼠标指针

师：把它拖到脚本区，能和其他控件连起来吗？

生：不能

师：观察一下这个控件的形状，两头尖尖的，这种控件能单独使用吗？

生：不能

师：是的，侦测控件还要和控制模块的其他控件合并使用，才能起到侦测并判断的功能。规则中用到了一个词语“如果……那么”，你能找到相应的控件了吗？

生：“如果……那么”

小结：如果后面是要侦测和判断的条件，那么的后面是执行的结果。

把规则1转化成脚本，就是如果碰到鼠标指针，那么面向鼠标指针移动10步，并且要不断地重复执行。

执行程序，现在我们有没有成功地实现第一条游戏规则？

老师有个小提示，在小猫跟随鼠标指针移动的过程中，抖动的很厉害，我们可以更改下移动的步数，让小猫移动的平稳一些。

再次完善你的脚本，试一试移动步数改为几比较合适。

小结：刚才的学习中，我们在游戏规则的基础上，尝试编写脚本（板书），逐步的完善优化（板书），成功的实现了第一条游戏规则。

通过说一说、试一试，让学生感知小老鼠初始位置和方向确定及小老鼠跟随鼠标的脚本设置。通过比较，进一步明确此处加面向“鼠标指针”控件的重要性以及设置移动步数为多少，小老鼠移动得最稳？

（3）自主探究实现第2、3条游戏规则

读一读这两条规则，和第一条规则一样都用到了如果、那么；也就是也要进行侦测和判断，这三条规则之间的关系是并列存在的，还是只要满足其中一个？因此，我们要用到3个如果……那么……

第二条规则中的条件是什么？用什么控件，要执行的结果是什么？什么是起点，我们有没有给老鼠设置起点？用什么控件？坐标如何确定？

本环节要运用颜色进行侦测判断，因此在教学中，要引导学生通过尝试，掌握为何要用颜色来侦测判断。通过合作探究认识多种侦测——特别是这里要用的颜色侦测，以及与条件判断控件的组合使用。

第三条规则中的条件是什么？使用什么控件？（食物是一个新的角色，如果角色的名字变了，这里的食物两个字也就变了）这条规则要执行几个结果？游戏结束用什么控件？你能自己找一找吗？

讲到这里，你愿意试试完成这个脚本，实现第二、第三条规则吗？

遇到问题可以相互讨论，也可以参考书本第33页。

展示一名学生编写好的程序，提问：程序中的停止当前脚本有什么作用？为什么放进如果那么里面？停止当前脚本和停止全部有什么区别？

再次完善脚本，已经完成的同学可以试着玩一玩。

小结：同学们，有没有发现，三条规则分别对鼠标指针、颜色和角色进行了侦测和判断，它们的侦测方式相同吗？是的，scratch中侦测的方式很多，在今后的学习中我们还会接触到许多不同的侦测方式，我们要根据实际情况，合理选择。

通过角色和颜色侦测对比，让学生进一步掌握两者侦测的不同和适用的对象。此处学生正好把刚刚学到的多种侦测方法学以致用，起到温故而知新的作用。让学生在自主探究中，进一步掌握多类侦测和判断条件的综合运用，承上启下，使知识掌握的更牢固。

三、创作游戏

实现了游戏规则，就突破了制作游戏的技术难关，也就形成了一个游戏的雏形。如果要制作一个完整的穿越迷宫（出示课题）游戏，你可以从哪些方面进行修改，让你的迷宫游戏更有特色？

看来同学们都很有自己的想法，老师这里也有个其他同学改编的游戏，我们一起来看一看。他们在哪些方面进行了创编？（增加了角色，脚本中又多了几个如果　那么，程序变复杂了，游戏的趣味性也增加了。设计了有趣的迷宫，碰到红色后不再返回起点，而是后退两步，改变了游戏的规则）

同学们，你们有灵感了吗？

在制作游戏前，老师有几个小提示：

（1）在舞台上导入桌面上的迷宫背景，也可以进行修改。

注意：迷宫要有条路径能从起点通往终点，线条尽量用一种颜色。（为什么？）

（2）可以添加角色，增加游戏的趣味性。

（3）可以修改游戏规则。

发挥想象，大胆创作，比一比，谁的迷宫游戏更有趣。

如果你的游戏已经完成，可以邀请你的好朋友玩一玩。

四、分享展示

时间关系，我们先做到这儿，没有完成的同学没有关系，每一款游戏的诞生都要通过多次的完善与优化，谁想来展示一下自己的创意。展示几款学生完成的优秀作品。

作品展示是对学生的一种鼓励和赞扬，也是学生间思维碰撞的过程。学生对自己作品的介绍，既能展示自我，又能让学生们看到别人的闪光点，得到一次取长补短的机会。通过展示，让学生真正体验脚本的最优化。学生的想象力是无穷的，给他们自由的空间，定会带来意想不到的收获。

五、总结

同学们，今天我们设计了穿越迷宫的游戏，掌握了制作游戏的一般步骤。

我们也使用了侦测与判断控件，实现了有条件地执行脚本，让程序有了思考与判断的能力，其实，侦测与判断还能用到许多其他的地方：例如赛车游戏，模拟智能扫地机器人等。

相信，在今后的学习中，我们一定能在课堂这个大迷宫里，用自己的探索和尝试，设计出更多更好的作品。

【板书设计】

穿越迷宫

构思设计			
编写脚本	侦测	碰到	鼠标指针
		碰到	颜色
		碰到	角色
	判断	如果…	那么
完善优化			
交流分享			

（陈玉圣）

实践促进学生自主发展

——《认识整时》教学设计

【设计理念】

数学学习必须重视建构知识的过程，使学生的探索经历成为学习数学的重要途径。让学生根据自己的已有知识和经验，用自己的思维方式自由地、开放地去探究，去创造。由此，我校以“导动引学，自主发展”为核心理念，力求教学要顺其天性，启其智性，扬其天性。

好动是儿童的天性，只有找到学习动力和知识生长之间的最佳契合点，遵循“直观认知–操作体会–感悟特征–习得知识”的认知过程，充分调动学生参与到学习活动中来，才能更好的促进数学思维能力的提高，使学生真正成为学习的主人。

首先，创设生活情境，搭建自主学习的平台，《认识整时》是小学生认识时间的第一课时，选择一个适合的数学问题进行有效的探索，认识钟面上的时针、分针、12个数以及刻度。

其次，鼓励交流合作，促进自主学习的发展，课堂上学生唱＂主角＂，老师只是一个＂配角＂。利用学生已有的认钟表的经验，学生通过观察和模仿，拨出整时，多次拨整时的活动，在学生脑中建构了整时的概念，并能适时进行概括和总结。

再者，开放思维，留足自主探究的空间，探究“时与分”的关系是一个重要环节，给学生充足的观察、操作、思考的时间，让学生动手将时针走出一小时的实践活动，边拨钟，边观察，边思考，边表达，去发现时针走一大格，分针转一圈，知道1时=60分。

最后，让学生体验一分钟，感受时间的宝贵，通过一分钟跳神、踢毽、垫球、口算等活动，使学生既保持了学习的热情，又体会了一分钟的短暂，视频的观看也丰富了学生的视野。

【教学目标：数学生长点分析】

1、课标：会看钟面的结构，认识钟表表达的整时，会读、会写整时刻，并能用语言比较清晰的说明看整时的方法。

2、教材：想想做做的教学，是帮助学生感知1分和1时的持续时间，建立1分和1时的时间概念，感受时间的宝贵。

3、儿童经验：平时积累起来的有关时间的生活经验。

“三位合一”数学生长点确定：以平时积累起来的有关时间的生活经验为基础，通过多次拨一拨的活动，会认、读、写整时以及知道时与分之间的关系。

【教学活动及意图】

一、认识整时

（一）认识钟面

这里有一则通知（ppt出示）

师：谁来读一下？你来。找一找重要的信息。

师：你认为呢？

师：要知道时间，我们需要用到什么？（ppt）

师：我们就来认识一下钟表。钟表上都有些什么呢？

生：3根针。

谁来介绍一下这三根针？今天我们不研究秒针，只研究时针和分针，长长的是分针，短短的是时针，谁来指一指这个钟面上的时针和分针？拿起小钟，指一指时针和分针。记住：时针短短，分针长长。

还可以问：钟面上还有什么呢？

（有哪些数字？指名边指边一起说，小竖线）

这些刻度把钟面进行了平均分，分成了大格和小格。

【出示各种各样的钟面，学生通过观察与交流，知道钟表上有时针、分针、秒针、还有12个数、有刻度线。】

（二）认识8时

师：这时表示的时间是（8时）（ppt）

小朋友能不能自己拨出一个8时呢？你是怎样想的呢？

生：分针指着12，时针指着8，就是8时。

师：你真会思考，还有谁也愿意把你的想法和大家一起来分享？

师：当分针指向12，时针指向8，就是8时。（板贴：分针指向12，时针指向8）

齐读

8时我们已经会读了，怎么写呢？请小朋友们看好了（ppt）

哪一个表示的时间是8时？（ppt给出八时多，8时少）

指名上台指一指。

你还想认识几时？（指名说）我们一起来拨出（　）时

还想认识几时？

这样，我们同桌合作，一人说几时，一人拨，然后交换。

师：小朋友停下来，现在是我们发现并分享的时刻，这是小朋友拨出的时间。像这样的时间都是整时，仔细观察这些整时，你发现了什么？

师板贴分针指着12，时针指着几，就读几时。

师：整时这个新朋友，小朋友们认识了吗？

（板贴：认识整时）

那我来考考你们，请独立完成练习1，哪一组又对又快，来校对答案。

师：有了时针和分针，我们可以知道时间，那给出时间，你会画时针和分针吗？

完成练习2（如有错误，追问：你有什么话想对这个小朋友说？）

师：生活中还有这样的钟表，这个电子钟，小朋友会读吗？是的，这就是我们写的时间。钟面上一个数字也没有，你知道是几时吗？

【多次拨出整时的活动，维持了学生的学习兴趣又吸引住了学生的注意力，在三次拨整时的活动以及在全班交流时思维的碰撞过程中，学生在脑海中深刻地建构了整时的概念。学生通过多层次的练习与相互评价，加深了对整时的理解。】

二、认识1时=60分

师：小朋友，我们已经发现了钟面上的很多秘密，还想进一步发现吗？

小朋友看，这是一大格，这是一小格，钟面上有几个大格？每个大格里有几个小格？一共有多少个小格？拿起小钟，合作交流，寻找答案。第一个问题谁来？交流

师：大格，小格认识了，请看（ppt演示分针走一小格是1分）（ppt演示时针走一大格是1时）

师：小朋友，你能让手里的小钟也走出一小时吗？（ppt出示时针从（ ）时走到（ ）了时，走了（ ）小时，分针正好走了( )小格，是（ ）分。）谁愿意来说一下？

（说的真好，掌声送给他，你们能像他这样，再来拨一拨，说一说吗？）

（生交流）

【动手让时针走出一小时的实践，边拨钟，边观察，边思考，边表达（ ）时走到( )了时，走了（ ）小时，分针正好走了( )小格，是（ ）分，去发现时针走一大格，分针转一圈，知道1时=60分。发现时针走一小时，分针会转一圈的秘密。为下面理解1时等于60分作铺垫。】

师：通过刚才的活动，能告诉我1时等于多少分吗？你认为呢？大家认为呢？

师总结（ppt出示动画）是的，时针走一大格，分针正好走一圈，时针走一大格是1时，分针走一圈是60分，1时=60分

师：一小时里面有60个一分钟，一分钟有多长呢？我们体验一下。1、2组这边有空地，请组长跳绳，大家负责数数，3、4组，请组长拍皮球，你们负责数数，5、6组这边空地，组长垫球，你们负责数数，7、8组就一起口算，好不好？准备好了吗？

师：觉得一分钟怎么样？

师：一分钟很短暂，小朋友可以跳（）个绳，踢（）个毽，垫（）个球，写（　）道口算。你知道吗？在我们美丽的中国，一分钟又发生了什么呢？请看中国一分钟。

中国太伟大了，相信随着你们的长大，你们的每一分钟会更精彩，也会更美好。

【体验活动的设计使学生在课上保持兴奋，同时精确感受一分钟的短暂。中国一分钟的视频丰富了学生的视野，感知中国的伟大。】

不知不觉，一节课快要结束了，小朋友，知道一节课有多长吗？（ppt练习）

师：一小时这么长呢！今天这节课，我们一起认识了整时，大格，小格，知道了1时=60分，看，这是我们的下课时间，还是整时吗？

师：那是几时几分呢？留给小朋友课后去研究。

四、板书设计

认识整时

分针指着12，时针指着8，是8时

8时写作8：00

分针指着12，时针指着几，读几时

（吕丹萍）

从“学”到“用”

——《How much?》第一课时教学设计

一、学习内容确定

1、让学生学会正确拼读单词shoes, umbrella， socks，并能对这些物品进行简要描述。

2、学生可以熟练地运用句型How much is it/are they?及其对应答句。

3、学生能理解这个故事的真正含义，并能流利朗读。

4、通过爱心义卖,让学生在真实的场景中，进行有意义地交际。

二、本课学习内容的生长序列

教 材	教学目标	核心要素
1.三下Unit5 How old are you?	One–Ten	学习数词1–10
2.三下Unit6 What time is it?	Eleven–Twelve	学习数词11–12
3.三下Unit7 On the farm	What's this/that? What are these/those?	名词的单数/复数
4.四上Unit3 How many?	Thirteen–Nineteen	学习数词13–19
5.四上Unit7 How much?（本课）	Twenty–Ninety	学习几十几的数词，巩固名词单、复数的用法。

三、教学过程

Step 1Warming up

1.Enjoy a song: <How much?>

2.Play a game: say some words that begin with the letters.

Step 2. Lead-in

Share some pictures about Qinghai Siyuan Primary School.

Do you want to help them?

Today we will have a school charity sale for them.

T : What do you have?

S1: I have …

T : Can I have a look?

S1: Sure.

T : What a nice …

T: How much is it?

How much?

What about you?

What do you have?

S2: I have …

T :How much is it?

S2: … yuan.

If you want to know the price , you can ask: " How much? "(揭题)

You prepared so many things for the charity sale.

But how to have a charity sale in English?

【课题理念】

1.课前

师生形成共识，学生自主备学：

（1）找一找闲置的物品，为义卖做准备，如玩具、文具。

（2）说一说物品的名称。（根据老师提供的句型，描述自己的物品，如：This is .../It's .../They're .../These are ... ）

（3）数一数物品的数量（复习数词）。

（4）想一想出售的价格，贴好价格标签。

通过四项课前自学活动，充分激发学生参与义卖活动的主动性，激活学生关于学习用品类、玩具类、数字类等话题的已有经验，为本节课的教学做好充分的准备。

2.课始

（1）老师通过歌曲和游戏渲染氛围，缓解学生上课的紧张气氛，并由此引出重点句型 How much … ？用本班学生现有的学习用品和青海学生的学习用品，学习环境等进行对比，引发学生的思考。

（2）师生有效对话互动，检查反馈学生的备学情况，通过询问学生准备了什么义卖品，定价是多少，巧妙渗透询问价格的方法。

Step 3. Learning the story time

1.Look at the picture , who is selling things?

Who is buying things?

2.Watch and tick.

What do they buy?

What does Liu Tao buy?

3.Teach: umbrella, an umbrella, This umbrella is ...

What does Liu Tao buy ?

How much?

Picture 1:

What do they say?

Teach: Can I help you?

He asks: How much are they?

Picture 2:

Can you find the answer from the picture?

How much are the socks?

How do you know?

How much are the socks?

You can get information from the sentences and the pictures.

Act the story.

Picture 3:

T:What would Mike like?

Listen.

How much is it?

It' s only nineteen yuan. Teach: only

Read in roles.

Liu Tao , Yang Ling and Mike ask the price in different ways.

Liu Tao and Yang Ling ask: How much are they?

Mike asks: How much is it?

Why?

Picture 4:

How much are they in all?

Let’s check .

Teach: twenty–eight

What do you want to say?

What does Miss Li say?

Guess. Listen .

Well done.

【课题理念】

分享式“互学”路径：

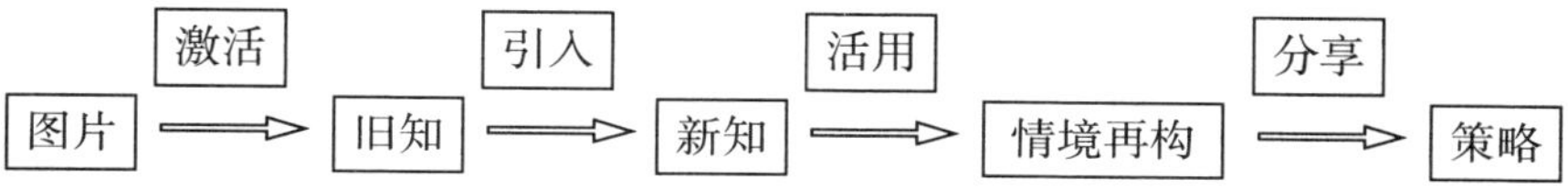

通过无文字图片，引导学生展开想象，让学生进入角色，以身体之，以心悟之，学生间互相启发，从而引入新知，在新旧知识的碰撞下，引导学生在对比中，互相启发，找出新旧知之间的联系与区别，帮助学生进一步建构语言结构，提升学生的语言运用能力，帮助学生在相似的语境中，实现语言迁移运用，并能适时进行学习策略、阅读策略的分享。

Step 4.Reading time

Step 5.Consolidation

1.Summary.

2.Now let’s have a school charity sale in English

【课题理念】

双轨延学

1. 老师把故事拓展与学校义卖活动相整合，让学生在真实场景中，进行有意义的交际。

2. 真实的任务情景，让学生更有使命感，促使学生更用心地投入，最大程度地发挥自己语言的功能，为义卖助力。

3.在义卖任务结束后，通过个小组汇报义卖成果，学生间相互评价、鼓励，让学生在真实的情境中，发自内心的评价，对学生义卖活动的鼓励，更好地激发学生今后参加慈善活动的热情。

Step 6. Homework

1. Tell the story to your family.

2. Try to help others after class.

四、板书设计

Unit7 How much?

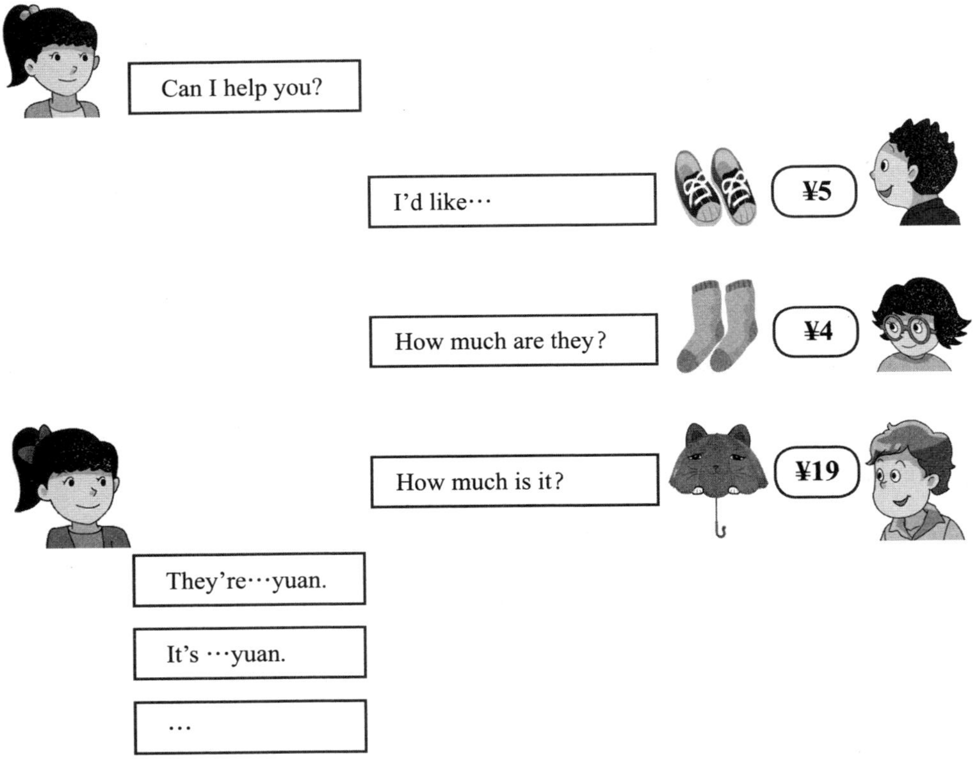

（陈芸）

《顽皮的小杜鹃》第一课时教学设计

“学习是一种过程，而不是结果。”——布鲁纳

同唱一首歌曲或欣赏一首乐曲，每个人都有不同的体验与情趣所在，每个人的理解与表现也不一样，新模式要求教师要善于引导学生利用现代媒体，独立探索，把自己对音乐的体验表现出来。通常在欣赏音乐时学生会用语言或肢体来表达自己对作品的喜、怒、哀、乐等情感共鸣，以及由此而产生的联想。

音乐教育的特质就是情感审美。因此，审美教育从本质上讲是一种情感教育。情感是音乐审美感受的动力和中介，是音乐审美过程中最活跃的心理因素。审美教育从根本上说，是一种主体全身心投入情感的体验过程。苏霍姆林斯基说：“让学生体验到一种自己在亲身参与掌握知识的情感，乃是唤起青少年特有的对知识的兴趣的重要条件。”在音乐教学中，教师首先应以自己的情感去拨动学生的情感，使之产生共鸣，激发其情感动力。贴近每个儿童的最近发展区去生长，只有当教师把真情实感倾注到音乐之中，才能感染学生把自己的情感融入到音乐之中，从而进入学习音乐的最佳状态。

从某种意义上来说，音乐是不能“教”的，音乐的非语义性与不确定性决定了其教学机制不是主要依靠讲授和诠释的方式，因为如果那样，就会同学生的自身感受与体验相悖，这是完全违背音乐审美教育规律的。顺着每个儿童的自然天性去生长，音乐教学的过程应是一个在教师启发和指导下学生主动参与体验音乐的过程。

【教学目标：音乐生长点分析】

1.掌握顿音演唱技巧，将“咕咕”唱得短促、轻巧、富有弹性；用欢快活泼的情绪演唱《顽皮的小杜鹃》。

2.用肢体动作感受弱起小节，并能调整声音唱好弱起节奏。

3.歌唱表演，加深对歌曲的演唱情感表达。初步感受民歌这种音乐体裁的特点和旋律。

4.本课从故事情境切入，以歌唱教学为主，通过运用创设情境、声势动作以及歌表演等为教学手段。让课堂教学从实际出发，使孩子们能够学到一些切实有用的音乐技能和演唱技巧，并树立良好的音高概念。

【教学活动及意图】

课前师生问好：

小朋友们好！

一、放松热身，情境导入

1、现在已经是下午的第4节课啦，跟张老师一起来运动吧！

播放《跑步歌》视频，师带生跳。

师语言感染：手臂摆起来，小脚抬起来，摆手，抬腿，做得好！

2、小朋友，放松了吧？开心吧！我们再来休息一会儿，一起到树林里散散步。

X X X X X X X

我 们 走 走 走 走 走

（1）示范：先来看我做。

（2）学会了吗？好，你们来试试，一边说一边做。

师提醒：预备要轻轻的，放松点儿。

（学生走两遍）

【4/4 XX | XXXX | XXX 当我走在草地上，咕咕？听见杜鹃在歌唱，咕咕？（动作设计：叉腰、摆手）叉腰和摆手：遇到弱起用叉腰，其他地方用摆手散步的动作来代替。在一开始的时候就用散步的动作来强调弱起，为后面的讲解做铺垫】

3、听？谁在唱歌？

（1）你说，你也来说

（2）哦，你们都听出来了，是布谷鸟在唱歌。

（3）布谷鸟还有一个好听的名字，谁知道？

预设一：对，叫杜鹃。（出示图），这就是杜鹃。

预设二：我来告诉大家，叫杜鹃，看——出示图。

（4）每当春回大地，小杜鹃就会（咕咕）叫（2遍音高＋弹性），提醒农民伯伯——快快播种！

二、体会顿音，唱出弹性

1、小朋友，你们喜欢小杜鹃吗？谁来学一学小杜鹃的叫声？

指名2–3个学生，点评（真清脆，真好听，多像在歌唱呀）

2、听，教室里又飞来了2只小杜鹃，仔细听，哪只小杜鹃叫得更轻巧更有弹性呢？

出示大屏幕 5 3 5 3

咕 咕 咕 咕

（1）教师进行两种不同的范唱

（2）学生交流

第二只小杜鹃叫得更轻巧更有弹性。

3、哎，第二只小杜鹃为什么叫得这么轻巧有弹性呢?

（1）学生发现上面有两个音乐记号

（2）那你们认识这两个音乐记号吗?

预设：

①认识，这个叫顿音记号

②不认识，告诉大家它叫顿音记号，是在提醒小朋友们演唱时要像小乒乓球弹起来一样，轻巧而有弹性。

4、这样的叫声，谁再来学一学?

（1）师弹琴，生唱咕咕

点评：你唱的真有弹性，像顿音记号在跳一样。

（2）我们一起来学一学。

①师提示：眉毛挑起来，再来——咕咕

②（走下来，到一个学生面前）张老师听到一只又大又胖的杜鹃在叫，能不能变得小巧一点，唱得轻巧一点呢?

师对着他：咕咕 生也：咕咕（来回两遍）

师对着全体学生：咕咕 生也：咕咕

（3）小杜鹃们，再一起来叫一叫。（齐唱“咕咕”）

【学生自己先尝试模仿叫声，老师再模仿两只不同的杜鹃鸟歌唱，请学生来辨别哪一只杜鹃鸟的叫声更轻巧更有弹性。学生听完后自主交流，得出结论，第二只杜鹃鸟叫的更轻巧更有弹性，然后多媒体课件中出示顿音记号，并且利用多媒体课件，顿音记号一跳一跳地出来，加深学生对顿音记号的认识。告诉大家这叫顿音记号，在提醒小朋友们演唱时要像小乒乓球弹起来一样，轻巧而有弹性。】

三、了解大意，感知形象

1、小朋友，有一个奥地利的孩子，他在树林里也遇到一只小杜鹃，我们来看看他们之间发生了什么有趣的故事。

2、出示歌谱，播放范唱，学生聆听

提示：竖起小耳朵，听仔细哦!

3、谁听出来了，我和小杜鹃之间发生了什么有趣的故事呢?

4、学生交流：

（1）指名学生自由说（2-3名学生）

（2）引导学生说清楚：

我在草地上走（贴出“草地”），小杜鹃——在歌唱（生接）

我到树丛中寻找（贴出“树丛”），小杜鹃——飞到小河旁（你来说）（贴出“小河”）

我赶快跑过去，小杜鹃——飞向远方（生接）

我不理它，小杜鹃——飞到我身旁（一起说）

5、小朋友，这是一只怎样的小杜鹃?

（1）你说，你来说

（可爱的，顽皮的，淘气的，有趣的）

（2）哈哈，这真是一只顽皮的小杜鹃啊（揭题）

【引导学生说出歌曲的故事内容，边说边将准备好的版贴画展示，利用版贴画更形象的展示歌词内容，加深学生的印象，为后面的歌表演做铺垫,体现了引导式助学】

6、你想不想来学习这首非常有趣的奥地利民歌呢？我们一起来学一学吧！

四、感悟乐句，学唱旋律

1、瞧，小音符们迫不及待跑来，想来考考你们啦！

2、出示乐句1

（1）最先走来的是性格稳重的1 3 5（手指着音符说），先听我唱这条乐句。

55　1　3　5　3　1　5　3

生聆听

（2）有没有信心来唱好它？（有）

跟着钢琴来唱一唱

3、出示乐句3

（1）瞧，2和4这两个小伙伴不服气，也想来考考你们

35　4　2　2　4　3　5　3

我来弹奏，你们开口默唱

我们再来，这回，请小朋友跟着琴轻轻唱出来

评价：学得可真快！

4、出示乐句4

（1）6和7这对音符小姐妹也赶来了

13 2 5 6 7 1 5 3

（2）小朋友，这条乐句有没有信心直接跟着钢琴唱出来？

学生跟琴齐唱

（3）听，5671，伸出手指，我们一起来画画旋律线（师带学生边唱边致力画），发现了什么？

学生交流：音一个比一个高

师点评：对，这叫旋律的上行

【通过第一条乐句老师范唱，第二条乐句学生默唱，第三条乐句学生尝试跟琴唱，逐步循序渐进，体现了自学交流、协助式导学】

5、作曲家把这3个乐句串联起来，写出了这首好听的奥地利民歌《顽皮的小杜鹃》，赶快来学学吧！

6、出示歌谱（完整）

（1）小朋友，135，24，67，分别藏在哪些乐句里？听我唱一遍，你们边听边找。

（2）135藏在哪些乐句里呢？

学生交流：135藏在第1和第2乐句里。

第1和第2乐句里都135，再仔细，这两个乐句还有什么特点？

学生交流：第一乐句和第二乐句是完全相同的。

（相机显示相同颜色）

（2）2和4藏在哪些乐句里呢？

学生交流：2和4藏在第3和第5乐句里。

第3和第5乐句里都有2和4，这两个乐句也是——一样的！

（相机显示相同颜色）

（3）6、7呢？找到了吗？

学生交流：6、7藏在第4和第6乐句里。

第4和第6乐句里都有6、7，那这两个乐句也相同吗？

师：哦，它们不是完全相同。

师追问：那不同在哪里呢?

小结：我们一起来看（手指乐句），乐句的结尾处是不一样的，（指）第4乐句小杜鹃“咕咕”叫了几遍？第6句呢？咕咕，咕咕，哦，叫了两遍。

【发现式学习情境，通过前面的演唱，学生寻找相同或相似的乐句，帮助他们更好的唱

好乐句，学会了一条乐句，相同的乐句学习起来速度就更快了】

7、小朋友，这些乐句你们已经会唱了，我们换个方式来唱一唱：

男生唱1、2乐句

女生唱3、5乐句

我来唱4、6乐句

唱完点评：配合得真默契！

8、在民歌中，作曲家经常会用重复的手法来创作旋律，唱起来特别优美动听。来，我们把这首歌的旋律，完整地唱一遍，一起感受一下。

五、学唱歌词，体会弱起

1、唱好了旋律，我们就学唱歌词啦。

2、先来有节奏地念念歌词。

（1）师示范念第一句：当我走在草地上“咕咕”

（2）小朋友跟着一起来念

3.了解前奏

（1）这首歌的前面还有一句前奏，前奏弹到哪里，我们就要开始唱呢？

仔细听！

（2）师弹前奏加第1乐句，学生听

（3）听到了吗？前奏弹到哪里，我们就要开始唱呢？

预设：前奏弹到53的时候

师追问：弹第几个53的时候？

哦，是弹到第二个53的时候！

（4）我们来试一试

教师弹奏，学生接，练习两遍

4、加入前奏，跟琴完整地唱一遍。

5、体会弱起

（1）小朋友，这首歌是44拍，强弱是怎么变化的呢？

（2）教师指着图示，引导小朋友说——

强

弱

次强

弱

（3）指着前奏和第1乐句（第一个完整小节），我们一起指指44拍的强弱

强

弱

次强

弱

追问：发现了吗？我们开始唱的第一拍是一个——弱拍，就叫弱起。

（4）弱起怎么唱好呢？

一起来试一试，教师手势引导（轻，弱）

（5）其他5个乐句的第一拍都是弱起，我们也来练一练

教师手势引导（轻，弱）唱完第一段歌词

6、跟着范唱，我们再来完整地演唱一遍，注意要跟上范唱的速度哦。

六、歌曲表演，情感表达

1、唱得真好听，小杜鹃真顽皮，真可爱。我们可以来演一演吗？

2、谁会演这只顽皮的小杜鹃？

3、师生对话交流：

【环节一】

师：我在草地上走，你在做什么?

预设：我在歌唱呢

师追问：怎么唱？演一演。

【环节二】

师：我到树丛中去找你，你又怎么做的?

生：我飞到小河旁去了。

师追问：演出来呀！

（生飞到小河旁）

【环节三】

师：我赶快跑过去想找你玩，你又怎么做的？演一演

生：我飞到远方去了

【环节四】

师：我不理你了，你怎么做的？

生：我飞到你身旁

师：你想做什么?

生：我想跟你做游戏

师：做什么游戏呀?

生：我要跟你玩捉迷藏。

师：真是一只顽皮的小杜鹃！

4、你们想不想也来演一演？好，同桌两个小朋友，一个演小杜鹃，一个演我，演的时候，草地就在座位前面，树丛就在座位的左边，小河就在座位的右边，我们一边唱，一边来演，跟着音乐开始吧！

【学生在老师的基础上通过创编动作，展示表演活动，体现了迁移式延学】

（1）第一遍，师和一生演，学生两人一组演

（2）还没有过瘾？再让你们演一遍。谁来演我？谁来演小杜鹃？其他小朋友仍然两人一组，可以交换一下角色。（教师参与进去）

七、音乐拓展，激发延学

1、小杜鹃们，孩子们，你们玩得快乐吗？开心吗？

2、老师这儿还有一首小杜鹃的歌曲，想听吗?可歌里的小杜鹃在做什么呢?

播放《杜鹃圆舞曲》（师打三拍子）

3、小杜鹃在做什么？

生回答：飞翔、跳舞、三拍子

师：杜鹃在快乐地跳舞呢！

4、可爱的小杜鹃不光是农民伯伯的好伙伴，也是音乐家们的好朋友，他们写了很多关于杜鹃的歌曲，下课后你们可以再去找来唱一唱，看看杜鹃还做哪些有趣的事情呢，下次有机会我们再来交流。

【学习迁移，小杜鹃还会藏在哪些歌曲里呢？又在做什么有趣的事情呢？激发学生的好奇和兴趣，引导他们课后的学习方向】

（张婷）

《障碍跑》教学设计

【设计理念】

课程标准指出：体育与健康课程是学校课程的主要组成部分。体育与健康课程是以身体练习为主要手段，以学习体育与健康知识、技能和方法为主要内容，以增进学生健康，培养学生终身体育意识和能力为主要目标的课程。

首先，学知识。《障碍跑》这节课让学生知道通过障碍时需要选择安全有效，适合自己的方法。同时，让学生知道通过有跨、跳、钻、绕、爬等具体方法，从而延用到生活中去。

其次，习技能。学生通过课上不断重复的练习，强化动作技术，从而掌握通过障碍的技能，在习得技能的过程中也提高了身体素质。

再者，塑品质。学生在通过障碍时必须先克服自己的心理障碍，才能去越过现实中的障碍，学生学会了勇敢和果断。分组讨论、分组练习再到比赛，这些活动让学生感受到了团队协作，不畏困难的重要性。更重要的是在这些过程中收获了快乐。

【教学目标】

1.知道快速、安全通过障碍的方法。

2.能在快跑中，采用跨、跳、钻、绕、爬等方法通过障碍，速度、灵敏和协调的能力不断提高。

3.积极参与练习，表现勇敢、果断、机智的良好品质，在活动中发展团队协作、勇敢拼搏和不畏困难的精神。

【场地器材准备】

学生48人穿分队服红黄蓝绿，平摊空旷场地一块，红黄蓝绿标志盘各两个。不同颜色间距1.5米，同色两个标志盘间距15米。如图：

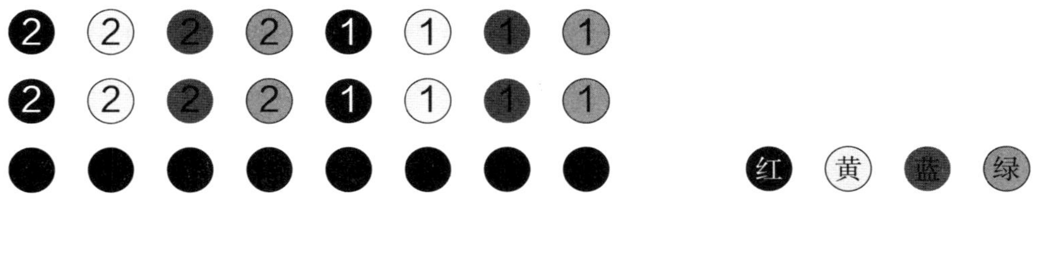

教学图片8张，如图：

【教学过程及意图】

课前谈话：同学们，你们在平时的生活和学习中遇到过困难吗？当这些成功之路上的障碍出现时，你们会用什么方法超越它呢？今天老师就要带大家走一条成功之路，学习障碍跑，你们有信心吗？引出课题《障碍跑》。

一、准备部分

1、慢跑热身

听音乐绕障碍物慢跑进行游戏“喊数抱团”，老师喊到几，几个人抱在一起。玩的过程中会不断提高难度。所有同学向右转!第四排跑步走，调整前后距离，手臂摆起来。可以绕过障碍物跑，也可以跳过障碍物。

第一次“3”，所有同学都找到了小伙伴。这次提高要求咯！不仅抱团人数和老师喊得数字相符，抱在一起的人还要穿同色的衣服。第二次“4”，同学们的反应真的很快！再提高难度，在上次难度基础上，抱团人数要对，抱在一起要穿同色衣服，这次抱团位置有要求，必须在和我们衣服同色的标志物旁边抱团。第三次“3”所有同学找到小伙伴。

【喊数抱团游戏既简单操作有有趣好玩，给原本枯燥无趣的慢跑增加了趣味性，游戏过程难度不断增加，满足学生的好奇心和不断挑战的心理。最后一次的报数，学生通过分色服和不同颜色的标志盘简单快速分好组，为后面的分组讨论和学习做好准备。】

2、韵律操

所有同学分散站在标志物后，伴着音乐跟着老师一起快乐的动起来。

二、基本部分

1、单人障碍练习

所有同学看这里3个人一路队站在标志物后面。右边同学原地站好，左边的同学走到对面相应同学的后面。齐步走！现在分别被分成了红黄蓝绿队，每队6人。又被分成了1大组和2大组，这里是1大组，这里是2大组。每一个队伍需要选出一名队长，队长站在我们队伍的最前面。

队长注意，你们需要负责你们队伍的秩序，更重要的是负责我们走成功之路的秘籍。在你们的面前有一张秘籍，队长负责拿出来，和队员们研究一下这张秘籍上面障碍的摆放方法，并摆出来。秘籍看完放回原来的位置。

组长组织组员开始讨论并派出学生代表开始用身体摆出作为障碍物的造型。除了障碍物，其他同学回到起点。吹哨，集合。

【分组有1大组和2大组是为后面秘籍的交换使用做准备。学生分组讨论研究障碍物摆放方法，让学生在组长的带领下研究、讨论、实施，完成障碍跑的第一步摆放障碍，学生在这一过程中的活动是自发积极的，探究式的学习，也是团队协作的过程。用学生的身体做障碍，是本节课的创新亮点。课上，学生除了越过障碍是身体练习过程，学生在做障碍时也是身体练习的过程。这样大大增加了学生的练习密度，同时也给学生带来了新奇感。】

老师看到大家都学会了秘籍上面障碍的摆放，你们想不想知道这些成功之路上的这些障碍怎么过呀？

讲解各种过障碍的方法：

跨：用有力腿起跳，落地屈膝缓冲，通过障碍物。

钻：低头、弯腰、屈膝，前移重心通过障碍物。

绕：首先逆时针跑，和我们在操场上跑步的方向一致，身体向内倾斜，外侧脚的内侧着地，远离障碍物的手臂加大摆臂幅度。

跳：双脚起双脚落，落地屈膝缓冲。

你们自己想不想试一下呀？在通过障碍时，一定要注意安全。

另外，在练习过程中，要求每一位队员都要做一次障碍，过一次障碍。

示范：一名同学做障碍，一名同学过障碍，通过障碍到达终点，在返回途中交换障碍，被交换的同学不需要过障碍，直接回到队伍的最后，等到这位同学回去之后，下一位同学才能出发。明白了吗？

【在讲解过障碍方法“绕”时，要求是逆时针方向，在这里既教会了学生的过障碍的方法又普及了跑步常识。让学生示范练习方法，既直观又简单易懂，学生很容易明白在练习过

程中应该如何交换障碍的方法。】

学生练习，教师巡回指导。

集中，老师发现你们现在已经掌握了手中的秘籍，队长可以拿着你的秘籍和大组内的其他队伍交换秘籍，要求每人必须做一次障碍且过一次障碍，完成之后还可以和大组内的其他队伍交换秘籍。懂了吗？

【学生尝试不同造型障碍的同时，也是在尝试通过不同障碍物的方法。每一大组有四张不同的障碍，分别可以采用跨、钻、绕、跳或爬的方法通过障碍。】

2、双人障碍练习

老师发现你们手里的秘籍已经掌握的很好了，想不想挑战更难的？队长把这一份秘籍拿回去，和队员们研究一下，这个障碍怎么摆放？

你们看到现在这份秘籍的不同了吧？是双人的。

老师看到你们的障碍物已经摆放完成，但是同一个障碍物却摆的不一样，你们觉得哪一个摆的更标准？我们过障碍的方法有要求，摆障碍也是有要求的。

你们知道这些障碍怎么通过吗？

学生展示通过方法。

双人障碍练习时，交换方法也有要求。

示范交换方法：一位同学通过障碍并到达终点返回时先交换其中一位做障碍的同学，下一位过障碍同学再交换另一位做障碍同学。你们想试一试吗？

注意：每位同学必须做一次障碍，过一次障碍。完成后，队长和大组内其他队伍交换秘籍。开始练习吧。

【学生通过障碍的方法是固定的，通过改变障碍的造型，从单人障碍过渡到双人做的障碍，增加了练习的趣味性，让学生强化技能时重复练习不再枯燥乏味。】

3、组合障碍练习

老师看到单人障碍和双人障碍你们都已经掌握了，想不想挑战更难的？队长需要把我们的终点放在更远的这里。

这次我们要铺设一条成功之路，障碍的摆放可以是我们刚才练习过的任何一种障碍，首先我们先请1大组的红队示范一下，在这里摆好一个单人障碍，在这里摆好一个双人障碍，摆好之后，其他同学回到起点。

你们也来试试，摆好之后和红队一样，其他同学回到起点。成功之路铺设好了，你们想来挑战吗？

注意：每位同学做一次障碍，过一次障碍，被交换的同学不需要通过障碍，直接回到队伍的最后，这名同学返回后，下一位同学才能出发。

【请1大组红队示范原因是他们是站在班级队伍的中间，摆放方法、摆放位置，一目了然，不需要过多的语言讲解。其他同学易观察、易理解。强调交换方法，为后面的比赛公平公正做准备。】

4、自创障碍

同学们你们想一想，除了老师给的这些秘籍，有没有其他摆放障碍物的方法了？铺设一条属于你们自己的成功之路。

【学生在完成老师提供秘籍的基础上，完全有能力自己创设障碍并通过障碍，迁移式的学习可以培养学生乐于动脑、善于动脑的习惯，激发学生敢于挑战不畏困难的精神。】

5、比赛

你们通过成功之路的方法又快又好，想不想比一比？每个队伍先铺设好属于自己的成功之路，大家统一听口令。记住必须到达终点返回，交换做障碍，回到起点击掌，下一位才能出发。所有同学都做一次障碍过一次障碍。最先完成的一组赢！懂了吗？

预备！开始！第一名第二名——

【比赛是对学习效果的检验，也是激发学生兴趣的方法，还是培养学生的团队协作意识的措施。】

三、结束部分

1、放松

带领学生伴着音乐拉伸放松。

2、小结

这节课同学们都学了哪些过障碍的方法？

其实过障碍的方法还有很多，比如爬、滚等等，这些方法我们在以后的学习中会逐渐接触到。最主要的是我们可以在生活中运用到这些方法。

（郑旭）

体育课教案

教材名称		障碍跑　障碍接力赛					
课的目标		1.知道快速、安全通过障碍的方法。 2.能在快跑中，采用跨、跳、钻、绕、爬等方法通过障碍，速度、灵敏和协调的能力不断提高。 3.积极参与练习，表现勇敢、果断、机智的良好品质，在活动中发展团队协作、勇敢拼搏和不畏困难的精神。					
重、难点		重点：用正确的动作方法快速通过障碍　难点：合理地选择通过障碍的方法					
部分	教学内容	时间	教师活动	学生活动	运动负荷		
					时间	次数	强度
准备部分	课堂常规 慢跑 热身操	10分钟	1集合、整队 2师生问好 3情景导入 同学们，你们在平时的生活和学习中遇到困难吗? 当这些成功之路上障碍出现时，你们会用什么方法去超越它呢? 今天老师就要带大家走一条成功之路，学习障碍跑，你们大家有信心吗? 4宣布本节课内容 1带领学生一路纵队围绕场地慢跑热身。并在慢跑中加入游戏：喊数抱团2热身操：韵律操。	1学生成四列横队站立。 2认真听清上课内容和要求。精神饱满，热情高涨。 1跟随教师做动作。 要求：动作准确有力、舒展大方、协调有力。 1学生认真听讲，积极练习。	6分钟	1次	中
基本部分	引入过障碍的方法	26分钟	1取出第一张图片，讨论方法。 2请学生分享下讨论的结果，教师适当引导并总结各种过障碍的方法。 跨：踏跳点的选择、摆动腿高抬向前跨步。 钻：降低重心、低头、协调连贯。 绕：降低重心、外侧脚的脚内则着地。 3组织学生尝试练习。	1组长配合老师组织同学同学们一起讨论。 2认真观察老师听老师讲解看示范。 3积极练习。			

部分	教学内容	时间	教师活动	学生活动	运动负荷 时间	运动负荷 次数	运动负荷 强度
基本部分	单人障碍跑		1组织学生交换图片，变换练习方式。 2教师巡回指导告诉学生过障碍的方式的动作要领和注意事项。	1认真听老师分组，在组长的带领下讨论摆障碍和完成单人障碍跑，并严格遵守练习规则。 2认真配合老师并掌握过障碍动作要领。	5分钟	3到4次	大
	双人合作障碍跑		1根据挂图，教师要求小组长跟组员讨论双人障碍的搭建方法，并完成双人障碍跑，老师布置练习规则。 2老师在学生练习中发现钻障碍的不同方法并与学生讨论哪种钻的方式更加快速有效。并强调学生遵守规则。	1学生在小组长的带领下依据挂图讨论双人障碍的搭建方法，并认真完成双人障碍跑。 2认真听老师总结并掌握哪种钻的方式能快速通过障碍。	5分钟	2到4次	
	组合障碍跑		1设置两种障碍（单、双）让学生完成多重障碍跑，	1在老师的安排下进行多重障碍跑，障碍物跟过障碍者互相遵守规则。	7分钟	3到5次	
	障碍跑比赛		1老师讲解游戏规则并让学生完成第一轮障碍跑比赛。 2老师总结比赛中存在的问题。 3组织学生进行障碍跑比赛第二轮。	1认真听老师讲解比赛规则并完成第一轮障碍跑比赛。 2认真听老师总结。 3认真完成第二轮比赛。	2分钟	1次	小
结束部分	放松、总结	4分钟	1引导带领学生做放松操。 2教师总评本次课。	1学生认真做好放松活动。 2认真思考，积极回答老师的问题。			
	班级		预计负荷	练习密度60%平均心率150次/分左右			
	日期						
实施情况记载	后记：		场地器材				

第三部分

项目成果：

小学生自我导向学习的研究特色

活动创意可以打造特色项目，学科优势可以造就特色项目，课程特长可以成就特色项目。带着一种学科融合、跨界开放的教学观，一个个智慧抱团的学习型组织，项目成果孕育而生。

导语 Introduction

自我导向学习，一个极具吸引力的词，将我们的目光牢牢锁定，无论对谁而言，研究自我导向学习在小学阶段的应用无疑都是一项巨大的挑战，四年的探索和努力绝不会辜负大家，因为征服它是我们一直的信念，从未犹豫。

四年中，我们对课堂研究的组织与力量不断壮大。从课题核心组到学科教研组，从“青年教师加油站”到“青青树教师成长俱乐部”“智慧树班主任工作坊”再到“教师专业发展领跑者联盟”，从“林语论坛”到“校长书柜”，多层级的教师专业发展学习型组织，多样化的教学研究平台，保证了小学生自我导向学习这项行动研究的有序开展和经验碰撞。

四年来，我们对自我导向学习理论的研读从未停止。自我导向学习是“基石”，只有与多种学习方式相辅才能相成。在研究过程中，我们将自我导向学习与项目化学习相结合。自我导向学习强调目标导向的主动学习，而项目学习则提供了丰富的自主探究学习成果，因此，自我导向学习与项目化学习的相互借鉴，为小学生自我导向学的研究打开了新的视阈，思路更开阔了，行动更具体了，目标更聚焦了。

自我导向学习研究在组织力量、交流平台、学术研读等方面的精进，奠定了小学生自我导向学习研究特色的发展和成型。

在自我导向学习的课堂学习中，英语学科全情投入5H具身学习实践研究，学生身动、手动、口动、脑动、心动的课堂主动学习圈特色日益彰显；

在打破课时、打破课堂的学习研究中，语文学科走过十届阅读文化节，以朗读、讲故事、演讲、表演、创作、辩论“六种语文经历”项目化探索，统整语文核心素养的综合培养。

从课堂的辅助学习到学生的自觉持续性学习，我们瞄准“学习契约”这一载体，毅然迈向引领自我学习的新领域，去开拓，去创新，唤醒学生内心世界的自我能力。

专注课堂研究、活动研究、课程研究，我们的所有热情和精力洒向儿童，聚焦儿童。

向着儿童未来发展而教，我们选择自我导向的学习方式，一次次艰苦卓绝的探索和尝试诠释着全体教师的期待和决心，努力的付出，时间的堆砌，经验的形成，慢慢也就促成了学校小学生自我导向学习研究特色项目成果的雏形，成为学校“十三五”期间收获的最为沉甸甸的礼物。

项目一：六种语文经历
六种经历："打开"语文自我导向学习之门

进入"自己去探索，自己去辨析，自己去历练，从而获得正确的知识和熟练的能力"的境界——是早在半个世纪前，教育家叶圣陶先生指出的教学最终目的。要达到这一语文学习境界，学生需要有丰富的语文经历，要经历一个逐步导向、养成主动学习的过程，一个不断提升主动学习能力的过程，一个"打开"语文自我导向学习之门的过程。

一、关于语文经历的关系辨析

语文经历与语文学习、语文活动、学生生活之间到底是什么关系？需要先辨析清楚。

（一）语文经历与语文学习

语文经历一种怎样的语文学习？语文经历展开过程为"经历——理解——体验"，其特点在于主体自主参与，在亲历中获得理解，伴随实践体验。但凡亲历亲见，总更为切肤入心，但凡内化于心，则更能促发主体深度学习，因此，语文经历引发的是由浅入深，由外而内的主动学习过程。

（二）语文经历与语文活动

语文经历与语文活动有何异同？语文经历可以是活动，语文活动未必都能成为学生的难忘经历。贴近学生内心需求，触动学生情感共鸣，促发学生自我省思，这些因素决定着活动最终对学生起到自我教育和自我建构的效果。

（三）语文经历与学生生活

校园生活是语文经历的必要土壤。校园生活是构成学生人生经历的重要组成部分。丰富学生语文经历，必然意味着要打破课堂局限，校园除了学习氛围，书香气息，要尽可能创设让学生回归生活，回归天性的条件。如何让学生在校园的时间成为生活？关乎人与人的关系、校园给予人的心理包容和情感归属等方面，这些应当作为学校建设中持续关注与研究的课题。

社会生活是语文经历的重要场所。学校教育的终点——是服务于社会，学生受教育的终点——是实现个体的社会化。打破书本世界与生活世界的壁垒，加强校园与社会的精神共建、融通，是现代教育的必由之路。

二、丰富学生语文经历的内涵考量

语文经历之于学生生命成长有特殊的意义和价值。

（一）丰富语文经历带来学习变化

1、**语文学习方式的现状反思。**综观学生学习现状，有两种现象值得反思。一种是无方法主义。语文学习机械、呆板、单一、甚至仍难于挣脱死记硬背的窠臼。另一种是唯方法主义。语文学习一味地讲究答题技巧，被套路、技术、功利占据。以上两种现象对于学生人文素养和语文能力的提升都是弊大于利的。

2、**语文学习方式的改革需求。**统编新教材明确“语文要素”，强调落实“语文要素”。语文学习要立足统编教材，回归学生真实生活，激发学生学习潜能，导向自得自求的自我学习。通过丰富学生语文经历，尝试带学生离开思维僵化的舒适地带，去面临和接受语文学习挑战，去解放和激发语文学习智慧。

（二）让关键经历留下难忘印记

心理学家格塞尔认为，成长不是一个空洞抽象的概念，而是一系列受到规律和力量制约的事件。经历无时无刻不在发生，哪些语文经历对学生而言是关键性的呢？

1、基于课程标准

前言：语言文字的运用，包括生活、工作和学习中的听说读写活动以及文学活动，存在于人类社会的各个领域。

第二学段综合性学习第3条：能在教师指导下组织有趣味的语文活动，在活动中学习语文，学会合作。

第三学段综合性学习第3条：对自己身边的、大家共同关注的问题，或电视、电影中的故事和形象，组织讨论、专题演讲，学习辨别是非、善恶、美丑。

教学建议：各个学段的阅读教学都要重视朗读和默读……

以上可见，讲故事、演讲、朗读等是构成学生听说读写基本素养的关键能力。

2、基于统编教材

三上：试着自己编童话，写童话；尝试续编故事；

四上：展开想象，写一个故事；讲历史故事；

四下：合作编小诗集，举办诗歌朗诵会；按自己的想法新编故事；

五下：根据情境编故事；怎样表演课本剧；

六下：展开想象，写科幻故事；辩论……

教材将课标目标和内容进行细化和具体化，如关于写故事，依次提出编童话→续编故事

→写科幻故事的不同层级要求，甚而更个性地提出“合作编小诗集，举办诗歌朗诵会”“表演课本剧”“辩论”等极具实践性、综合化的语文学习活动要求。

课标、教材，为丰富学生语文经历的实践提供了依据与参照。

三、六种语文经历的项目实施

2010年，无锡市隆亭实验小学首届阅读文化节关注丰富学生“朗诵、讲故事、演讲、表演、辩论、少年创作”六种语文经历。此后，每年学校以“给学生留下难忘的语文印记”为理念，不断完善、优化、坚持六种语文经历的项目化实施。

（一）让语文经历紧贴儿童世界的地平线

1、**海选，让每个学生都有机会**。我校阅读文化节，改变对参与人员设限，让更多“望洋兴叹”的学生拥有机会。分享朗诵会、十佳故事大王评选、故事创作、课本剧表演、辩论会等，均以海报形式，面向全体学生，甚至面向全体师生。当每个学生都可以推开参与之门，也就获得了展示、挑战、成就自己的机会。即便结果是失败、落选、但机会面前人人平等，也未尝不是一种难能可贵的经历。

2、**原生态，让每个学生回归天性**。在学生经历朗诵、演讲、表演过程中，我们尊重学生天性，鼓舞学生大胆尝试，激发学生内在潜能。我们为学生创设心理安全舒适的场所，让孩子们体会到在哪里不重要，重要的是心灵可以自由放飞；我们也不给学生太多要求，在共同“约定”中进行。

安全舒适的场所中，学生自然形成秩序：朗诵会，谁最有勇气就第一个上，勇气不够完全可以先适应一下现场氛围再上；故事会，我们在大操场上席地而坐，谁讲得好，得到的掌声最响，票数就最多；大家写的故事，一个个传阅，觉得好就打颗星……说也

奇怪，最终选出来的，常常真的是好故事。

3、自信展示，让每个学生重塑自我。我们看到一个个学生在一次次的历练中，慢慢褪去原本的羞涩胆怯，朗诵的声音明亮了，舞台上扮演的人物角色眼里逐渐有了光，面对观众绘声绘色了……

（二）以语文经历导向学生主体的主动学习

启动仪式公布项目菜单，列出各项目主题、实施方式建议、完成时间、成果展示提示等。下面以五年级4班参加第九届阅读文化节“讲故事”的语文项目为例。

1、自主选题。选什么故事？五年级教材中的《伊索寓言》，故事生动有趣，深受大家喜欢。语文老师组织同学们围绕“狐狸篇”“狮子篇”“狼篇”“公牛篇”进行《伊索寓言》的拓展阅读。结合阅读文化节的活动，大家确定围绕《伊索寓言》开展讲故事活动。

2、自我规划。怎么讲故事呢？五4班每人撰写“我的建议”书面材料，说想法，提建议。经过大家讨论交流，制订项目规划。规划吸纳同学们的好点子，考虑同学们原有的语文能力和通过努力可以达到的高一级水平，将整个活动时间划分成4个阶段，分别设定读、编、讲、演的阶段目标。

3、自觉达标。同学们选择自己喜欢的故事，进行自由分组。

读，是熟悉故事的过程。在一个同学的提议下，大家利用喜马拉雅APP，当主播录制故事语音，看似简单，但要读得正确无误，字正腔圆，没有个4、5遍还真做不到。

编，是把故事创编成剧本的过程。这个比较难，怎么办？只好找老师当参谋。语文老师先带着同学们研究四年级教材中的剧本，找出基本要素，总结撰写方法；再指导学生研究故事，分解出故事中的环境、人物、情节等；接着示范一小段，然后就开始放手让学生自己两人一组，三人一群自己去琢磨。

讲，照着剧本先讲起来，边讲边安排故事角色，边讲边因地制宜挑选道具，比如几张小板凳一围，留个口，这就是山洞…

演，就是真正地讲演故事了，一组一组轮着上台，观众一人一凳排排坐，一个个瞪大眼睛，欢笑声此起彼伏。

4、**自我展示**。五4班同学们拿出来的成果有：故事画成的连环画，故事编成的剧本，讲故事的语音，讲演故事的视频，可谓形式多样，但每一件成果背后，都凝聚着同学们的苦心孤诣，都可以讲述出一段段难以忘怀的经历。

整个过程学生深入体验了如下学习路线：

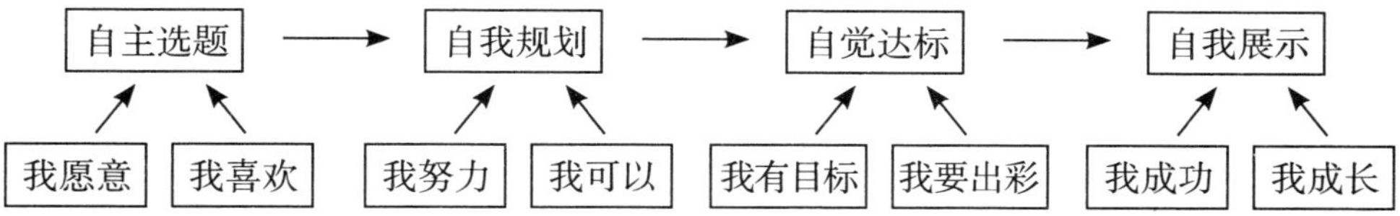

5、丰富的语文经历成就了学生。他们登上全国故事大王邀请赛大舞台，与来自全国各地的选手同台竞技；他们登上区艺术节七彩舞台，演绎《清平乐 村居》《小王子》，获得阵阵掌声；他们登上纪念建党70周年红色舞台，诵读《毛泽东诗词》，摘到桂冠。他们的作品在全国作文大赛中年年获奖，小橘灯文学社同学们的文章，登上《江南晚报》，登上《全国优秀作文选》……

6、六种语文经历，打开了学生自我导向学习之门，学生产生内驱，自学、互学、共学；教师是同伴、是参谋、是共同经历者。这样的语文经历，是丰富的、是深刻的、是难忘的，也是会给师生留下不可磨灭的带得走的课程记忆的。

（施萍一）

项目二：5H具身学习

5H：助力儿童言语和思维同生共长

——一位英语老师的课程理解与课程表达

我是一位英语老师，性格open，乐意和儿童stay together，play together，我喜欢在课堂上和学生嗨起来，说唱跳，做游戏，玩表演，我以为这就是我的style，我的风格。一次，学校接受锡山区教学督导，教研员老师走进我的课堂，我踌躇满志，刮起“尹”式旋风，小手林立，气氛热烈，如同往常一样我沾沾自喜，教研员对我的课有所期待，但评课中，我却隐约感受到了她的失望，这种感觉如同一盆冷水浇醒了我，我不仅自省追问：难道这就是我一直以来追求的优质课堂吗？在课堂中，我究竟要发挥怎样的作用呢？英语课程之于学生又意味着什么呢？说来也巧，在学校生长课题研究当中，我被具身认知所吸引，5个单词给了我触动，渐渐地，我找到了属于我的明亮那方：5H，助力学生言语和思维同生共长。

Hand代表了肢体，Head指向了大脑，Heart意味着心，身体动起来了，大脑思维活跃了，心灵被打动了，儿童就获得了Health和Happy——健康快乐的精神成长。这5个H，意味着多种感官充分投入学习，外在肢体，内在思维、言语产生共振。引导学生以身体之，手动起来，形成感性的身体经验，摆脱文本内容的疏离感；以心悟之，心动起来，推进学生理性思维运作，发生新的“深刻认知”；以行化之，大脑动起来，稳固学科经验和能力，推动其螺旋上升的过程，内化为生命的素养。

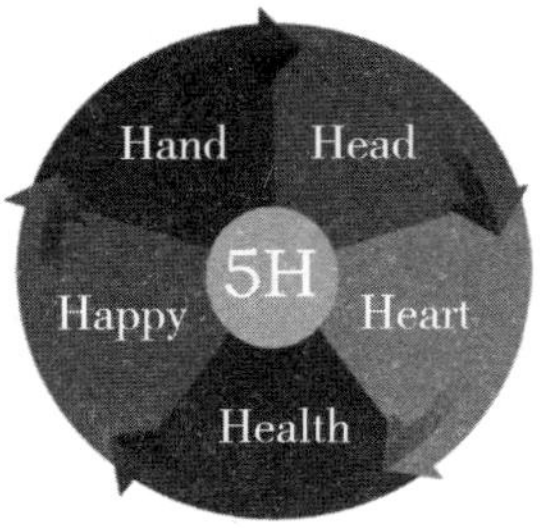

5H的思考，促使我建构了“情境创设——具身体验——思维运作——实践内化——主动迁移”的课堂英语学习圈，使儿童如同一颗种子，在思维和言语的高峰体验中，积蓄课程力量，闪烁金色的生命光泽。基于这样的课程理解，我用我的一堂堂课来实践和靠近自己的教学主张，来提升自己的教学力。

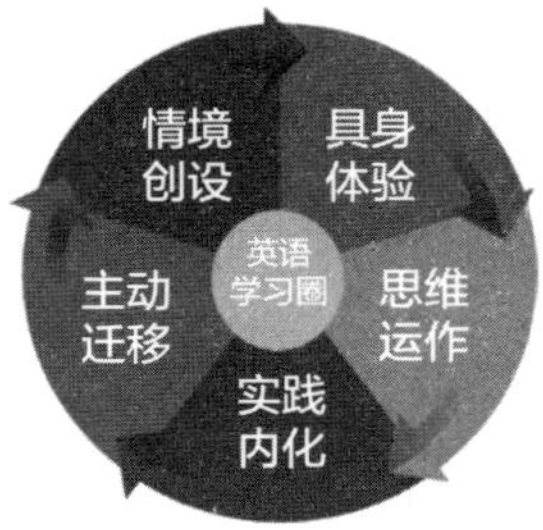

策略一：切中经验，吸引儿童用心投入

认知依赖于身体，5H指向“身体”的全面参与，强调肢体动作、身体经受、身心经历。教学若能切中学生经验，唤起他内心的热爱，营造愉悦的情绪场域，使感官、大脑、心灵联动，就能使学生更专注于学习内容和经验，以致“深深卷入”学习之中，实现自我表达。

五上第三单元 Our animal friends。Storytime版块是Nancy, Mike, Liu Tao and Su Hai介绍自己的动物朋友。我的教学分成四步：

First，让学生成为文中的一个人。在初学故事后，我这样问“你最喜欢的是哪一种动物？选择你喜欢的片段来读一读”。看似轻轻一问，实则匹配“我”的喜欢，愉悦“我”的大脑，切中“我”的经验，勾起了我与小动物的故事，学生不再是远远地看文中人物在表达，而是变成“我”在表达，建立了学习材料与“我”的联结。Next，匹配母语学习经验策略。读完之后，让学生一起来找一找，划一划，选择不同的线划出描写动物颜色、身体特点、本领能力的句子，这种熟悉的学习方式吸引学生用心地投入到感知、探索的过程中。Then，推进深入思维。在学生充分感知小动物各种特点的基础上，尝试让学生概括归纳描述动物特点的一般图式，学生在感知的基础上，能够更好地概括出如何来描述动物的颜色、外形和能力等特点。Finally，实现自我表达。当学生拿着最喜欢的动物图片，手指着颜色、外形特点，学着它跳跃或飞翔，打开了话匣子，滔滔不绝时，我相信学生心中必定建立了有力量的言语支架。

喜欢才会用心，用心去读文字，用心去靠近文本，用心沉入语言，用心发现语言结构，这样的多感官联动，吸引学生身体经验在场，思维发展在线，言语能力在长。

策略二：沉浸体验，支持儿童经验重构

5H教学主张通过学生的亲身体验来学习，可以说是“做中学”。常规教学操作往往进行模拟实践，创设得再有真实感，对学生而言，归根结底还是虚拟体验，看起来是“动”了，事实上可能只是“浅动”“假动”，甚至是“被动”。但5H提倡真的实践，促发学生产生切身的真实鲜活的体验，使学生心灵进入，思考进入，不断运用、重组语言的同时，逐步走向理性思维，经验重构。

四上第七单元How much?故事为义卖活动的情境。真实的言语实践，可以利用课程资源，进行资源整合，义卖活动本身就是学生道德实践体验活动的形式之一，我就整合了大队部爱心义卖的德育活动资源，学生进行真实体验：让我们一起来为文中的朋友义卖助力！义卖过程中，我听到了礼貌的招呼Good afternoon.Can I help you?卖力的推销Come and have a look. Here’s a nice pencil. It’s only three yuan.礼貌的询问I’d like this one? How much is this book?。沉浸在体验中的学生，当下的文本语言和已有的语言经验在不断碰撞运用，思维在不断运作，经验在不断重构，当一组组队长捧着义卖得到的钱交往爱心募捐箱，我的“Well done！”都显得力量单薄，他们不仅得到了语言能力、学习能力、思维品质的发展，更养成了优秀的人格。

基于当下的言语基础，认同式的活动背景，参与真实的活动体验，虽具有一定的挑战性，但在教师、伙伴的帮助下，在已有经验的支撑下，在义卖分享活动中，学生创造性地完

成了对已有经验的重组与建构，而且在学生德性养成的路上留下了浓墨重彩的一笔，使学生成为言语活动和德育活动学科融合的创建者和亲历者。

策略三：开拓经历，帮助儿童超越自己

5H的教学主张出发点是通过身心灵一体的学习去认知和理解事物，最终归节点是通过“心悟”去体悟情感和超越自我。学习的经历不仅包括亲身经历，也包括他人经历，以不同的经历丰富学生的学习过程，拓展课程资源，促其领悟，让学习成为自然生长的生命历程。

案例3：六下第八单元Our dreams

我用这一课摘得“蓝天杯”赛课一等奖。课最后的拓展设计，在一个个点亮学生心中的梦想之后，引发学生思考，梦想和现实相隔多远？要达成路径容易吗？在形成认知与情感冲突后，引入他人经历，一位警察家长现身说法：“When I was a little boy, I wanted to be a policeman. They can catch bad guys and help poor people. I really wanted to be one of them. I told myself: Nothing is impossible. Then I tried my best, and my dream came true. So boys and girls. Some words for you: Learn hard, keep reading, do more sports. They are very important.”他的言说比文本、比老师更有力量，他的经历和经验让学生更愿意去聆听、反思、迁移、运用。在这样的“他人经历”中，学生亲近了“英雄”，产生了同理心，为了实现梦想，我应该努力，所以study hard, read more books, do more sports这些健康的学习方式到了自己的嘴边，变成了自己的语言，只为遇见更美好的自己。

在“经历”中，学生对文字产生了超越自己初读和初感的思维的经验，这难忘的“经历”，是儿童精神生活中的“关键事件”，内含有情感的冲动、精神的觉醒和智慧的发现。

结语：运用5H理念进行英语课程的意义追寻，我还只是迈出了一小步，然而，我体会到了课程实践和思考带来的愉悦，当我追求的不再是课堂表面的热闹，不再是肤浅的活跃，当我的课程目光朝向儿童生长的远方，当我的课程目光指向课堂学习的深处，我让我的学生获得了更多，带来了他们学习力的提升。课程是儿童自身体验的一种生命历程，将身体、思维、言语活动结合起来，聚焦指向身心灵一体的快乐学习。我对课程的理解与行动表达，也促进了我教学力的提升，教学力的提升又促进了我对课程的进一步理解和表达，专业发展的良性循环正在悄然发生！

5H教学，在路上，我期待以英语学科本质的力量，和学生一起健康快乐向上长！

（尹菊芬）

本文于2020年2月发表在《小学教学设计》

具身认知的引入：儿童英语学习的实践图式

——以三年级英语学习为例

儿童英语学习应该具有怎样的一种理想状态？有一档综艺节目的“爬梯时间”给予我很好的启发，儿童英语学习之课堂不仅是“party 时间”，更应该是“爬梯时间”，有开心、愉悦、期待，更有活动、揣摩、思量、发展，可谓身动、心动、脑动，如此才可能将静态的学习材料转化成动态的活动建构，将抽象的英语符号转化成契合的体验活动，以感性的活动方式促进理性的言语智慧的生成，让儿童受到英语文化的熏陶，实现言语与精神的同生共长。

一、出发：始于儿童英语学习尴尬的现实省思

新的学年，又一批灿烂鲜活的三年级学生走进了我的英语课堂，他们笑意盎然，对英语学习有着浓厚的兴趣和无限的向往。随着时日增多，学习负担日益加重，有些学生脸上的笑容渐渐淡去，换上了无奈及愁容，甚至慢慢产生了抵触和厌学情绪。

对三年级学生来说，英语是母语之外的第二种语言，随着通讯手段的日益发达，英语电影、广告、老外培训班等充斥在我们周围。众所周知，外国人非常open，交流起来手舞足蹈，表情生动，而中国人相对保守，加上对语言不熟练，更是束缚了肢体语言的有效表达。

儿童的英语学习要尊重儿童身心发展的需要，使他们在获得知识的同时，心智也获得同步的发展和成长。而三年级学生被要求上课端坐静听，下课不能奔跑，强制被设置为“静态”模式。枯燥的字母练习、机械的单词背诵、成人化的朗读训练，我们教师忽视了三年级学生的年龄特点，消弭了英语学科文化的特征，失落了对儿童生活方式的关照，短短的一个学期、一个学年就磨灭了学生学习英语的兴趣。

二、源理：具身认知对于儿童英语学习的意义归属

“具身”是一种教育新视角。当代具身认知思潮的基本主张之一就是主张心智由各种身体经验构成，重心之一就是身体感觉和运动系统对思维方式的塑造作用。具身认知以一种全新的方式看待学生怎样学习、教师怎样教学，把身体由教育与教学的“边缘”提升到“中心”地位。我认为具身学习对三年级英语教学的意义有以下几点：

1.卷入学习：从“边缘参与”到“沉浸其中”

受笛卡尔理性主义的影响，传统的教学活动被认为纯粹是客观知识的传播与流动，无需身体的参与和体验。事实上，知识涉及的是一项活动，而不是一种物品，它总是被境脉化了

的，而不是抽象的，是作为个体——环境交互的一部分被建构起来的，卷入其中的是学生整个人，而不是被孤立出来的心智。具身教学注重身体感知及其环境交互的整体性和情境性，强调教学的动态生成性，重视学生的共同参与性。在这一视角下，我们可以发现，在英语课堂上，教室不只是容纳师生的容器，更是师生"身体"活动的空间场所，在这自由的场域中，师生的"身体"得以释放，学习体验发生着、进行着、经历着。

2.建立联系：化"静态知识"为"我的体验"

学习是个体的参与式体验，以及在体验中获得理解的过程，这种参与大大超越了阅读教材、回答习题等传统的学习模式，而是需要全身心的卷入。对三年级学生来说，动作与运动既是卷入学习的过程本身，也是建立联系的重要手段。从这一视角出发，我们可以认为认知的内容是身体提供的，人们对身体的主观感受和身体在活动中的体验为语言学习提供了基础内容。在儿童英语课堂上，具身学习的引入有利于用一个事物来理解另一个事物，穷根溯源，学生最熟悉的事物是什么呢？那就是我们的身体，我们的身体以及同世界的互动提供了我们认识世界的最原始的概念。例如上下左右、高矮远近，温暖冷热等都是用身体可以感知的。学习者的行为和认识依赖于自身的知觉、感受和经验，即使在最理性的时刻，思维也不是单纯地依靠形式逻辑，同样需要建立在感知的基础上。

3.促发内生：化"身体力行"为"语言发展"

有专家搜集了过去几年关于身体运动对认知及学业成绩的研究，均认为，身体运动对认知发展，特别是对执行功能有积极影响。可见，当儿童在运动时，绝不仅仅是发展动作技能或放松身体而已，他们在同步锻炼和激活大脑，也就是说，儿童在语言学习时是同样需要身体力行，学习过程需要身体的参与，需要反复的实践和亲身经历，身体在促进儿童对语言意义的理解上有着不可忽视的推进作用。

三、探寻：具身认知关照下儿童英语学习的行动策略

1.手势辅助：提示"意义"，化解"难点"

爱动是孩子的天性，三年级的英语学习无疑需要身体的参与，一切的认知、思维、记忆都是身体作用于环境的活动中产生的，知识不是"我思"的结果，而是"我参与"的结果，我的手指配合着摆弄，于是我学会了数字"one，two，three，four…";我的手指着眼前便是"this"，指向远处便是"that"；我拍拍桌子上是"on"指指课桌里是"in"指向课桌下则是"under"。值得一提的是，手势还能帮助学生化解发音难点和语法难点。

例1. 单词behind——发音难点突破

这个单词中间有一个音节hi藏在里边很难发音，我利用手势在空中划一半圆，配合着发

音/ ha/,如右图：

此处的手势有两点用意：

（1）hi意为打招呼，手在空中摆过通常为打招呼的方式，意义匹配不突兀，还有利于单词的拼写记忆。

（2）手空中摆动的时间差刚好能帮扶学生将/aɪ/这个双元音发得更为饱满和圆润。

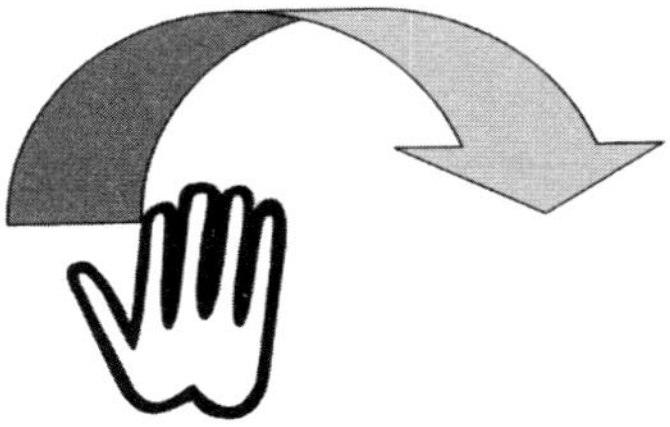

例2. 句型This is…. 与Is this…? ——语法难点突破

在三下教材中，这两个句型是朗读教学的难点，我利用手势巧妙化解。

如图：伸出我的左手捏拳头，这个动作代表单词this,

伸出我的右手食指，这个动作代表单词is,

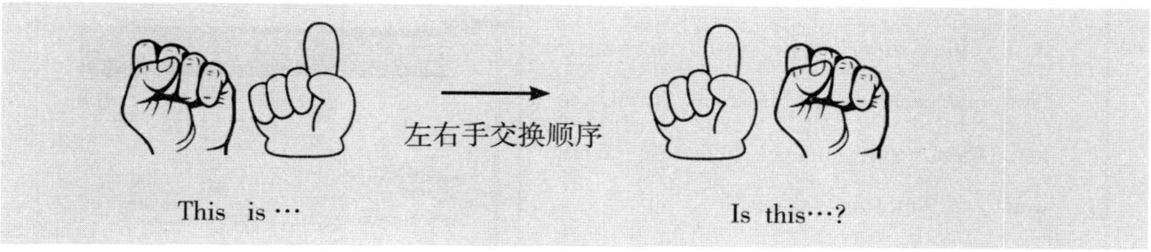

如此左右手配合，设定简单的手势后相互交换，对于“语感敏锐的人”不仅将发音这个难点降到最低，更将意识到be动词在英语句子结构中的重要性，将静态的文字材料变为动态的思维情境。

2.境脉表演：链接“情境”，推进“表达”

语言学习必须是境脉化的，境脉表演能巧妙地促进课内外显性或隐性的语言资源的开发，让学生在真实有趣的交际情境中恰当交流，历练语言表达。它可以发生在任何时间、任何地点、任何文化背景和语言环境、任何由特定人物组成的小团体中，三年级的英语学习亦如是。每一个单词、每一个句子都是一个故事，在创设的场景中，故事的演绎者挥舞双手，淋漓尽致地将故事铺陈和表达。在三下Project 1 My puppy一课中，显性的学习内容非常少，仅是一只爱犬的几个动作展示，但是隐性的学习内容是复习前3个单元的知识要点，于是课题被重新设置为“Super puppy”，教学片段如下：

1. T：Nick is a super puppy. I have a puppy too, how to be a super puppy?	
2. T: First， it should do a lot. Let’ s train it. 学生根据PPT的提示给小狗发出指令。	
3.　道具小狗在教师的手里完成同学们所发出的指令，从而引出诗歌小结：Clever puppy	
4. T：Then super puppy should have many fans, so it comes to our classroom, it wants to make friends with you. Look, here it is. “Wolf, wolf.”　“Shh. Don’ shout.	
5. 学生在创设的情境中不由自主地制止调皮的小狗Don’ sleep. Don’ t drink my milk. Don’ t …从而引出小诗：Naughty puppy	
6. T：Now my puppy is quiet now. It sits on the floor and finds many stationeries. Whose ruler? Whose pencil?	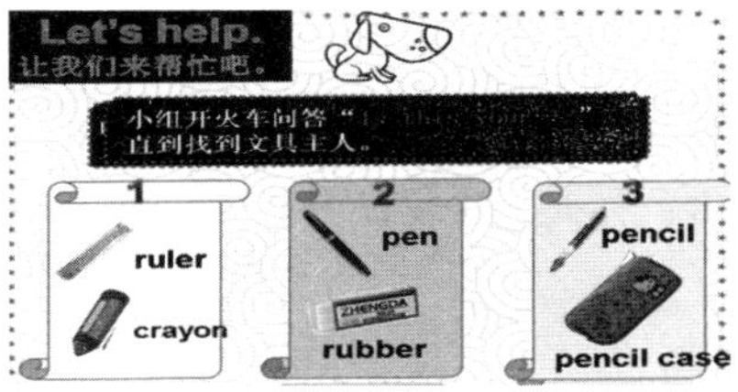

7. 在口口相问的游戏环节中，小狗帮助大家找到了文具的主人，从而引出小诗：My nice puppy	

在这个教学片段中，学生沉浸在“puppy”这一境脉，通过发出指令训练小狗，制止小狗做一些顽皮的动作来完整地呈现“super puppy”的演绎。

最令学生动容的是串联的三首小诗，聪明的小狗令小主人温柔抚摸，调皮的小狗招来小主人严厉地制止，善良的小狗更是令小主人爱心爆棚，在一系列境脉表演中，学生的温柔抚摸，叉腰训斥无一不为交流搭建了更为轻松的平台，更促进了口语表达能力的提升。

3.肢体介人：融合“动作”，传递“意义”

和“手势辅助”同理，学习是身体力行的，动作和运动是儿童早期理解和建构世界和自我的基本手段，是促进高级认知的基础。

在三下教材中，教师可营造一个个有利于“具身学习”的场域，顺应孩子的天性，唤起儿童各自的生活体验，让学生身体力行地去体验和感悟。如动物类单词cow, duck, chicken, pig演一演，动作类单词drink, eat, shout, sleep动一动。我还指导学生利用肢体语言来演绎Rhyme time，既理解了小诗意思，又增加了趣味性，肢体型的具身学习让学生更乐于开口，而且语言更富个性化。

4.情绪互动：投身“有境”，吸引“在场”

王初明教授指出：“无互动便无语境效应，无语境便无明确的意义，无意义便无法驱动外语学习。”

人类交往中最重要的互动莫过于情感的互动，而身体及其活动方式对情绪和情感的形成有着重要的作用。在三下英语教材中，由不少表情型语言和情绪型语言，这些语言能巧妙地表达感叹、应答，表明态度、传达心情、烘托环境、渲染气氛等。

（1）表情型语言

三下第一单元Mike迟到了以及第二单元LiuTao在图书馆做了很多不合时宜的事情，学生在难为情的、懊恼的表情配合下，道歉的语言“I’ m sorry.”脱口而出。

第三单元Mike弄丢了心爱的铅笔，“This isn’ t my pencil.”焦急的表情；“Oh, that’ s my pencil.”失而复得的喜悦表情。第二单元文中Bobby“Don’ eat my cake.”生气的表情等等。

（2）情感型语言

情感型语言指向鲜明，真切地表达人物的内心世界。三下教材中不乏此类例子，如：Welcome to my farm.此处有热烈欢迎小朋友来农场学习的老爷爷；Sam，It’s time for the cake. 此处有Bobby和小伙伴急于分享蛋糕的迫切；Is this/that your pencil?此处有小伙伴间真诚的相助；The bird is in the tree now. 此处有孩子们为小鸟能重回大自然油然而生的欢喜之情。

三年级的学生在交际过程中愿意并大胆地使用表情、情绪等此类具身学习策略能有效地激发交际双方交流的积极性，交际双方很快摆脱“忸怩、拘束、害羞”等不良的交际行为，从而大方得体地交流。

儿童喜欢“在真实情境中探索”、“在亲身经历中学习”。具身学习的引入，开启儿童英语学习的日常课堂生活，使之成为符合儿童本性的“有意思”、更“有意义建构”的学习之旅，形成充满力量的生长场域，儿童兴致勃勃地投入学习活动，喜出望外地发现，乐此不疲地探索，卓有成效地吸收，充满灵性地表达，课堂学习因此具有言语生命动力学意味，必将提升儿童的言语智慧和生命成长。

（尹菊芬）

本文于2016年12月发表于《小学教学设计》

项目三：学习契约
小学生自我导向学习契约的制定与实施

现代社会是一个信息社会、学习型的社会，拥有自主学习能力，能进行终身学习将成为我们处身立世的根本。自主学习是指学习者在学习活动中具有主体意识和认知能力，发挥自主性和创造性的一种学习过程或学习方式。

一、"学习契约"的本质内涵

学习契约（learning contract）：指学习者与指导教师共同协商约定的学习计划。一份完整的学习契约包括学习目标、学习策略、完成学习目标的证据、评价证据的标准、奖励及完成学习目标时间表。本课题特指根据课程或具体学习项目所约定的学习计划，低学段以口头约定为主，中高学段以书面约定为主，强调指导教师、同伴、家长导向自觉完成的动态观察和督促。

小学生自我导向学习契约的制定与实施的目的是：遵循小学生学习心理、学习科学和基本规律，依据义务教育各学科《课程标准》目标体系和实施建议，借鉴学习契约理论，在自我导向学习研究和实践中，与小学生协商建立符合其自身学习能力和水平的学习契约，并运用学习契约激励学生主动学习，使学生在完成任务和解决问题时有具体的目标和路径，也使学习要求更为客观合理。本课题旨在针对小学生学习中独立意识、自主能力不足的实际问题，以行动研究为主要方式，探索小学生主动学习的基本路径和具体策略，建构学生学习新样态，努力使学生成为自觉主动的学习者。

二、"学习契约"的制定建议

1、学习情况诊断

在与学生订立学习契约之前，教师必须调查学生整体的学习情况，了解其学习需求，学生的兴趣爱好是什么，有没有学习的动机，教师对学习目标有没有透彻的理解，对学生学习所需要的教学资源准备的是否充分，资源取得的额途径有哪些等等。

2、学习氛围营造

教师要在全班营造学习的氛围，充分调动学生学习的热情，激发他们学习的内驱力。同时也要关注学生学习中存在的问题，并分析其原因，是教师的，还是其它方面的，譬如是学生主观上不想学还是客观上的原因，教学资源准备不充分，知识目标要求太高，学生个体性学习差异等，并分析如果这些制约条件都得到很好的解决了，学生的这些问题是不是都能够迎刃而解，学生学习目标更明确、更清晰了，学习的氛围也能更好的创建。

三、“学习契约”的创建

(一)协商讨论

自我导向学习要求学生围绕“学什么？”“怎么学？”“学得怎么样？”“怎么证明我已经学会了？”来制定学习目标和计划的协商讨论。这种学习方式的转变对学生来说是陌生的，“学习讨论”可以有效帮助学生自察阅读需要，自估阅读水平，从而促进目标的自我设定。通过“教师—学生1—学生2—学生3—……教师”的多站式学习讨论，引导学生去提炼归纳总结学习计划的共性部分以及适合自己的个性内容.

(二)制定契约

由于契约内容既有面向整个班级的部分，也有指向学生个体的方面，因此需要教师和学生协商讨论，以民主审议的方式决定。

1.明确学习内容。

在义务教育小学阶段，小学生的学习内容主要还是以教材内容为主，所以这就要求教师通读教材，解读文本，根据教材内容，和学生一起商量明确所需学习的内容。可以是一个单元的整体学习，也可以是一节课的教学目标，甚至是教师和学生共同拓展的学习内容。

2.确定学习目标。

学校教育教学的主要目的就是实现确定的“学习目标”。

对学生而言：清晰的目标会激发孩子的学习动力，孩子的积极性和学习兴趣能更好的被调动，激励学生为实现自己制定的目标而努力奋斗。还可以让学生在完成一个目标后，体验到学习成功的喜悦，获得成就感。这种愉悦的心理反应进一步的促使学生不断的继续朝着下一个目标前进。如果没有一个明确的目标，所有学生都很机械的、茫然的、被动的跟从教师开始学习，学生的自主意识将会比较差，这样的学习的效率是比较低的。这个方法更适用于自控能力比较欠缺的学生。

对教师而言：清晰的教学目标对教师能起到促进和约束的作用，也能避免教师课堂上的“随意性”。目标的制定，会促使教师更积极思考如何选择学习策略、学习方法、教学素材等，有效的组织学生去完成它们。清晰的教学目标也会时刻提醒我们教师自查教学的内容、方法、行为是否为我们的目标服务？

同时，教师要引导学生正确认识自己的水平，综合各方面因素，制定合理的目标。如果学生学习目标制定的时间比较长、内容比较多，就需要进一步细化为一个个明确、可实现的小目标。如果师生长期坚持共同明确的学习目标，并在这引导下，学生的视界会更开阔、思维也会更活跃，学生的自主学习意识、自我规划能力和学习积极性都能得到很好的培养。

3.选择学习策略。

在制定学习契约时，我们平时所用的学习策略不是“万金油”，不一定适用于任何学生和任何学习环境，这些都与学生的认知过程和认知能力有密切关系。不同年龄、性别、不同学习态度、不同的认知能力和水平的学生存在差异性，在同等条件下，应该优先选择和训练具体、直观、简单明了、容易理解和操作的策略：如利用想像对课文中的重点语句划线、积极的提问、及时的归纳总结、复述、记笔记等等。

教师要帮助学生树立资源意识，使学生能更高效的利用学习资源来完成自己的学习目标。

4.规划学习进度。

在契约制定的过程中，还应该对所制定的学习目标有一个时间的规划，根据学习目标的大小，确立合适的时长，可以是几天或者几个星期，甚至可以一学期或学年等，这样有助于学生及时了解及明确自己该在什么时间内完成什么学习目标及任务。

5.分析评价标准。

教育的发展离不开教育评价，没有教育评价就无法考量教育目标有没有达成，也无法发现教育中存在的问题，从而无法进行下一步的教学探究。

契约制定的标准是否合理、客观、公正、准确，学生通过自己的努力能不能达到目标，达成的效果怎么样，教师还要更多的思考如何对学生达成的目标进行多元化评价，对学生的评价要由原来仅仅凭借单一的考试成绩，变成全面的素质评价；要注重过程性评价和形成性评价,并积极鼓励学生、家长共同参与。

6.确立评价办法。

学生通过制定学习契约学习后，学生取得的学习成果有确定性的，也存在着不确定方面。对前者可主要采用定量评价，对后者可主要采用定性评价，因此，在评价方式上要彻底改变以前由学生单一的考试成绩的评价方式改变成将评价渗透到每一个教学的环节中，将学生平时学习的表现、同学之间的评价、学生自我评价、老师的评价、学业考试成绩等结合起来，全面地、客观地进行综合评价，使教学与评价能真正地促进学与教的协同发展。

7.协商评价奖励。

教师可以与学生协商，如果学生的学习目标达成了契约所制定的，教师可以给予一定的奖励，奖励的方法分为两种：非正式奖励：教师赞许的眼神、学生群体的鼓掌、教师的微笑、学生的赞美等。正式奖励：文具用品、奖状、学习积分换奖品、免作业券等等。

一份好的学习契约应具备以下几个特点：首先，学习目标和评价标准明确；其次，学习契约的范围要适当；最后,学习契约的时间期限要具体、适当，时间期限不宜太长。为了提高学习契约的有效性，在学习契约实施开始前，教师和学生应根据实际情况对学习契约进行反复思考及商讨，学习契约实施过程中教师要时刻关注学生具体的学习动态，如发现问题应及时修改学习契约。

四、学习契约的动态观察

虽然学习契约主要依靠学生自觉自主地去完成，但这种自主不等于对学生不闻不问，教师的指导也是必不可少的，也是确保学生能养成自主的必要条件，而且学生在学习过程中遇到问题时，教师、同伴、家长也须发挥指导者、帮助者、关怀者的作用。

1、教师动态观察建议

在学习契约的过程中，教师的作用不可或缺，教师要督促学生按时按量完成学习任务。在学生需要时给予帮助和指导,不能把学习任务全部丢给学生。学习契约的制定只是学习契约实施的开始,要想获得成功还需要教师的指导、督促和师生间的相互交流。教师可以采用群内打卡、21天计划、学习日志或者学报分享、积分制度等来及时了解和掌握学生学习的情况。

2、学习同伴的观察建议

学生在学习的过程中，同伴的作用不可小视，同样同伴反馈也是一种锻炼学生批判性思维、提出和接受反馈和提高学习主动性的教育方式。在学习过程中，教师可以采用以下方式①结对互学，实现优势互补。把全班学生按“优秀互补”的原则，根据学习情况、兴趣爱好、动手能力、组织水平、领导能力、遵守纪律等情况进行合理搭配，分成不同的学习小组，小组成员分工协作，小组成员分工协作，保证学生在学习的过程中能各司其职，从而达成共同的学习目标。②同伴竞学 学生在学习的过程中，或多或少的都有自己的同伴，并把他们作为自己的竞争榜样。教师要利用好这种同伴竞争效应，充分发挥积极的榜样作用，根据学生学习能力、学习情况等不断优化教学手段，激发起学生的竞争意识，形成比、赶、超的学习样态，从而切实提高同伴竞学的成效。

3、家长的观察建议

家长是孩子学习、成长过程中不可缺失的关键人物，家长在整个学习契约的过程中，起到了协助、督查的作用，当学生碰到困难时，家长要给予更多的鼓励和正向引导，使学生认识到这种困境只是暂时的，克服以后，胜利就再向他招手。当学生学习有成果了，家长应该站在孩子的角度，为其而高兴并提供适切的奖励。当学生学习出现松懈、抱怨等现象时，家长更要及时的关注、督促，消除学生的懈怠思想，使他有能力和勇气继续努力学习。

五、学习契约的评价反思

学习契约强调学习目标、内容、过程的个性化即可协商性，但这并不排斥执行学习契约的强制性。学习契约实质上是一种协议，作为协议就必然带有一定的强制性。但这种强制性是自主意义上的强制，主要作用是驱动学生完成学习任务。教师必须协调好学习契约的强制性与协商性，让学生既有学习的自主权又有学习的责任感。

当某一项学习契约活动结束后,师生共同就学习契约以及学习目标完成情况进行评价，这时的评价应该是多元的，既有过程性的，也有总结性的，既有对目标完成情况的量化，也有对目标提升空间的优化，其中学生的自我评价是评价活动的重要部分。

例如在语文的阅读上，对学习契约的评价可以体现在以下几个方面：

1.提交口头读书报告；

2.结合阅读内容，制作出阅读内容里的模型；

3.提交阅读笔记或者日志，记录阅读感悟或者阅读进度；

4.教师根据学生的阅读笔记或者日志，提出问题，全部讨论，并随机点名学生回答，根据回答来判断学生是否完成阅读目标。

在评价完成之后，师生及时修订学习契约，为进一步的学习做准备。

在学习契约中,教师的角色发生了很大的变化。能否顺利实现角色转换,为学生提供适当的指导是学习契约成功与否的关键。为了使学习契约真正起到作用,教师应注意以下几个问题:

1. 让学生认识到学习契约的意义

2. 帮助学生提高学习契约的有效性

3. 教师要担当好指导的责任

六、学习契约的年段实施建议

在小学阶段，学习契约的制定还要考虑到不同年段的实际情况。

学习契约的类型：低学段主要以口头约定为主，中高学段以书面约定为主；

契约的时长：有长期与短期；低年级主要以短期为主，中高学段可以长期、短期相结合的原则。

家长指导程度：低学段主要以督促为辅，辅导为主，中高学段以督促为主，辅导为辅。

总之,学习者在制定自己的学习契约时,经历着自行选择学习方向、确立学习目标、规划学习资源和学习策略、自行承担学习责任等一系列个性化学习历程。因而， 学习契约在遵循学习者个性化需要,尊重学习者兴趣的同时促使学习者完整地沉浸于适合自己的学习中,使学习者在学习上更具独立性、责任感和自我管理的技巧， 最终有效地改变学习者被动接受者的角色,使学习者积极主动参与建构知识的学习,使学习成为自主学习。

（陈玉圣）

学习契约案例与实施
一卷读书馆·《世说新语》
——六（4）班笔记小说学习契约

学习契约指导者：施萍一

学习契约制订者：六（4）班学生

学习契约实施时间：2018–2019学年第二学期

一、学习目标

选取《世说新语》中充满智慧的人物故事，特别聪慧的少年儿童故事，带领儿童浅显接触文言短篇；以“趣读”（有节奏地朗读）——“简评”（抓住文中细节简单评价人物）——“实践”（完成习题，文言仿写）的思路，在轻松、有趣的氛围中，留下文言短篇学习深刻的第一印象。

二、学习策略

1.读的策略。

在教师指导下，学生总结归纳读的策略：

朗读三到：眼到、口到、心到

默读三个一：一分集中的注意力、一个想动的脑子、一支勤奋的笔。

2.说的策略。

自由表达：我的观点是……，理由为1……2……3……；我从……体会到……，联想到……；这句话用了……手法，好处是1……2……。

互动交流：我同意**的观点，我还想补充……；我不同意**的看法，我认为……，理由为1……2……；听了**的发言，我的启发是……；

3.写的策略。

仿写：学习文本的语言形式。

创写：由文本的语言形式，进行拓展延伸。

三、学习内容

《世说新语》

1.智慧少年篇（8篇）　　　　八课时

2.曹操杨修篇（3篇） 三课时

3.巧于用短，拙于用长（1篇） 一课时

4.陶母退鱼责子（1篇） 一课时

四、学习计划

（一）课时安排

1.课程与课程内容介绍 第一课时

2. 智慧少年篇 第二至第七课时

3.曹操杨修篇 第八、九课时

4.巧于用短，拙于用长 第十课时

5.陶母退鱼责子 第十一课时

6.总结评选 第十二课时

（二）学习进度

1.当周二下发阅读材料，进行前置阅读，并明确要求。

2.当周三课程时间，学习步骤：

（1）趣读

（2）简评

（3）测评

（4）仿写

（三）学习目录

1.徐稚设譬答问

2.覆巢之下，焉有完卵

3.钟会汗不敢出

4.谢道韫咏雪

5.曹植作《七步诗》

6.王戎观虎

7.庾亮大儿举止雅重

8.巧于用短，拙于用长

9.韩康伯少年成器

10.聪明反被聪明误

11.人啖一口

12.绝妙好辞

13.陶母退鱼责子

五、学习评价

一读：1.朗读三到（ ） 2.默读三个一（ ）
二说：1.发言次数（ ）2.发言掌握范式（ ）3.发言有质量（ ）
三写： 1.会仿写（ ） 2.能创写（ ）
评价方式：1.一读、三写以打星方式评价，分别评1星、2星、3星； 2.二说，以画“正”字方式评价。 3.自评、互评、师评相结合。

六、学习展示

从读、说、写中选择一种能力，展示自己的学习结果。

七、学习奖励

1.学期结束，按照20%的比例，评选“优秀学员”。

2.评选“优秀学员”的证据为每次的学习评价，进行累积得星数，正字。

3.学习评价如果出现相同的情况，进行民主推荐和自我推荐，推荐理由充分者胜出。

（施萍一）

《我是小小讲解员》
——口语交际学习契约

学习契约指导者：周韵诗

学习契约制订者：五（5）班学生

学习契约实施时间：2019-2020学年第一学期

“契约学习”是通过由学生与指导教师共同拟定的书面协议来确定学生的学习目标、达到目标的方法和策略、学习活动进行的时间、完成活动的证据及确认这些证据的标准等内容的一种学习方法。具体来说，学习契约中规定了学习者将要学什么、怎样学以及如何检验学习是否达到了学习目标，为学习者有效地开展自主学习提供了基本框架。

学习契约的内容因人而异，形式也不完全相同，下图是我班口语交际的一个学习契约。

口语交际：我是小小讲解员	
学生	
学科	
讲解内容	
讲解目标	
自我评价	
完成时间	

一、学习目标

首先分析学生基本情况，确立学习目标。学生对于文化遗产，名胜古迹是有一定的了解的，本次活动要能够做到围绕主题编列提纲，有条理的进行脱稿讲解，同时做到语气、语速适当，还可以用动作、手势帮助讲解。为了使讲解更有吸引力，同学们还可以配上相关展板、图片和视频等。

接着围绕学习目标讨论确定评价学生达到学习目标的依据和标准。

（1）能围绕主题进行讲解，语言流畅自然。

（2）条理清晰，语气、语速适当，具有一定的吸引力。

（3）能够利用展板、ppt等工具，讲解生动有趣。

二、学习策略

确定目标后需确立学生可利用的资源和可采取的策略。例如可以利用书籍、网络等查找相关资料，还有书上课文中能提供的资料信息。同时学生亦可采取合作学习的策略进行分工、协商和互评。组内学生可以根据评价标准对自己和他人的讲解质量进行评价并修改提高，以此更好地完成个人学习契约。

三、成果展示

举办十佳讲解员比赛，通过小组选拔、代表展示、学生投票的形式展现学生的学习成果

四、反思延伸

上述案例表明，学生在制定学习契约后，通过适合自己的自主学习过程，提高了个人的口语交际能力，进而提升了自身的语文素养，今后可采取这一方式探索口语交际教学和更广泛的语文教学。

利用学习契约进行学习是一种教师外在需求与学习者内在兴趣、需求的谈判和协调过程的产物。在实施学习契约的过程中，学习契约的签定并不意味着任务完成，教师要关注它的实施过程。教师可以通过引导、启发、鼓励、督促等手段，例如鼓励家长参与对学生完成度的评价，帮助学生提高学习契约的有效性。

（周韵诗）

契约学习：建构实践型语文课程的有效途径

语文是一门实践性课程，实践是其课程学习的基本特征、基本属性。随着语文教学改革的深入，我们逐渐在与“内容分析式”的讲读教学说“再见”，相应地，学习如何运用语言文字则越来越得到重视和突出，建构实践型的语文课程教学日益得到广泛关注。

建构实践型的语文课程教学，提高语文实践的质量，使学生达到叶圣陶所说的境界：“能够自己去探索，自己去辨析，自己去历练，从而获得正确的知识和熟练的能力。”意味着要最大可能地去激发学生的个性与潜能，意味着要真正提高学生自主学习语文的能力，总之，要从根本上去改变学生传统的语文学习方式，而以人本主义哲学和心理学为理论基础的契约学习正具有这样的特点。

契约学习由美国成人教育家M.诺尔斯（M. Knowles）在综合终身学习、个性化教学、自我导向学习等理论的基础上提出。它最初被运用于美国、加拿大、澳大利亚等国的正规或非正规的成人学习情境中，被认为是“最有效的学习方式”，被证实为“其他学习方式的理论基石”。近年来国内外出现了把它应用于基础教育改革的尝试，并取得了不少成功案例。

契约学习是否适用于小学生？是否适用于建构实践型语文课程？笔者结合小学高年段语文学习特点，尝试以契约学习的方法指导学生进行读写实践，以探索提高学生自主学习语文能力、提高言语实践质量的有效途径。

一、实践型语文课程建构中契约学习理论的运用

契约学习以学生为中心，以学习者的特点为出发点，本身就是一种实践学习法，而实践型语文课程的核心正是学生语文实践能力的培养，因此，可以在实践型语文课程中借鉴运用契约学习理论。

（一）为建构实践型语文课程提供理论基础

契约学习的主要价值在于它彻底改变了传统教学无视学生个性发展的弊端，旗帜鲜明地树立了“让课程与学习适合每个学生”“为每个学生‘量体裁衣’”的课程理念。这为建构实践型语文课程提供了理论支持：

1.学习得到明确的分责。契约学习的载体是学习契约。所谓学习契约是由学生与指导教师共同拟订的书面协议（即学习计划）。它确定了学生学习的目标、达到目标的方法和策略、学习活动进行的时间、完成活动的证据及确认这些证据的标准等，一方面使学生意识到自己的学习责任，驱动学生努力去完成语文学习任务，另一方面使教师成为指导者、协作

者、支持者，学习得到分责落实。

2.学生要对学习倾注全部。契约学习充分考虑学生自我实现的需要，充分挖掘学生的主观能动性，激励学生的创新精神和创造能力，这就使得学生在语文课程学习时，要卷入自己的全部生命，包括情感、心理与智能。

3.学生个性得到深层关注。每个学生都要根据自身实际制订学习契约，因此，契约学习使教师在深层次上真切地关注学生的特殊需要和个别要求，准确地把握学生在语文学习方面的差异。契约学习中学生的个体差异不再被排斥，而是被接受，学生的价值与尊严得到了呵护，每个学生天赋潜能的发展得到了重视。

（二）为建构实践型语文课程定位学习路径

实践型语文课程中，学生应当具备怎样的自我学习能力？可以从诺尔斯将传统的儿童学习者与契约学习中的成人学习者进行的对比得到启示。

项　目	儿　童	成　人
学习者概念	依赖性	独立性，自我指导性
学习者经验	极少	丰富的学习经验
学习者准备状态	基于物质的，精神的、社会的发展	基于需要
相关性	将来应用	立即应用
课程环境	以科目为中心，以权威为导向，正式的，竞争的	以问题为中心，协作的，非正式的，各自的
计划性	靠教师	相互
诊断需要	靠教师	相互和自我诊断
课程设计	根据课题排列，以内容为中心	根据需要安排，以问题为中心
活动	信息的传送	实践方法
评价	靠教师	相互

从上表我们可以发现：儿童学习依赖性较强，缺少学习经验，没有立足于实践需要等等问题，这也正是目前基础教育改革亟待改变的现实问题。而成人学习者独立自主学习，学习中以问题为中心，相互协作等，也正是实践型的语文课程中儿童的具体学习亟待改进的目标。因此，基于契约学习理论，可以重新定位儿童的学习路径：

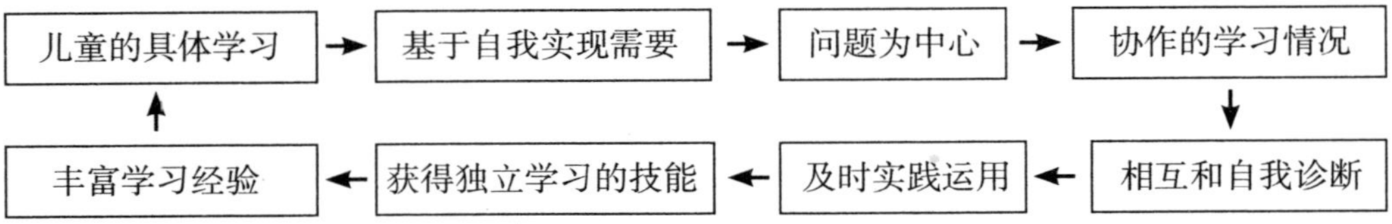

儿童的具体学习在契约执行中，经过一系列学习实践，逐渐获得独立学习的技能，不断丰富学习经验，这是一条循环往复的学习路径。

（三）为建构实践型语文课程提供方法途径

诺尔斯对契约学习（contracting learning）下的定义是：“契约学习，它以过程计划取代了内容计划，规定了学习内容将怎样被学习者掌握（过程计划），而不是规定学习内容将怎样被传递（内容计划）”。这样的一种语文学习过程，为建构实践型语文课程提供了两条重要的方法途径：

1. **从本质上转变师生角色**。契约学习中，教师要从传统的知传授者和学习控制者转变为学习的协助者和资源的提供者。教师有了一份明确的责任，即推荐学习资源、督促学习过程、提供精神支持、分享学习经验及评价学习效果等，关注的焦点也应从学生是否按照自己确定的方向学习转变到学生在把握自我学习方向上的主动性提高了多少。在契约学习中，学生的角色也要由学习内容的被动执行者和教师命令的服从者转变为学习策略和资源的策划者和执行者。学生的学习责任意识提高，要思考想学及如何学的学习契约，要拟订学习进度和完成时间表，在有困难时，要主动寻求帮助以解决问题，并根据学习契约进行自我评价等。

2. **真正实现学习意义的自我构建**。夸美纽斯认为，传统的教学方法就是“用别人的眼睛去看，用别人的脑筋去使自己聪明”，教师传授的仅仅是带着坚硬外壳的明确知识，学生难以打破知识的外壳，不能获得知识中有价值的内核，当然无法内化成为自己的知识，也就无法形成自己的能力和素养。契约学习的过程要求学生紧紧围绕“学什么？”“怎样学？”“学多久？”“学会的证据有哪些？”“怎样证明学会？”五个方面进行执行，这突出体现了崔峦老师提出的转向“以策略为导向，以实践为基础”的语文教学的特点；契约学习的目的，就是使学生自己发现知识，完成学习意义的建构，获得语文技能与经验。

二、实践型语文课程建构中契约学习指导模式的探索

上海市教育科学研究院杨四耕研究员在《契约学习的理念与实施》一文中指出：契约学习可以有多种操作模式。从时间上看，学习契约可分为短契约、长契约和中契约；从学习模式上看，契约学习可以是以教师为主的指导模式、家长为主的指导模式和自学为主的学习模式。

笔者具体结合《三亚落日》一课的教学，阐述契约学习对建构实践型语文课程的促进作用。本课例面向的是小学六年级学生，并且从时间上来讲，属于短契约，以此探索以教师为主的契约学习指导模式。同时，这一指导模式基于实践型语文课程建构，是对契约学习理念、过程、模式的一种借鉴运用。

（一）明确学习责任，增强自主驱动

在课堂学习的半周前，指导学生制订《三亚落日》的学习契约，内容如下：

《三亚落日》学习契约表

学习者：____________ 指导教师：____________ 签订时间：__________

你将要学习什么（学习目标）	你将怎样学（资源与策略）	完成日期	你将怎样知道你学到了（证据）	你将怎样证明你学到了（证明）

为确保学习契约的合理化与科学性，指导方法如下：

1.**依据本体性内容确定学习目标。**本课的本体性内容有两个层面：一是体会作者是如何运用语言的，即课文作者是怎样用比喻的方法记录落日三个精彩镜头，生动描写落日热烈、温和、优美景色的；二是学会运用语言来描绘一个日出的镜头。从而引导学生从“学习表达”和“表达实践”两个层面确定自己的学习目标。

2.**围绕主题恰当选择资源和策略。**台湾的阅读课讲究方法策略的指导，是因为有大量课外阅读实践作为有力支持，这一点非常值得我们学习。因而，结合确定的两个层面的学习目标，可以指导学生围绕主题来恰当选择资源和策略。比如围绕“落日”主题，推荐学生阅读《日落》《夕阳透入书房》《家园落日》《追寻小昆山的远古“夕阳”》；围绕“日出”主题，推荐学生阅读《海上日出》《日出》，并建议学生摘录描写生动的语句、朗读分享等。

3.**根据学习的不同任务确定学习进程。**根据课前、课中、课后划分完成学习的时间节点，比如课前，将阅读、积累、生活观察等进行有序安排；课中和课后相应完成两个层面的学习目标，可以作限时计划。这样就能张驰有度地完成不同的学习任务。

4.**结合自身特点提供证据和选择评价方法。**指导学生根据自身特点，收集学习信息（积累文中精彩语段、摘抄板书等），形成学习成果（背诵、笔记等），让评价人员（教师或同伴）看到重要的学习证据（运用文中方法，写一段日出的景象）。

契约一经确定，便具有了某种“协议”或“合同”性质的刚性约束力，是必须完成的，也是有一定质量检测要求的，要明确学习责任，增强学生内在驱动。

（二）执行契约学习，深化读写实践

《三亚落日》契约学习过程中，教师“让学”“导学”“共学”“研学”，使“教”瞄准

学的“靶心”；学生“自学”“互学”“共学”“研学”，使“学”瞄准实践的“靶心”。

1.镜头一“快乐的孩童”：“自学”——“导学”——“互学”

围绕“哪些语句写出了孩童的快乐？”学生进行阅读实践。先自己找一找，然后小组讨论交流，在此基础上组织全班交流，引导学生在共同交流和同伴互学中去发现作者语言的特点：“抖落赤朱丹彤”，表达出太阳洒下光芒红得不单调，有浅有深，丰富，有层次感，而“溅出无数夺目的亮点”，又表达出海面上有丰富的不同层次的红之外，还金灿灿亮闪闪的。作者进而用“金红一色，热烈一片”描绘出了这种景象的极富感染力。

2. 镜头二“大红灯笼”：“自学”——“研学”——“导学”

围绕“落日成了大红灯笼，哪些语句写出了变化？”学生进一步深入阅读。学生先默读镜头二，边读边圈一圈，体会作者是如何表达的；然后进行讨论，围绕这一点展开研究，然后再全班交流，教师引导学生抓住“夕阳的光芒在收敛”、“夕阳在慢慢地下沉”、“大海失去了原色的情景”进行高质量的品读，学生聚焦核心问题进行“研学”，当碰到思维障碍时，教师给予点拨、提示等“导学”，使学生能有真实的学习行为发生，并获得真正的提高。

3. 镜头三“跳水员”：“自学”——“互学”——“研学”

围绕“这是一位怎样的跳水员？”学生有理有据地进行评价。学生的“自学”体现在自读、练说，再通过全班交流促进“互学”，引导学生在刚才的基础上，抓住“敏捷、轻快”“水波不惊”“悄然无声”等关键词，有理有据地表达出自己的发现，品读出作者表达的妙处，使思维又深入一步。

这样，围绕“怎么写落日”就呈现出一个层层推进的教学组织过程，因为有契约的约束力，“自学”“导学”“互学”“研学”最终都帮助和促进了学生主动地读，并努力在读中采取有效的策略，努力发现语言表达的特点和规律，并尝试形成概念或语言支架，以帮助自己完成第二层面的学习目标：

1.欣赏了三亚的落日，你在期待什么?

2.海上日出会是怎样的呢? 我们来欣赏几个镜头。

3.拿起笔，选择其中的一个镜头，在习作纸上写几句话。

在完成这一学习任务时，学生要抓住日出的一个镜头描写太阳的色彩、姿态，写出周围景物的意境，恰当地运用比喻的手法。这是对第一层面学习目标达成的实践运用，也是学生对自己达到学习目标能提供的最重要的证据。

（三）互动评价促学，实现迁移运用

在契约学习中，评价真正得到了落实，并且促进了语言的迁移运用。

1.评价标准明确显性。评价人员严格对照评价依据对学习效果进行测评。比如，在《三亚落日》一课的学习中，要对学生提供出的重要证据，即以“日出”为题，迁移描写的一段话进行学习效果的评价，评价人员就要对照以下核心的要素来一一测评：①至少是几句话（一段话）②恰当运用比喻手法③描写出太阳的色彩、姿态④描写出周围景物的变化。这样的评价，是直观的，是显性的，也是便于操作的。

2.评价过程具体直观。比如，对照“恰当运用比喻手法”进行评价，可以用数据统计的方式来表示：全班47名学生，其中有32人将太阳进行形象化的描写，比作“红衣仙子”“顽皮的孩子”“大火球”“害羞的姑娘”“举重运动员”“即将登台的演员”等，写出了日出时太阳的不同形态。这样的评价结果丝毫不含糊，对于未做到的15名学生来说很容易能看到自己存在的问题，并能快速进行修正完善。

3.评价注重迁移运用。契约学习的评价人员为教师、学生自己或同伴，在评价中紧紧围绕“她是怎样写的？”“怎样写更好？”等问题，进行互相交流，教师点评，佳作欣赏，名篇导读，使学生深刻领会“这一课”的写话要点，巩固“这一课”的语文概念和语言支架，有效完善和优化自己的写话，进一步形成迁移能力。

华东师范大学郑桂华教授指出“语文核心价值”，还在于便于上升为“类概念”，即可以迁移，用于理解同一类文章、同一种语言现象。在高年级语文教学中，以契约学习的方法来达成读写的目标，将有效促进将“这一课”获得的语文学科经验和语文学科能力运用到相类似的或者紧密联系的“这一类”文章和语言现象中，来稳固经验，形成能力。

三、实践型语文课程建构中契约学习探索的反思

为提高契约学习在实践型语文课程建构中的效果，教师应注意以下几个问题:

（一）引导学生真切理解“契约”

教师要帮助学生了解契约学习对语文学习的意义，认识契约学习的价值，使学生产生内部动力从而将学习进行下去。在此基础上，才能与学生订立契约关系，不能为了契约学习这种形式，不管学生的愿意与否，强迫学生订立学习契约。

（二）指导学生制订有效“契约”

教师要指导学生依据语文的学科核心内容来制订学习契约，删繁就简，一课一得；同时，要指导学生结合自身特点，来选择学习方法和策略，形成相应的语文学习成果，提供重要的语文学习证据。契约学习的过程中教师要考察学生的学习情况,如发现问题应及时修改学习契约。

（三）发挥教师指导协助责任

采用契约学习法，教师一方面要避免让学生纯粹自主，另一方面在“让学”之际更要做到“先学”，掌握更多的学习资源，对学生的学习困难进行科学预判，以便在学生需要时给予有力的帮助和指导。教师还要承担起监控学生学习的责任,及时进行学习反馈，组织学习分享，督促学生按时按量完成学习任务。

（四）统一强制性与协商性

契约学习强调学习目标、内容、过程的个性化即可协商性，但这并不排斥学习契约执行的强制性。学习契约实质上是一种协议，作为协议就必然带有一定的强制性。但教师必须协调好契约学习的强制性与协商性，让学生既有学习的自主权又有学习的责任感。

综上所述,结合小学高年级学生以及语文课程的特点，合理组织契约学习，就能使其在语文基础教育改革中发挥有益的作用，提高学生自主学习语文的质量。可见，契约学习，不失为是一条建构实践型语文课程的有效途径。

（施萍一）

基于学习契约的小老师微课堂实践与反思

有学者研究表明，不同的学习方式产生的学习效果存在很大差异，其中，教师讲授、演示，学生对学习内容的平均回忆率分别为5％、30％，讨论、实践，学生的平均回忆率分别为50％、70％；学生教他人学，学生的平均回忆率分别为95％。研究数据显示，学生教他人学的学习效果是最好的。这一研究数据为开设小老师课堂提供了理论依据。

另外，在班级授课制的制约下，学生的学习内容与学习方式相对统一，学生个性化的学习需求无法得以充分满足，学生的学习兴趣、学习动力受到了一定程度上的压抑。小老师微课堂的开设，能较好地满足这一现实需求，为学生个性化学习、综合素养提升提供全新的学习途径。根据小学生的年龄特点和学习能力，为了更好地维持学生的学习热情，提升小老师微课堂的学习效益，我们在学习实践中引入了学习契约这一学习工具。

学习契约是指学习者与指导教师共同协商设计的学习活动书面计划。一份完整的学习契约包括学习目标、学习策略、完成学习目标的证据等。基于学习契约的小老师微课堂，是指学生基于教材文本主题，进行自我导向的拓展学习，运用学习契约进行学习过程管理，以微课堂形式分享学习成果的一项综合性的学习实践活动。学生是学习实践活动的主体，师生双方通过签订“学习契约”，培育学生的目标意识，导引学生自主学习、自主管理，帮助学生建立学习自信心，建构学习策略、方法，促进学生不断反思改进。

一、基于学习契约的小老师微课堂案例呈现

笔者任教三年级英语教学时，开启了基于学习契约的小老师微课堂实践探索。以三年级英语教材的单元主题为基础，引导对相应话题感兴趣的学生自主进行拓展学习。例如，一学生对译林版小学英语三年级上册Would you like a pie?这一单元的食品话题非常感兴趣，在认识了cake, pie ,hot dog, egg这些单词后，想进一步学习其它食物的表达，尤其对中式早餐食品感兴趣。于是他主动申请加入小老师微课堂项目。整个过程经历了以下几个阶段：

1.小老师微课堂契约制定

基于学生学习需要和兴趣，经师生协商，我们将学习主题确定为My breakfast，并拟定了相应的学习目标：学习荷包蛋、年糕、粥等中式早餐类单词；学习询问、介绍早餐的相关句型；能把自己的学习成果用微视频的方式分享其他同学。为了实现这一学习目标，学生积极

寻找学习资源，制定了翻阅书籍、网络查询以及请教老师、父母、同伴等学习策略来达成这一目标，并承诺一周内完成自主学习并提交小老师微课堂视频。以上契约内容确定后，师生双方签字确认。书面协议的签订，使得小老师微课堂这一学习实践活动更具使命感，学生的责任意识增强了，能够根据制定的目标要求，一步一步去践行自己的计划与承诺。

2.小老师微课堂过程管理

学习契约内容确认后，学生根据学习主题My breakfast以及自身早餐的主要食品进行自主学习，在教师、家长和互联网的帮助下，习得了荷包蛋、年糕、粥、牛奶、樱桃等单词及相关句型的英文表达，在一段时间的巩固后，学生向教师反馈自己的学习进程与成果，学习测评通过后，学生开始策划教学方案，包括教学场景选择，教学材料准备，教学过程设计等。

3.小老师微课堂成果发布

在小老师录制微课堂视频前，笔者与学生多次探讨教学方案，既保证教学的科学性，又充分尊重学生的原创性，为学生顺利录制微课堂视频提供支持。学生根据策划方案，选择合适的教学场景，准备相应的教学用具，在家长的协助下，进行小老师微课堂录制。视频录制完成后，先由教师负责审核，审核通过后，在班级学习群内进行发布，供同学们分享学习；若一审不通过，则提出修改意见，指导小老师进行再修改。小老师微课堂教学视频分享后，小老师根据学习内容提出相应的问题或学习任务检测同学们的学习情况，进行再指导。

4.小老师微课堂评价反馈

课后，老师通过问卷的方式，帮助小老师了解同伴、家长、老师对My breakfast这一微课堂的学习感受与建议，以便更好地改进学习与教学方式。同伴评价：小老师的准备工作很充分，亲自制作了食物，制作了单词卡片等教具，让课堂变得丰富且有趣。通过小老师微课堂的学习，掌握了荷包蛋、年糕等新单词，自己也想去积累一些新单词。课堂上，小老师的语速还要再慢一些，让同学们有学习和思考的时间；准备的内容还可以再丰富些。家长评价：确定学习主题后，孩子能利用网络查找单词读音自主进行学习，自己制作教具，构思教学过程，拍摄教学视频时觉得不妥当的地方，能够与我们进行协商灵活改动。孩子亲历了整个过程，不但自己掌握了一些食物的新单词、新句型，而且能站在听课孩子的立场，优化细节，便于他人学习接受，成长了不少。教师评价：学生能够根据自己的学习兴趣，主动申请参与小老师微课堂项目。与老师签订学习契约后，能够坚定地朝向目标按计划进行自主学习，教学设计与呈现。在整个学习过程中，不仅学习力得到了提升，自我管理能力、方案策划实施能力等都得到了锻炼与提升。这是一种“以教促学，以评促教”的学习样态。学生的“教”促进学生的“学”，全方位的“评价”又促进学生更好地“教”，循环往复，螺旋上升。

5.小老师自我反思改进。

小老师微课堂视频分享后，小老师积极收集反馈意见，根据同伴、家长、老师的评价反馈意见以及自己亲历的感受，及时进行“教学反思”。反思学习契约的执行情况，制定的学习目标是否达成；反思学习过程和教学过程中的问题。完成教学分享后，小老师写下了如下反思：确定了学习主题My breakfast后，学习了自己想要了解的单词，但把学、记单词当成了主要任务，所以内容很单一，在以后学习的过程中，可以多了解单词和句子背后的故事，把这些生动的故事分享给同学们，这样学习和教学都能变得更加有趣。小老师的自我反思，使学习活动不断走向深入。

二、基于学习契约的小老师微课堂的改进策略

在学生踊跃参与小老师微课堂项目的过程中，教师、家长都充分感受到学生的成长，但是客观地分析目前已完成的几个小老师微课堂项目，笔者认为在小老师微课堂的组织形式、目标确定、过程支持以及效益提升等方面还需要进一步改进与研究。

1.组织形式：

从一人一项走向多人一项。从本文中列举的案例中，可以发现，较早期的小老师微课堂项目充分尊重学生的学习兴趣，充分给予他们个性化学习的空间，做到了一人一项目。但是在实施过程中，笔者发现，这对学生和教师的挑战都是巨大的。对于教师来说，精力是有限的，在做好日常教学工作之余，同时应对多个小老师微课堂项目，指导、管理等工作的质量就会下降；对于学生来说，一个人独立完成一个项目，同样承受着比较大的压力，整个过程多与教师、家长沟通，缺乏同伴之间的交往与启发，学习活动缺乏动力。因此，小老师微课堂的组织形式可以从一人一项调整为多人一项，将兴趣相近的学生组建成项目学习小组、学习共同体，同伴之间相互支持，共同协商，轮流执教，使得这一学习活动更生动，更深入，更有效。

2.目标确定：

从关注学科知识走向关注学习过程。小老师微课堂借助学习契约引导学生自我确定学习目标、管理目标、达成目标，但是由于受到“小老师”这一身份的吸引，学生的目标往往会发生偏差，把注意力放到学习知识的呈现与反馈上来，重视小老师微课堂的视频录制而忽视了学习过程的自我管理和学习质量的提升。因此，“小老师微课堂”这一项目的意义，还须让学生进一步领会。只有重视了学习过程的管理，才能有更好的学习表现和学习结果。

3.过程支持：

从方向性支持走向实质性支持。小老师微课堂学习实践，是学生自我导向的综合性的

学习经历。在学生自主学习的过程中，学习材料的选取、教学资源的选择起着非常关键的作用。虽然学生是整个学习活动的主体，但教师还是要积极发挥主导作用，不仅要为学生辨明方向提供指导，更要为学生选择学习资源提供实质性的支持，为学生形成方法、策略提供具体化的指导。

4.效益提升：

从结果分享走向过程分享。学生学习成果的反馈方式比较单一，仅仅通过小老师微课堂视频反馈学习成果不能够全面展现学生的学习过程及全部成果，无法真正体现小老师微课堂学习实践的真实效益，也无法真正触动受众，引起共鸣。在学习实践活动开始时，教师就应引导学生及时留下过程学习的印记，比如做好学习日志，把每次的学习内容和学习心得及时地记录下来，学习任务完成后，及时整理好主要内容，编制成相应的学报、海报，发放给同学，让其他学生有“材”可依，有“法”可寻，真正浸润到小老师微课堂的学习中，在深刻的体验中产生顿悟，形成适合自己的学习方向与学习策略。

三、基于学习契约的小老师微课堂的价值向度

1.激发学生的学习内驱力

在实施小老师微课堂任务的过程中，通过学习契约的制定，学生进一步明晰了自己要学什么、怎么学、如何检验学习情况，学习是学生自我发起的，整个过程实现了学习目标自定，学习内容自拓，学习过程自管，学习效果自评。学生从“依靠教师”转向“自我”和“相互”，从“被动接受”转向“自我导引”，整个学习实践过程是一个不断习得、反思、内化的过程，这不仅满足了学生的学习需求，激发了学生的学习热情，培养了学生自我管理和自我评价的能力，还帮助学生形成了程序性的学习经验、方法和策略。基于学习契约的小老师微课堂实践，引导学生从课堂走向课外，从课本走向主题，从共性走向个性，从学习研究走向运用实践，从真正意义上推进了学生自我导向学习的进行。

2.支持学生的个性化发展意愿

基于学习契约的小老师微课堂给予了学生个性化学习的可能，学生的学习权力得到了充分地尊重，在老师、家长、同伴的帮助与支持下，学生可以根据个人的兴趣与需求，选择感兴趣的学习内容，制定恰切的学习目标，择取适宜的学习方式、学习资源等，学习过程中根据个人的学习能力、学习状态，能及时总结、反思自己的学习进程、学习效果，调整学习计划与策略，改进学习行为，留下个性化的学习印记，形成个性的学习成果，建构个性化的学习策略与方法。在学习过程中，教师始终从学生的学习需求出发，与学生保持协商与互动，建立起一种互相尊重、互相陪伴、教学相长的新型师生关系。基于学习契约的小老师微课堂

实践，使学生从统一的、标准化的学习模式走向个性化的学习实践，学习内容更加广泛深刻，学习方式更加多元丰富，促使学习不断走向深入。

3.全面提升学生的综合素养。

基于学习契约的小老师微课堂，是一项综合性、系统性的学习实践活动，指向具体的、社会的人的全面发展。在整个学习活动中，学生自行确定学习项目，自行制定学习计划，自行管理学习过程，学习建构整理分析所学内容的方法与策略，自行设计、实施教学方案，实现了“自己学”与“教他人学”之间的完美转换。学生全面参与、全身心投入到学习活动中，化知识为方法、化知识为能力、化知识为德性，他们的思维、意志、情感、价值观等得到了全方位地提升，“学”与“育”在实践中得到了融通。

（陈亚敏）

用学习契约，建构口语交际课堂全员参与模式

一、“叠”：活动契约之约定

一张纸可以折叠，同样的面积可以从一层变为多层，同样，一节语文课的时间不能变化，但我们语文课的活动可以“折叠”，通过课堂活动的折叠，让每一个孩子都有表达的机会，都有评价的机会，都有讨论的机会，这不就是理想中的课堂吗?

那么，课堂该如何折叠才是有效的呢？在口语交际课堂上，教师通过活动契约，构建口语交际课堂模式，就能打破原来口语交际的困境，让每一个孩子都有表达的机会。

笔者为五年级语文老师，2019年9月起，全国小学语文课程开始统一使用统编教材。五上第一次口语交际《制订班级公约》这一教学内容，就成为这一批学生接触统编教材口语交际的一个重要起点。

原来的学习模式一般都是老师激发话题，学生你一言我一语的讨论，总结概括出班级的问题和需要制定的公约。为了让大家都有表达自己意见的机会，都有口头表达地能力锻炼，笔者在课前进行小组讨论加全班讨论模式进行口语交际课堂的模式约定。全班以四人一组为单位，每一位同学除了都要表达自己的观点外都还另外有一项任务：记录、主持、发言代表、计时。每次活动，四个任务进行轮换，一个学期四次口语交际的活动，正好每个人都有一次机会参与不同的任务。四人都发言结束后，由主持人负责，共同把商量的结果整理，并由发言代表进行全班交流。

通过课堂时间的“折叠”，全班同学都有了发言的机会，此外，更为可贵的是学生还锻炼了主持人、记录员、计时员所需要的能力。

第二次是独白类的口语交际《讲民间故事》，活动之前，教师再次明确了口语交际课课堂的活动契约，讲清楚今天的活动四人组的主持、记录、计时、发言代表的角色进行交换，每一位同学都需要把自己准备的故事进行组内交流，发言代表的故事需要其他三位同学提出意见（包括语音、语调、讲述细节以及动作等），争取在班级交流的时候有更出色的表现。

时间“折叠”之法，同样的课堂时间使50人左右的课堂学生每个孩子都有了发言表达的锻炼机会，而“折叠”的高效则在于学习方式的约定，这是口语交际课堂学习模式的契约。这样理想的课堂教学模式，需要师生间用有效地学习契约，使学生的被动学习转化为积极主动地参与学习，真正转变为“我要学”。

二、“备”：备学契约之自主

每个人都有追求成功的欲望，只有建立有利于学生成功心理并为他们实现成功提供保障的教学策略，才能激发起学生追求成功的热情，使他们主动开发自身的潜能，通过努力变成功欲望为成功现实。然而，课堂时间的40分钟课时制约依然存在，学生在短短的四十分钟里就想实现在大庭广众之下头头是道、侃侃而谈，没有充分地课前准备是不可能实现的。

那么，课前该如何“备”，“备”什么呢？备学契约是通过教师长期引导，学生逐渐养成的与“口语交际”课程相关的备学，包含口语交际的学习内容提前预习、素材的搜集、材料的整理、反复的练习等。

对于小学生来说，这种学习模式就格外需要要求教师了解学生的起点，根据“口语交际”的教学目标，针对班级学生的实际情况，指导学生选择每一次“口语交际”课的学习目标和内容。

一份合理的“备学单”的制订，是教师作为帮助者指导学生根据“口语交际”的内容提前做好交际内容的准备。低年级的小学生可以通过教师口头布置的方式进行“口语交际”的准备；中年级时，教师可以逐步指导学生制订“口语交际”的课前准备，即“备学单”；到了小学高年级，学生能自己根据“口语交际”的内容，制订“备学单”。

以二年级上册《口语交际：有趣的动物》为例，教师需要提前布置“备学单”任务：

《口语交际：有趣的动物》备学单

一、请小朋友思考以下问题：

1、确定一种自己最喜欢的动物。

2、它有趣在什么地方？

这一课口语交际是独白性的话题，就格外需要学生提前做好充分地准备，学生根据教师的提示，先思考交流的动物，然后把要说的话提前想好，并可以在家长的配合下，提前在家进行试讲。

而学生到了中年级，“备学单”可以在老师的提示下，自己学着制订。同样是独白性口语交际话题，四上《讲历史人物故事》，则是通过故事会的形式让学生进行历史人物介绍。

在任务布置的时候，老师可以提醒学生思考：我该怎样选择人物？如果故事我背不出来，我准备的小卡片上可以写哪些信息？什么地方我可以加上动作、表情等？那么，学生自己写的历史人物信息卡片就是一份由自己思考并独立完成的简单的“备学单”。

到了高年级，例如六上口语交际《演讲》这一课，学生则需要综合运用自己学到的口语交际的方法，自己选择话题，提前写好演讲词，做好信息提示卡，才能进行演讲的活动。

契约学习强调教师对学生的指导和督促作用，教师要转变为知识提供者和学生学习帮助者的角色，通过帮助学习者诊断学习需求、确立学习目标、制定学习契约、科学履行契约等方式，最终使学习者达成学习目标。

三、“延”：契约学习之效果

契约学习可以有多种操作模式，口语交际的课堂学习契约主要以教师为主的指导模式，课前的“备学”主要以家长为主的指导模式，而口语交际的课后“延学”就是以自学为主的学习模式。

学生通过课堂实践，由全班同学以及教师根据学生的课堂上的实际情况进行全面的点评，提出的修改意见，由于时间的限制，并不能及时的修正与提高，这就需要进行课后的“延学”。

以统编教材五上《口语交际：讲民间故事》为例，教师通过一份清晰的评价表：《好听的故事我来评》，能让学生进行打分，了解讲解民间故事的具体要求，并按照要求不断地提高自己的讲故事能力。

好听的故事我来评

<table>
<tr><td rowspan="2">“添油加醋”法</td><td>添加人物对话</td><td>☆☆☆　☆☆　☆</td><td rowspan="4">符合人物特点☆
符合故事发展☆
故事说得有创意☆</td></tr>
<tr><td>添加事物描述</td><td>☆☆☆　☆☆　☆</td></tr>
<tr><td rowspan="2">“手舞足蹈”法</td><td>配上合适动作</td><td>☆☆☆　☆☆　☆</td></tr>
<tr><td>配上合适表情</td><td>☆☆☆　☆☆　☆</td></tr>
</table>

参照讲故事评价表，学生课堂上有了讲故事的方法指导，听众也有了评价的依据，更为重要的是，通过这样的评价表，学生课后能依据评价表，努力向三星（☆☆☆）的目标进行调整自己讲故事中遇到的问题和不足，明确讲故事的方法，并通过自己的练习，讲给家长听，讲给小伙伴听，通过不断地实践，通过大家对他讲故事的评价：鼓掌，赞美，甚至小朋友追着他听故事……从而给予了学生心理暗示：我会讲故事，我是故事大王！

四、“口语交际”课堂的复诊

充分认识到契约学习对于“口语交际”课堂的意义；教师要把握学习契约中学生“备学”阶段自己通过教材对“备”的目标和内容的“度”，提高学生在“备学”阶段的契约的有效性；课堂上，教师需要正确处理学习契约的预设性和生成性；学生“延学”阶段的学习指导也要与平时的教学工作有机结合，不要脱离平时的教学进展来进行契约学习。

以统编教材五上《口语交际：讲民间故事》为例，虽然学生已经到了小学高年级的阶段，但是教师也要提醒学生提前做好讲民间故事的准备，问问学生准备了哪些故事？自己练习了几遍？爸爸妈妈有没有给你提出意见？课堂上，学生在进行四人小组讲故事的时候，教师要注意巡视，发现学生讲故事过程中的问题和不足，也要发现讲故事优秀的学生。课后，通过老师布置讲故事的任务，可以通过“我为故事大王点赞”的方式，通过一周左右的时间，进行统计，大家获得的点赞数，让点赞最多的孩子说说获赞的秘诀，甚至可以利用课间让孩子讲给自己听听，讲给全班同学听听的方式激励学生反复训练，不断提高孩子讲故事的能力。

总之，同任何形式的契约一样，契约学习法构筑在这样的假定之上：师生双方按照契约中规定的方式行事。这容易导致师生把契约看作是固定的、具体化的东西，而忽视契约规定之外的其他学习行为。大家应该清楚的认识到学习是动态生成的过程，期间会出现许多问题。

因此，“口语交际”课堂师生拟订学习契约要无痕，让学生不知不觉中逐步学会“口语交际”课的课前的“备学”，课堂上形式的约定、交流评价方式的约定，课后“延学”方法的渗透，这些都是学习契约的一部分，但不要跟学生明确“口语交际”课我们有学习契约，尽可能地发挥生成性问题对学生学习的促进作用。

（陆晓凤）

书山有路“约”为径

——借助个性化的学习契约辅助英语线上教学

一、发现问题

随着信息技术的发展，网络课程成为一种越来越重要的学习形式。2020年1月新冠疫情大爆发，为了学生的生命安全，很多地区延迟开学，教育部提出停课不停学。我们组织学生观看“锡慧在线”进行线上学习，与传统的课程环境不同，网络课程为学生们提供了多样化的信息获取方式、不受时空限制的交互方式、丰富的数字化资源。网络课程为学生们实现个性化的自主学习提供了很好的平台。然而学生们在使用电子产品进行线上学习的同时，家长也反馈了一些问题：孩子的自觉性不够，自控性差，经常借着学习的名义，使用电子产品玩游戏，作业也不写，视力下降的厉害等。

由于线上教学的特殊性，学生和老师处于一个相对独立的空间，老师对学生线上学习的监管难度较大。而网络环境的开放性对学生的自我计划、监控和调节等元认知方面的能力提出了更高的要求。网络课程中的不利因素很容易导致网络课程中学生们出现自由散漫的学习状态，长此以往必然会使学生们自主学习的积极性受到很大影响。那么我们应该思考如何才能帮助学生提高线上学习的效率，让学生能自觉地去学习，规范地使用电子产品，帮助他们在疫情期间能够养成良好的英语线上自主学习的习惯。

二、寻找对策——学习契约

我翻阅了学校研究的课题，其中提到了“学习契约”，学习契约的提出者是美国教育家马尔科姆·诺尔斯，他首先提出的是契约学习，即和自己或者别人协商签订设计和执行符合成人教育原则的学习的过程，而学习契约的制定过程即为契约学习的过程，包括学什么、怎么学以及学习结果的评价方式等。

课题资料中指出“学习契约是适应小学生年龄特点及学习需求，基于学习者和学习促动者对学习目标、学习资源、学习策略的共同理解，并通过双方共同确认的，导向自我学习行为的个人过程性学习计划。我们以学习契约为载体，引导学生根据自身需要对目标进行自我设计与管理，最终促使目标实施达成，形成目标设立和目标管理的自觉”。

那么，我们是否可以借助“学习契约”来达到约束学生的一些网上的行为，以及引导他们养成良好的英语线上学习的习惯呢？

三、具体实施

（一）情况分析

在制定学习契约之前，我先对班内的学生进行了一个小调查（图1）。由学生和家长一同完成。我所教的是六年级的两个班，每班有50人，共一百名学生。

线上学习小调查

1、____________________提交作业

A.每天能认真完成并提交作业的

B.每天要等家长下班才能提交作业

C.每天要等老师讲解过后才提交作业

D.每周能有3次提交作业

E.不确定提交时间

2、使用电子产品情况

A.每天除了在线学习不再使用电子产品

B.每天会使用电子产品聊天，看小视频

C.偶尔会用电子产品查学习资料

D.经常需要使用电子产品查学习资料

3、________读英语书，听录音。

A.每天　B.每周3-4次　C.偶尔　D.从不

（图1）

数据显示（图2），在作业完成方面：二分之一左右的学生有着良好的学习习惯，每天能及时主动上交作业；五分之一的学生不愿意独立思考，或者依赖性比较强；五分之一的学生作业提交困难；个别学生不能自觉完成作业。在使用电子产品的情况上，只有小部分学生因为自身比较自觉或是因为家长的监督，能合理使用电子产品，大部分学生的电子产品适应情况比较不理想。在英语的听读上，学生在家的学习比较懈怠，也有可能刚接触线上学习这一形式，没有老师面对面的提醒监督，就没有很好的落实。

调查数据反馈图

线上作业完成情况

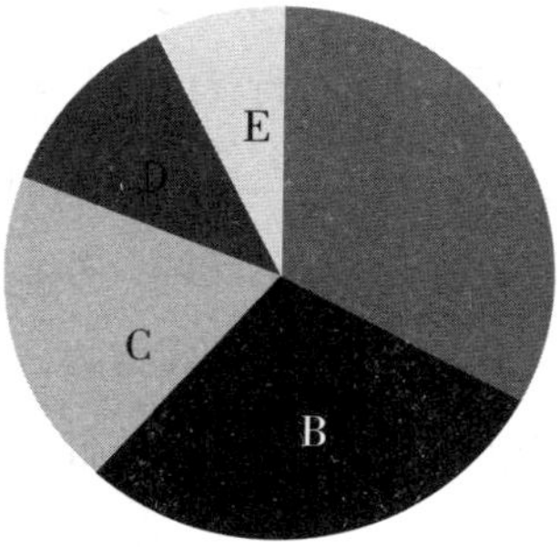

- A每天能认真完成并提交作业
- B 每天要等家长下班才能提交作业
- C 每天要等老师讲解过后才提交作业
- D 每周能有3次提交作业
- E 不确定提交时间

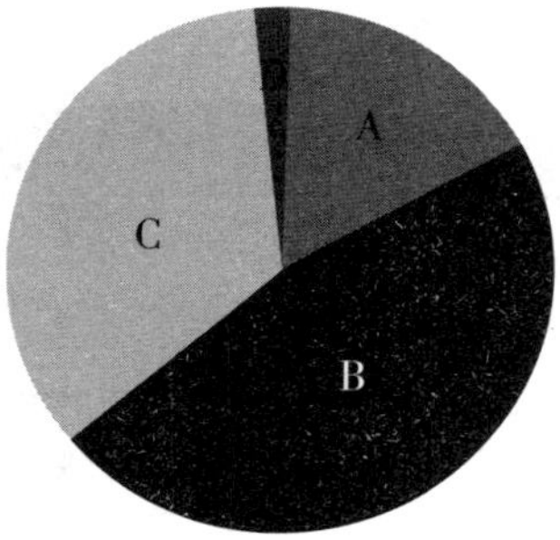

使用电子产品情况

- A每天除了在线学习不再使用电子产品
- B 每天会使用电子产品聊天，看小视频
- C 偶尔会用电子产品查学习资料
- D 经常需要使用电子产品查学习资料

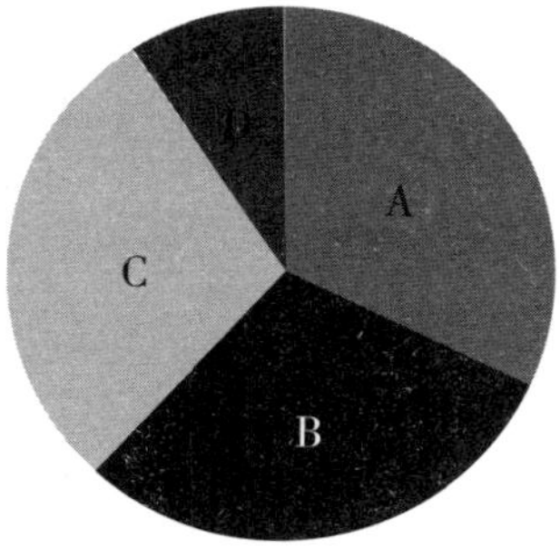

英语听读情况

- A每天
- B 每导师3–4次
- C 偶尔
- D 从不

（图2）

我还针对调查结果对部分学生进行深入了解，了解到有的孩子在家要和兄弟姐妹，共用一个设备进行线上学习，有的学生家中只有爷爷奶奶，不会很好的指导其在家的学习。有的学生没有独立的设备来进行线上作业的提交等，都是通过家长间接来完成的。

通过以上的了解，为学生制定个性化学习契约，促进他们更好地在线学习，刻不容缓。

（二）从学生实际出发，制定个性化契约

根据对学生线上英语学习情况的摸排，以及家长对学生在家线上学习情况的反馈，发现班级学生中存在一些共性的问题。为了帮助学生解决这些问题，较好地进行英语线上学习，教师和家长进行了线讨论，共同制定出了班级学习契约的基本条例（图3）。另外学生自己可以根据实际情况和家长或老师商量，对基本条例进行补充。然后采取合同式的契约，考虑到是在家中线上学习，因此让学生与家长作为甲乙双方来签下契约，甲乙双方一起阅读契约，并郑重签字，并把学习契约，粘贴在平时进行线上学习的地方，时刻提醒自己，家长也监督起来。并和学生约定，只要每天认真完成，就会积分，到时候可以兑换相应的奖励。再综合班上每位学生各方面的表现，定期在英语学习群反馈每个学生线上学习情况，结合家长意见与学生共同评选线上学习之星，并得到相应奖励。同时还设置进步星，认真星，全勤星等荣誉称号。

我们的约定

1、保护好眼睛是一切的基础

建议非学习使用电子产品不宜超过15分钟，每天累计不超过1小时。通过网络学习30到40分钟后，应该休息或者远眺10分钟，使眼睛得到充分休息，或者闭眼休息5到10分钟

2、该用的时候好好用，不用的时候别牵挂！

3、请做到“上网四不要”

不要玩游戏　不要刷礼物

不要和陌生人聊天　不要和同学闲聊

如果实在控制不住，请爸爸妈妈帮助你、提醒你、督促你、监管你！

4、每天准时完成提交作业

5、每天跟读课文、单词2遍

6、（可自行补充哦）

约定人：甲方：

乙方：

（图3）

对于个别因为家庭条件的原因不能每天完成线上学习的学生，我就单独和他们商量，为其制定适合他们的学习契约（图4），对于个别特别困难的学生，也和他们约定，在家先好好复习之前学过的内容，开学后会好好给他们补，安抚学生和家长焦虑的心（图5）。还有些学困生，我和他们采用一起共商的形式，根据学生的实际情况，指导他们补充完善适合自己的学习契约，降低学习的难度，通过制定一个个小目标，降缓他们学习的强度，以此增强

我们的约定

1、保护好眼睛是一切的基础

建议非学习使用电子产品不宜超过 15 分钟，每天累计不超过 1 小时。通过网络学习 30 到 40 分钟后，应该休息或者远眺 10 分钟，使眼睛得到充分休息，或者闭眼休息 5 到 10 分钟

2、该用的时候好好用，不用的时候别牵挂！

3、请做到“上网四不要”

不要玩游戏　不要刷礼物

不要和陌生人聊天　不要和同学闲聊

如果实在控制不住，请爸爸妈妈帮助你、提醒你、督促你、监管你！

4、每天完成作业，根据情况，每周可分三次集中提交

5、每天读课文、单词 2 遍，每周跟读读课文、单词 3 次

约定人：甲方[redacted]

乙方[redacted]

（图4）

我们的约定

1、保护好眼睛是一切的基础

建议非学习使用电子产品不宜超过 15 分钟，每天累计不超过 1 小时。通过网络学习 30 到 40 分钟后，应该休息或者远眺 10 分钟，使眼睛得到充分休息，或者闭眼休息 5 到 10 分钟

2、该用的时候好好用，不用的时候别牵挂！

3、请做到“上网四不要”

不要玩游戏　不要刷礼物

不要和陌生人聊天　不要和同学闲聊

如果实在控制不住，请爸爸妈妈帮助你、提醒你、督促你、监管你！

4、每天完成作业

5、每天读六上，五下课文、单词 2 遍

约定人：甲方[redacted]

乙方[redacted]

（图5）

我们的约定

1、保护好眼睛是一切的基础

建议非学习使用电子产品不宜超过 15 分钟，每天累计不超过 1 小时。通过网络学习 30 到 40 分钟后，应该休息或者远眺 10 分钟，使眼睛得到充分休息，或者闭眼休息 5 到 10 分钟

2、该用的时候好好用，不用的时候别牵挂！

3、请做到“上网四不要”

不要玩游戏　不要刷礼物

不要和陌生人聊天　不要和同学闲聊

如果实在控制不住，请爸爸妈妈帮助你、提醒你、督促你、监管你！

4、每天抄写 10 个单词

5、每天读跟 1 个单元单词 2 遍

约定人：甲方[redacted]

乙方[redacted]

（图6）

学习信心（图6）。

总之，在制定学习契约时，要遵循民主平等原则，与学生共同商量。另外，制定学习契约还要有一定的灵活性，要给学生留有根据自身的不同情况进行补充的余地，学习契约的内容要由易到难，让学生拾级而上。在契约实施的过程中，我们要时刻关注学生学习契约的达成情况，可以根据实际情况，适当地调整和修改学习契约，在对学生进行评价的同时给予他们更多的信心。

（三）效果反馈与反思

六年级的线上学习已经结束了，在制定了学习契约之后，大部分的学生都能较好的自主学习，开学之后，学生在校也表现出较好的的学习状态，对于已学过的《译林英语六下Unit1-Unit6》的单词、课文读的比较准确与熟练。当然在线上学习期间，还有个别学生在家线上学习时常处于“失联”状态，与家长联系，家长也表示很无奈，没办法。开学后，根据学生的实际情况，与他们商量制定相应的学习契约，帮他们单独辅导。

通过一段时间英语线上学习，本人认为线上英语学习契约的达成，需要学生自身内在的自觉与自控能力，同时也需要家长的监督和老师的引导。是要形成家长、老师和学生这三方相互沟通，相互作用的线上学习共同体，可以让学生更好的来管理约束自己，促进他们更好地进行英语的自主学习。

总之，教无定法，我们要顺应学生的生长节奏，根据学生实际情况，借助学习契约，促使学生自主学习。激发他们的学习动机，引导学生养成良好的自主学习的习惯，为英语终身学习打下基础。

（张凯凯）

契约学习：陪伴学生自主生长

学习是学习者自己的事，没有人能替代他人来学习。而作为教师的我们，往往因为这样或那样的原因，展现出不当的教学言语和行为，教师成为了学习的掌控者，而学生沦为了学习的接受者，这种违背教育本质的教学现象发生在低龄段孩子身上尤为明显。为了将学习的主体地位交还给孩子，激励他们在学习中充分发挥自我学习力和责任感，笔者结合学校的课题研究，开始尝试将学习契约引入社团教学，指导学生进行儿童水墨画学习。

一、从放手教到自主学的师生无畏期

因为疫情影响，校级社团课迟迟未开，开学一周，已有好几个学生陆续跑来问我什么时候开始上水墨课，为了尽快满足同学们的学习需求，我决定就让他们在家学，于是我的第一张学习契约单出炉了（图1），满心期待地等待着学生将单子填完交给我，可几天过去了，我却只收到了一张，仔细看了下内容，却又让我啼笑皆非，因为其中最重要的学习目标学生不知该如何写，就连我设计的表格表示的是什么他也不理解，其他同学也因此感觉无从下笔。

第一次的契约学习宣告失败。

<table>
<tr><td>学生姓名</td><td colspan="2"></td><td colspan="2">教师姓名</td><td colspan="2"></td><td colspan="2">签订时间</td></tr>
<tr><td>学习主题</td><td colspan="8">紫砂壶</td></tr>
<tr><td>想学习什么？
（学习目标）</td><td></td><td></td><td></td><td></td><td></td><td></td><td></td><td></td></tr>
<tr><td>实现目标的日期</td><td></td><td></td><td></td><td></td><td></td><td></td><td></td><td></td></tr>
<tr><td>计划如何学习？</td><td colspan="8">书籍____ 杂志____ 网络____ 博物馆____ 图书馆____ 调查______
教师____ 同伴____ 亲子____ 写生____ 临摹____ 其他__________</td></tr>
<tr><td>通过哪些方法证明你学会了？</td><td colspan="8"></td></tr>
<tr><td>判断依据的标准？</td><td colspan="8"></td></tr>
</table>

图1

二、从契约单到自主学的师生协商期

学习契约是教学的一种工具，师生可以利用它有效的提高教学效率，达成教学目标。因此，学习契约不应该是阻碍学生自主学习的关卡，对于这种新的学习工具，教师必须要花时间带着学生一起去了解它、认识它，然后根据学生的自身情况一起填写完成里面的内容，包括学习内容、学习目标、学习资源、完成学习的时间、学习评价等。

于是，我重整思路，设计了第二张学习契约单（图2），由原先的表格式改为图形式，图案选用的是这次的学习主题“紫砂壶”，旁边的一个人型把手茶杯是作品展示区。同学们拿到第二张单子后顿时眼前一亮，一个个都主动来问我上面的内容可以怎么填，我心里窃喜，想着可写的东西太多了，于是我开始滔滔不绝地跟他们介绍起了紫砂壶的产地、造型、色彩、材料和创新等等，甚至把自己能想到的画面构图和水墨效果也一股脑告诉了他们。同学们很聪明，第二天一早就把填好的单子放到了我桌上，我仔细读了起来，同学们想学的内容还挺多：有的想学习西施壶和提梁壶、有的想自己创新一个动物造型壶、也有的想画一套紫砂壶茶具、还有的提到了要学习用水墨去表现紫砂壶……在“计划完成时间”这一栏，有的写了一个日期、有的写了几个日期、还有的写了具体天数……看完后，我心里美滋滋的，看来同学们都已经信心满满，每人两三幅作品是轻轻松松了，我已经迫不及待要欣赏他们的大作了！

图2

三、从微云端到自主学的师生互勉期

课堂学习和非课堂学习的学习效果肯定有所不同，一方面教师的教学参与被削弱，师生的互动随即受到影响，另一方面学生的学习地位明显上升，也就是说自主学习能力的强弱直接决定了学习者的学习结果。

师生一起制定完学习契约单后，接下来就是对照着学习契约单进行学习，在这过程中困扰人的问题又接踵而来了。按照我的预期，一周创作一幅画应该问题不大，可结果却是有的同学两周都没办法交出一张画，即便是交上来的画，基本也都是相似的构图、造型和笔墨色彩，缺少变化和创新。思考再三，我决定建立一个学习契约微信群，把同学们的家长都邀请进来，这使得学生创作的作品有了公开展示的空间，而此时家长也变成了帮助和督促孩子自主学习的有利因素。为了充分利用好家长群，我也制定了群聊使用计划，要求自己发言不在于多，每周在群内做一次作品反馈（图3、图4），能够集中对上交的作品进行展示和指导，让学生和家长及时了解每个人的学习情况，并为下阶段的学习找明方向。可以说学习群的建立确实对学习结果起到了促进作用。

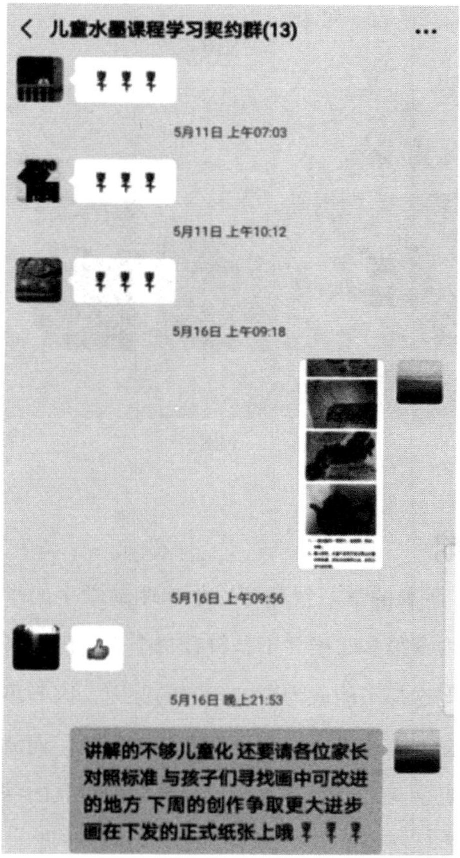

图3

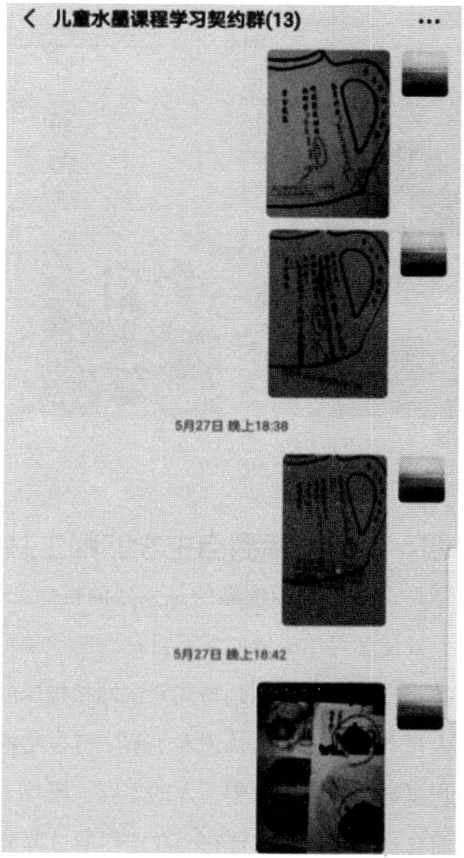

图4

学期末，我们在群内还开展了一次水墨作品交流展，大家互相欣赏、学习，收获一个学期的学习快乐。看着同学们的作品（图5、图6、图7、图8），再一次让我相信了学生是有自主学习能力的，而且这样的能力还有不断挖掘的可能。

图5

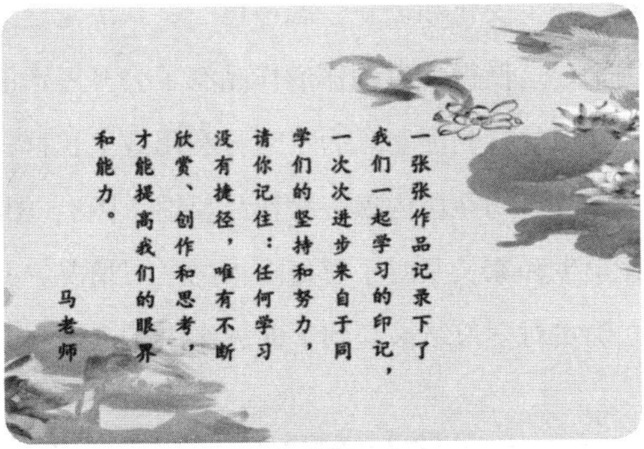

图6

图7

图8

四、从小目标到自主学的师生共生期

学习的主动发生依靠的是强烈的目标意识，明确的学习目标可以加速驱动学生的学习行为，并使学习结果导向学习目标。美术学习的内容很多时候并不是符合每个人的内心喜好的，甚至有些学习内容是与其元认知相排斥的，但这都不能成为影响学习的原因，因为事实上，人只有在充分走进认识和了解一样事物的前提下，才能对它有更为客观的判断，而就是在认识事物的这个过程中，人的思路、眼界、观点会与之前有所改变，甚至会因对其的深入了解而喜欢、热爱、欣赏它，在这样的过程里，学习就发生了，学习的乐趣也就在于此。

从契约学习的结果来看，学生作品依然存在目标与结果不匹配的现象，这一点我们是不能忽视的，因为如果单单从作品的角度来评价学生的学习结果那是片面的，无法真正培养学生的自主学习力，鉴于此，我对现有的学习契约单再一次进行了改良（图9），同样的学习主题，我将学生姓名放在第一位，强化学生的主体学习意识。把第二栏问题“想学什么”改为“想画什么”，而且与学生商定一张契约单上只要写一个想画的内容就可，可以从造型内容、表现形式、构图设计、水墨效果、创新创意等方面来表述。“想画什么”相比“想学什么”是以学生的角度和学科的角度出发，对学习目标更为直接的提出，是蕴含着低阶思维的高阶思维问题。一张契约单，一个学习目标，一张学习作品，学生的学习目标明确了，学习行动自然也一步步清晰了。如果学生有第二个、第三个想画的内容，那就可以再次签订第二张、第三张学习契约单。同样第三栏的“怎么努力”也更贴近学生的话语体系，可以指导学生写出自己学习的资源和方法。接下来两栏设置“签订时间”和“完成时间”，在学生心中树立起时间概念，以保证按时完成学习。最后第二栏的“学习感受”是学生对整个自主学习过程的回顾和总结，需要学生对照着契约内容和“赏一赏”中自己的作品进行自评和反思。当整个学习契约完成后，教师就可以在最后一栏上签上自己的名字，同时点亮星星，表示对学生学习过程的一个肯定和评价。

图9

最新修改的学习契约单虽然已经设计好，但考虑到学生的学习新鲜感，同一个学习主题对同一批学生就不再使用了，不过这样的设计思路可以延用到下一次主题学习中去，具体的教学效果也有待使用后的再一次验证。

五、结束语

教师，应当从内心深处期待学生自主生长，但自主生长不是任其生长，也不是研究出一套工具或提供一堆资料就可以的，学生的学习必须要有每一位教师的悉心陪伴和全程参与，就好比孩子的成长需要父母的陪伴。作为教师，有责任为学生未来的十年、二十年甚至三十年发展考虑。培养什么样的人、如何区分不同学生类型、选用何种有效教学方式、怎样调控和把握教学节奏，需要教师在思考、行动、研究和总结中不断探索发现。

（马石蓉）

契约学习：一种体现新课程理念的学习方式

新课程倡导个性化的教学观，提出“让课程与学习适合每个学生”“为每个学生‘量体裁衣’”的课程理念。这一要求对教师和学生都提出了巨大的挑战，理想是美好的，但在实践中如何操作却是一个不小的难题。国外所倡导的契约学习为解决这个难题打开了一扇窗，并日益受到大家的关注。

这个学期因疫情影响，校本课程未能如期开展，四年级的小雨经常在音乐教室里打扫卫生，好几次中午碰到我都满怀期待的问我，什么时候能够来吹竹笛。小雨，一位转学生，三年级的时候到我们学校，没有一点竹笛基础，所以上校本课程额外的吃力，但是她非常认真好学，中午打扫好卫生就跑来找我，利用午休10分钟的时间来补习竹笛课程。通过一个学期的努力，她渐渐赶上了班里的其他同学，但是基本功还是不够扎实，所以这学期她仍然积极地来寻求我的帮助。

一、学习方式的转变

契约学习一改传统的教师教什么，学生就要学什么的模式。学生能够自主选择学什么、怎么学。我和她约定好，因为疫情，不能够像以往一样教授竹笛课，所以我们协商决定采用契约学习的方式来自主学习，我在一旁进行指导和帮助。我先询问了她这学期的目标是什么，希望达到一个怎样的水平，有没有特别喜欢的演奏曲目等一系列问题，她一下子被我的问题问倒了，还没有充分的想清楚自己的需求是什么。我给她两天的时间思考一下，这学期在竹笛课程上自己想达到一个怎样的水平，准备学习哪些演奏技巧，选择好自己喜欢的简单曲目等问题。

二、教师角色的转变

教师的角色从传统的内容传授者和学习的控制者转变为学习的促进者和学习资源的提供者。在契约学习中，教师的责任是；帮助学生拟定学习契约；推荐学习资源;定期与学生会面，监督其学习过程；提供精神上的支持；与学生分享经验，解决学习中的问题；依据学习契约所述的项目来评价学生的学习效果。其次,学生的角色也发生了变化，从学习内容的被动执行者和教师命令的服从者转变为学习策略和资源的策划者和学习者。

三、学习契约的制定

经过和小雨的商量，我们制定了如下契约：

学生姓名		教师姓名		日期	
学习主题	高山青				
学习内容	指速练习	长音练习	单吐练习	连音	歌曲学习
预计时间	第一、二、三周	每周	第四、五周	第六、七、八周	九–十四周
学习方式	自主学习	教师指导	网络学习	同学协助	家长指导
	√	√	√		
展示成果	期末测试				
自我评价		教师评价		家长评价	

四、案例分析

(一) 分析学生基本情况，诊断学生学习需要

小雨同学对竹笛十分感兴趣，从零基础到能够熟练的吹奏各个音阶，在与小雨讨论中我了解到她喜欢看抖音，经常看一些竹笛演奏的视频。其次，她的舞蹈功底也非常好，对音乐的节拍和情感把握的非常准确。根据以上情况分析，我判断出她的具体学习需要，就是通过掌握基本功，可以演奏一些流行的小歌曲，完成一首演奏乐曲。

(二) 确立学生学习的学习目标

1.知识目标：了解竹笛的历史起源，认识笛孔、笛膜；认识常见的竹笛演奏记号。

2.技能目标：掌握基本演奏技巧，能够吹奏单吐、连音、长音等，并能根据需要灵活使用。学会一首高山青乐曲，

3.情感目标：通过对竹笛的学习来提升音乐素养和美的感受，培养自我管理能力和自我评价的能力。

(三) 确立可利用的资源和可采取的策略

根据已确立的学习目标，确定可以利用的人力资源音乐教师、同班同学、家长等；可以利用的物力资源有网络课程程、论坛、网络视频等；同时可以确定采用的学习策略有记忆、

自主、协助、合作学习等。

（四）确定评价学生达到学习目标的依据和形式验证学习目标的标准

1.长音、吐音、连音技术运用熟练、准确。

2.音乐作品完整、动听，具有一定的艺术表现力和感染力。

3.能够举一反三，将竹笛运用到课外的音乐歌曲中。

（五）呈现学习成果，共享学习成果

学习成果的呈现形可以与他人（音乐教师、家长、同学等）展示与分享音乐作品，可以在课堂中与音乐老师讨论，课外网络进行交流讨论。

（六）确立评价学习的形式

录制视频，或现场展示等，在班级中展示自己的竹笛，介绍学习经验与学习心得，与教师学生共同评价，也可以自评，家长评价等。

五、学习契约的优势

学习契约可在学习上表现出众多优势：

（一）彰显主动学习和学习热情

学习是学生自我发起的，学习目标是学生根据自己的需要和兴趣主动提出的，学习进度安排和学习评价标准是学生和教师参与共同商议制定的。这不仅能激发学生的学习热情， 而且能培养学生自我管理的能力和自我评价的能力，让学生对自己的学习承担责任。

（二）支持个性化学习和弹性学习

学生主动参与制定和实施学习契约的全过程，促使自己监控自己的学习进程，保持积极的自律，反过来也能激发学生的学习动机与学习热情。因此，学习契约在激发学生的学习动机与学习热情的同时，在最大程度上满足了个性化的学习需求。同时，学习契约具有一定的弹性，可根据学习情况的变化不断进行修正。

小雨刚开始的几周状态积极主动，中间有一段时间课业繁忙之后懈怠，内容完成度降低，我把她找来教室了解情况，之后我对后面的教学内容进行了一些修改，并且争取到家长的支持与配合，指导家长提醒、监督、鼓励孩子完成学习契约；并且在学期中的时候安排小雨在音乐课堂上进行交流学习，汇报学习进度。同学们惊喜的发现虽然小雨学习竹笛起步比他们晚，但是吹奏的一点都不比他们差，进步非常显著。小雨自己也非常高兴，觉得受到了很大的鼓舞，后面几周的情绪更加高涨了，学习效率提高了不少。

综上所述，利用学习契约进行学习是一种教师外在需求与学习者内在兴趣与需求的谈判与协调过程的产物。但在应用过程中，评价工具本身的特点使这个过程需要教师、学生和家长的积极参与，而学习契约对诚信的培养意义等也要进行综合考虑，才会取得应有的教学效果。契约学习提高了学生自主学习的质量,进而起到了提高教育教学质量的作用。

（张婷）

第四部分

学习叙事：

30个小学生自我导向学习的小故事

30个自我生长的小故事，30个走进自我学习、精神培育的关键经历。把儿童学习过程中的故事发掘、描写下来，让那些真正发生的学习以文字的形式，传递儿童天性智慧，传递生长课堂魅力。

导语 Introduction

儿童的学习需要发现。

好的老师总是擅长于在教学中发现问题，在教学反馈中透视问题，通过完善教学过程，优化教学方法，解决教学问题，达到授业解惑的教学目标，形成闭环达到教学相长的效果。

好的老师也常常善于在观察中发现细节，学生的学习如何发生，如何进行；学生在学习中经历着什么，体验着什么；学习是顺畅进行，还是遇到了阻碍；学习顺畅时，学生是如何做到的，伴随着哪些具体的心理、行为表现；学习遇到阻碍时，学生会如何应对，不同的心理和行为方式，又会带来什么不同的结果……

“学而不思则罔”，观察发现后更重要的却是反思。这一板块收录的30个学习小故事，是在课堂中真正发生的。老师们把教学现场中亲历的具体学习行为，以及与孩子一起生长的共同的生动经历，用文字记录下来，并对自己的教育教学实践及其背后的理念进行旁观式的追问，那就是“思”：追问自己的教学习惯，剖析那些令人印象深刻的教育事件，把原生态的教学方式呈现出来，竭力对之进行分析，由此鞭策自己，在反思中不断前行。

30个自我生长的小故事，30个走进自我学习、精神培育的关键经历。让我们一起深切感受，老师们记录下来的字里行间，传递出的儿童天性智慧，传递出的儿童生长课堂魅力。

“今天，我当小老师！”

“小朋友，写字课老师讲解时要认真听哦！”

“写字时要做到：一尺，一拳，一寸！”

“看，写字要横平竖直！”

……

每到写字课，我总是千交待万嘱咐，左提醒右叮咛，可是效果似乎并不佳。每一次的写字教学都是这样一成不变地进行着，学生慢慢掌握了规律，开始随性懒散地学习着，有时甚至一点儿都不关注我的书写指导，而是不顾笔顺，不顾美丑，搭像一个字了事。该这么办呢？

“我能当好小老师！”

一天，又有部分孩子没有认真完成《习字册》。回想课堂上“奖”字的教学，我一边范写，一边再三强调：

“‘奖’上下结构，大字底。”

“你们喜欢小奖状还是大奖状呀？”

“大奖状。”孩子们都齐声回答。

“对了，所以‘奖’下面就是一个‘大’。”

孩子们听了，一个个笑得前俯后仰，都说“记住了！”结果呢？错了一大片，有个别小朋友结构书写错误，写成了左右结构，明显写字课一点没在听。错的更多的是，强调过的“大字底”，写写还是成了“犬”。唉，真让人有点儿伤心！

正在这时，批到了班里萌萌的习字册，一下子给了我灵感。萌萌平时书写就很认真，一手漂亮美观的字都能赶上老师了。不如，聘请她做“小老师”？小老师在前面讲解加范写，我就有更多的精力去关注每个孩子的书写。于是，我找萌萌进行了一次单独聊天，肯定了她的作业书写，随后告诉了她我的想法。

“萌萌，我想聘请你做写字小老师。我觉得你能行！”

“嗯，我能当好小老师！”萌萌自信地回答道。

第二天的写字课，我就进行了大胆地尝试，我先是反馈了之前习字册的作业情况，随后大大表扬了一直以来都认真踏实的萌萌，并且告诉孩子们：今天老师要聘请萌萌当这节课的小老师，教小朋友写字！文静可爱的萌萌勇敢地来到了讲台前，学着我平时的样子，摆好了习字册和学习用品，然后严肃地说道“小朋友们，做好写字准备！”“真棒！让我们把掌声送给萌萌老师。”孩子们的学习兴致一下子被激了起来。顿时，我发现有些孩子的眼神亮了，连原先低着头不知道在想啥的孩子，都瞬间抬起头了。这可是从来没有过的，小朋友到讲台上投影教写字。多么新奇的事情呀！

萌萌小老师很专业。在每个生字范写前，她还会进行简单地讲解。遇到容易写错的字，她会强调，“‘封’左半边是两个‘土’，第二个‘土’的最后一笔是‘提’！”遇到难写的字，她会提醒，“‘影’左半边的‘横’笔比较多，写得要紧凑一点。”多么认真细致的小老师呀！看来平时的写字课她听得很认真，同时前一天回家还作了一番充分的准备！

写字课圆满结束了，萌萌小老师出色地完成了教学任务。其他小朋友呢？课上，小眼睛专注看，小耳朵仔细听，小手认真写，明显比平时专心认真多了。我看在眼里，喜在心里。看来，小老师教写字，很不错的尝试。我趁热打铁，宣布：以后的写字课，我们班将聘请更多小朋友来当写字指导老师！只要你在上一次课中认真听讲，认真书写，那你就有机会！小朋友们听了，纷纷鼓起掌来！

“我也想当小老师！”

又一次小老师的写字指导课结束了。班里的小宇慢吞吞地走到了我身边，“老师，我，我……”咦，这可不像平时的小宇，说话吞吞吐吐的？

“怎么啦？”

“老师，我也想，想当小老师！”

我一听，笑了。“小宇，老师发现你最近字写得认真多了，进步很大哦！只是在小老师讲解的时候，你听讲有时还要开小差，这可不是好习惯。希望下回写字课，你能做到认真听讲，端正书写，那你就能当小老师了，怎么样？”

“行！”小宇信心满满地应道，“我能做到的！”

要知道，语文书写对于小宇来说可是一个老大难，期待他的表现。

第二天写字课，又一名小老师进行写字教学。课堂上，我特别关注了小宇的表现：平时总爱趴在桌上的小宇坐得可真神气；小老师在讲解，小宇伸出了小手跟着书空；小老师范写后，小宇工工整整地书写起来。表现真棒！我一一及时进行了表扬。这一节写字课结束了，要公布下一个写字课小老师了。全班小朋友一下子安静了下来，我问道：“这节课谁的表现有进步？”“小宇！”“小宇！”……通过孩子们的回答，我发现孩子们都很在意上课表现，是的，这节课我表扬了好多次小宇。“那你们认为下一个写字课小老师可以由谁担任呢？”

“小宇！”“小宇！”……部分小朋友喊起了小宇的名字。

“小宇，他行吗？”有个别小朋友也对他报以怀疑的态度。

“不试试怎么知道行不行？”我笑着问道：“小宇，你认为呢？”

“我想当小老师！”小宇腼腆地说道，“我可以的！”

小宇老师的写字课开始了，他教得有模有样，每写一个字就认真地去看看背投，生怕投影出来的字不好看。

“小宇的字原来也挺好看的！”小朋友们窃窃私语。

“小宇老师这学期在写字小老师的指导下进步很大，字越写越漂亮了呢！来看看他之前的作业。”我请小宇翻开了他之前的作业。

“嗯，我要向写字小老师学。”

“我也要争取当写字小老师。”

……

孩子——天生的学习者！当他转变了角色，成为了老师，他学会了自己去发现，去探索；还学会了去分享，去传授！而作为教师，我们应该更相信我们的孩子，相信他们能行！

（倪继红）

打开自主积累字词的方法之门

三年级上学期，我发现总是有不少同学特地跑过来问我某个字怎么写，字典似乎已经被他们遗忘在角落里了。根据课标要求，学生们需要养成查字典的习惯。而查字典的习惯越早养成，孩子们也就越早能从中受益。“授人以鱼不如授人以渔”，但如何让孩子们习惯查字典、甚至是享受查字典的乐趣呢？

我灵机一动，找出自己一直使用的汉语词典，这本词典从高中开始陪伴我至今，现在到了工作岗位，我依旧把它带在身边。

第二天语文课前，我先跟大家卖了个关子：“王老师今天要跟大家介绍我的一位老朋友。”孩子们立刻被吸引了，眼睛睁得大大的，小脑袋伸长了四处张望，默默猜测到底谁是我的老朋友。

“就是这本汉语词典了！”我拿出事先放在讲台下的汉语词典，很得意的展示着，有的孩子似乎失望了，眼睛里的光微弱了些。

我捧着这本字典，又接着说起了它的故事：“这本字典啊，它的年纪或许和你们差不多，或许比你们还大呢！”

那些个失望的孩子重新又坐得笔直，等着我的解释：“老师从高中开始就在用这本字典了，一直到现在工作，你们算算，这本字典的年纪多大了？”

这下大家可坐不住了，兴奋地凑到一起，掰着指头认真地算着，有反应快的孩子立刻举手：“8年了！”“哇！”这个答案得到我的赞赏后，大家都炸开了锅，一本和他们一样大的字典朋友！孩子们好像对这本厚实的字典有些亲近了。

我把他们的反应看在眼里，不动声色地问道：“这本字典朋友给你一种怎样的印象？”有的孩子说很厚，有的说很新，我顺着他们的话引导：“瞧，这本字典陪伴了我8年的学习生涯，老师每次查字典总是注意双手的干净，抹平页脚，绝不留下折痕，所以8年过去了，这本字典依旧很新，没有留下岁月的痕迹。王老师今天把这位朋友带到教室里，希望大家能和他做朋友，可以吗？”大家异口同声地大声说好。

我笑了笑说：“既然大家都是朋友，再给大家分享一个有关字典的小秘密，分享了彼此的小秘密，你们就是好朋友了！”看着孩子们眼睛里发出的神采，我讲了一个高中毕业时托运书本，不小心摔了字典的故事，故事的结局是书脊裂了一条缝，差点儿就破了。我给大家展示着这条被修补得很好的裂缝，讲述着我之后是如何的懊悔、如何的尽力修补。这时，一些女孩子的眼睛里闪动着同情的光。“所以大家可要照顾好这位老伤员，可别让他再受伤了哦！”大家都乖巧地点点头，这会儿，孩子们似乎已经与我手里这本鲜红的字典成为了好朋友了。

我又故作神秘的语气，加上一句：“翻字典的时候可要小心哦，老师小时候喜欢在字典里放一些糖纸，有时候还会在里面藏零用钱呢，要是你翻到了这些东西，可一定要还给我啊！”大家被逗笑了，原本看着字典的目光更炽热了。果然，这节课下课后，孩子们围绕着讲台上的字典好奇极了，他们对这本字典有了一种朋友般的亲近感和新鲜感。

那段时间，孩子们会比之前更经常地翻动那本字典，有时候翻到了“意外惊喜”——糖纸，他们还会诧异又得意地拿出来给我看，我则赞赏几句，让他们放回去，吸引别的孩子的好奇心。

很快，班级里的大部分孩子都翻过这本字典了。大家对于查词典不再抵触和害怕了。可是对三年级的孩子来说，一本厚厚的字典总是不那么容易查阅的。于是我常常到班级里翻阅字典，给孩子们示范快速查字典的要诀，也是利用“榜样效应”，让孩子们感受到查字典其实是件容易事。另外，每次习作课上，有孩子要求使用这本字典查阅生字时，我总会鼓励他把查到的生字写在黑板上，写得大大的，既是帮助别人掌握这个字，顺便还能一展自己的字迹，也能获得一种小小的成就感。

双管齐下，慢慢地，查字典成了孩子们的一种习惯。写作文时大部分孩子都会拿出自己的字典放在一边等待查阅了，没带字典的孩子也会走到前面查阅大词典。做作业的时候，孩子们会查字典，甚至阅读课上有孩子读完了课外书，还会翻一本字典津津有味地看。字典确实成了孩子们形影不离的朋友。接下来，我又要求孩子们把平时自己查到的新词积累在摘抄本上，一周四个词，日积月累，字典给孩子们带来的好处更直观了！

在此之后，我也查阅了一些资料，发现优秀的老师们有着更为巧妙有趣的方法，能做到润物无声地浸润，我一方面赞叹，一方面也在反思与学习。我对三年级的孩子了解还太少，在使用字典的习惯引导上颇有些“生拉硬拽”之感。这也给了我提醒，下一次，在引导孩子们养成某样习惯时，该使用怎样的方式让他们惊叹之余又趣味盎然呢？功夫在平时，我想一方面我要多观察、多走进孩子们的内心，另一方面我也要成为一个“有故事”的老师，平时多准备些故事，还要能绘声绘色地讲出吸引孩子们注意的故事来。

在小学阶段，教师对小学生的学习行为、学习态度起主要的舆论导向作用，如何将教师主导转向学生自主学习，我想不仅仅需要让学生掌握基本的学习工具，还需要学生养成在学习情境中自觉使用学习工具的习惯。而这需要我们年轻教师多思考、多请教、多实践，在一次次的实践中总结经验。

（王佳琪）

自我导向学习，我崇尚——开放

充满生长气息的课堂是开放的。学生，是天生的学习者，在日常教学中，我们要为学生打造开放的学习平台，把学习的主动权真正还给学生，促进学生自主发展。

一、给孩子一些机会让他自己去体验

学生的智慧在他们的指尖上。形象、生动、有趣的实践操作活动，既满足了学生好动的天性，又能在思考事实、现象的过程中掌握抽象数理，那些没有思考过足够数量的事实而单纯背诵抽象概念的学生，是无法灵活把握数学问题中各个数量之间依存关系的。在教学认识人民币时，考虑到现在是微信支付时代，学生购物经验不足，所以我模拟购物商场，设计了《小小商店》一课。找来一些学习用品标上价码，设立了男女导购员各一名，收银员若干。指导学生，用学具包中的仿人民币，模仿商场现场购物。学生的积极性很高，挑选物品的，付钱的、找钱的，现场气氛很活跃。甚至，有几位学生来问我，他们都想买橡皮，问我每块橡皮能不能便宜一角钱。这不就是搞团购吗！我说买满5块可以便宜一角。他们马上就去凑单了，结果凑来了7个单，他们欢天喜地地就去买橡皮了。下课铃声响起，学生们还意犹未尽。

二、给孩子一个问题，让他自己去找答案

不管是在学习上,还是在生活中,学生错误的发生有其偶然性，但也存在必然因素，这是学生学习、生存所要经历的一个必然过程，是符合学生的认知发展水平的，它是学生在学习、探究过程中运用自己的知识、经验所做的一种诚实的尝试。从这些错误中,我们更能了解学生的认知水平和思维情况。学生的探究在从一种错误走向另一种错误的过程中，他们的认识结构也在进行着不断的重组，最后达成了新的认知平衡。学生的知识经验在经受挫折锻炼的过程中也得到了丰富和提升。记得在教学有余数除法的计算这一课前，我布置了课前预习。在交流预习所得时，邹欣瑶同学提出："除法竖式写起来不方便，我可以借用乘法竖式的形式来写除法竖式吗？"学生为什么会有这样的想法呢？让我们回到学生思维的原点，探一探他这样思考背后的原因。教学此课前，学生已学过了加法、减法、乘法的竖式，初步学习了用乘法口诀求商的方法。学生的思维不是贫空想象的，他有着自己的思维依托，在此基础上习得的除法竖式，对学生来说只是除法的外在表达形式，学生无法触及、领悟除法竖式所表达的核心价值所在。通过本堂课的学习后，除法竖式形式的合理性就一目了然了。

三、给孩子一片天空，让他自己往前走

要使课堂教学有效，在课堂教学的理念上，应明确为能力而教、而不是单纯为知识而教、为考试而教。要相信学生，不仅要关心学生的行为投入，还要关心学生的认知和情感投入。

记得教解决实际问题时，有一次，讲解完一道例题后，请学生在自备本上列算式，大家都安静的在写算式，李久炼同学却有板有眼，一本正经的举起了小手："老师，这两个问题之间有什么联系？这个问题你还没问呢！"我心中一阵窃喜，这位学生的认知结构，独立思考的能力达到一个新的水平。对于"蓝花比红花少几朵？"我问：哪个问题的含义和它是一样的？"蓝花再增加几朵就和红花一样多？"李利伟这样回答。得到表扬后的李利伟面带微笑，感觉真好！——学生在课堂上的主体地位得到张扬、主人翁精神得到凸现，其灵活性、天性得到保护。其他同学也纷纷效仿，在指导学生用尺子量物体的长度时，我提醒从刻度0开始量，李亦涵同学提出能不能把刻度0前面一段看做"作废"，学生站在自己的角度对问题做了思考，他的表达方式和谦辞造句，虽然有些不合常理，但很具代表性，代表儿童的一种思维方式，其他学生很快就能理解和认同；在教学三位数减法竖式100-72时，孙振杰表示，我不用写竖式也能马上算出来，100-70=30，30-2=28；在解答认识方向的题目时，我在巡视中发现，刘晓雨同学在题目的旁边画方向板帮助解题，马上提出来表扬，她则很有成就感；考试时，梁宇森问，应用题旁边能否写竖式；陈家祥问本子上写不了，封底能否写，我说应急时可用……我发现，学生做事有自己的想法在里头了，我心里真的是很高兴。作为教师，我觉得应该尊重学生的观点，耐心地聆听学生的见解，有时，学生的想法往往不为常理所困，别出心裁，你会发现，在那些看似幼稚可笑，错误百出的想法中往往蕴涵着一些奇思妙想，给他们一些时间，给他们一些空间，给他们一些权力，他们会走很远。

著名特级教师薛法根曾经说过："课堂，呈现的应该不仅仅是'鲜花'，还应该有花开的声音，课堂上最美的声音是学生生命里'拔节'的声音。"我想，这就是充满生长气息的课堂。在充满生长气息的课堂上，学生要在思索中前行；不是在说别人的思想，是在表达自己的心声。看一看，能感受到躬身前行的姿态，听一听，能体悟到生命拔节的声音。

（陆以文）

放飞想象

“教育所面临的最大挑战，不是技术，不是资源，不是责任感，而是需要一种新的思维方式”因此，推动自我导向学习的实施，就要改变传统的教学模式，探索“以学生为中心”的课堂教学方式，把自我导向学习的理念渗透到教学的各个环节中。学习者将会在潜移默化中接受这种学习方式，并尝试进行自我导向的学习，从而渐渐形成自我导向学习的意识。在新课标背景下的小学英语课堂上，我们提倡学生自主学习激发学生的想象力和创造潜能，传统的教育模式限制了学生想象力的发展，只有培养学生的想象力，才能使英语教学生机勃勃，活力四射，才会有充满创新的动人旋律。

联想到我们的小学英语课堂教学现状，在缺少双语生活环境的情况下，学习英语本不是一个一蹴而就、简单轻易的过程，而是需要我们英语教师发挥主观能动性，由少到多，由浅入深，把握教学内容的内在联系和相互联系，融汇贯通。试想如果把想象力的作用融入其中，给学生一个足够的空间去想象，他们又会带给你怎样的惊喜呢?

“枯燥机械、死记硬背”似乎是传统英语教学方法的代名词，一成不变的单词记忆让学生对英语的兴趣慢慢消退，直至消失。新课程改革背景下的新型英语课堂，提倡灵活的教学方式和轻松的记忆方法。如果让学生在学英语时发挥主观能动性，尽情想象，他们便会插上快乐的翅膀，纵情飞翔。在我们的英语教学过程中，为避免生涩、枯燥的“死记硬背”，我们可以进行以下有益的尝试。

一、调动各种感官，字母学习更轻松

在三年级初次接触英语这个学科时，很多学生保有新鲜感，字母学习是小学生初学英语的必经之关，由于英语字母与拼音相似，部分学生往往难以区分，有时还会张冠李戴。在孩子的眼中，形象立体的实物往往比抽象平面的字母更使他们青睐。这时，教师若是运用形象记忆法引导学生将字母形象化、生动化，学习的效果将立竿见影。

记得我在三年级的一次字母复习课上，在复习了26个字母的书写和读音后，我让孩子们自己观察它们的字形和特点，让他们天马行空地想象出具体的实物。有的说：“M、m像座山。”“F、f像梳子。”“H、h像椅子。”“J、j像鱼钩。”“C、c像小耳朵。”……于是，一个个陌生、难缠的字母便变成了他们生活中熟悉的物品，快乐的想象就如一个个欢快的“小音符”跳跃在学生的心中。

然后我又拿出事前准备好的各种“小工具”，让学生们擦亮智慧的双眼，让孩子们动动小脑筋想想我们怎么做个字母出来呢？可以用这些形象的实物做他们熟悉的英文字母，也可把英文字母写在黑板上。孩子们一下沸腾了，有的用小木棍搭出一把“小椅子”，有的用铅笔制作一把“小梳子”，有的用粉笔画出一座“山”，有的用铁丝拧成一个“小鱼钩”，有的用手指比出一个“小耳朵”等等。

在我们的备课过程中，不仅要备教材，备老师，更要备学生。教材是固定的，老师是可调控的，往往学生的情况是最难捉摸的。如果是这样，何不让老师“轻松一下”，适当地放手让学生“自由一会”。当你给学生一方天空，让他们展开想象的双翅自由飞翔时，他们飞过的天空会留下思考的痕迹，他们奋力飞去的方向会有惊喜等着你们共同去发现。

二、利用教材资源，充分放飞学生想象

英语教材中有很多与孩子一起成长的小伙伴，其中有一对双胞胎，她们是Su Hai 和Su Yang，用文中的句子来说就是“They look the same.”，那她们俩该如何区别呢？我们不妨把这个“难题”抛给学生，一石激起千层浪，学生们争相发言。有的说：“老师，我注意到了，Su Hai的发夹是蓝色的，大海也是蓝色的。而Su Yang的是红色的，太阳不也是火红的吗？”“我猜Su Hai喜欢蓝色的裙子，而Su Yang喜欢红色。”这样的想象不仅培养了他们观察想象的能力，也让他们在学习中得到更多的快乐。

单词记忆是很多学生学不好英语的一大障碍，那些看似毫无排列规律的字母符号是怎么拼凑在一起的，如果用上联想记忆法，突破了这个难关，学生学习英语的兴趣和积极性都将被极大地激发出来，学生也将学得轻松。现在很多英语学习研究者认为开发右脑和运用右脑思维来学习记忆单词是最佳的方式，不仅记忆准确而且不易遗忘。如果我们在英语课堂上尝试开发学生的右脑来记单词，学生的反应和学习效果将如何呢？对于还未正式学习系统音标的小学生而言，按照常规的音标记忆法来记单词，难度较高，效果不佳。既然“远水解不了近渴”，还不如把想象的空间留给学生，尽量开发他们的右脑来进行记忆。虽然这种记忆方法不够科学严谨，但只要他们能快乐地学习记忆，又有何不可呢?我们可以在指导学生记单词时充分拓展他们的想象空间，如“mall”（商场）可分解为ma（妈妈）和11，这时把想象的舞台留给学生，有的说：“妈妈逛了11个商场。”有的说：“妈妈在11点去商场。”还有的突发奇想：“妈妈和11个孩子去商场，买了11件礼物。”又如“change”（改变，零钱）可分解成chang（嫦）和e（娥），学生们争相发言，有的说：“嫦娥下凡改变了猪八戒。”有的说：“嫦娥有很多零钱。”又如有些学生会把“she”和“he”的词意弄混，在使用时也“男女不分”，有一个孩子就说他妈妈烫头发，所以头发是卷卷的，所以我一看

到“she”，就知道是“她”。在教师这样的引导启发下，学生的右脑思维得以运用，想象之花竞相开放，争奇斗艳。学生在学习的过程中体会到前所未有的乐趣，学习的兴趣被点燃了，这才是他们最好的老师。正所谓“授之以鱼，不如授之以渔。”我们在课上要做的不应只是机械地传授固定的知识，更应是记忆和学习的最佳方法。

恩格斯赞予意识是地球上最美丽的花朵，而想象力则是这朵花中最绚丽夺目的色彩。而小学生的想象不受成人思维的束缚，可以天马行空，也可以上天入地。只要你给他们一个杠杆和支点，他们也会撬起地球。儿童的世界是纯真的，充满童趣的，甚至有时会“一鸣惊人”。

（陶兰）

飞蛾一样的翅膀

这天下课，我接到了小李妈妈的电话。小李又忘记带数学书了。她妈妈让她到学校门口去拿一下。讲完电话，我马上通知了小李。一会儿，她就拿着数学书走进了教室。看着她一脸的无所谓，我陷入了沉思……

在老师和同学的心目中，小李是个优秀的孩子。她的成绩很好，当同学有困难时，也总能伸出援助之手。但是，她身上也有着一些缺点：做什么事总是丢三落四、脾气不好，……她妈妈也经常跟我诉苦：平时在家里，孩子的依赖性特别强，什么事都不能离开大人，就连起床、学习、做作业等小事，都要大人催促，否则就不高兴做，不想做。这一定程度上说明了她责任心方面的缺失。而孩子的责任心，与家庭、与家长的教育有很大的关系。

一个周末，我敲响了小李家门铃。刚走进门，我就看见小李奶奶正拿着餐巾纸在给小李擦嘴。小李看到我，不好意思的脸红了，我笑着说“小李，你自己擦”。她拿起餐巾纸，就擦起了自己的小嘴，擦完接着把餐巾纸扔进了垃圾桶。“奶奶，小李已经长大了，自己的事情会自己做了。”我边说着，边意味深长地看了小李一眼。小李听了，也跟着说：“这些事我自己都会做，可奶奶老是不让我自己做。”奶奶叹了口气，说：“你这孩子，让你少做点事你还嫌奶奶不让你做。”这时，小李爸爸说：“我和她妈妈平时工作挺忙的，也没有多少时间管教她，造成了她现在做事的依赖性特强。”妈妈说：“现在家里就一个孩子，有时候想想，只要成绩好，其他也就算了，随便她吧。”听到这些，我有些忍不住了：她家长的这些观念对孩子是百害而无一利啊！我就对小李家长说：“你们的孩子已经慢慢在长大了，作为大人我们勇敢的放一放手。”接着，我讲了飞蛾用力撞击最后破茧而出的故事。我问小李明白了什么。她说：“飞蛾用力撞击为了使自己的翅膀更加有力。”我顺势问道：“那你想拥有像飞蛾一样的翅膀吗？”孩子坚定地点了点头。其实，与其说这个故事我是讲给孩子听的，还不如说是讲给家长听的。我希望家长懂得：孩子正在成长，她有这方面的心理需求。于是，我转身对她家长说：“小李也有她的一双翅膀。如何使这双翅膀更有力，需要我们更好的培养啊！”小李妈妈一下子明白了说：“看来，平时我们帮她做的太多了，束缚了孩子的手脚。是要适当放手了。那哪些方面我们可以放手呢？”“我们就先让孩子自己说说哪些事情她会自己对完成吧！”哪些事情可以自己做呢？小李觉得她可以自己吃饭、擦嘴、整理学习用品、书包、收拾书桌……

在这次家访以后，我就经常与小李家长电话或QQ联系。刚开始几天，小李奶奶跟我说，孩子的兴致很高，一到家就抢着做这做那。我听了这些心里也很开心，还提醒奶奶要多表扬她。可是没过几天，我再打电话问时，她奶奶就欲言又止了：原来小李做了几天就不肯做了，觉得太累了，还是之前舒服。家长呢，鼓励也鼓励，批评也批评了，都没什么效果。回头想想孩子又要学习，又要做小家务的确是辛苦的，而且这个孩子做事情的动作又慢，觉得浪费了孩子学习的时间，就让她好好学习吧。于是，又开始“包办”了。我听到这里，特别着急，我觉得必须要先改变她奶奶的想法。我跟小李奶奶说：“学习是很重要，可是孩子各方面的能力还是要培养啊，更何况，现在这孩子连力所能及的小事都不能坚持，以后怎样面对各种困难和竞争呢？”她奶奶听了，说：“钱老师，你说得有道理。可是这孩子现在懒得做，我们也想不出更好的办法了。”听到这里，我觉得还得让家长学习一些教育孩子的方法。于是，在我的建议下，小李的奶奶、爸爸和妈妈在思想上统一了认识，利用周末时间，一起给小李“上了一节课”，课上，妈妈搜集的一些故事，讲了责任心的重要性。爸爸则根据小李的实际情况，宣布了在家的规则：哪些事情是自己必须独立完成的，哪些事情是可以在大人的指导下完成的，哪些事情是必须每天做的，哪些事情可以周末完成……同时，他们还给小李设计了一张责任心表格，表格上有小岗位的设置、奖惩情况等。每天，小李奶奶会负责在表格上如实记录反映孩子的情况。每周日，奶奶会让小李向爸爸妈妈详细汇报这一周的情况。听完孩子的汇报情况，完成好的时候，爸爸妈妈会给她一定的奖励，比如：带她去游乐园玩，买她喜欢的书作为奖品等；当然，没完成的话也会给她小惩罚，比如：外面活动减少，周末减少看动画片、玩游戏的时间等。在家长的合力努力之下，小李逐渐养成了自己的事情自己做的好习惯，有时，还能帮助家长做些力所能及的家务事。

就小李的这个培养责任心的问题，我常常和小李妈妈保持着联系。以下是我与她妈妈交流过程中的一段对话。

小李妈妈：钱老师，你的方法真好。现在孩子不但完成了自己的事情，有时还都盛饭给我们吃呢！

我：其实你家的孩子真的很棒的，主要是要好好引导。

小李妈妈:钱老师。你说我们家长接下来还要做什么？

我：听说小李奶奶是你们小区的义工？她热心于小区的工作。可以让她带领小李为小区的居民做些什么呢？

小李妈妈：孩子家里的事能做好就已经不错了，还要去做小区里的事，那多麻烦啊！

我：你这种想法可不对啊。要培养孩子的责任心是一个漫长而且要坚持的过程，让孩子自己的事情自己做，这只是第一步。接下来还要她去学习关心周围的人、周围的事，要让孩子充当一些有意义的社会角色，让她感到自己的行为对周围的人和事产生的重要性，这样也能让她树立信心。

小李妈妈：嗯，老师，我相信你。我回去跟她奶奶、爸爸再商量一下接下来我们可以怎么做。

我：好的。

聊天中，当小李妈妈问我“接下来我们还要做什么时”，我提出了走出家门、走进社区的建议。虽然这个建议一开始引来了小李妈妈的反对，但经过沟通，她欣然接受了，最后她明白了要培养孩子的责任心，仅仅培养对家庭的责任意识是不够的，还必须引导培养孩子对同伴、对集体乃至对社会的责任意识。后来小李妈妈一回家，就与小李奶奶商量让小李跟她去社区的事。

过了一周，小李妈妈给我发了一张照片。在照片上，小李正在专心地给一位老人梳头。原来周末的时候，奶奶带着小李来到了小区里的一位独居老人的家里。小李帮老奶奶梳头、还给老奶奶讲故事……那间小屋里充满了笑声。最后，老奶奶说：“我好久没有这么开心的笑了。”小李听后，可开心了，说以后要经常去小区帮助老人。我为小李的进步感到高兴，夸赞了几句。对小李妈妈说：“你看，这多好啊，这孩子不仅有责任心了，还很有爱心呢！”小李妈妈感叹道：“是啊，以前就是我们大人包办得太多了，结果孩子一点责任心都没有了。现在我们知道了，孩子在成长，家庭教育也要根据她的生理和心理方面的特征，使用一些适合她的方法，包括为她创造一些锻炼的机会啊！”小李妈妈停了停，又说：“钱老师，你有没有发现这孩子越来越活泼、阳光了？”“那肯定啊，能给别人带来快乐的人，自己也会享受到其中的快乐。”我肯定地说道。我一边体验着小李妈妈的快乐，一边感受着自己教育成功带来的快乐。

……

一转眼，一年过去了，一次课间，我看见小李和几个同学在排练节目。一问才知道，小李正准备组织几个同学一起去她敬老院慰问老人呢。我又在QQ和小李妈妈聊上了：

我：孩子要去敬老院慰问老人，你们知道吗？

小李妈妈：知道啊，还是她奶奶帮忙联系的呢！

我：随着你们家长观念的改变，孩子的“活动范围”已经能从家庭到小区，现在还能带领其他同学去敬老院为老人们服务。她的社会责任感也得到了培养，真是了不起！

一年多来，孩子的责任心越来越强了。家长说，小李变了；邻居们说，小李更懂事了；老人们说，我们越来越喜欢小李了。愿她的翅膀越来越坚硬，越来越美丽！

（钱敏）

给予前进的力量

在成长的道路中难免会磕磕碰碰，或是停下脚步，停滞不进。及时给予孩子前进的力量，给予孩子方法，相信他们一定会更有力地前行。

小博是我们班一个聪明好动的男孩，在认识他的三年时间里，每次家长会，或是请家长到校交流，都是与孩子的妈妈进行交流，父亲工作比较忙，几乎不参与孩子的教育。

在与孩子相处的时间里，渐渐的了解了孩子。小博思维反应快，一些问题只要稍加点拨他就会很快领会，对于喜欢的事他也乐于表达。但是他有一个坏习惯，那就是双手总是停不下来。从铅笔、橡皮、纸屑、餐巾纸等等，任何东西到他手里都能成为“玩具”，在课上你总能看见他低着头手不停的忙碌着。为此小博的听课效率不怎么高，作业的速度也经常跟不上，导致有点跟不上学习的脚步，作业也越积越多，甚至有点厌学情绪。

为此，在学期一开始我就与他母亲进行交流。孩子的母亲看见我的第一句话就是：“我也拿他没有办法，我每天坐在他旁边盯着他，我也快崩溃了。”听到这样的话，我心里咯噔一下，家长也已经产生了负面情绪，孩子对大人的情绪感知非常敏感，这种情绪在无意间也影响着孩子。在接下来的几天，我思考着该怎样去与家长、孩子进一步的沟通呢?

几天后我再次与家长联系并进行了更多的交流。在交流中，我得知孩子在家除了写作业、学习特别磨蹭，其他时候是个小暖男，会帮妈妈做家务，会逗妈妈开心等。确实，他是个热心的孩子，在学校里也是如此，劳动积极，爱帮老师做事情。就拿班级里的劳动任务来说，他负责每天换净水，这项工作从来不需要我提醒，他很认真负责。特别是在三八节为妈妈做贺卡的活动中，他还主动要求我录了个小视频给妈妈，在视频里他甜甜地说道祝妈妈节日快乐，也保证会努力学习，不让妈妈操心。通过孩子一系列的表现可以看得出孩子内心想好好学习，可却管不好自己，到最后想认真学都无从下手。在与家长的再次的交流中，我先把孩子在学校的一些好的表现告诉了家长，安抚家长的情绪。不要家长觉得我找她就是告状，引起家长的焦虑。同时也告诉家长，小博是个聪明敏感的孩子，家长的情绪也影响着孩子。比如家长平时的言语，特别是在学习一方面，他感受到的是烦躁。我们或许换个方式，说话声音稍微轻一点，与孩子耐心地交流，听完孩子的想法，给孩子多点鼓励，孩子是不是更容易接受。若孩子在家写作业的习惯有些改变，也及时与我联系，我也会鼓励孩子，让孩子增加自信，并且爸爸也可以适当的参加到孩子的学习教育中。我与家长沟通了想法，首先得到家长的支持，这样也能让之后的措施顺利进行。

与家长达成共识后，我更多的关注小博。我发现虽然在平时的课上他似乎不在听，但是你让他回答问题有时还是能回答上来的。其次，只要稍微表扬他，他还是非常高兴的，能把作业较快地交给我。第三，他很热情，爱帮同学、帮老师做事。我与孩子坐下来好好地聊了一下。先肯定了他的优点，明显他有点意外，同时有一丝高兴。接着我询问了他对作业的想法，作业多不多，有没有什么困难，想不想快点完成等等，从和孩子的聊天中发现，他主观意识是作业并不是很难，他也想快点完成作业。尤其是星期天他也希望能出去玩，但是没有写完作业妈妈不允许。同时他也不想让妈妈每天为他操心，但自己又管不好自己。于是我先把妈妈的心情告诉孩子，也表示我和妈妈会帮助他，一定能把一些坏习惯改掉，我们对他充满信心。孩子低下头不说话，我接着和孩子说到：其实你能做到，你看，这个学期的默写就进步了很多，看得出你回家认真读背了，只要你肯做，一定行。我们从小目标开始，比如写作业的时间能不能每天快一点点，课上开小差了老师悄悄地提醒你。孩子思索了一下，轻轻地点了一下头。我们班有争星的活动，我和孩子制定特殊的争星活动，每天能及时完成作业，我就给他积一颗星，并和孩子握手约定，这是我们之间的约定。

之后的学习中，我有针对性的放大孩子的优点，或是他有所进步就会对他鼓励，孩子的积极性有所提高，尤其是谈话后的第一个星期天，他及时完成了作业，妈妈也履行承诺，带他出去玩了，他非常高兴，一到学校就把这个消息告诉了我。

在接下来的日子中，孩子有所转变，但我知道这远远不够。其实在对这个孩子的教育中还没有完全改变他内心的转化，现在靠的还是一些外力，只是开始，最困难的就是如何坚持，孩子的坚持，家长的坚持，老师的坚持，要从根本上转化孩子的变化，还要继续一系列有力的后续措施，我也在认真地思考中。

有人说儿童是一本书，要读懂这本书并非易事，但作为一名教师就必须去读它。尤其是现在的孩子，科技的发达，生活的富裕，家长的宠爱，也让孩子更有自己的性格。面对这些如此有性格的孩子，我们或许有时会感到特别的棘手，但看着他们一点点成长，露出灿烂的笑容时却又充满了幸福感，我们要用一份耐心、一份坚持，给予他们前行的力量。

（俞婷）

好习惯，从倾听开始

古希腊先哲苏格拉底说：上天赐人以两耳两目，但只有一口。欲使其多闻多见而少言。寥寥数语，形象而深刻地说明了“听”的重要性。语文新课程标准也明确指出：“要让学生学会倾听。”这里的“倾听”既是一种重要的学习，也是培养交际能力的前提。如果不会“听”，如何学会思考？如何学会与他人合作交流？“听”是很重要的，“听”的能力和习惯需要我们在教学中对于学生有意识的培养。低年级如何培养学生养成安静地“听”的习惯呢？

一、问问孩子：“聪”字怎么写？

低年级的孩子大都喜欢表达，愿意把自己的想法说出来。班里有个孩子叫小宇，聪明、大胆、乐于表达，课上时常能看到他高举的小手，能听到他独到的见解。但我也发现了一些问题：每到他自己回答时，滔滔不绝；可一到同学回答问题，他就偷偷做自己的小动作了，似乎别人的回答与他无关。

一次晨会课，我决定要来和孩子们聊聊“聪”字。我先让孩子们来给“聪”组个词，不出意外，都是“聪明”。然后，我引导他们看字形，理解“耳”到（左边的耳字旁），“眼”到（右边上面的两笔不就像人的两只眼睛吗？），“口”到（右边中间的口字)，“心“到（右边下面的心字），就能成为一个聪明的孩子。最后，我提问：知道为什么“聪”字中“耳”占了一半吗？孩子们一个个思考起来。小宇高高举起了手，站起来大声回答道：“我觉得耳朵很重要，聪明的人要会听。”“对。”我把目光转向了小宇，继续说道，“想做一个聪明的孩子首先就要学会用耳朵听。而且，认真听别人说话也是对这个人的尊重，我们从小就要养成认真倾听的好习惯。”

二、告诉孩子：1+1＞2

让学生理解倾听的重要性，不是一个字，一两句话就能解决的，还要靠教师耐心地引导，利用一切可以利用的时机，让学生从中领会倾听的重要性。

教学《雨后》一课，我问学生：“你看到了一个怎样的小哥哥？”提问完，我还提出了一个要求：当一个同学回答完后，我要请一个小朋友先来重复一遍，再讲讲自己的看法。开始交流了，我看到小宇的小手举得高高的，可我并没有请他来说，而是叫了其他小朋友。我一边听着回答，一边仔细地观察着小宇，只见他的小手仍举得高高的，小眼睛还紧紧地盯着回答问题的孩子，看得出他在认真地倾听。对了，我要的就是这种效果。随后，我就请了小宇来回答，他正确地重复了前一个孩子的答案，“小晨看到了一个调皮的小哥哥，因为他在使劲地踩水，把水花儿都溅起来了。”接着，小宇又讲了自己的看法，“虽然这个小哥哥他自己在踩水，可还在提醒妹妹要小心滑倒。我觉得这是一个既调皮但也很关心妹妹的小哥哥。”他的回答真是出人意料，不仅有自己的思考，还将两种答案进行了整合。课的尾声，我对孩子们说：对于老师的提问，每个小朋友可能都会有自己的想法，我们应该有想法就大胆交流。但别人回答时，也要认真听，这样，你除了自己的一种想法外，还会拥有第二种，第三种……

三、夸夸孩子：你真棒！

兴趣是学生最好的老师。然而，倾听对于好动的孩子来说无疑是缺乏兴趣的。而在这时老师的赞扬是他们最大的乐趣所在。针对小宇的听课习惯，平时的课上我总会特别留意他，抓住他的一个动作，一个表情，一个回答……适时地给予赞扬。如“你真会听！”“你的耳朵好灵啊！”“你很会学习，知道仔细地听别人的发言！”……渐渐地，小宇上课除了大胆发言，也学会了认真倾听。一句赞扬，一个微笑，不费时间，不费精力，却能收到最明显的教育效果。

良好的倾听习惯不可能一步到位。学生们年龄小，知识少，行为习惯正处在形成之中，要使学生真正养成良好的倾听习惯，还需要教师下工夫，费精力，花时间，必须持之以恒，像滴水穿石一样，一点一滴，长年累月，才能使学生养成这种良好的习惯，才能真正掌握“倾听”这把金钥匙！

（倪继红）

冲破“蓝天白云”的枷锁

火红的太阳，洁白的云朵，蔚蓝的天空，翠绿的草地，草地上有许多小朋友在快乐地嬉戏，有的在跳绳，有的在捉迷藏，有的在踢毽子……好生热闹！好生欢愉！

在学校“小树林”儿童画班，这是我第一次作为一个真正意义上的小学美术老师与孩子们接触。这些孩子是一二年级的美术“精英”。现在说回到上面的这一段文字，它并不是某一个小学生的优秀作文，而是我在这些孩子们“大作”中看到的一幅幅画面。说实话，画得是不赖，更何况他们只是一二年级的孩子。若想当年，我的画技也许并没有他们那么出色，色彩也没有他们这么丰富，表现的也没有他们那么生动。把他们称作“精英”还是有一定道理的，这是我退回到自己的童年时代，以一个同龄人的目光，对他们深深的崇拜。

不知什么时候，美术组组长小马老师推开了我教室的门，站在一旁，与我一起品鉴这些孩子们的“大作”：“诶，这孩子细节画得好丰富！”“这张颜色不错，这孩子色感真好！”……我在一边，点头表示赞同。

那次小树林培训结束后，我回到办公室。还没来得及表示赞叹，小马就把我叫过去：“小何，我来给你看下现在儿童画比赛的一些获奖作品。”然后从电脑里翻出一张张以前在各种比赛上拍摄的儿童画作品照片，这些作品有的造型奇特夸张，有的用色与众不同，有的画法别出心裁，有的笔触大胆泼辣……蓝天，白云，草地等等在这些画面里几乎见不到，小马老师告诉我：“不是每幅画都要画蓝天白云的，这些大部分孩子们都会画的，所以就没有什么新意，也没有个性可言了。下次指导他们画画的时候，可以让他们选取一个最有意思的局部，画大，画丰富，画生动。让他们去寻找与众不同的美。”

我仿佛顿时明白了“精英”与“大师”的区别。前者顶多是个了不起的“匠人”，手艺高超，一技傍身，行走江湖，万人敬仰。后者却是难得一遇的革新者，他们特立独行，用与众不同的方式开拓一片新江湖，供万人行走。

后来想想也是，在我小的时候，儿童美术作品中的“蓝天白云”其实就烂大街了，或许“烂大街”有点难听，倒不如换个好听点的词：“百搭”。无论是什么主题的儿童画，都能配上它：《春天来了》，小花、小草加“蓝天白云”；《丰收的果园》，农夫、果树加“蓝天白云”；《动物王国》，小猫、小狗加“蓝天白云”……后来有一次主题是海洋世界，我心想：嘿嘿，看你们这下还怎么“蓝天白云”！结果交上来的作品让我明白了：百搭不愧是百搭！我看到有的画面上，鲸鱼浮出了水面，将水柱喷射上了天空。那天，自然还是蓝的，并飘着几朵白云。

开头所描述的，也就是他们的画面，主题是《美的生活》，我第二天去看的时候，觉得每一幅还是那么漂亮，但是却十分雷同的，难道美好的事物永远都是惊人的相似，唯有丑，才能丑的千奇百怪吗？不可能！这次我一定要让他们突破自己的惯性思维，冲出“蓝天白云”，让思维在我的美术课堂上可以得到完全的解放！

在新的一堂课上，我这样启发孩子们：“小朋友们，上次你们画的《美的生活》都非常的棒，都把自己最开心，最美好的回忆画了出来。你们画了许多东西，但是每个人画的都差不太多，现在你们再好好想想，在自己的生活中有没有什么东西是让你印象特别深刻的，特别美好的，其他小朋友可能没有见过的，你可以把这些东西画出来和大家分享。”同时我在投影上把小马老师给我的优秀作品给孩子们看：“你们看，这些小朋友画的就与众不同，都十分有想法。他们有的整张纸就画一个人，让人物的表情，姿态十分夸张，十分生动；再看这一张，这个小朋友画了生活中不可能出现的画面，画上的人物都在天上飞，有的挂在彩虹上荡秋千……”随着孩子们一声声的“哇——”“这都可以！”“好漂亮啊！”我进一步引导他们：“你们其实画得都非常棒了，但如果你们能在画面中画出与众不同的美，你们的作品会更加出色！要画得和所有人都不一样，你们有信心吗？”“有！”孩子们十分兴奋，眼神里全是光！我感觉到他们的思维的窗户已经在慢慢地打开了。

但是孩子们第一次任随思维飞翔，毕竟还是有点怕的。小瑶先怯怯地举起手：“何老师，我就想画一只大螃蟹，我可以在螃蟹身上画一些图案，涂上不一样的颜色吗？”“当然可以！那一定会非常漂亮的。”紧接着所有孩子都说出了自己的新奇的，与众不同的想法。主题还是《美的生活》，但他们画已经完全不一样了，除了小瑶的漂亮大螃蟹，我还从在他们的画纸上发现了许多不一样的美：小然的空中动物园，小欣的海豚表演，小悦的花衣服小女孩，小婧的美丽地球村……

看到他们这样多姿多彩的“美的生活”，我觉得每个孩子能在画纸上，用他们的独特的视角，观察独特的世界，创造独特的美太重要了！“蓝天白云”是枷锁，冲破它才能到达最美好的世界，那里是充满欢乐的儿童世界，是一切皆有可能的艺术天堂。而我们美术老师要做的就是带着他们冲出云层，让思维徜徉，让梦想开花，让世界不同！

美的生活，与众不同！

（何灵杰）

相信学生

相信学生的智慧，利用学生的智慧。在教学过程中教师难免会遇到一些难题，而教师作为成人，思考方式可能比较局限，此时，学生群体他们的创造力和想象力有时会让你惊喜。所以，在教学过程中请不要吝啬向学生请教，要相信学生们的智慧。

还记得上班第一年准备上一节障碍跑的研究课，这节课的内容是学生学习爬、滚、跳、绕、钻过障碍物的方法，在设计这节课时爬、滚、跳过障碍物可以借助垫子，绕过障碍物可以用小标志物。但是，钻过障碍物，由于场地限制一时找不到合适的器材，而钻过障碍物这一内容又是必不可少的。

第一次试上时，我想到是把绳子系在两个羽毛球架上，让学生钻过去。在上课过程中发现羽毛球架子被风一吹或者学生只是轻轻一碰就会倒掉，容易砸到学生，存在安全隐患，并且把绳子作为障碍物目标小有时学生看不清会拦住学生，刮到学生的脖子，课堂效果很不好。第二次试上时，我又想到用呼啦圈，呼啦圈目标很明显，学生钻过呼啦圈玩起来也很有兴趣，可是有一个问题解决不了，没办法固定呼啦圈，如果想用呼啦圈就需要有学生用手扶着，这样学生的运动负荷和运动密度就大大降低。

于是，在课后我就利用学生的聪明才智，请教学生：

师：同学们，老师现在遇到的麻烦你们也看到了，你们可不可以帮着老师一起想想办法，设计一个可以供我们钻过去的障碍物。不会那么容易倒掉也不用我们安排学生扶着，你们有什么想法?

学生们都很热情，七嘴八舌的开始讨论起来，说着自己的想法，也互相指出各自想法存在的问题和可行性。

其中一位学生甲：可以用一个架子把呼啦圈固定住。

学生乙：用什么样的架子，怎么固定呢?

学生丙：可以在两个排球架中间系一条绳子，把呼啦圈固定在上面，排球架不会那么容易倒掉，呼啦圈还可以钻，多好呀!

讨论结果出来，所有同学马上动手开始布置预想的场地，场地布置很快布置好，学生开始尝试使用。学生们在自己设计的障碍物中钻行，玩得很起劲，很开心，更重要的是很有成就感。但是，玩了一会后发现，前面的人钻过呼啦圈之后呼啦圈会有很严重的晃动，后面的人就很难再很快通过，并且在通过晃动的呼啦圈时很容易撞上去。此时，我已经想到在呼啦圈的下面再固定一条绳子就可以解决这个问题，可我再一次向学生提问：

师：你们在钻的时候有没有发现呼啦圈会晃动，你们能再想想办法，让呼啦圈固定住不晃吗？

学生们你一言我一语开始讨论，此时有一个学生大声说出自己的想法。

生：可以在呼啦圈下面再固定一条绳子！

学生们再一次开始动手做了起来，在呼啦圈的下面又固定了一根绳子，学生们固定好之后，马上试玩，试玩的效果很好，很成功。

这节研究课在正式上的时候效果很好，在场地的布置上没有遇到什么问题，内容的安排上也是合理的，学生们在课上玩得很开心。但是，我觉得我在让学生帮助我解决问题时更精彩，学生们积极动脑动手相互协作设计障碍物的摆放，不仅体验了玩的开心，而且体验了自己动脑解决问题的喜悦，很好的锻炼了他们的动手和动脑能力。

所以说学生的思维是开阔的，我们的体育课不仅要锻炼学生的身体，也要激发他们积极思考的能力。学生的思维应该是发散的，不应该被固化，作为教师的我们应该学会尊重学生的想法，并善于引导启发，发掘学生的潜能。

相信学生的能力，不放弃任何一个学生。体育教师几乎每学年都会接手不同班级的情况，接手之后第一件事情就是了解这个班级学生体育能力，这次，我接手了二年级的一个班级。不管是哪个年级，跳绳项目都很重要，所以首先我要了解这个班级学生跳绳情况。一般情况下，作为二年级的学生是不会出现不会跳绳的，但是这个班，就真的有一个小Z，当他拿起绳子还没开始跳时，站在旁边的几个学生已经在告诉我他不会，他一点都不会，他也不可能会，小Z很失落地低着头。我制止了其他学生，让他试一下给我看，果然协调性确实很差，绳子还不会摇。

下课后，我把小Z留下，了解情况后，知道他很想学会跳绳，不愿意被同学笑话。于是，我与他约定，以后每节课都练习，同时给他信心，相信他肯定能学会。在以后的每节课上，其他同学都休息时，他就单独加练，九月份的天气还是很热的，他每次都是满头大汗，甚至有几次衣服都湿透了，可从来都没喊过累，逐渐他学会了摇绳，慢慢的可以偶尔跳过去一个。我告诉他，你能跳一个就能跳三个，果然，又过了两节课，真的可以跳到上三个、四个、五个……越来越多，一次课上，突然听到一个学生大声喊到，天哪！小Z竟然学会跳绳了！同时，吸引来其他的同学，有的同学还一边看一边数，数的声音越来也大，数的个数越来越多。此时的小Z身上像是打了聚光灯，所有人的目光都投向他，他不再是那个失落的低着头的小Z，而是满脸挂着灿烂的笑容的小Z。所以，不要轻易放弃一个学生，作为老师的我们要选择相信他们，给予他们自信，帮助他们进步，支持他们前行。

（郑旭）

老师愿意给你一次机会

每个孩子都是一棵树，是一棵需要阳光渴望成长的小树苗。他们的心灵脆弱，性格易变，他们需要细致、耐心浇灌。有的老师喜欢将这些小树苗进行比较、评判、欣赏，进行修剪、矫正、美化。而我愿意蹲下身子、弯下腰杆，给这些稚嫩的小树苗一次机会，让他们自由闪耀地成长。

每年都要竞选“数学课代表”“数学小组长”，那一年的竞选活动已临近结束，班级里的数学爱好者们说得有声有色，教室里不时发出一阵阵热烈的掌声。有那么多的同学来争当这个课代表和小组长，我也被感动到了，但仔细观察不难发现，争取的总是那么几个人，我的心中升起一丝丝惆怅，难道一定要数学成绩出色的同学才能当课代表和小组长吗？我希望能破这个局。我期盼的目光落在每一个孩子身上，一番搜寻，教室的最后面猛地举起一只手，还不时地东张西望，看见我在看他又一下子缩了回去。是他，高明,他是男生中成绩中下、比较调皮的一个，数学课上不怎么抬头，老师一叫他的名字，他就开始手足无措，讲话磕磕碰碰，但回答问题的声音还是比较响亮的，正确率也比较高，在老师眼里他是一个矛盾体。显然,他是犹豫的，举起的小手只有一半露在桌面以上，想让我看见，又不想让我看见，小脸绷得紧紧的，期盼渴望的眼睛睁得大大的，看见我注意到他了，小手又慢慢地缩下去下一点儿。

我的停顿引起了同学们的注意，大家也随着我的目光一个个转过头去，发现高明的同桌正着急地扯着他的胳膊往下压，同学们不知道发生了什么事开始窃窃私语，有的轻轻摇头，更有的发出了嗤笑声，谁也没想到高明敢举手。我给他送去一个肯定的眼神，边带头鼓掌边大声宣布：“欢迎高明同学！”他呆了呆，继而紧张地把小手藏到了背后。我立刻走到他身边，在他耳边轻轻说：“是不是想试一试，老师愿意给你一次机会”。他犹豫一下总算站了起来。由于特别紧张，他站在讲台上，脸像个大苹果涨得通红，两手抓着裤管，嘴唇不住地颤抖。我微笑着鼓励道：“同学们，你们愿意听高明讲吗”在老师和同学们的鼓励下，他终于开口了，这次讲的声音很小，虽然结结巴巴，但是他的意思我们都听明白了。他的竞选演讲结束，我翘起了大拇指，轻轻地说：“老师听懂了，你很勇敢，也很棒”。我发现，这次他抬起了头，依旧红苹果似的脸上洋溢着惊喜而自信的笑容。尽管班级里比他优秀的学生有很多，我还是给他当上了小组长。从那以后，他上课抬起头听课的时间越来越多，举手的次数也多了起来，胆量越来越大，回答问题时声音越来越响亮，表达一次比一次流利。在和高明家长的交流中，我也了解到，为了能够回答老师的问题，每天的预习作业他都能认真地完成，遇到不懂得还会问父母，课后他会悄悄地问我几个问题，作业本上的星，从一颗，两颗变成了三颗四颗。期末时，他的成绩进步了一大截，小组长的工作也做得很出色，在他的督促下，他们组没有学生拖拉作业的，因此他一下子获得了两张奖状——学习进步奖和优秀小组长。第二年的又一次竞选中，他真的当选了课代表。鼓励宛如温暖的阳光，照亮孩子们暗淡的目光，鼓励宛如一丝丝春雨，滋润孩子干涸的心灵。老师一个鼓励的眼神，一个善意的微笑，一句真诚的赞语都可能照亮孩子的人生之路。六年后他考上了名牌大学，一天他给我发微信说：老师，我辛亏遇到了您，当年你给我一次上台的机会，让我看到了自己也能行，感谢您让我在成长的道路上点亮了自己的心灯。

“没有爱，就没有教育”，这是至理名言。在与孩子的沟通中多一分倾听，少一分否定，多一分共情，少一分指责，多一分关爱，少一分苛求。高明同学是容易被疏忽的一类，他学习成绩平平，性格顽皮，不善于表达自己的思想，但是他又是一个活生生的人，他有着鲜活的思想，渴望被关注，被重视，渴望参与集体生活中来的人。那趁人不注意举起的颤抖的手，那期盼的目光都说明了这一点。如果他举起的手被忽略，让他失去这一次表现的机会，可能他的头会低得更低，在公共场合表达会更不利索，甚至永远缩在教室的角落。雷夫说过：“破裂的信任是无法修补的”，信任每一个孩子，给每个孩子表现的机会，我们可以在后面推一把，可以在旁边扶一把，还可以在前面拉一把。我们都应该忽略孩子身上一些看起来不很完美的细节，用我们欣赏的目光、言语、行动向每个学生张开宽容的怀抱——老师愿意给你一次机会！

从老师的角度看孩子的世界不难，难的是老师愿意蹲下来，保持和孩子一样的高度看待世界，读懂孩子的思想，给孩子的内心一丝阳光和美好。孩子的成长之路可能是慌慌张张、磕磕碰碰的，往回细数，又有哪一个不是慌张、磕碰的，在往前探路的过程中，老师信任和鼓励的话语，能使孩子打开紧闭的心门，扬起自信的笑脸，点燃思维的火花，孩子在课堂上敢于畅所欲言,积极参与到学习活动中来,真正成为学习的主人。让大大小小的磕碰成就孩子闪耀的成长。

（陈娅）

溜溜的球，溜溜的他

苏霍姆林斯基曾感叹：“从我手里经过的学生成千上万，奇怪的是，留给我印象最深的并不是无可挑剔的模范生，而是别具特点、与众不同的孩子。”是啊，从教二十多年，记忆中尽是他和她的故事。一个个孩子便是我教师生涯中一朵朵浪花，也许并不是每一朵浪花都是美丽的，但我是一个踏浪的老师，在我的眼里，海上的这些浪头是最美丽的风景。瞧！他正从大海深处奔来！

叶毅是班上一个调皮好动爱捣蛋的孩子，长得高高大大的，人挺聪明，但贪玩。体育课上他凭着长得高力气大，经常“霸占”篮球，其他同学只能望“框”生叹，为此课后总有同学来告他的状。课间他会折纸飞机，弄得课桌底下纸屑一地，他却在教室里玩得不亦乐乎。打开他的作业本，书写潦潦草草，错别字一个又一个，为此经常要让他改字订正，也总免不了叮嘱加唠叨：把字写写端正，做完后再认真检查检查。他嘴上说着知道了做起作业来却依然如故。

在一个中午的语文阅读课上，他竟悄悄地玩起了溜溜球。当时的我很气愤，但这是一个脾气倔强的孩子，如果处理得不好，很有可能会激起他的逆反情绪。我稍一思索，这也许是考验我的耐心和教学艺术的时候。我面带微笑，不急不躁地望着他，伸出手去收下他的球然后心平气和地说道：“放学后到我办公室来一趟。”放学后，他果然来了，我并没有责备他，而是学习陶行知先生四颗糖的故事中的方法表扬了他有三个优点：一、并没有影响其他的同学，只是自己不声不响地在玩球；二、听老师的话，准时到了办公室；三、当时听到老师的话，马上停下不玩了，说明能认识自己的错误。不知不觉中，他的脸红了，怯生生地说：“老师，以后我再也不玩了。”“好，老师相信你，这球我先替你保管着，好好表现，希望它能早日回到你手上。”听到我要暂时没收球，他立刻抽泣了起来，哭丧着脸向我求情：“老师你能不能把球还给我，这个球会发光，要好几十块钱呢。我好不容易说服了妈妈才买到的，如果妈妈发现球不见了一定会打我的。”看着他期盼的眼神，望着他一脸的泪痕，我沉思了片刻，然后抚住他的肩膀柔和地说：“老师来跟你妈妈说这件事，不说课上玩球，只说你带球到学校，现在球由老师来保管。我们来个约定，只要你好好表现，认真学习，球，老师一定还给你的。”听我这么一说，他终于停止了哭泣，大声说道：“老师，我一定会拿出最好的表现给你看。”我马上拿出一张白纸，把这个约定写了下来，我郑重地签下了名，他也一本正经地写下了自己的名字。我又拍了拍他的肩膀鼓励他好好表现。

他点点头一脸严肃地说："老师，以后班级的净水能让我负责换吗？""换水？"我摸不透他的意思。"最近天气热，我看有时体育课下课水一会就喝完了，我力气大可以去给大家换水。""哦那好，你就当我们班的水司令吧。"我笑着说道。

以后在每天早上和中午的换水时间里总见他兴冲冲地拿着空桶，快步走出教室，一会功夫，又见他两手抱着一大桶净水大步走进教室，撕去塑料膜、揭去盖子、装上饮水机架，动作流畅快速。水装上后他便大声招唤同学们喝水，而他排在队伍里，我看着看他一手拿着杯子，一手擦去汗水的身影，总会莫名地感动。一段时间后同学们开始亲热地称呼他"水司令"，

渐渐地来打小报告说他抢占篮球的同学少了，体育老师夸他做事积极，经常帮老师和课代表一起整理体育器材，然后归还到器材室。

一个雨天的早晨，我走进教室，同学们已开始早读，我见他在忙着收拾雨伞，便走到他身边提醒他赶紧读书。"我把这些雨伞摆放好，马上就读。"他把长柄的雨伞全部挂在窗台边上，短柄伞收拢后放在窗台上，放置得整齐又有序。晨会课上我高兴地表扬了他。这时班长孙雪岩同学举手提议：老师，我看叶毅很有责任心，他每天为我们换净水，是个合格的水司令；今天早上又非常细心地把雨伞摆放得十分有序，我看他还可以当班上的伞长。"孙雪岩的话音刚落，同学们竟鼓起了掌，看看叶毅他正抿着嘴笑呢。放学时，雨停了，我正大声宣布排队时，"请大家记得把雨伞带回去。"是他的大嗓门。我心头一暖。看来小家伙这伞长当得还挺上心的。

一段时间后我发现他的学习态度端正了不少，课堂上开小差做小动作的现象少了许多，我也经常点名让他起来读书，从认读词语到读一段话，一点一点来增强他的信心。每当他读得正确，读得有进步时我总会高兴地表扬他，并鼓励他再接再厉，继续努力。慢慢地，他有了在课堂上发言的勇气，我提问时他经常会举手，一开始我让他回答一些较简单的问题，渐渐地他能连贯地表达自己的想法和感受了，同学们纷纷对他投去赞许的目光。课堂上良好的表现让小叶同学进入了良性循环，他对待作业认真了很多，字迹一笔一划写得端正整洁。这让我喜不自禁，好几次都评上了当月的进步之星。学期末我把溜溜球还给了他。

一个溜溜的球改变了一个"调皮蛋"的学习态度和行为习惯，这个球我"保管"的值！叶毅这个以前的"调皮蛋"变成了"溜溜的他"。

我和小叶同学的这个小小约定，包含有期待，有信任，有激励；简简单单的约定，激活了孩子身上的积极因子，激发了他的小主人翁意识，在为集体日常事务出力，为班级同学服务的过程中孩子劲头十足、发挥潜能，成了一个"溜溜的他"。

（丁莉）

温暖三人行

刚送走一届毕业生，我又接手了三（3）班这个全新的班级。四十多个孩子，四十多种个性、四十多种习惯。经过一段时间的相处，我对同学们各方面的情况已有所了解。班中的三个男孩子——小周、小徐和小朱，活泼机灵、调皮可爱。令人头疼的是：他们的语文学习一团糟，上课注意力不集中，经常走神。默写只能写对几个字，作文永远只会写几行，语句还不通顺，考试成绩二三十分，甚至个位数……在学习方面，他们仨真可算是难兄难弟了。从教数十年，我还是第一次碰到这样的学生，明明聪明伶俐，成绩却差得离谱，怎么会这样呢？看到他们的学习基础那么差，我还是按照以前的老办法，利用放学后的时间给他们补差，但是效果不理想。一学期下来，他们三兄弟的语文成绩毫无起色，真是急煞我也。

一、一分耕耘，一分收获

放寒假的第一天，本应该在轻松愉悦的假期中好好休息，可是那天晚上我却辗转反侧，难以入眠，脑子里想的都是怎么帮助他们三个提高学习成绩。我始终相信“一分耕耘，一分收获”这句话，只要他们坚持不懈地努力，总会慢慢进步的。既然他们的学习基础比较差，那下学期就从基础抓起，把基础抓牢了，再慢慢追赶其他同学。第一步，我必须要取得他们家长的信任和支持，有了家长的配合，一定会事半功倍。

于是，第二天一早，我就建了一个群，群名就叫“一分耕耘，一分收获”，我把小周、小徐和小朱的家长拉进群里。我把建群的目的和一些设想和家长们说了，他们都非常支持。

不久，便开学了。我和家长们说，我会根据他们的学习现状，给他们单独布置作业。比如：每学一篇新课文，我要求他们读准生字字音，读通课文；掌握由生字组成的词语，并能正确默写出来。这样一来，他们仨的学习任务减轻了不少，学习起来轻松多了。我经常和家长们沟通交流，谁表现好，我就在群里向家长汇报。家长听到自己的孩子有进步了，也特别高兴，督促孩子学习的劲头也更足了。

二、三人行，必有我师

这三个“难兄难弟”现在组成了一个学习小团体，他们有着共同的学习目标，他们既是学习伙伴，也是竞争对手。子曰：“三人行，必有我师焉。”只要谁表现好，谁就是老师。语文课上，我把关注的目光更多地投向他们。只要他们勇敢地举起手来，我就请他们起来回答问题。慢慢地，他们也变得更有自信了。

一天，我上新课，我问："哪位同学到黑板上来写课题？"小徐高高地举起了小手，我就邀请他上来写。小徐个子不高，他小心地站上凳子，一笔一划地认真写着。完全正确！我极力表扬了他，并对小周和小朱说："瞧，小徐写得多好呀，他就是你们的老师，要向他学习哦！"

每次预习课文，我会让做得好的那位同学当小老师，帮我检查另外两位同学的预习情况。每到这时，他们就会很高兴，检查作业也特别认真，一有情况就会马上向我反映。

学完课文就该默写了，他们只要默出几个含有生字的词语就可以了。学习要求降低了，成功就更加触手可及。这不，这次小徐默全对，那次小周又默全对。我真为他们感到高兴！默全对的同学还有一个福利哦——可以当小老师，帮默错的同学重新默一遍。瞧，小朱拿着语文书，煞有介事地在帮小周默写词语呢，脸上写满了得意劲儿。

这学期，这三兄弟明面上互帮互助，暗地里较着劲。

三、亲亲语文书

一天中午，吃完午饭回到教室，小周突然发起脾气来，他瞪大了眼睛，脸涨得通红，一副气呼呼的样子。问他发生了什么事，他什么都不说，还嚎啕大哭起来，跑过去撕小朱的语文书。我更加纳闷了。其他知情的同学围过来七嘴八舌地汇报情况。我这才弄清了事情的来龙去脉：这次是小朱做小老师，检查小徐和小周的预习情况。小朱不小心把小周的语文书撕坏了。小周非常生气，就有了刚才的一幕。我看了看小朱，一声不吭地坐在座位上，大大的眼睛里流露出复杂的情绪，有后悔、有无奈……我把小周的语文书拿来一看，好几页都被撕坏了，口子还特别长，难怪小周这么心疼。

午睡的时间到了，同学们都安静地趴在桌上休息。此时，小周已经冷静下来，我把他叫到身边，和他轻声聊了起来。我说："小朱在帮你检查作业的时候，不小心把你的书撕坏了，他不是故意的。我刚才看他也很不开心，你就别生他的气了。"小周听了，没说什么。我又说："我知道你是个爱书的孩子，很舍不得这本语文书。不要着急，我帮你把书补好吧！"于是，我拿来透明胶带和剪刀，小心翼翼地补起书来。凭着多年累积起来的经验，我把书补得很平整。小周看了，心里欢喜得不得了，竟情不自禁地亲了亲语文书。看他那喜不自胜的样子，我立即拿起手机，拍下了这动人的一幕。虽然他嘴上没说什么，但我知道，他心里一定充满了感激。

我趁热打铁继续说："你这么爱护语文书，小朱肯定也爱护书。你把他的书撕坏了，他一定很难过。你这么做也是不对的呀！要不，午睡结束后，我们一起帮他把书补好吧？"小周立马点了点头。

午睡结束后，我让小朱把语文书拿来，和小周一起补书。我把撕坏的书页对齐，让小周用手指压实，我再用透明胶带粘好。就这样，我们一起合作，把小朱的语文书也补好了。

之后，他们两个又和好如初了。

就这样，三个小男孩互帮互助，在学习之路上温暖同行。在期末考试中，三位同学的语文成绩都超过了及格线，甚至还达到了七八十分。仅仅一个学期，就取得这么大进步，在为他们感到骄傲的同时，我也深深感受到同伴互学的重要性。希望在以后的日子里，他们能一如既往，互相学习，共同进步！

（冯镭）

温水煮“蛙” 静待花开

每每看到含苞欲放的花蕾，或已竞相开放的花朵，我总会顿足观看，流连忘返。也许那带给我的不仅仅是视觉上的美感，更是一种思想上的共鸣。花开从来不是易事，需要除草、除虫、施肥、阳光、雨露，还要用恰当科学的方法来不断培育，才能育出好花来。而我们的一个个学生不正如一盆盆的花吗？花需要阳光、雨露、土壤、肥料，少一样都不行，有的喜酸，有的喜碱，有的喜阴，有的喜阳，不了解它们，很难会为你绽放那娇美无比的花蕾；学生也一样，性格各异，有的开朗，有的文静，有的睿智，有的笨拙，不了解他们，同一而教，花期过了，没开花的只能静静的舒展着几片叶子，或许，永远没有了绽放的日子。

在《读者》上看到这么一个故事：某人有一个庭院，庭院中常常扫得干干净净。有一次，他出远门，托朋友照看庭院。朋友很懒散，任由庭院中的植物自由生长。结果，石凳旁边冒出了一些绿绿的芽尖，后来开出了花。花很香，像兰花。朋友就采了一朵花和几片叶子去请教专家。专家说：“这是兰花中的一个稀有品种，叫腊兰，许多人穷尽一生都很难找到，如果在城市的花市上卖，能卖上万元。”

朋友将此事告诉了庭院的主人。主人听后愣了一会儿说：“其实那株腊兰每年都要破土而出，只是我以为它不过是一株普通的野草而已，每年春天，它的芽儿刚出土就被我拔掉了，我几乎毁掉了一种奇花啊！如果我耐心聆听花开的声音，那么几年前我就发现它了。”

是的，因为我们缺乏足够的耐心，没有给予一些植物开花的时间和机会，因此常常会发生错把“腊兰”当成“小草”的事情。同样，教育教学过程中，扪心自问，我们又有几个人没有犯过这样的错误呢？

我们班就有这么一个小男孩，为了保密起见，我就叫他小煜吧，从九月份开学进来，我就发现了他的“另类”，上课特别好动，学习上、行为习惯上都“与众不同”。清楚记得，今天我才批评教育了他，明天老毛病依旧；刚刚纠正过的错误，又仍然明显地出现在他的作业本上；每次写作业总不见他的垫板；屡次交待过老师不在的时候要遵守纪律，走进教室迎接你的依然是他“张牙舞爪”的身影和与同学闹哄哄的“交响曲”……常常让这反复出现、屡教不改的情况扰乱了心情，情急之下，我不禁一次又一次朝他发起了火，有时还伴有一些惩罚，既生气又无奈。

但是接下来的一件事却使我对他改变了看法。有一次下课，我正常走进教室看看班级，班长跑到我边上说：“小煜又和小泓打架了！”刚想发一通火的我，看到小煜坐在自己的座位上，我便走到他身旁，问；“刚才怎么会打架？能跟老师说说吗？”一开始的他并不愿意说出原因，后来，我才知道，原来是小泓撞到了别的班的一个小女孩，既没有把小女孩扶起来，也没有说声对不起，这一切被小煜看到了，他想让小泓跟小女孩赔礼道歉，但小泓没有这么做，于是才引发了后面的打架事件。当我听完小煜的这番话，我心里泛起一阵涟漪，这个“皮大王”，“捣蛋鬼”的心中竟然是这么善良与正直。

其实，每个学生都是一块独特的宝贝，只是需要我们去发现、去挖掘。那些学习好、成绩好、安分听话的“乖孩子”优点明显，固然讨人喜欢，我们鼓励他们、赞扬他们是理所当然的。但是对于那些暂时还不爱学习、调皮捣蛋、脑子反应慢的学生，我们绝对不能给他们戴上“差生”的帽子，也绝对不能有半点的疏远与歧视。因为他们与“乖孩子”比起来，也许仅仅是开花的时间迟了一点。花苞的盛开尚且需要空气、养分和足够的时间，更别提学生的转变了。但要相信，只要耐心等待，给予他们足够的时间，他们开出的花儿也一定是独特的、芬芳的。

在对学生进行思想教育过程中，我们常常会遇到这样的学生：不管老师怎么说他、问他、评批他，他都本着“沉默是金”的信念沉默不开口。其实，小学生年龄虽小，却也一样有着极强的自尊心，当他一旦认定“我说什么都是错的”，自我保护意识就会牢牢开启。 面对这样的学生，如果能寓批评于幽默中，往往能消除他们的排斥性，既不伤心学生的自尊心，又能让学生认识到错误，不失为教育的好方法。例如，班上有一个小男孩特别的调皮，上课总是坐不端正，自由散漫，下课就像个“皮猴子”，喜欢和别的小朋友打打闹闹，有时还会动手打人。面对这一情况，我把他拉到我身旁，由于之前从他父母那里得知这个孩子一直在学习“武术”，我便以此为切入点与他交谈。“听说你最近在学习武术啊？”

“学的怎么样啊？”一开始这个小男孩十分骄傲，向我大声自信地说了自己的学习成果，“那你刚刚下课在和别的小朋友干什么呢？”他就开始沉默不说话了，两只小眼睛忽闪忽闪的，低着头不出声了。我见如此，本想批评他的想法突然改变了，我便对他说：“你为什么学武术呀？是不是来保护自己，保护爸爸妈妈的呀？爸爸妈妈送你去学武术是不是让你成为一个小男子汉呀？”“嗯，是的！”“那你练习武术会不会保护老师同学呀？”“会！”“那你刚刚用你的小拳头是在保护同学吗？如果你是这样保护同学的，那老师下次可不敢找你来保护我，我怕你伤害我，哈哈”这句话一出来这个小男孩马上抬起头来，慢慢与我眼神对视了，他说：“老师，我知道错了。”恰如其分的幽默让他如释重负，减轻了学生的心理负担，也让这一次原本是严厉的批评变成了一次愉悦和谐的交淡，以婉转地指出使学生认识并主动承认了错误，教育效果显而易见。

有时付出不一定能马上得到回报，这收获也许会来得慢一些，久一些。这时，作为老师，可以耐心一点，等等看，再等等看，也许，这迟来的惊喜更让人感叹：耐心，才能等得花儿开，才能聆听到花开的声音。

（钮家玥）

我和孩子们有个约定

下午第一节语文课，上《卢沟桥烽火》。天气有点闷热，不少学生身形散漫，面无表情。

“来，振作点，日本鬼子快冲进来了！”我调动气氛。

“谁来把卢沟桥事变的经过复述一下？”这个问题刚讲完。

被点到名的小王磨蹭着站了起来，低垂着头不发一言。

“按时间顺序……”我指了指黑板，上面有详细的提示。

他依然没有抬头，嘴巴都没有动一下。

我只能说“坐下去再想想”。

第二个小诸倒是很努力，眼睛朝着天花板翻得白多黑少，可是半天没支吾出一句话来。

这下我有点来气，“砰——”课本落下的声音迸溅开来。学生吓了一跳，接着，空气又陷入凝滞。

这个班级是到了六年级重新组合的，和我原来的班级比，多数孩子性格内向羞怯，不善言辞，似乎缺少彰显自我的需求和能力。上课总是我在唱独角戏，什么办法都试了，依然不见起色。

我审视着孩子们一张张脸：惶恐不安、诚挚信任、隐隐的希冀……这些孩子多数是外来务工人员子女，神情中有一份与年龄不符的早熟与持重。

我叹了口气，缓和了神色：“把你们上课的感受写下来交给我。”

大小不同的纸条收上来了。很多都是自责的话，看得我心里沉甸甸的。

有些话就触目惊心了：

“我本来是想好好学课文的，可是一看到书上那么多字头就发晕，老师的问题也不知道怎么回答。”

“我很想举手，可是又怕答不好让人嘲笑，站在那里太难堪了。”

“老师总爱让发言的同学读课文，可是我的普通话不标准，怕出丑……”

“老师经常叫我们自己读课文找感受，可是没有感觉的我们只是漫无目的地瞎读，收获很少，和同学交流也是东拉西扯，反倒浪费了很多时间。”

“老师经常会叫我们评价同学读得好不好，这叫我很为难，怎么说才算合适？一定要说吗？”

……

我终于明白了，她原来是因为这样才不举手啊，原来他有这样的心理障碍啊，他原来……

我陷入更深层的思索：除去特定的年龄、性格因素，本班学生从智力结构来看，抽象逻辑思维占优，具体形象思维处于劣势，所以记忆力不错，考试成绩也不差，但发散思维、想象力欠缺，显得理性有余，情趣不足。而且生活境遇使他们难有机会去看看外面的世界，有阅读习惯的也不多，既不能“行万里路”，也不能“读万卷书”，使得内心世界不够丰盈，看问题缺少深度。而这些对语文学习来说是至关重要的。

仔细想来，我以前的确忽略了这些孩子的特点，只是一味地要求“自主、合作”，“多元理解、多元评价”，倡导“个性张扬”，搭建“展示舞台”……殊不知，学生在这样“开放”的课堂上竟茫然失措了。他们无时无刻不在担心着老师突然叫自己“展示”一下，到时面子难堪。在缺少安全感的环境中，闭嘴不说话是最好的办法，老师能奈我何？这样一想，课堂会落到如此尴尬境地便不足为奇了。

我怔怔地对着这些纸条坐了一节课，慢慢地，眼前的迷雾似乎散开了……

我捧着纸条再次走进教室，说：“每张纸条都仔细看过了，我很感动，也很自责。感动的是你们的真诚，自责的是竟然一直都不了解你们的感受。每张纸条上我都写了感想，都是发自内心的话。看了以后，有什么想法可以继续和我交流，让我们沟通的大门从此敞开，心与心不再有阻隔！”

学生愣神，不知是谁，带头鼓起了掌。掌声就这样在教室蔓延开来。

我继续说：“以后，有几个上课的规矩得改一改，第一，有些简单的问题可以集体回答，绝不算插嘴；第二，那些稍微难一点的问题要举手回答，你想说多少都行，说完就自己坐下，不用等老师同意；第三，不喜欢对别人品头论足，那我们以后就用掌声来进行集体评价，以掌声的响亮程度，折合成大略的分贝数来表示。比如刚才那通掌声的分贝数约合80分贝，表示你们对我刚才表白的认可程度……”

突如其来的掌声淹没了我下面的话。我微笑了：“这次几乎150分贝，耳朵都要震聋了。”学生也笑了。

“以后你们有什么话都可以这样告诉我，也可以写在回家作业本上，我们一起努力改进上课的方式，直到大家都觉得合适、满意为止。”我内心的诚意相信他们都接收到了，因为我看到了一张张纯真的笑脸。

第二天上《半截蜡烛》，出奇的顺利，发言的小王、小诸等同学都得到了热烈的掌声，我给每个学生在“争星英雄”榜上都加了星。

离开教室前，小静塞给我一张字条：“老师，明天课上可以叫我读书吗？”我微笑了。

这个看似简单的案例中暗含了“学习契约”的实践过程。这里所说的“学习契约”有别于成人化的刚性契约，它不强调正规与完整，偏重于灵活与可行，是适应小学生学习需求的非正式“柔性”学习计划，也可以理解为“学习约定”。

实施过程中，教师首先向前一步，开辟言路，收集心声，通过正面对话、侧面问询等方式，触摸每个孩子的内心世界，诊断他们的性格特点和学习需求，靠近学生，探明学情。这是契约得以制定的基础。接着，教师退后一步，反省自身教学行为，思考改进策略，与学生互敞心扉，沟通无阻，以期形成师生间相互信任、彼此认同、融洽和合的心理状态。这是制定契约的必备条件。然后，师生一起约定学习计划，通过平等协商，共同确认学习目标、学习策略、学习评估等内容，形成简单明确、切实可行的口头或书面协议。最后进入执行阶段。以契约为媒介，辅助学生对学习过程进行自我调控与管理。教师以情感激励、物化奖励、节点提醒等手段，促发学生不断调动自身学习动机，增强学习意志。在这一阶段中，师生根据学习动态进程，共同调整目标及认知评价策略，不断指引学生个体学习行为，展开一轮轮有弹性、有温度、有成效的“契约学习”。

（陈晓红）

小老师，大讲台

“啪啪啪......”一阵雷鸣般的掌声伴随着孩子们的欢声笑语在教室里炸开了花。此刻，在六（4）班教室上演的可不是一场闹剧，而是第一位小老师张彦辰同学的首秀。

一、策划

临近毕业复习，我看着沉于各类主题复习的孩子们面上露出倦怠，和带有着机械式完成的心态，突发奇想，为何不让孩子走到讲台的中间，把知识的传授和讲解权给予他们呢？

于是，我在班级里宣布从明天起每天一个学生当小老师，轮流找两三道练习，练习形式可以是积累运用、文言文等，写在黑板上给大家出题，并点名让其他同学回答。这条新措施一宣布，49张嘴像按了49个小喇叭一样，七嘴八舌地讨论着，有的兴奋着，像是等待已久，就准备一展拳脚；有的忐忑着，不知道这个老师怎么当，自己会不会是第一个吃“螃蟹”的人；有的疑惑着，不知道史老师的葫芦里到底卖着什么药。

“讨论时间结束，老师可不是那么容易当的，这次换你们来当，看你们表现了！”

“哈哈哈......等着瞧哦”

走出教室的那刻，原本只是抱着调整孩子们的状态去做这件事的我，现在却多了一份期待和激动。

二、正片

第二天早读课，刚走过教室门口的，略微吃惊了一下，我看到一个单薄的背影拿着左手一本本子，右手拿着一只粉笔，在黑板上认真地抄写她准备的练习，而下面的孩子们虽然有些还是在慢吞吞地收拾着书包，有些看见我来匆匆忙忙地从课桌肚里翻找着练习本，但是有些已在专心地誊录着小老师的练习了。这算是一个还不错的开始啦，我心里自勉起来。

“张老师的练习都做完了？”

“做完了。”这三个字虽然平常孩子们也经常说，但是今天的这三个字却格外添了生气、添了活力。

“那我们有请第一位老师张老师，来为我们讲解。”

今天的小老师是班级里五年级转来的孩子，平时沉默不言，做事也是小心谨慎的。

“张老师，讲台交给你了，我也去听课了”我便走到她的座位上，坐下。

小张老师怯生生地看着大家，不知道下一步要干什么。下面的同学焦急，小声地说喊人，喊人做题。小张老师抓住了这个救命的稻草，欲言又止。正当我准备出手援助的时候，小张老师喊出“唐壮也来做。”被点中的孩子也像是获得大礼包似的，开心地去了。

评讲时，小张老师的那份局促又冒出来了，站着讲台不知道要怎么开口。这可急坏了下面的同学，端正坐，嘴又闲不住地小声喊着，拿红粉笔，批改啊。小张老师接受到指令之后，迅速操作，勾勾叉叉在黑板上跳动起来。批改完，小张老师那吊着的肩膀终于松了下来，准备回座位了。

见状，我忙起身，说问道“今天张老师的讲课的内容都会了？”

“会了”孩子们喊道。

“张彦辰同学今天第一次做老师，表现还是很不错的，很勇敢！张老师的表现不错，进步空间很大，你们有什么建议帮助张老师提升呢？”

“我觉得讲之前应该可以讲下这些选择练习的原因。”

“我觉得像写词语这类的练习，在讲的时候有些重点字还是要再跟同学们强化，不能只是批对错。”

“我觉得张老师讲解的声音还要再大一点，再自信一点。”

“我觉得以后选择练习，可以再有针对一些，比如同学们选题题错误率比较高，可以多出些这类的练习。”

“我补充，文言文也是一个大难点，也可以让大家练一练，我已经想好了我准备出什么练习了。”

“我觉得喊同学回答问题要思考让经常出错的同学多一点回答机会，我正在考虑把我的问题留给谁回答”

....

一下子教室热闹了起来，讨论着，附和着，建议着，对当小老师充满着自己的描绘和想象。

三、后记

第三天早读课，我从教室门口经过习惯性地看向教室，嚯，着实惊着我了。小老师认真地在黑板上抄写他精心准备地练习，下面的孩子们认真地做着，就连晚来的孩子，也迅速地整理好融入其中。讲解时，小老师吸取了昨天孩子们的建议，准备充分，指导细致，其他孩子认真听着，记着。

看着这群孩子，我想这大概就是自我导向的学习吧，自己想着学，乐于学。

四、花絮

周末晚上，我收到一则短信，是这样说的："史老师，上周的小老师活动还没开展呢，不是忘记了吧。"

收到短信的时候我震惊了一下，因为要准备词语默写，故而"小老师讲课"就暂停了一次，让我没想到的是，孩子们记得清，念得久。

（史亚莉）

“其实，我是想考验考验你……”

高尔基说过：“谁爱孩子，孩子就爱谁。只有爱孩子的人，他才可以教育好孩子”。每一位学生都好像是曲谱中的音符，需要演奏者用高超的技艺去弹奏出美妙的乐章，而这高超的技艺无疑就是一个字——爱。你给孩子一分爱，得到的将会是十分情。行走在爱的路上，将会有意想不到的收获……

早晨到校第一件事情，便是去收批学生的课外作业本（有几个惰性十足的小家伙经常要编各种理由来蒙我）。这天我照常来到教室门口，作业本已经陆陆续续交了一部分，我便坐下来批改起来。

大概七点十分左右，小郭来了。

“把作业本交上来批吧！”我催着他。

他坐在位子上磨蹭了半天，没有找出半本本子。

“嗯？”我的眉头凝成了疙瘩，疑惑地望着他。

“……”他抓抓头。

“是不是没有做？”我忍不住反问他。（因为他以前有过这样的记录）

“……”他仍是一副不知所措的样子。

我站起来，来到他身边，翻开他的书包一看，本子就在里面。打开一看，一片空白。一股莫名的怒火直往上涌。不过，我还是尽力克制自己。

早读课结束后，我想和他家长联系，可是号码一个是停机，一个是空号，怎么办？我知道他有个堂弟在三年级，于是，我想让他弟弟带信叫他家长来学校交流。

我拉着他往楼下走，也许他不大愿意，走路很僵硬。在下楼时，他停住脚步，终于憋出一句话：“过老师，其实我不做作业，是想考验考验你。”

“考验我？”我第一次听到这样的回答，简直是一头雾水，“考验我什么？”

“考验你：当你发现我不写作业时，会是什么表情。”此时的我简直是气不打一处来。

“那现在你应该考验好了吧？什么表情？”我气呼呼地问他。

“当然是生气了！”他不敢抬眼看我。

后来，看到他弟弟一脸的傻气（听他弟弟班主任说该生智力有点问题的），我也就打消了让他带信的念头，决定还是下班后直接去他家吧！

在中午之前，他就抽时间把作业给补出来了。（不超过二十分钟）

下班后，我开着摩托车带上他来到他家。当他妈妈得知这个情况后，十分生气，因为昨晚小郭骗她作业已经全部做好，妈妈就没有去检查，让他照样看电视。妈妈也如实地向我反映了他的一些情况：贪玩、爱打电脑、爱看电视，有时作业要到第二天早晨起来再补呢！经过一番交谈与教育，小郭的脸上终于流下了两行忏悔的泪水，他用双手捂住脸当场表态：以后再也不会发生这样的事情了。此时，我也相信这孩子会“有救”的。那天，他还给自己加了一项作业：写一篇作文，题目是《不做作业以后……》。

真的，从那以后，小郭好像变了个人似的，天天很早来到学校，而且每天都能认真完成各科作业，我在他的作业本上也不忘写下几句鼓励的话语：“孩子，进步了！”“孩子，老师相信你是优秀的！”“你在天天进步，过老师为你加油！”……看到这样一个曾用不做作业来考验老师的“怪”孩子发生了如此可喜的变化，怎能不让我激动与欣慰呢?

一句“其实，我是想考验老师”，让我不由地想：随着孩子年龄的增长，他们在思想、行为上或许会发生许多让人无法预料的变化，作为老师，只有以爱为起点，冷静处理、对症下药，才能“药到病除”，收到良好的效果。

在毕业之际，他还给我写下这样一段留言：“敬爱的老师，是您无微不至的关怀和孜孜不倦的教诲让我走出了自暴自弃的阴影，让我重见了蔚蓝的晴空，让我找到了自己的亮点，让我跨进了理想的中学之门。我由衷地感谢您！”每每读它，这段发自内心的赞叹总令我激动不已。回想那次特殊家访带来的“效应”，我心底的满足感和幸福感便油然而生。

（过丽娟）

“生长课堂”养成记

那是五下Unit6 In the kitchen第二课时的一个教学环节，教学目标是让学生们通过问答形式练习现在进行时的一般疑问句，以及相应的答句。我采用了两种不同的课堂教学方式，竟然取得了意想不到的效果。

一、第一次课堂教学

按照课前的备课，本节课堂教学的的内容是学生观察书上的一幅图片，图片内容讲述的是李老师请孩子们到家里做客，孩子们正在厨房间帮忙做事情的场景。在图片的下方，呈现了现在进行时一般疑问句的问答句型提示，让学生用此类句型结合图片开展现在进行时一般疑问句的操练。

我要求学生们根据书上的图片内容，结合书中场景所表现的动词词组，进行一般疑问句的问答练习。我先请小张跟我进行问答示范：根据图片，我问小张：南希正在烧汤吗？小张回答：是的，她是的。接着学生们两人一组，根据我们的示范也开始同桌问答。

在备课时，我预想到这个环节的教学内容是比较简单的，而且很有趣，但是在课堂操练时却发现了问题：请了几组同学起来问答，而他们都只操练到了肯定回答。我当时有点着急，教学任务中的否定回答没有哪组学生操练到。为了完成教学任务，让学生可以操练否定回答：“不，他不是”。我开始主动提出与图片不符的问句：刘涛在洗碗吗？学生回答：不，他在擦桌子。在我的明知故问下，我完成了预设的教学目标。

但是下课后，我开始反思：学生们看着那么明显的图片，人物和他们在做的事情是显而易见的。如果让学生们依据图片来提问，当然都是一般疑问句的肯定回答，如果非要说个否定回答，则需要明知故问了。为了完成我布置的教学任务，学生需要假装不知道图片的人物所做的事，然后对图片进行问答。这样的教学环节使我觉得失去了操练的意义，只是为了问答而问答。那有没有什么方法可以让学生自己想学、自己在思考，而且是有意义的操练句型呢？这让我想到了自我导向学习中的信息差。我觉得真正有效的教学，是需要用心设置让学生去主动思考、主动探究的内容，才会引起学生的注意，激发学习兴趣。于是，我开始了第二次的尝试。

二、第二次课堂教学

第二次上这个环节，是在我所任教的另一个班级。在修改备课教案时，考虑到本单元的教学重点句型是现在进行时的一般疑问句，既然是提问，应该让学生对未知的内容进行问才是真实的交流，而回答的同学应该是知道正确答案的同学。所以在教学设计上，我适当改变了书本图片呈现的形式，将书本上原本看上去枯燥乏味的问答环节，改变成了有趣的我猜你答环节。

根据一般疑问句的问答需要，首先我把全班学生分成A和B两组，A组的同学是提问的同学，B组的同学是回答的同学。这样可以确保所有同学都能参与其中。接着我准备了两份不同的作业纸，这个作业纸是根据书上checkout　time的图片改编而来，作业纸分别给A组和B组的同学。

A组同学的作业纸上是书上的图片，但是A组同学拿到的图片是不完整的，我把书上的图片内容进行修改，把原来很清楚的图片内容做了适当遮挡：在图片上只保留了人物和动作，至于每个人具体在做什么事情是被遮挡的。为了找到答案，A组同学就需要向B组同学提问，在提问中，学生很自然地就会用到现在进行时的一般疑问句。

B组同学的作业纸上拿到的是完整的图片，但是B组同学需要认真听A组同学的猜测和提问，对他们的提问，做出肯定或否定回答，也就是现在进行时一般疑问句的答句。通过这样的信息差，学生们相互帮助，相互判断，相互合作，共同完成这项学习任务，把原来明知故问的问答句操练，变得活泼有趣：

小张问：“刘涛在擦桌子吗？”

小李答：“是的，他是的。”

小李把手上完整的图片展示给大家看，以示他们的句型操练正确，他的判断也正确，全班给予热烈的掌声。

小洪问：“杨玲在炒蔬菜吗？”

小燕答：“不，她不是的。”

小洪有点茫然。我接着问：“杨玲在做什么呢？”

小燕答：“她在烧汤。”

小洪一脸疑惑地说：“陈老师，书上杨玲是在炒蔬菜啊。”他一脸不服气地把书本打开给我看。

我看着小洪，向他竖起一个大拇指，首先表扬了他认真预习的好习惯，接着又把小燕的图片展示给大家看：“这是猜图游戏哦，陈老师在课本图片上做了修改，所以要以老师的作业纸为准哦。”其实，在备课时，我想到孩子们可能预习过，为了增加游戏的趣味性，我故意把图片中部分人物做的事情调换了。还真有学生认真预习了，他们的认真让我感到欣慰。这时学生们的热情更高了，都想来挑战猜测。就这样一个操练环节，在孩子们的欢乐声、掌声中结束，结束时大家还意犹未尽。

学生间的英语交际和互动是英语学习的有效手段之一，但传统的缺乏信息差的互动无法激发学生沟通交流的兴趣，使得互动成为枯燥无味的教条式重复。设置有信息差的活动，能激发学生在获取信息的期待中相互交流、相互倾听，获取信息，填补互相之间的信息沟。这种有信息沟通的思维活动，能够有效地促进学生的思维向深度发展，实现英语课堂的自我生长。

（陈芸）

从“被逼”到主动

古人说：“凡是预则立，不预则废。”“工欲善其事必先利其器。”运动员比赛前要做好赛前准备，司机出发前要检查车辆，做任何事之前都要做好充分的准备。语文学习当然也是如此，课前预习是必不可少的，然而就是这小小的预习也难倒了我。

记得刚接手班级时，我和同学们在报到时便明确了预习的要求，认为高年级的学生应该养成预习的习惯，也会预习了，便放手让学生自己预习课文。最初的几天，教学过程中也发现有同学预习不认真，个别生词读音有误，但大多数同学的字词预习都没有问题便没有放在心上，直到那一次。那天我请徐同学读生词，结果不是读半边就是根本风马牛不相及，10个词语仅仅读对4个，顿时让我十分生气，走进一看，书上干干净净，一点儿预习的痕迹都没有。我顿时火了，狠狠地批评了他。紧接着有同学举手说“老师，XX也没有预习。”这下我赶紧让同桌互相检查，一查发现，竟然有三分之一的同学没有按要求预习，我简直是火冒三丈，最后这节课只能就在我的批评与劝导中度过。

静下心来的我开始反思是哪里出了问题，于是又找来个别学生谈心，从中我也了解到了学生预习不到位的原因和内心想法：1、老师先前检查不够；2、文章读上3、5遍没意思；3、认为预习只要会读生字就可以了，缺乏有效的方法。为了解决这些问题，督促学生好好预习我绞尽了脑汁。

一开始我设计了预习单，把预习要完成的内容设计成表格，每完成一项便打上一颗星，全部完成后家长签字，我也每天检查，没完成的便让他抄一遍文章。起初有些效果，时间长了又有同学投机取巧，家长们累我也累，总觉得好像是我在逼着学生们预习。为此我只能接着想招。

一天课上在学习金字塔，我请同学们谈谈对金字塔的了解，戴同学站起来滔滔不绝地讲了起来。我表扬他知识渊博，他说是预习时了解到的，同学们都对他投去了敬佩的目光。美国心理学家威廉有句名言：“人性最深刻的原则就是希望别人对自己加以赏识。”而在预习过程中，激励孩子们最好的方法就是把他们的成果展示出来。于是我开始努力让学生获得展示的平台，在课堂中，让学生当小老师简介作者是一种成果的展示；做小老师带领大家学生字新词是一种成果的展示；正确流利有感情的朗读课文也是一种成果的展示。在预习《秦兵马俑》时，布置的一项作业“搜集兵马俑资料，做小小讲解员”让同学们乐翻了天，他们上网查资料，还把一些有趣小故事打印出来。同时，我还对预习单进行调整，将它设计的更有挑战性，问题更有思考性，同时变成积分制，回答对预习时布置的问题积5分，累积到一定的分数就能换取相应的奖励。同学们的学习积极性被充分调动起来，人人都能自主完成预习任务。

同学们羡慕的眼光是最好的精神鼓励 ，再加上老师的鼓励 ，更是孩子们预习动力的来源。各种各样的预习成果检查、交流、展示，既是学生预习完成情况的检查方法，更是鼓励学生自主学习的有效手段。慢慢的学生就再也不是我逼着去预习而是从心底愿意主动预习。

（周韵诗）

在“Travel book”中旅行

读万卷书，行万里路，读书和行走一样可以开阔我们的眼界与视野。

最近，要给学生复习译林版小学英语六年级下册的project2 A travel book，和学生商量，用学习契约单的形式来学习这个单元，让学生有更多地自由选择学习方式和学习内容。

任务学习一 梳理已学的知识

project2 A travel book其实是一个复习单元，如果纯粹的简单复习之前学习过的单元内容，学生会觉得比较枯燥乏味，而且语言内容相对不够丰富，表达的语句也就这些：

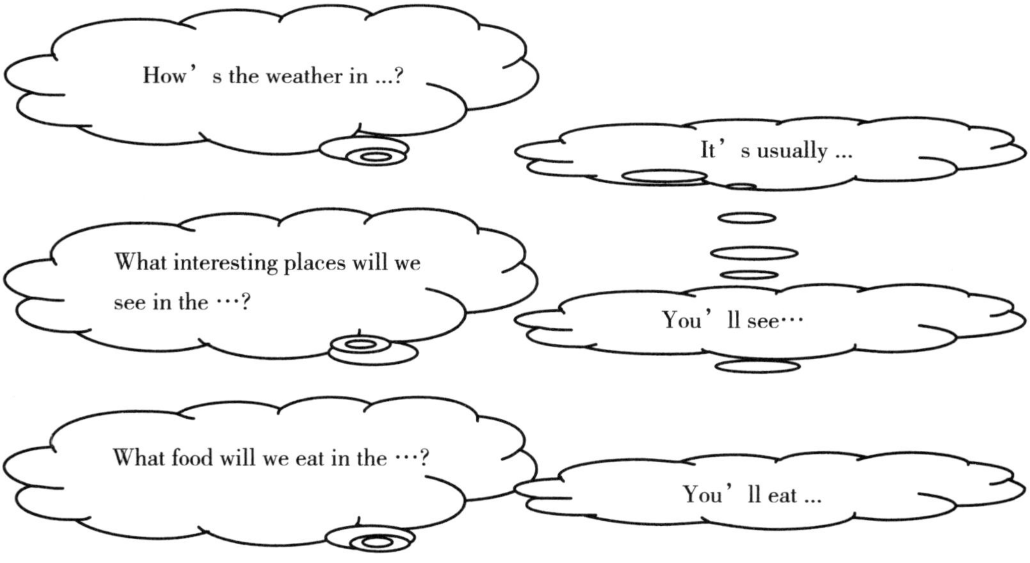

用这些对话来先复习一下学过的第六单元《An interesting country》，和学生一起制定了学习契约单，选择自己所了解的国家或者一个城市来复习知识，学习契约单如下：

学习契约单

学生姓名		班　级	
教师姓名		学　科	
主　　题			
学习目标			
学习资源与方法			
预计完成时间			
学习收获与自我评价	1 学习收获：		
	2 自我反思：		

学生根据学习契约单，确定自己了解的国家或者城市，主题为我熟悉的城市，比如有的学生就写了课文中所学习的内容北京为例，已经学习到了北京的一些景点，Tian' anmen square , Summer Palace , Palace Museum , the Great Wall等等，还知道了北京的美食，补充了解了北京的天气情况，以一个全新的形式展现在大家面前确定了自己的学习契约单，如图

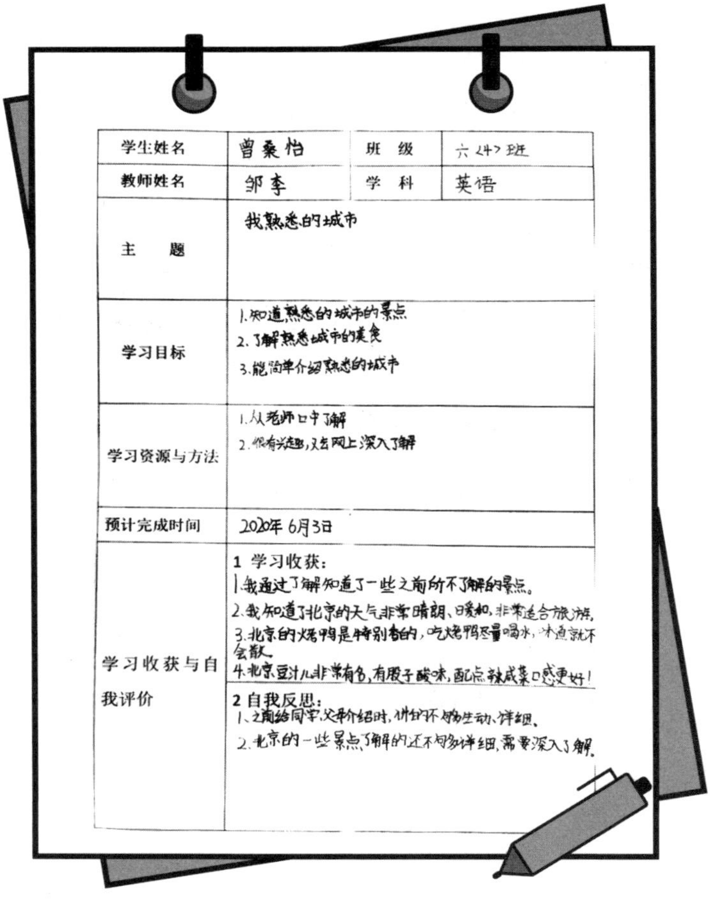

学生姓名	曾桑怡	班　级	六〈4〉班
教师姓名	邹李	学　科	英语
主　　题	我熟悉的城市		
学习目标	1.知道熟悉的城市的景点 2.了解熟悉城市的美食 3.能简单介绍熟悉的城市		
学习资源与方法	1.从老师口中了解 2.很有兴趣，又去网上深入了解		
预计完成时间	2020年6月3日		
学习收获与自我评价	1 学习收获： 1.我通过了解知道了一些之前所不了解的景点。 2.我知道了北京的天气非常晴朗、暖和，非常适合旅游。 3.北京的烤鸭是特别香的，吃烤鸭尽量喝水，味道就不会散。 4.北京豆汁儿非常有名，有股子酸味，配点辣咸菜口感更好！		
	2 自我反思： 1、之前给同学、父母介绍时，讲的不够生动、详细。 2.北京的一些景点了解的还不够详细，需要深入了解。		

她根据自己的学习契约单，通过从课堂的学习，课后找老师询问，自己上网查找补充资料，制作了一张思维导图式的城市介绍，图文并茂，给大家梳理了北京这个城市的特色。

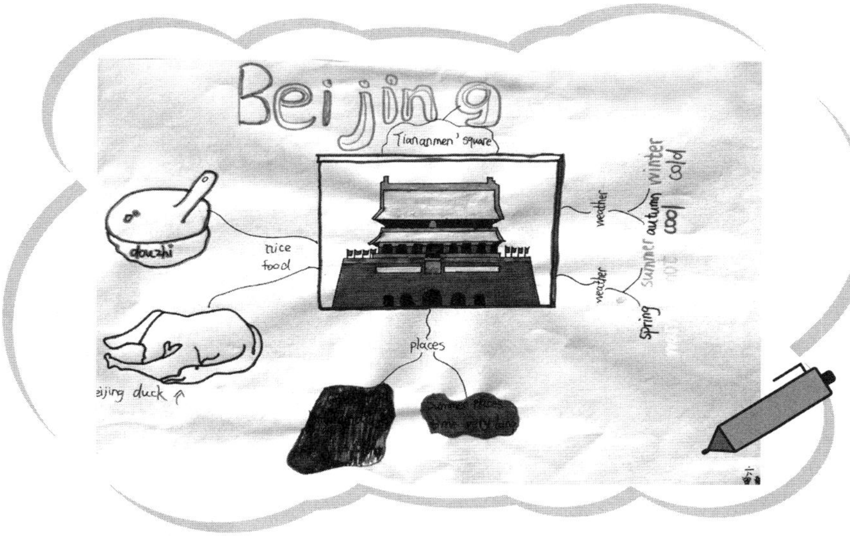

当学生拿着自己的作品，上讲台介绍自己了解的城市或者国家时，其语言表达能力也得到了很好的锻炼。

任务学习二 深度学习部分城市

其实，在文本教学时，学生还知道了很多国家和一些著名的城市，对他们是既熟悉又陌生，熟悉的是因为经常在文中提到这些城市，陌生是对这些城市的了解仅仅知道一些景点，所以，再次利用学习契约单，主题为我想去的城市，进行二次学习，去探究更多相关的知识。

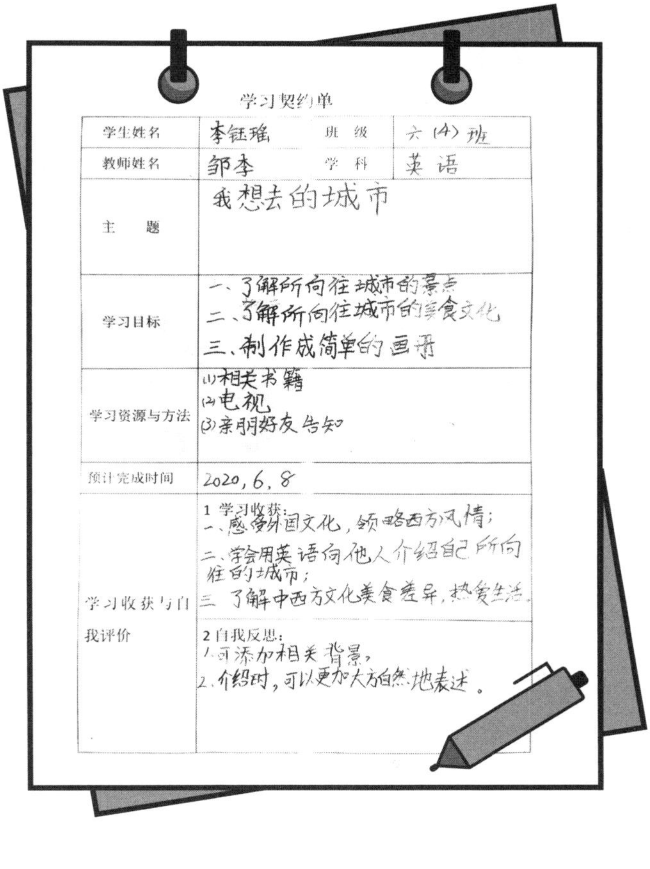

学习契约单

学生姓名	李钰瑶	班级	六（4）班
教师姓名	邹李	学科	英语
主题	我想去的城市		
学习目标	一、了解所向往城市的景点 二、了解所向往城市的美食文化 三、制作成简单的画册		
学习资源与方法	(1)相关书籍 (2)电视 (3)亲朋好友告知		
预计完成时间	2020，6，8		
学习收获与自我评价	1 学习收获： 一、感受外国文化，领略西方风情； 二、学会用英语向他人介绍自己所向往的城市； 三、了解中西方文化美食差异，热爱生活。 2 自我反思： 1.可添加相关背景， 2.介绍时，可以更加大方自然地表述。		

在自己制定学习单之后，这个孩子完成了这样一份作业，她喜欢这个城市，所以她借助外围的学习资源，学习到了更多关于这个城市的知识，这里的美食美景天气，这些英文单词，因为喜欢，所以学习的很快，在课堂上向其他孩子分享了这个美丽的城市，所以记忆更深刻。

任务学习三 成为城市最美代言人

班级里的孩子来自五湖四海，平时也很少有机会向大家介绍自己热爱的家乡。孩子们是热爱自己的家乡的，说起家乡，脸上热情洋溢，眼睛泛着光，更是想让大家都去自己的家乡看一看美景，尝一尝自己家乡的地道美食。学习契约单，三次学习制定，主题为最美的家乡，挖掘家乡的美，吸引班级中的“游客”，成为最美城市代言人。

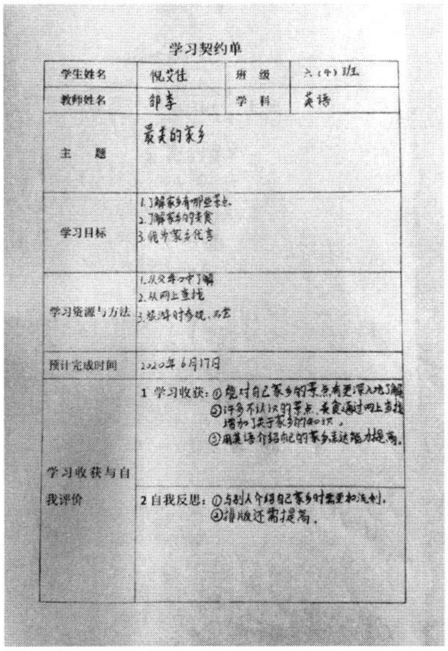

学习契约单

学生姓名	倪艾佳	班级	六(4)班
教师姓名	邹李	学科	英语
主题	最美的家乡		
学习目标	1.了解家乡有哪些景点。 2.了解家乡的美食 3.做为家乡代言		
学习资源与方法	1.从父母口中了解 2.从网上查找 3.旅游时参观、品尝		
预计完成时间	2020年6月17日		
学习收获与自我评价	1 学习收获：①能对自己家乡的景点有更深入地了解 ②许多不认识的景点、美食通过网上查找增加了关于家乡的知识。 ③用英语介绍自己的家乡表达能力提高。		
	2 自我反思：①与别人介绍自己家乡时需更加流利。 ②排版还需提高。		

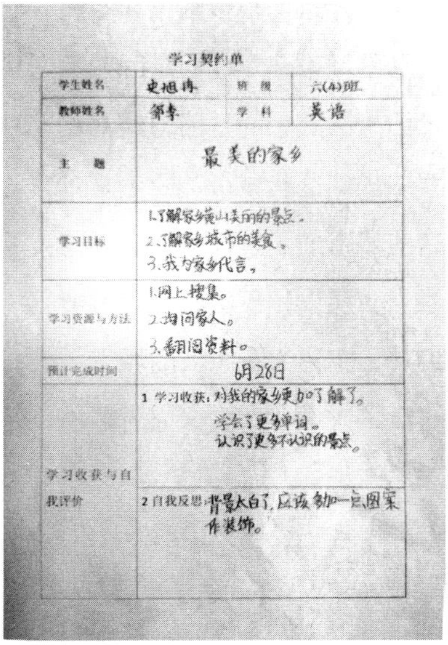

学习契约单

学生姓名	史旭冉	班级	六(4)班
教师姓名	邹李	学科	英语
主题	最美的家乡		
学习目标	1.了解家乡黄山美丽的景点。 2.了解家乡城市的美食。 3.我为家乡代言。		
学习资源与方法	1.网上搜集。 2.询问家人。 3.翻阅资料。		
预计完成时间	6月28日		
学习收获与自我评价	1 学习收获：对我的家乡更加了解了。 学会了更多单词。 认识了更多不认识的景点。		
	2 自我反思：背景太白了，应该多加一点图案作装饰。		

为了更好地介绍家乡的美景，美食特色，大家都把宣传页做的精美而且一目了然，在介绍的时候，尽量用吸引游客的口吻，甚至加上了一些场景的描述，让大家有身临其境的感觉。

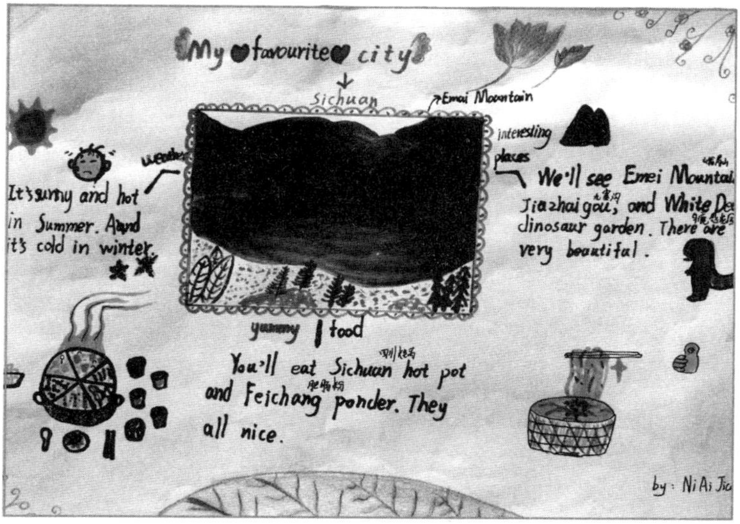

这样的作业，也许画的不是很完美，内容表达也还不够规范，但这里面夹着孩子们对家乡的一份热爱之情，家乡的美景，一个个地名，一样样小吃，查资料，问长辈，生怕介绍错了，还配上美图，希望能吸引到更多的“小游客”，争着做最美代言人，卖力地为家乡宣传，这样的学习是有趣的。在介绍的过程中，“游客”通过提问和代言人互动，把单元的重点词句来回对话，无形中熟练掌握，这样的学习，应该也是快乐的，带着一点自豪，欢迎大家来旅行。

最后，把这些所有的单页，设计封面和封底，装订成册，在班级中漂流阅读，让孩子们有了自己的小绘本，让孩子们在自己编写的“Travel book”中旅行。

（邹李）

小鼓励，大作用

这一学年我们班转来了两个新同学，都是男生，一个内向腼腆，一个懵懂无畏。

内向腼腆的方煜程是个长得很清秀的男孩子，皮肤很白，话很少。上学期刚接触他时我就在想着这个男孩子怎么这么内向。记得报道的当天爷爷送他来校，询问他的成绩如何时，也是爷爷在说话，他在旁边过分的安静。看上去真不是个聪明的孩子，我感到担忧。后来慢慢的接触，果然一次又一次的让我大跌眼镜。说基础，26个字母都不是很熟悉；说写字，我从没见过那样中式英语的字，歪歪扭扭，大的要冲破四线三格；说表达，跟老师的日常交流都有点困难，英语交流根本不存在。我的担忧更严重了，我时常对着他发火。

我经常因为他的学习状况要跟他的家长通电话。妈妈主要负责他的学习，但因为家里还有个妹妹刚出生没多久，妈妈也是分身乏力，对他的监督管理有些疏忽。我们谈到他的性格问题，妈妈说他在家里跟父母交流是很正常的，还时不时的要叛逆，顶撞父母。但是在学校里，他比较畏惧老师，不敢跟老师说话。谈到他的学习问题，妈妈解释说之前的基础没打好，在家里也从不背书读书，学习好与不好，他丝毫不在意。多次的电话交流，基本来来去去都是这些话，那么多次的谈话好像也从没起过作用，这个孩子依旧笔头作业看心情瞎写，口头作业只当没看见。对着他发火的次数我自己都数不清了，只觉得我真讨厌这个孩子，懒和笨在他身上体现得淋漓尽致。

懵懂无畏的倪俊熙这学期转来了我们班。为什么说他懵懂无畏？开学第一天跟着大家一起去食堂吃饭时，他时不时的在我身边转悠，我很好奇他要做什么，便问道："你吃好了吗？""吃好了。"他很淡定地回答我。我不解他待着要干什么，大家都在排队，他还在我旁边。"老师，你怎么还倒饭啊？"……真是个无畏的孩子，我不想理他，只觉得是个奇怪的同学，我不太喜欢。

"老师，我能把水杯带去音乐教室吗？"我回答他："你可以在教室里喝完水再去音乐教师，大家是去上课的，不是去喝水的。"他越来越让我觉得奇怪。中午午睡，全班都在安静的休息，他一个坐着闭目睡觉，像修道士在打坐，我啼笑皆非。

"老师，这道题我不太理解，你能给我讲讲吗？老师，这个词是什么意思？老师，我这里是大小写错了吗……？"这个转学生有时又积极认真的让我又有点喜欢他，他会在教室里问我，还经常来办公室找我。我想我还是很喜欢这个奇怪的同学的。尽管他的行为有时我不太能理解。

两个都这是存在着一些问题的孩子，但他们身上也有能为之称道的优点。方煜程不爱学习，背书不肯花时间，但是为人很诚实，打扫卫生也积极认真。我经常找他谈话，让他向倪俊熙学习，不要害怕出错，不会的就举手，及时解决问题。我跟他的妈妈一起探讨方法，每天一定要完成当天的口头作业，但可以适当降低要求。比如背书可以分段背诵，自默词组也可以分组进行。每天我也会利用一些空余时间帮他巩固不同类单词。他的进步是大家看得见的。以前默写基本是全错的，现在默写10个错5，6个已经是很大的进步了。分段背诵后，他的背书任务也在一个一个完成中，虽然比其他同学慢，但最终能完成任务已经很让我欣喜了。一点点的进步我都会找机会表扬他，鼓励他继续加油。我想鼓励对他终究是起了作用的，他开始变得跟上学期不一样了，下课我看到他在写作业，放学我看到他在背书，他也在以自己的速度和方式在努力着。

倪俊熙是个敢于问问题，自信跟老师交流的同学。我经常跟班里的孩子们说大家要向倪俊熙学习。现在五年级的孩子们变得没有以前那么无畏，上课举手的次数也在慢慢减少，这个时候，倪俊熙的出现其实给予了大家很大的自信。每次倪俊熙在课上提问后，我都会表扬他，同时也鼓励其他同学多多提问，一个敢于举手后，越来越多的同学加入到课堂讨论的队伍里，对于积极的“小手”和不错的答案我都会欣赏和赞美，上课的效果也越来越好。同时因为倪俊熙刚转来我们班，一些规则不是很清楚，经常要闹一些笑话出来。我特意给他找了个班里很优秀的同学当同桌，遇到不理解的地方可以多问问同桌，他在适应的过程中不断成长。

大家都在朝着更好的方向努力着。或许慢，但绝不晚。我们在看到学生不足的同时也要看到他们身上存在的闪光点，更要寻找他们身上可以突破努力的点。不断的教学实践证明了小鼓励的大作用。成长是需要鼓励的，对于进步和积极的态度，相信一句小小的赞美所起到的作用远远比大声呵斥和指责来得有效。用愉快的心情感染学生，即使少许的阳光也能培育出灿烂的花朵。

（张婷婷）

真体验 真思考

我一直提倡在数学课堂上，让每个孩子都能有真正的数学体验，都能真正参与课堂思考这一环节，以此激发学生参与的积极性。正好年级组里吴老师上研究课《分数的初步认识二》，这节课是三年级下册认识分数后的新授课，恰巧学校教导处安排听这节课的录像，而我也知道这节课的知识点较复杂，所以没有尝试公开教学。只是根据教材正常教学，认为自己看清了所有的学情，遵循原来的教学方法，在课堂中反复强调平均分的份数，在学生学习的过程中，总有一种硬拽生拉的感觉。通过对这次视频课的学习和分析，我又重新认识了数学课堂，原来认为优秀的数学课堂应该是流畅的，老师的提问学生都能有正确的回答。其实不然，学生的错误不是遮着、捂着，真正敢于暴露由于学生不理解而导致错误的课堂，敢于在课堂上把可能会出现的错误讲清楚、讲透彻，把这些错误遏制在摇篮里才是真正学会了这讲的知识。之前我都是都是根据以往学生的错误加以分析，在源头处加以遏制，包括故意不让孩子们看到桃子个数，硬逼着他们把注意力集中在平均分的份数上，教的“一厢情愿”换来的是练习中的“一意孤行”，离开了情境图，学生技术完全没有了思考的方法。

那么这节课我们到底该怎么上呢？我想范老师的讲座，给了我们很多的启发和指导。从中，我明白了学生之所以困惑的原因，也知道了分数的复杂性导致了一系列的错误。如果再上一次《认识几分之一》，我想我会这样去尝试：

一、暴露认知冲突

本课的教学难点是因受到具体个数的干扰学生无法用分数正确表示部分与整体之间的关系。因此复习时要抓住“一半”入手，尊重学生认知的最近发展区，首先是一个蛋糕的二分之一，接着是两个桃子平均分，每只小猴分得这盘桃的一半，也可以用二分之一来表示，而此时恰好份数和个数数值相等，学生基本没有疑议。当桃子的个数增加到4个时，学生就会出现二分之一和四分之二两种情况，此时，我们切莫操之过急去评判答案的正确与否，殊不知，后进孩子的执着不是你能这样简单扼杀的。我们只要让孩子们说说自己的理由，不作评价。

二、还原教学原点

随着桃子的个数继续增加，两种表示方法也继续呈现，当桃子的总个数呈现单数时，执着于个数的部分孩子开始动摇了，因为其中的一份不好用具体数量表示。其实此时学生肯定在真正地的思考了。教学继续，桃子的数量逐渐增多，有些孩子可以直接说出分数，而那些执着的孩子却越来越慢，于是他们又开始思考，是不是这样的表示方法不够高明。最后老师呈现了一堆杂乱的桃子，至此估计没有人愿意再去数个数了，学生不免感慨数个数的方法“太麻烦了”，这时那些碰壁的孩子定会乖乖回头，开始推翻自己的想法，试着接纳更高明、更简洁的方法，也就是根据平均分的份数直接写出分数。老师预设的问题和盘托出，从各执一词到万口一词，我想通过这样的课堂上真体验，真思考，真正建立学生对分数的初步认识，又清楚告知所有的分数都可以用二分之一来表示，这样二分之一的意义一定深入人心。

这样设计主要从学生的认知冲突出发，因为认知冲突是学生已有的知识与经验与所面临的情境之间的冲突或差异。激起认知冲突会引发学生的新奇感，成为推动学生进行学习活动的内在原因，是激励、指引学生学习的强大动力。教师的教，一定是在学生认知冲突越发厉害的时候进行的，当学生遇到困难，无法解决时，我们及时出手干预，教在学生最困惑处，这样的教学才恰如其分。

三、延伸教学远点

数学课堂要能推动学生思维的发展，延伸教学远点。一般都体现在练习设计处理，平时我们只关注整体的个数变化，表示每份的分数却保持不变，至此来体会分数的产生与平均分的份数息息相关。或者关注整体的个数相等，但是表示涂色部分的分数却不相同，目的无非是继续强调平均分的份数。细想，是不是我们把份数强调得用力过猛，教学的痕迹过于明显了，等到最后一题看分数涂色时，表现得十分茫然，看着分数，想着份数，却不知从何入手。于是我们老师就关注到新授时除了逐步学会用二分之一来表示所有的情况，还在学生达成共识后，引导观察虽然分数相同，但是每一份的具体个数不同，究其本质还是因为整体的总个数不同，原来分数与个数还有联系。等到第二课时，学生学习“求一个数的几分之一是多少”时就不会突兀。此外，还有细致的老师关注到了练习中，都用四分之一表示涂色部分，但是每一份的个数却不同，再次突出分数、份数与个数之间千丝万缕的关系。这样的教学才有广度，学生的思维也才有深度。

所以数学课上我们老师可以多一点给学生处理矛盾的机会，不要急于肯定或者否定学生的回答，让学生有一个揣摩的过程，经过自己真正体验和思考后吸收的知识才能真正理解，才能快速有效地建模。

（郭健）

重遇，未知的自己

大地回春，一只长得并不难看的毛虫忧烦度日，只因它那身毛绒绒的刺。开始，它还常主动靠近其他人，但总会扎到它们，所以没人愿意和它做朋友。久而久之，它只得孤零零的远离森林，找一个阴暗的角落过活。

虽是毛虫，却也有自己的理想。它多么想变成一只青虫，一只嫩绿的，皮肤光滑的小青虫。它想："这该是多们幸福的事啊！到时，我一定会拥有很多很多的朋友"。为此，它做了很多努力，比如每天早晨把自己染成绿色，或者找片厚重的树叶把自己紧紧包裹起来，遮掉那身难看的刺。可是这样不仅难以呼吸，还不时会被自己扎到。它实在想不出什么办法了，它觉得自己的虫生实在没有意思了。

直到它遇到了蚕。

蚕告诉它，身为虫子，都有做茧的天分。只要呆在茧里静静地等待，一直等到破茧的那天就可以获得重生。但做茧要花费很大的力气，而且待在茧里会做很多噩梦，非常痛苦。也不能百分百变成青虫。

为了实现梦想，毛虫愿意放手一搏。

毛虫的结局你猜到了吗？没错，茧化蝶，虫生的结束，正是彩蝶的开始。也许，毛虫自己也没有想到，虽然没有实现梦想，却获得了高于梦想的生活。

这个故事多么像孩子们心灵的成长历程啊！孩子们就像故事中的这只毛毛虫，由于成长路上的磕磕绊绊而长得浑身是刺。有的孩子意识到自己的问题却羞于启齿，于是紧紧地把自己包裹起来，不让别人知道，殊不知，压抑和防御才是痛苦的根源；而有的孩子勇敢的把问题暴露在在父母老师面前，及时地寻求帮助，在帮助中找寻蜕变的契机。

西方教育研究者格罗欧从学习者个体发展的角度建构了自我导向学习理论，他认为学习者的自我导向既是一种以阶段发展的的人格倾向，又是一种情境反应。他还将自我导向学习理论化分为四个不同阶段。分别是低自我导向学习阶段、适度自我导向学习阶段、中间自我导向学习阶段和高自我导向学习阶段。

记得刚走上工作岗位时接的三年级班里有这样一个孩子，好动、调皮，是个急性子。整日叽叽喳喳，缺乏自律，很少静下心来思考。这样的孩子成绩不低，但也总难达到优秀。相应的，他还给班级带来了很多不安分因素。自习课上甚至课堂中随意讲话、作业拖拉或者干脆忘做的名单里总有他。怎么办？本来琐碎的班主任工作已经让我应接不暇，我更加没有太多耐心和他斗智斗勇。于是我遇到这些问题时常采用一些简单粗暴的“解决办法”。把他带在身边、严厉的批评或者请家长，渐渐地我发现我所谓的办法并没有起到什么实质性的作用，他每天照旧自说自话。更让我想不到的是，他竟然在某一天之后开始每况愈下，成绩降到七八十分，还出现了逆反心理。那幅情景一直深深地记在我的脑海中：

“老师，小朱又没做作业！”语文课代表一下课就冲到讲台前，对我报告，“他昨天忘带了，今竟然没做！”我无奈的叹口气，站起身，走向小朱同学的座位。

只见小朱同学正趴在好友的桌子上，眉飞色舞的正聊着什么，丝毫没有注意到我的到来。

“你昨天为什么不做作业？”我轻声问他。

“我忘做了。”他毫不在意的回答。

“你妈妈知道吗？”

“不知道，她回来我已经睡了。”

“下课后到办公室来补作业。”

“我不去！”他直直的看着我，语气里充满了不屑。

“你必须去！“我马上更坚定的下达命令。

“我就不去！”他索性看都不再看我，回到了自己的位置上。

教室里顿时鸦雀无声，所有人的目光都不约而同的望向我，等着我或严厉或愤怒的批评这个不但不做作业还敢和老师对着干的学生。但那一刻，充斥着我的内心的不是愤怒，不是生气，而是深深的失落中夹杂着一丝无助。

我只是静静地走出教室，走回办公室。一路上，我都在不停地问自己，为什么会变成这样？我究竟做了什么会让一个孩子对我有如此强烈的抵触？我该怎么办呢？

一个不满十岁的孩子从缺乏自律走向叛逆，而我却束手无措，这无疑是一个老师最大的失败。

三年级结束后，四年级进行了分班。不只是巧合还是缘分，这个孩子依然被分到了我的班里。新的班级需要重新选定班干部，在选择语文课代表时我想到了这个孩子，虽然他的成绩达不到，但在之前的班级里他很喜欢帮助同学，总抢着做事。那么这个孩子有没有可能通过为其他同学服务重新成长蜕变呢？我想试试看。

在第一次班会课上，当我说到“小朱同学，担任四年（2）班的语文课代表”时，他猛地抬起头，不可置信的看着我。转瞬间，我看到他的眼睛里有星星一般的东西在闪烁。随着时间的流逝，他以光一般的速度让大家见证了他的成长。第一学期期末，他拿到了“单项积子”的奖状。

看到他一刻也不停地把奖状翻来覆去的看，笑的合不拢嘴，眼睛都眯成了一条缝，我问他：“你觉得是什么让你的态度有了如此大的改变？”

“当我成为语文课代表时，我就有了一股做好模范作用的责任感。”他回答道。

“那你是怎么做到自我管理的？”我接着问道。

他也许是想起了三年级时的自己，竟不好意思的笑了“我先反思了自己的问题，知道我不能很好地自主学习。于是我就给自己列了个学习表，从最基础的开始，然后不断提高目标。上课时我会把重难点记下来，回家后去进行深入的思考。实在不会的我会问同学或直接问老师。一定要把难题解决了才算完。”

“在学习过程中，你有想过会失败吗？”

“也会，在遇到挫折时，我会沮丧。但我会鼓励自己，我相信自己能行，只要大胆一点，就有可能成功。而成功的次数越来越多后，我对学习的信心也越来越强。等养成良好的学习习惯后，我的学习就越来越好，也越来越轻松，学习带给我的快乐就越来越多......”现在的他再一次提起学习时，早就没有了当初地“倔强”，取而代之的是滔滔不绝的学习方法、学习心得，自信中洋溢着青春的光芒。

我竟没有想到，一个孩子如此巨大的转变的背后竟仅仅因为“成为语文课代表”，我更没有想到，有了动力之后所建立的自我导向学习计划可以帮助孩子重遇更好的自己。

原来，哪怕老师的一丝肯定也可以帮助孩子成长。总有一天，当他们抓住机会，便会自己主动的找寻方法，扬着头大步地走出困境。只要实现了低自我导向，在其中感受到了学习的快乐，就会马不停蹄的更进一步，逐层达成自我导向学习。

经历过痛苦、迷茫甚至叛逆而又重新站起来的人，经过一次次内心的疗愈和转化，终将会像那只毛虫一般，获得接纳生命中一切失败与成功的能力，找到属于自己的生命意义。重遇，未知却更好的自己。

成长路漫漫，你准备好，和未知的自己相遇了吗?

（严佳）

直视课堂偶然的“失败”

小学科学课本是孩子们十分喜爱的课堂，因为科学课充满趣味，挑战，以及一些未知的因素。身为一线科学教师，我们总在努力备好每一节课，准备好每一次实验，预设好每一个教学环节，然而，不是每一节课，都能在你的“掌控”之中，预料之外的回答，突如其来的“失败”往往会让我们措手不及，这就需要我们科学老师有随机应变的课堂应对能力，以及良好的自身科学素养。

记得那是三年级下册《使沉在水里的物体浮起来》一课。上课前，我给每一小组准备了一个马铃薯，以及一杯调制好的浓盐水，我也试验了其中几个马铃薯，确保能在盐水中浮起来。课堂上，我按照原本的教学过程进行着，当进行到如何让沉在水中的马铃薯浮起来这一环节时，出现了意想不到的一幕。我信心十足地对孩子们说：同学们，老师手上的这一个马铃薯，放入这杯水中，大家判断一下是沉还是浮呢？孩子们异口同声的回答是“沉”。然后，我把马铃薯放入清水中，实验结果理所应当是沉下去了。接着，我把清水中的马铃薯从杯中拿出，擦干，对同学们说：“同学们，相信老师有魔力能让这个马铃薯浮起来吗？”，同学们有的说：“能”，有的说“不能”，此时，我觉得：此时的课堂气氛已经被调动了起来，同学们十分有积极性。当大家看到土豆浮起来的时候一定会很惊讶，顺势引出本节课的重难点“马铃薯是如何浮起来的”，这样也能引导学生去探究这里面的原因。可是，当我把马铃薯放入盐水中，出现的结果却令我措手不及：马铃薯居然稳稳地沉在了烧杯的底部。

原本以为一切会按照我的剧本进行，可我的演示实验确实是失败了。失败的实验引起了同学们的惊讶：“哈哈，老师的魔法失败啦”。顿时我变得很紧张，心想，课前只是试验了一部分马铃薯，没有每一个都试一遍，原以为试验了几个马铃薯都能浮起来，其它的也一定能浮起来。可是事实已经如此，我转念一想，这说不定可以让学生探究一下为什么这个马铃薯浮不起来呢，我说：“这个马铃薯不受老师魔法的控制了，咱们再换一个试试。于是，我又把课前试验过的那几个马铃薯拿出来，重新做了一遍，马铃薯终于浮在了起来。这次偶然出现的课堂“失败”，却引发了所有同学的兴趣，我抓住时机，及时点拨并指导学生进行讨论。我问：为什么这个马铃薯浮不起来呢？它与其它的马铃薯有什么不同吗？让我们一起来研究下好吗？经过大家反复对比和仔细观察，发现，这个无法在盐水中浮起来的马铃薯，在体积差不多的情况下，重量比其它的马铃薯重了一些。我问：联系我们上节课学过的知识，我们知道哪些物体在水里比较容易浮起来，哪些物体比较容易沉下去呢？学生回答：在相同体积下，重量越轻的物体越容易浮起来，重量越重的物体越容易沉下去。

真相大白，我也终于松了一口气。由于课前的一次疏忽，未能预设到这节课所出现的这次意外，可是偶然的失败却没有影响到整节课的进行，反而有所意料之外的收获。通过这次“失败”，更使我明白，科学课堂是一个充满未知数的世界。我们可以备足备好一节课，却永远也预料不到科学课堂的每一次意外。面对失败，我们需要直视，不要逃避，科学本来就允许失败，是在不断的失败中不断的总结与改进，最终寻求正确的道路。面对这些“失败”，稳住阵脚，永远要记住我们是孩子们的引导者，我们与孩子站在同一个高度，一起和孩子们解决问题，不断地生长，不断地前行。

（诸佳君）

自我导向：引领思维走向更深处

苏霍姆林斯基认为：“教学就是教给学生借助已有知识获取新知识的能力，并使学习成为一种思索的活动。”小学数学新课标也这样指出：“数学教学活动必须建立在学生的认知发展水平和已有的知识经验基础之上。”由此可见，学生学习是在已有的认知基础上进行的，是一个循序渐进和不断积累的过程。在数学学科中，旧知识通过延伸和发展产生新知识，共同形成了一个完整而系统的知识网络。因此,教师的教学应当从学生已有的认知水平和知识经验出发，找准新知生长点，帮助学生架构起新旧知识之间的联系，从而促进学生整体构建知识。

故事一

师：同学们,小猴今天过生日，猴妈妈为它们准备了好吃的蛋糕。如果把这

个蛋糕分给这四只小猴，怎么分最公平呢？（课件演示）

引导学生说出：平均分。（板书）

师：你的办法真好,猴妈妈就按你的办法来分了。（课件演示）

师：蛋糕分好了，那每只小猴分到的蛋糕,你会用一个数来表示吗?

根据学生回答板书：1/4。

师:你是怎么想到的?

说明：把一个蛋糕平均分给四只小猴，每只小猴能分得这个蛋糕的1/4。

导入新课：同学们说得真好，把一个物体平均分成4份，每一份就是它的1/4。1/4是一个分数，是我们上学期学过的分数知识，同学们都还记得，真不错。这节课我们来继续学习——认识分数。（板书课题：认识分数）

故事二

（课件出示8个桃子）现在有8个桃子，平均分给4只小猴，也就是平均分成几份？每只小猴分得其中的几份?

学生：也就是把桃子平均分成了4份，每只小猴能分得其中的一份。

问：现在每只小猴能分得这袋桃的几分之几呢?

学生1：我认为每只小猴能分得这袋桃的2/8。

问：有不同的想法吗?

学生2：我觉得每只小猴能分得这袋桃的2/4。

学生3：我不同意，每只小猴应该分得这袋桃的1/4。

问：有的同学认为用2/8来表示，有的同学认为用2/4来表示，还有的同学认为应该用1/4来表示，在这里，到底用哪个分数来表示更准确、合理呢？请同学们在小组里讨论一下。

学生经过讨论后，交流。

学生1：我认为每只小猴分得这袋桃的1/4，2/4是不准确的，因为每只小猴是分得其中的一份，而2/4是表示把一袋桃平均分成4份，取其中的2份了。

学生2：我也认为每只小猴应该分得这袋桃的1/4，如果是2/4的话，每只小猴就要分到4个桃，是不够分的，2/8也不对，因为2/8是表示把一袋桃平均分成8份，取其中的2份了，而题目是把一袋桃平均分成4份，取其中的1份，,所以应该是1/4，只不过这一份里有2个桃。

故事三

出示“想想做做”第2题。

问：你能用分数表示下面各图中的涂色部分吗？

指名学生看图口答。

思考：为什么同样是把12个小方块平均分，却得到不同的分数呢？

拓展延伸：你还能把这12个小方块平均分成几份？每一份又用怎样的分数来表示呢？依次出示表示1/2、1/6和1/12的三张图，指名学生口答。

比较：让我们观察这5张图和它们所表示的分数，你发现了什么？

学生1：这5个分数的分子都是1。

问：为什么这5个分数的分子都是1？

学生：因为涂色部分都表示其中的一份。

问：你们发现了这5个分数的相同点，那有没有发现不同之处呢？

学生：这5个分数的分母不一样。

问：为什么这5个分数的分母会不同呢？

学生：因为它们平均分的份数不同。

教学中，教师应当遵循“直观认知－操作体会－感悟特征－习得知识”的认知过程，顺应孩子的天性，找到学习动力和知识生长之间的最佳契合点，采用观察、操作、讨论、交流等多种形式，通过看、说、想、比等途径，充分调动学生积极参与到学习活动中来。尽量多一些学生主动学习的机会，尽量少一些教师包办的事情，从而共同营造一个和谐民主的学习氛围。

（阚丽）

尊重每一个生命

韩国影片《春夏秋冬又一春》中，有一个片段对孩子非常有教益。今天的自习课上，学生完成了作业，有的蠢蠢欲动，有的窃窃私语，有的无所事事，于是利用下课前的一段时间让他们观看了这个片段。

影片开始了：一个天性贪玩的小和尚，把小石块系在鱼儿、青蛙和蛇的身上，看着它们负重活动，显出滑稽的姿态，小和尚发出了得意的笑声。

孩子们看得有趣，也笑了起来。这笑声，天真中透着些许残忍，在我听来分外刺耳。有几个小男孩互相挤眉弄眼，看他们摩拳擦掌、跃跃欲试的样子，可以想象，假如教室里也有一条小河，水里也有小鱼、青蛙的话，很多孩子一定会学着这个小和尚的样子，从虐待生灵中获取快乐。

影片继续：师父得知这件事，把石头绑在小和尚身上，以便让他感同身受。师父告诉他，只有救出那三个受困的生灵，他身上的石头方可取下。小和尚背着石头，艰难地到每一处水洼、小溪、池塘边寻找。青蛙还活着，小鱼和蛇已经死了。他哭得很伤心。师父取下了他身上的石头，可他心里的石头却一直在，因为死去的鱼和蛇不可能再复活了……

看到看着，孩子们刚才还嘻笑的表情一点一点肃穆起来，教室里的笑声没有了，变得鸦雀无声。我想，他们的心，此刻，一定被震撼到了。于是，我顺势而为，告诉他们：

曾几何时，动物园中挂着这样的木牌：某某动物，肉可食，皮可制衣，肝胆可入药……

曾看过这样一幅漫画：几条小鳄鱼抚摸着一只鳄鱼皮箱涕泪滂沱。这幅漫画的标题是：终于找到妈妈了。

曾听过这样一个故事：一个厨师在煎鳝鱼时，发现其中一条拼命弓起身体。厨师不解，剖腹一看，里面有一条即将出世的小鳝鱼。

曾在新闻中看到：在非洲某地区，被偷猎者砍下的大猩猩的手掌足足装了几麻袋，而幸存的那些流浪的大猩猩却不得不向人们乞讨食物。那伸出的手掌能逃脱被砍下来的命运吗?

曾到过野生动物园：那里的海狮、老虎、大象在驯兽师的软硬兼施下一次又一次地为观众表演节目，失败了得重新来过。

……

这样悲惨事例不胜枚举。孩子们听着听着，一个个流泪了。下课了，他们没有像往日一样高声谈笑、呼朋唤友。显然，他们的心被深深触动了。有个孩子跑过来跟我说："老师，我回家后要说服爷爷把笼子里的画眉放了。"另一个孩子说："我在外婆家的时候，常常抓蝴蝶玩，还把它们的翅膀拉下来，我以后再也不这样做了。""我姑姑家有只小猫，我以前喜欢抓住它脖子上的毛把它拎起来，我现在知道它一定很疼的，我以后要对它好一点。""前几天，我看到一只小狗跑过马路时被汽车轧死了，它真可怜啊！开车的司机叔叔为什么不停一会儿车，让它跑到对面去呢？"……

这难忘的一课，让孩子们明白：动物也有情感，动物也是鲜活的生命，它们是人类的朋友，我们应该尊重每一个生命，善待动物，与它们和谐相处。不由得想起这样一个经典故事：海滩上，成百上千条小鱼被暴风雨滞留在浅水洼里。海水近在咫尺，但太阳一晒，水洼里的水很快就会蒸发，小鱼必死无疑。一个小男孩见了，弯腰捡起一条小鱼，扔向大海。有人劝说："小鱼多得数不清，你这是白费力气，没人在乎的。""这条小鱼在乎啊！还有这条！"小男孩头也不回，把一条又一条小鱼送回了大海……

泰戈尔说："教育的目的应当是向人传送生命的气息。"教育首先应尊重生命，让人心性善良，胸怀宽广。正向的故事引领，能够唤醒孩子内心美好的那部分，让他们从小拥有美丽的心境与情怀。

（阙若枫）

以组为名，抱团前行

叮铃铃，悦耳的放学铃声响起，小浒同学第一个冲向书包柜，抽出书包，整理好，抬着下巴，站在了队伍的第一个，时不时会笑话一下旁边的同学："你们归书包怎么这么慢呀！看我，今天我排在了第一个。"那样子，活脱脱就是一只骄傲又自信的大公鸡。小绮同学呢，拿着书包站在座位旁，正和同桌有说有笑，手里的动作也不慢。小奕则是稳坐不动，正等着那双又黑又圆的大眼睛看着我，眼里带着不自信的询问："今天我可以准时回家了？"得到了肯定的回答后，他才一脸笑容地去整理自己的物品。而小淮和小洁则没有浪费时间，仍在低头奋笔疾书。

这样的一幕是令人欣喜的。还记得开学时，因为班级重组，对班里的孩子不是很了解，所以每天放学时总有几个学生要拖堂写作业。所以，每当放学时，大多数孩子们都一脸轻松，雀跃地整理着书包，准备投向家的怀抱。可是，在这涌动的人群中却总有几位同学仍然坐在座位上，不动如山。他们手拿铅笔，抬头看着周围的同学，眼中露出羡慕的眼神——他们无法准时归家。看着这一幕，我忍不住深深叹了口气，还是那几张老面孔——小绮、小洁、小淮、小奕和小浒。他们每天的时间似乎总比别人少，总是不够用，而作业又似乎总比别人多，怎么也来不及写完。当时，身为班主任的我心里很是替他们着急，他们也是集体的一份子，不能就此听之任之，让他们离我们的队伍越来越远啊。

于是，我找来四位语文组长，将这个情况说了下，并对他们提出了要求——每位组长负责一个同学，每天督促他们的作业完成情况，希望以他们的一人之力来改变现状。当时四位组长信心十足，点头答应。回到教室，他们就纷纷行动了起来：陈组长拿了本课外书，一屁股坐在了小绮的旁边，大有"你不完成作业我就不走"的架势；张组长则是直接往小淮身边一站，高高的个子形成了一个巨大的影子，把小淮压得连忙低头奋笔疾书；沈组长比较讲究方法，先是询问了小洁是否遇到难题，再耐心帮她一一解决……就这样，四位组长各显神通，效果立显，当天放学时，所有同学准时回家，教室只剩下课桌椅，正静静地等待新一天的到来。

可是这个好势头没有持续多久，一周之后，我发现事情并没有按照预期地发展。原来四位组长在这几位同学身上花费的精力太多，组内事情又多，顾了这头就顾不了那头了。而一旦组长放松督促，那四位同学则又恢复原貌。看来此法不妥。

第一次尝试失败后，我又请他们的同桌开过会，希望坐得近的同桌随时提点一下，督促一下。但是同桌也是孩子，哪可能时时盯住，所以收效甚微。至此，这五位老大难，无人能搞定。

偶然间的一次四人小组活动中，我发现，孩子们的对于小组荣誉的重视程度很高，每一位成员之间都能互相帮助和督促，于是屡败屡战的我又进行了一次新的尝试。

我将43位同学按照平时作业完成情况重新分成8组，每组6人，其中有完成较快的，质量较高的，也有爱拖拉的，特别是那几位同学分别放在了五个小组，其中，小浒同学单独设立一个特别小组——第8组。然后请宣传委员在黑板上画了一张漂亮的表格，记录各组每天的作业完成情况。

新的学习小组成立后的第一天，语文课上刚布置完作业，孩子们就麻利地开始写了起来，动作慢的小奕同学还在发呆，好胜心强的同桌小吴立刻“亲自动手”帮他翻开了作业本，然后狠狠地看了他一眼。他只得提起精神动笔写字。习惯性发呆的小绮同学又“灵魂出窍”，双手暂停了。后面的陈组长抬头发现了这一情况，立刻用手指戳了戳她的后背。醒过神来的她直觉回头看了一眼，迎接她的却是一张严肃的脸，吓得她动作迅速地回身低头答题。特别小组的小浒同学没人提醒，却也在奋笔疾书，这是为什么呢？因为孩子心性的他中了我的激将法，要以一人之力与六人小组比拼。

就这样，等到放学的时候，只有小淮和小洁两位同学没有完成当天的课堂作业。本着今日事今日毕的原则，我请课代表在表格中为所有成员全都完成作业的6个大组画上了红色的五角星。孩子们兴奋了，几个活泼的还悄悄捏起了拳头为自己庆祝鼓劲。

新尝试的第一天，我们的小组比赛基本成功了，虽然还有两位需要留堂，但是与之前相比，他们也有着各自的进步。

第二天，小组成员更是严厉监督那些习惯性拖拉的同学，整个组的作业速度都提高了不少。

就这样，一颗颗红色五角星慢慢填满了表格，终于到了周五放学前，我特意向数学老师申请了提前五分钟进教室，进行了一周总结，有五个小组并列，获得了优胜。

几周过后，我又有了新发现——孩子们的课堂作业正确率提高了。因为都是当堂写的，不存在抄作业的情况，于是找了平时错题很多的小淼同学询问缘由。原来，他所在的学习小组成员发现他每次写完作业都要订正很久，有几次甚至是擦着放学铃声才完成，弄得大家都提心吊胆，生怕丢了一颗五角星，被别的小组超越。大家一起为他出谋划策，提供自己的学习方法，总结出来学习经验，最后得出的结论就是：少写错就少订正，少订正自然作业就变少了。为了少写错，小森就要提高正确率，就要上课认真听……

原来，小小的一个学习小组居然有这么大的能量。此时的学习小组中，大家为着共同的目标，自己总结经验，自己寻找方法，从而激发起了孩子们对学习的原动力。这种动力，不再是老师在上面耳提面命、唠叨叮嘱，而是学生内心主动生成的。

一张小小的表格，一场简单的竞赛，把孩子们合成了一个个共同前行的小组，大家齐心协力，抱成一团，我相信他们定能碾压过一切困难，迎来更大的进步。

（尤磊）

孩子，让我呵护你脆弱的自信

孩子的心灵就像一片蔚蓝宁静的天空，空旷而纯净。在现代社会多元价值观的熏陶和感染下，他们幼小的心灵也会出现不平静，时而波澜不惊、时而微波荡漾、时而风高浪急、时而惊涛骇浪，作为新课改背景下的教育工作者，如何切中孩子的脉搏，协助孩子稳当掌好自己的心灵之舵，建立起以自己所处背景为基础的自信，挖掘出自身的闪光点，可以说，这不仅要求一个教育工作者有技术的精湛，更要求他有得心应手的育人艺术！笔者把在教育工作中较为成功的案例铺陈于前，以供同行共飨。

小Y是从外地转来我班的，由于他本来的学校地处不发达地区，因而各科学习基础都比较薄弱，四年级了，英语方面还是零基础。又加上因为他爸妈平时忙于买卖水果的生意，根本无暇顾及他的学习，更加上孩子内向的性格和多年缺乏沟通的习惯，来班上三个星期，还没有什么朋友。不管是班主任还是任课老师，因学习方面的事想跟他沟通都比较困难。在平时英语课上叫到他回答问题时，“不响”或者“摇头”成了他的习惯性动作。而最让我头疼的还是他的作业书写，因为没有基础，每次交上来的作业都是俗话说的“鸡鹅鸭鸟”，简直让我不忍心看下去，他从不按照课堂上的规定书写，而是凭着自己的习惯，想怎么写就怎么写。几次小测验时他的卷面分基本是零或者个位数。为了他的书写，我想尽办法给他单独辅导，但只要老师一不盯着他，他的书写就又“龙飞凤舞”了。跟语数老师沟通，同样是头疼地摇摇头，跟他的家长也沟通了很多次，但收效甚微。面对这样一个学困生，真的让我有些束手无策，其他任课老师也劝我放弃。正当孩子的不争和学困让我头疼的时候，发生了一件让我心灵震惊的事情。那是一节午睡课期间，同学们睡得正香时，我发现小Y虽然头伏在课桌上，一个手却在下面弄什么东西，我轻轻走到他面前时，他可能是因为专心致志，因而也没有发觉，我低头到他的课桌里面一看，他正在玩一把自制的木头小手枪，由于他过分的专心，直到我伸手拿他的手枪时，他才吃惊地抬头望了我一眼，又脸色通红地伏在了课桌上。为了不惊动孩子们午睡，我就轻轻地回到讲台上。看着眼前漂亮而做工细致的玩具小手枪，我想这孩子不知又从哪里去买来的这个玩具，下课后得狠狠地教育一通才成。可让我吃惊的是，一下课小Y飞奔出去上厕所了，为了不影响他下午的课，我就没有在课间找他，直到放学后，他才磨磨蹭蹭地到我办公室，以求饶的口吻小声地对我说：“华老师，能把小手枪还给我吗？我下次绝不再在课堂上玩它了。”“小Y，你知道错了吗？手枪可要没收的。”我故意随意的回了一句。“我错了。请你饶我一次吧。老师这是我做的最好的手枪。”他迫切地回答。当我了解了玩具手枪是他自己做的，而且还有很多玩具也是他自己制作的时候，在我眼前展现的分明是一个心灵手巧的孩子，为什么会是语数外作业做得一塌糊涂的学生呢？经过仔细的交谈，我才有些了解事情的真相，原来他在以前的学校上课和作业并不是我们看到的那样不负责任，而是转到我班以后，随着环境的变换，加上学业的脱节，很多知识的断链让他丧失了接链的信心，他很简单地认为是自己的笨才导致跟不上的，因此产生了破罐破摔的思想。加上孩子执拗的性格，产生了上述那些本不应该在他身上发生的“困”。当我要求他用做玩具那样的精神来学习时，他还是愉快地答应了。那天，我与他聊到很晚才送他回去。针对孩子的这个闪光点，我专门为小Y设计了一次班会活动课。在一星期以后的班队活动课上，我特意让小Y上台展示了他所制作的玩具作品，并当场把一把半成品的木头小船加工成一艘漂亮的小帆船时，本来在学生们心中的“刺儿头”博得了他来班级后第一次全班级同学的掌声。面对此情此景，小Y不好意思地低下了头。紧接着，我就鼓励小Y ，“我们大家相信，小Y一定会把做手工精雕细琢的劲头用在学习上。”他脸红了一下干脆地说：“请大家相信我，我一定要赶上同学们。”接下来，看着小Y交上来那工工整整的字迹，我情不自禁地对他竖起了大拇指:“真棒！”同时，我也舒了一口气。

在这一次的玩具风波后，小Y整个人渐渐有了改变。作业质量明显提升，书写越来越工整；英语课堂上，渐渐地，他也会举手回答问题了；因为那一次课堂上的宣传，现在班级里好多同学都会来跟他学制作小玩具，他也有了朋友，不再是那个性格孤僻的小子了。经过三年的努力，孩子竟然成了班里几个优秀毕业生之一。假如不是那次偶尔的机会，假如没有老师的细心，我们难以设想小Y将走向何方。小Y的成长故事看起来似乎是一个个例，但细想起来却给我很多启示：

一、关爱学生需仔细全面

孩子的闪光点往往会是不明显的，只有通过我们仔细全面的观察了解，才有被激发的可能。小Y刚来那会儿，由于我只从他在自己所任科目的基础上去关爱他，苦口婆心的做所谓的思想工作，结果收效甚微。一个学生在他生活中的闪光点往往会被某一个我们眼中的缺陷所掩盖，加上我们平时对学生的评价大体停留在所谓的“主课”成绩上，因此孩子的许多发光点可能会被淹没。这也许正是新课改提出“全面评价一个学生”的宗旨所在。

二、关爱学生需尊重第一

热爱学生的前提必须是尊重第一，没有了尊重，就谈不上引领学生、关爱学生。说穿了，对于新来的像小Y那样“不争气”的小不点，虽然没有厌恶感，但对他的不争气也感到麻烦，因此多次沟通始终是居高临下式的，谈话中批评的口吻大大多于表扬，时不时露出不屑的表情，几乎很少关心到小Y的自尊，让本来居于“下游”的他的自尊没有露头的机会，因而产生一层厚厚的壁，无论怎样教育，也难破壁。而当我发现他的闪光点以后，他的自尊瞬时回到了他的身上，表现一个崭新自我的欲望给了他攀登向上的动力，也给了他做回靓丽自我的希望，因而出现圆满结局应该说是顺理顺章的。

三、关爱学生需抑扬相兼

所谓的关爱学生，并不是一味批评或表扬，而只有抑扬相兼的教育方式，才能使孩子真正茁壮成长。一个人的心智优劣，其实不全部取决于先天，更多的应该说来自于后天的生活。假如生活中处处鲜花，事事顺心，固然这是每个人都祈求的生活目标，但现实往往会出现向背不定的结果。鼓励确是孩子前进的动力，但一味鼓励，没有惩戒，那也不利于孩子正常成长，现实生活中，出现因以自我为中心而造成的悲剧可以说不胜枚举。反之，一味的惩戒，没有鼓励而引发的悲剧也是数不胜数，小Y的故事正好证明，在教育孩子的过程中，抑扬相兼的教育方式，正是孩子积极向上的极好方式，只有这样，教育工作者才有可能在育人的轨道上，推开一切不利因素，为孩子的成才铺设平坦道路，为培养适应新时期多元价值观并存时代而乘风破浪的弄潮儿奠定坚实的基础。

学校教育中育人的功能应该说是学校办学宗旨的根本目标之一，也是每一个教育工作者肩负的时代使命，在这条道路上，我们不断探索，不断创新，不断完善自我，去发现更宽更有效的方法，更是我们的根本任务，也是实现中国梦的大目标必不可少的子目标，而悉心关爱每一位学生，点亮每一位孩子的闪光点，为造就一代代为实现中国梦而奋斗的建设者正是我们一代代教育工作者光荣而艰巨的任务。

（华泠泠）

让孩子活在自己的生命时序里

在工作中总是会遇到形形色色的孩子，有的孩子各方面表现得很优秀，有的孩子努努力力也跟得上大队伍。我们当然希望每个孩子都能飞得很高，很远，但有难免有些掉队的孩子。

小牛，就是这样的一个孩子。接到小牛这个班级时，按照惯例和以前的老师打听了，有没有特殊的孩子，特殊的家庭。然后之前的老师就和我说，“不要去惹小牛，他和自己的爸妈都干起来过的。二年级时他爸妈要教小牛做题目，小牛学不会，就把自己所在房间里，不让爸妈进去，后来还掐他爸爸的脖子，还拿菜刀要砍他爸妈。”听了这些话，我还以为小牛是个人高马大的孩子，可报名那天却让我出乎意料，一个瘦瘦小小的男孩，一声不吭的跟在他妈妈身后。他真的是那个小牛吗？我试着与他交流，无论我说什么，他始终不开口，只是偶尔呆呆地看着我。我看着有些心疼，决定要帮他改变。

一、降低飞行的高度 体验能飞的快乐

“老师，我们家小牛比较难管，你让他一个人坐在后面吧，不然他要去欺负其他同学的，给您添麻烦了。”报名时，小牛的妈妈抱歉的和我说着，我说“哦，我会留意的，小牛看上去是个很乖的孩子，应该不会给我添麻烦的。”当我说这句话的时候，小牛抬头看了我一眼，又低下去了。我之后和小牛聊天，虽然他只是偶尔点个头，但我告诉他，英语上有不会的我可以教他，在我心里他是一个乖巧懂事的孩子。

开学后的一天，我在办公室一个学生跑过来“张老师，小牛。。。。。。”还没说完，办公室里小牛的前任老师就说“小牛，是不是又打人了？”“不是，是小郭把小牛打哭了。”我忙去教师一看，小牛在位置上抹眼泪，我询问小牛怎么回事，他也说不出来，我问他有没有不舒服，他摇摇头。我把小郭叫过来，问她怎么回事，小郭说“看见小牛在写作业，就想看小牛的作业，小牛不肯，就打了他一下。”我让小郭给小牛道歉，后来我问小牛，你在写什么作业呀，能给我看看吗？他在书包里翻了半天，拿出一本英语本，上面工工整整地写着一排排字母，我看了开学到现在每天的作业都写的，我给他圈出了几个写的不规范的字母，对他说“写得很工整，很漂亮，这个作业可以得到表扬，要记得交给我批。”并在第二天的晨会课中把这件事说了一下，同时告诉其他学生要和小牛友好相处，展示了小牛的作业本，其他同学也发出“哇”的惊呼声。

我就和小牛商量作业每天及时交，课上会读的跟读，我也会有意识的叫他起来跟读。我

想小牛他的学习节奏可能和其他孩子不同，那么就帮他降低飞行高度吧，让他也体验能飞的快乐。

二、有痕迹就证明努力过

我也有意识多与他交流，让他周围的同学平时也多和他说说话，为了让他多和其他同学接触，我给他一个发本子的任务，一开始，一大叠本子转了好几圈下来也没发掉几本，有的同学看着他抱着叠本在在教室转悠，要帮他发，我阻止了，我说不知道的可以来问我，也可以问其他同学，最后他终于发掉了。第二次，第三次就很熟练了，后来他还会先把同学的本子分组，再一组一组去发。

我和班内的同学们都看到小牛的努力，会发本子了，会交作业了，会和同学简单交流了，每次看到他的进步，我都会和全班同学分享，其他同学也为他高兴。

我还请班里一些比较热心的同学去帮助他，每天和他交流，活动课一起带着他活动……就这样，小牛慢慢的从做操手脚不协调，变得协调了，变得动作标准了。还学会了用简短的几个字来表达自己的意思了，对周围的同学、对我慢慢地敞开了紧闭的心门。

我产假回到学校上班，小牛看见了跑到教室大喊“我看到张老师了，张老师回来了。”小牛在三年里有了很大的变化，种种迹象表明，他在努力着，进步着，只要他肯努力就够了。

三、慢走也能走稳走好

也许和其他同学的学习和生活比，小牛慢得不是一点点，但他在努力，也在慢慢的进步，虽然他没有别人飞的高，没有别人飞的快，但是慢走也能走稳走好。在这四年中小牛养成了爱读书的习惯，当其他同学在复习迎考时，他也在看书，小牛的作业一直很及时的交上来，字也写得工工整整的。在课余时间小牛还喜欢画画，小牛的画在美术课上一直被老师拿出来展示。在一次绘画比赛中，小牛的画还获奖了呢！小牛也收获到了属于自己的成功，品尝到了成功的喜悦。

至于行为习惯上在这四年中没有学生来说他去欺负其他同学，小牛的妈妈也和我说，小牛在家会帮忙做些家务，当爸爸妈妈忙的时候，还会主动地去和弟弟妹妹玩，去教他们画画。我想这样的小牛都是我们愿意看到的，虽然走得慢，但是走得很稳，也没有走歪。

我想每个孩子都有自己的生命时序，就像花一样，有的花开得早，有的花开的晚，这才组成了绚丽多彩的春天。那么就让孩子活在自己的生命时序里吧，让花一朵一朵的开，我相信每个孩子都能绽放属于自己的绚丽！

（张凯凯）

开发自身潜能，学会倾听

在小学阶段,学生最重要的一种学习能力便是倾听能力。学会倾听,能够获取丰富的知识、阅读和写作等语文学习资源，还能够促进语文其他能力的提升，因此，在语文教学中培养学生的倾听能力迫在眉睫。然而,在实际的课堂教学中,“重传授,轻倾听”却成为课堂教学的主要结构,导致课堂教学效率低下。所以教师只有采取有效的教学策略，培养学生听力自我完善意识，养成良好的高素质听力学习习惯。才能实现学生语文能力与素养的提升。

一、了解学生倾听习惯、倾听能力的差异

学生在教学活动中是否学会听能够直接影响到学习的有效性和效率，培养良好的听力习惯，应该从理解每个学生听力能力的差异开始。由于家庭环境不同，教育方式不同，使孩子进入校门时就显示出很大的差异。有些学生根本无法进入学生的角色，跟不上课堂的要求。有些学生在幼儿园，一直以身体不适为原因，不上学，每学期在幼儿园的时间都不像在家好。上了小学，他们还是一副老样子，上课无精打采，经常不听也不看，说自己不舒服，呆呆地坐着。连基本习惯都不懂，不知道听，不知道要写，不知道要记，经常眼睛看窗外或玩自己的东西。对于这样的学生，要及时与家长沟通，达成共识，停止放任自行，提出严格要求，摒弃惰性；由于生活环境，提醒家长与孩子接触，引导，由于身体健康造成的注意特别差，提醒家长注意孩子的营养，确保充足的睡眠时间......

二、培养学生倾听能力的策略

1、多管齐下，统一倾听的要求

低年级的学生有时会看老师的脸色,你跟他多亲近些,他喜欢与你多讲些；你对他严厉些,他就不爱跟你交流。如果一个老师上课要求很严格,另一个老师比较随便,那课堂上学生的倾听度就不一样。因此，我提出了统一的听力要求：一是专心致用，无论是听老师的话，还是听演讲者的每一个字，心里都不要别的事情，倾听时要注视老师或同学的眼睛。第二，要有耐心，听的时候不要打断别人的话，听完别人的话，然后再表达自己的意见。第三，要细心，当别人说话不对时，请学生学来评价学生的讲话，不要重复别人的观点，自己的观点应该以别人的讲话为基础或提出新颖的想法。第四，要开大胸怀，当别人提出与自己不同的观点时，要能够接受，同时听取意见来修改自己的观点。第五，我们应该注意，在听取别人的意见时不能盲目，要有选择性地接受。

2、营造良好的倾听氛围，激发学生的倾听兴趣

对于低年级的小学生来说，很难保持四十分钟认真倾听。因此，作为语文教师，我们必须针对学生的特点，想办法营造良好的课堂氛围，激发学生的学习兴趣，让学生独立倾听，乐于倾听。加拿大教育专家安妮·福雷斯特（Anne Forrest）表示："你的课堂将没有什么完全的安静，分离和沟通将是轻松气氛的关键，而新发现和成功感的强烈喜悦将引导学生热切聆听。"因此，教师在教学中可以运用各种新颖有效的教学手段来吸引学生完全投入进课堂中来。以我最近教学的《狐狸分奶酪》为例，课堂伊始，对于课题中"奶"字的教学我是这样处理的：跟我读一读"奶酪"。看到"奶"这个字，你想到了哪个词？奶酪是用牛奶做成的食品。有哪位小朋友吃过？什么味道？我请一位没吃过的尝尝。其他小朋友这节课书读得好，字识得好，下课一人一个。什么味道？读"奶"的时候，鼻子就好像闻到了奶香味，"奶"的声母是鼻音，跟我读。读"酪"的时候，舌头就好像尝到了奶酪的味道。舌头放松，跟我读。奶酪可真好吃呀！一起读课题。当看到真正的奶酪出现在他们眼前，学生们的眼睛都睁大了，完全被吸引住了，引起了学生极大的兴趣，当我将奶酪作为奖励时，整堂课无一学生不认真倾听的，所有人全神贯注，听课效率相当高。

事实证明，课堂氛围的好坏直接影响学生听课效率的高低，所以教师要创设不同的学习情境，营造出各种良好的课堂氛围，这样学生就会集中注意力投入进课堂中来。

3、自我监控，认识到倾听的重要性

教师一味的向学生强调倾听的重要性，其效果是微乎其微的，这需要学生自己去领悟，去激发自己倾听的热情，从而做到自我监控，达到更好的教学效果。比如在教学一下《雪地里的小画家》时，我以小组的形式进行传话游戏的教学。首先我将学生分为四组，其次我让每组第一个学生挑选课文中的一句话，依次往后复述给后面一个人听且只能复述一遍，最后一个人将听到的话写在黑板上，哪一组最先且准确地写在黑板上，便算作是胜利。这个传话游戏简单易行，学生会为了集体的荣誉，会及其认真地倾听组员的传话。整个游戏进行的十分激烈，其中有个小组的最后一个组员在黑板上写下来的句子完全错了，整个组都十分沮丧，我安慰他们："没关系，可能你们在游戏当中太着急了，一个组员还没听清楚就急着报个下个组员听，所以才导致的失误，所以你们要静下心来倾听别人说的话。"接下来的游戏当中，他们果然很认真地倾听组员讲的话，虽然他们没有获胜，但他们也明白了倾听的重要性。

3、恰当评价，鼓励倾听

小学生注意力集中时间较短，四十分钟学习过程中极易分心。在小学课堂中需应用适当的激励方法。适当的语言激励是充分调动小学生课堂学习积极性的重要手段，也是培养小学生学会倾听的重要方法。教师在小学课堂中对学生认真倾听的引导过程中，应多给予鼓励与赞扬。如“掌声送给他！”“你有一双金耳朵，这么小的区别都找出来了！”……一句赞扬、一次掌声，可以让学生们品尝努力学习的喜悦，收获学习带来的满足感，学生也将在学习过程中更愿意倾听。

学生善于倾听能力不是一朝一夕就能发展起来的，这是一个长期的过程，教师需要发挥语言学科的优势，结合语言教学，抓住教育机会，及时引导，才能重新树立良好的听力习惯，培养和提高学生的听力能力，使学生真正成为学习的主人。

（张艳明）

热烈持久的三次掌声

又迈入新的一个学期。

意味着，又要用一个个脚印，去走出成长中的一条幽幽小径。

意味着，又要用一双慧眼，用一对灵耳，用一颗巧心，储存幸福，储存力量。

掌声，便是心中鲜艳不败的“幸福能量花”。

第二课《暖流》配套的《补充习题册》上有一篇阅读文章，最后一题要求补充“我的思绪随着风筝飞上蓝天……”后的内容。学生有的茫然无措，有的乱写一气，有的把风筝说成小狗、小猫而失于合理。潘雨辰则不同，他的本子上是清秀工整的三行句子：

“我仿佛自己也成了一只风筝飘飘悠悠地飞上天空。一朵白云飘过来，跟我嬉戏玩耍；又一朵白云飘过来，让我倚靠在上面休息，柔软极了。呵，做风筝的感觉真好！”

“写得好不好？”

“好！”

“掌声在哪里？”

“啪啪啪——”

新学期第一次热烈而持久的掌声，归潘雨辰所有。

掌声给了潘雨辰力量——语文课上积极举手发言。孩子们很乖，乖得在上课时常常沉默，开学以来，在课堂上还没有师生对话畅快之感，我曾特意跟孩子们交谈作思想教育：“不要怕说错，举手发言，就让老师有了发现和帮助你的机会。不然，我会以为你们不想跟我交流呢。”许是我在课堂上对待他们回答的态度日久见人心，许是后一句有些触动，第一周最后两天的语文课果真有了起色，尤以潘雨辰为突出。

第三课是冰心的《只拣儿童多处行》。课前教师备学，课后要求背诵5–9小节，那教师就先背下来吧。大概是五六遍，基本背出来。上课前，让学生捧起书评判，隔了一个晚上，有好处都因为不大确定，背得疙疙瘩瘩。不过，孩子们还是情不自禁鼓起掌来——这可不行！我们约定，第二天我再背，如果背错一个字，那个小节就抄三遍。话音刚落，几个小家伙的“好！”字毫不含糊地喊出声。周五一早到校，我拿出课本开始背，先是对照书背三遍，这是温习，帮助自己弄清不确定或犹豫之处。接下来三遍，背一次，录一次音，背完，打开录音对照课文听，将有错误的地方作记号；再背一次，录音，对照听，作记号；第三次背，录音，对照。全对了，好，再巩固一遍，全对。这下，站在讲台上，面对45双眼睛，终于可以胸有成竹。一口气轻声背下来，热烈的掌声在教室里骤然响起，我望着他们闪亮纯洁的眼睛，嘴角上扬，笑盈盈的脸庞悄然绽开一朵花。

新学期第二次热烈而持久的掌声，孩子们送给了我。

掌声鼓舞了我——坚持两周读一本童书。寒假期间，读完《打造儿童阅读环境》最想做最要做的一件事，就是两周读一本童书，然，读哪本书？两周真能读完一本吗？有些惶恐。图书室华老师约我去看了上学期添的300多本新书，其中有不少书是有意愿读的，恰好教了冰心的这课，琢磨着第一本就读《寄小读者》吧。孩子们的掌声，让我坚定了这个信念，两周一本童书，必须要做到。

周五，语文课发言有了起色。宋宵宵先读了描写儿童的句子，然后抓住“说”“笑”两个动词，谈感受到儿童的活泼可爱。“我们接力吧！”“第二棒谁接？”刘敏抓住“东一堆，西一堆”，谈感受到儿童的“多”；第三棒是潘雨辰：“他们喷发着太阳的气息”，感受到孩子们很快乐；吴凯接“太阳的香气息，可以感受到儿童充满着蓬勃的朝气”，完美！继续，刘敏找到描写玉澜堂中海棠花的句子，她抓住“密密层层”和“淡红”，体会到花的繁多、开得美丽——单单“密密层层”，只是多；单单“淡红”也不稀奇，“密密层层”，又是一片“淡红”，眼前仿佛看到一大片粉红如霞的海棠花，真是美极了！掌声又在教室里响起，久久不息。

新学期第三次热烈而持久的掌声，刘敏当之无愧。上学期末，她是我们班的语文“状元”，最难忘的镜头，就是考前复习时，我在讲修改病句，我在讲，她对照自己打印的句子一句句细细地看。这种细致的学习品质，是她取得优异成绩的一大原因。前两天，制作元宵节花灯，她准备的是一盏蓝莲花灯，莲花要一片片包起来，绿叶要用刷子沾胶一瓣瓣粘贴起来，别人在热热闹闹地互帮互助，她就在那安安静静地制作。掌声不是吆喝来的，是她学习上一向安之若素，踏实勤学应得的。

掌声，幸福的能量之花，愿你多采撷，愿你多奉送。

愿——温暖你们的童年，愿——学习的时光如花一般美好。

开学快乐。

（施萍一）

【参考文献】

[1] 刘奉越. 西方成人自我导向学习理论发展的比较研究[J]. 现代远距离教育. 2014（02）.

[2] 殷玉新. 诺尔斯自我导向学习模型的解读认知与实践印证[J]. 成人教育，2014（01）.

[3] 何爱霞. 国外自我导向学习研究的过去、现在和未来[J]. 成人教育，2009（12）.

[4] 赵蒙成. 自我导向的学习：概念与策略[J]. 江苏教育研究，2009（01）.

[5] 李长军. 国外自我导向学习模式研究评述[J]. 高等继续教育学报，2014（03）.

[6]搜狐公众平台.面向未来21世纪核心素养教育的全球经验.电子文献.

[7]桑洁 基于Scratch 环境下的编程教学初探 《教学研究》2016.1

[8]张学军、郭梦婷 面向创客教育的中学Scratch教学设计《教学研究》2018.3

[9]臧劲松 培养学生计算思维的程序设计课程教学 《计算机教育》 2015.12

[10]刘雁农 游戏化学习玩转Scratch趣味编程 《教育教学研究》2017.8

[11]王静宜 小学语文自主学习策略探讨[J].读与写，2018:1-2

[12]王晓娟 浅析小学生自主学习能力的培养[J].科教新报(教育科研)，2011（10）

[13]黄耘 关注学生学习导向的语文作业设计[J].教学与管理，2010，01:62

[14]王蔷.探索英语学科核心素养的实践途径[R].成都.2016

[15]中华人民共和国教育部. 义务教育英语课程标准 （2011年版）[M].北京：北京师范大学出版社，2017.

[16]张玲.支架教学法的应用[J].小学科学(教师版),2017(08):168-169

[17]温添盛. 浅析在初中语文教学中如何提高学生的表达能力. 读与写：教育教学刊. 2014

[18]芮良敏. 故事复述,实现学生言语智慧的增长 . 小学教学研究. 2019.12

[19]梁艳. 提高小学生语言文字运用能力的途径. 小作家选刊.教学交流.2016

[20]《例谈小学生英语思维品质的培养》，连艳玲，《新课程研究》（专题研讨），2020年，第5期。

[21]《浅析课堂中教师运用体态语言辅助教学的策略》覃步经，《小学教学参考》，2019年，第30期。

[22]《以个性化问题驱动小学生思维品质的发展--以小学英语教学为例》，孙敬陶，《辽宁教育》，2019年，第12期（上半月）。

[23] 戴维.华生《自我导向行为》

[24] 陈琦、刘儒德主编《当代教育心理学》

[25]魏本亚.2013."复盘式"评课的评价学阐释[J].现代基础教育研究.(02）：31-36

[26]姜建宇.2018.复盘式评课在小学英语课例研究中的应用[J].中小学外语教学.（01）：6-9

[27]李锋.基于标准的教学设计.[M].上海.华东师范大学出版社.2017.（引论8-10）

[28]王蔷 张虹.英语教师行动研究.[M].北京.外语教学与研究出版社.2014.(183−186)

[29] 李海林. 言语教学论 [M]上海出版社 2006

[30] 叶浩生. 身体与学习：具身认知及其对传统教育观的挑战 [J]教育研究2015.4

[31] 叶浩生. 具身认知：认知心理学的新取向 [J] 心理科学进展2010

[32] 李淑英. 儿童生长 课堂的行走方式 [M]南京大学出版社 2016

[33]杨四耕，《契约学习的理念与实施》[J]，现代教学，2005，(3):4−7。

[34]赵丽梅，洪明，《合同学习：通往个性化学习的实践方法——试析诺尔斯合同学习理论》[J],继续教育研究，2007，(3)：153−156.

[35]秦海权，季浏，汪晓赞，《契约学习运用在中小学体育教学中的理论探析——兼谈“契约式体育学习法”的界定》[J],Sport Sclence Research(体育科研)，2010，(4)：94−97。

[36]贾蓓蓓，马千里,《契约学习：提高教学质量的有效方式》[J],煤炭高等教育，2006,(4):110−112)

[37]郭宝仙，《开展契约学习 提高自主学习能力》[J]，中国教育学刊，2006，(1)：54−57。

[38]刘洋，《学习契约：一种支持主动学习的有效工具》[J],教学管理，2006，(1)：34−35.

[39]吴忠豪，《言语实践是提升学生语言文字运用的关键所在——在全国小学语文名师工作室联盟2016年年会上的发言》，来自网络，http://blog.sina.com.cn/u/2760952792。

[40]王亚峰.“小先生制”伙伴学习教学模式的实践探究——以“三角形三边关系”的教学为例[J].小学教学研究,2019（28）:64−67.

[41]常晓红.“小先生制”教学模式的实践与研究[J].甘肃教育，2020(03):120.

[42]尤吉,张天舒.现代“小先生制”的课堂学习新样态[J].基础教育研究,2020（06）:15+18.

[43]张建群.翻转课堂中学习契约的设计与实践[D].南京师范大学,2016.

[44]庞维国.自主学习:学与教的原理与策略[M] .上海:华东师范大学出版社, 2003.

[45]杨思耕.契约学习的理论与实施[J] .现代教育, 2005(3).

[46]唐青才，朱德全. 契约学习：教师个性化教学和学生自导学习的有效途径 [J].教学与管 2007（12）

[47]学习契约是支持自主学习的有效工具[J]. 邓海波. 教育与职业. 2006(24).

[48]开展契约学习 提高自主学习能力[J]. 郭宝仙. 中国教育学刊. 2006(01).

后记

儿童，天生的学习者

从学校2016年出版第一本课题专著至今，一眨眼又4年过去了。

这4年，隆小儿童生长课堂的实践研究走上了“小学生自我导向学习”这条路径。

这条路径怎么走出来？我们是否行走在正确的方向？我们行走着会通向希望的那个目的地吗？作为市教育科学“十三五”重点规划课题的第2主持人，省教育科学“十三五”规划课题的第1主持人，这些问题始终萦绕在我的脑海中。

困惑和疑虑没有阻挡前行的步伐。我和课题组的老师们向全国、省级规划立项课题的申报发起“进攻”，在大量艰辛的研读中，在执着沉浸的实践中，去理解核心概念的内涵要义，去寻找能落实生根的操作模式。

省级申报失败了，全国级申报落空了，我们没有放弃，继续瞄准最后一轮省“十三五”规划课题申报不放松。终于，省教育科学“十三五”规划课题成功立项！

这条路径怎么继续走下去？行走的方式能帮助我们走远走好吗？课题省级顺利立项，让我在黑暗中看到了光明，但迷茫和彷徨依然会不时地来到身边，毕竟要把“小学生自我导向学习”落到实处，使课题研究与教师的教学、与学生的学习产生自然妥贴的意义关联，实属不易。

“路是走出来的”“走好眼前的每一步”，带着这种信念，我们一如既往保持行走的姿态。

课题核心组成员，把自己任教的班级当作实验班进行科研先行；每学期坚持举办多场教师“微讲座”，让教师畅谈自己的所思所行；以专题的方式推进研究，让实践研究朝着科研的方向去提升，请专家论证指导，让研究的方向始终朝着科学理性的轨道……

每一滴辛勤的汗水都会凝结成晶莹的成果，4年的摸索、探求、实践、提炼，凝结成了本书。

这是学校出版的第二本课题专著。

第一本书是《儿童生长：课堂的行走方式》，由无锡市隆亭实验小学原校长李淑英编著。

由于工作需要，李校长目前调任到区内另一所学校任校长。这本书回答了“儿童生长课堂的行走方式”，总结了儿童生长课堂的三点理性认识，归纳了四个操作要点，提炼了五项行动策略，设计了二层评价维度。这本书奠定了隆亭实小课堂研究的基本方向是“儿童生长”。

当下要出版的这第二本书，回答了“儿童生长课堂中儿童的学习方式”，深度建构了儿童生长课堂中小学生自我导向学习方式的实践路径，初步勾画了小学生自我导向学习的螺旋上升路线，多维建立了小学生自我导向学习的师生协同机制。这本书是隆亭实小课堂研究朝着“儿童生长”迈出的探索步伐。

在这本书编著过程中，我得到了诸多前辈、专家、领导、同事、朋友的帮助和支持。在此一并表达诚挚的谢意！感谢无锡市教育科学研究院教科所、锡山区教师发展中心各位专家、领导对学校课题研究的支持、指导，使我和学校课题组、学校教师始终能坚定不移地行走在“小学生自我导向学习”的研究之路上。感谢我的导师孟晓东先生对学校儿童生长课堂多年来的悉心指导和科学引领，他的精深研究和严谨态度，始终提醒和警示我要保持科学理性；感谢黄树生博士把学校儿童生长课堂引上了“小学生自我导向学习”的路径，并在课题研究的过程中，多次答疑解惑，在学术研究、科研进展等方面，给予大力支持与协助；感谢李淑英校长，为我和学校持续深入开展儿童生长课堂实践研究指明方向，找到“十三五”期间儿童生长课堂新的突破口和延伸点；感谢课题组全体成员和全体教师，大家精诚合作，务实勤勉，同心聚力儿童生长，齐力共研儿童学习。感谢隆小的孩子们，他们如同蕴含无穷生长力量的种子，在与他们相处共学的过程，总能带给我许多启发。

正如导师孟晓东督学表示，隆小“自我导向学习研究”是“儿童生长课堂”的进一步深化与聚焦。我和课题组成员定会不忘初心，真正把课题理念落实到课程与课堂的实践研究中，继续去探索对儿童有益，能帮助儿童自由呼吸，自然生长的“密钥”。

施萍一

2020年12月24日

于无锡市隆亭实验小学